스타의 탄생부터 K-pop & 매니지먼트 코드

방송연예산업경영론

케이팝 미래연구소 총서 1

스타의 탄생부터 K-pop & 매니지먼트 코드

방송연예산업경영론

2013년 11월 5일 초판 1쇄 발행
2015년 3월 5일 초판 2쇄 발행
2017년 8월 25일 초판 3쇄 발행

지은이 | 심희철 외
펴낸이 | 이찬규
교정교열 | 정난진
펴낸곳 | 북코리아
등록 | 제03-01240호
주소 | 13209 경기도 성남시 중원구 사기막골로 45번길 14
        우림2차 A동 1007호
전화 | 02-704-7840
팩스 | 02-704-7848
이메일 | sunhaksa@korea.com
홈페이지 | www.북코리아.kr
ISBN | 978-89-6324-335-1 (93300)

값 25,000원

케이팝 미래연구소 총서 1

K-POP

스타의 탄생부터 K-pop & 매니지먼트 코드

방송연예산업경영론

POPULAR

심희철 김기덕 김수환 김길호 손근형 홍원근 이은영 이동열 김다령 최희영 권지안 성준하 안진용 김헌식

CULTURE

북코리아

대중적 통속성이 하류문화로 저평가되어 'B급'이라 불리는 대중문화. 그러나 실상은 고부가가치 A급 콘텐츠이며, 새로운 성장동력의 창조적 모델이라는 출발점에서 이 책을 집필하게 되었다.

방송연예산업은 한류를 일으킨 주인공이었고, 갈수록 그 현실적·잠재적 가치가 높아지고 있다. 여전히 많은 학생들이 실무와 노하우를 익히기 위해 관련 학교와 전공에 쇄도하고 있다.

다만, 아쉬운 것은 현장의 생생한 경험과 노하우를 담아내지 못하고 그것이 강단에까지 미치지 못해왔던 점이다. 이번에 이런 그간 바람을 미력하나마 담아 책을 펴내게 되었다.

이 책은 현장에서 실무를 담당하고 있는 대중문화기획자와 연예기획사들의 경험과 노하우를 바탕으로 집필되었다. 실무적인 경험을 실제적 경영과 기획관리 차원에서 접근하고자 했다.

제1부에서는 대중문화예술에 대한 이론적 접근을 시도하였다. 예술 사상 속에서 대중예술미학이 어떤 위상을 가지고 있는지 가늠하고자 했으며, 대중연예산업의 핵심이라고 할 수 있는 스타에 대해 정리했다. 또한 문화의 본질적인 특징과 관련하여 대중문화를 왜 연구해야 하는지 검토하였고, 그동안 대중연예산업과 경영에 대한 연구의 현황과 과제에 대해서 살폈다. 이를 통해 실무와 현장론을 바라보는 관점의 정립을 추구하였다.

제2부에서는 실무 현장에서 실제로 겪은 대중문화와 연예산업경영에 대한 노하우를 생생하게 담은 글들을 싣고 있다. 연예 매니지먼트 시스템과 운영의 실제, 대중음악 기획, 음반기획 매니지먼트, 콘서트 제작 진행과 기획자의 역할, 연예 엔터테인먼트 홍보의 원칙과 사례, 연예 저널리즘의 실제와 미래, 연예기획사와 매니지먼트 시스템 등이 이에 해당한다. 주로 기초적인 실무 메커니즘을 조명

하면서도 핵심적인 원칙과 노하우를 담고 있다.

　제3부에서는 경영 실무론에 대해 다루고 있다. 체험적인 관점에서 경영 사례와 분석을 다룬 내용들을 주로 실었다. 국내 음반·가수 매니지먼트와 매니저, 연예오락 매니지먼트의 실제, 뮤지션 서포트 매니지먼트의 실무, 연기자 매니지먼트의 실무와 현실, 연예인 OSMU 전략, 대중문화예술산업의 현황과 미래, 한류 전략경영 전략 모색 등의 내용을 통해서 한국의 현재 대중연예산업의 현황과 지평 그리고 과제들을 함께 살필 수 있다. 실무적인 내용은 물론 향후 대중연예산업의 미래를 가늠할 수 있는 내용들이 담겨 있다.

　제4부에서는 경영 이론과 대중연예산업경영론으로 기존의 주요 경영 이론을 살피고, 그것을 어떻게 하면 대중연예산업경영에 적용할 수 있을지 검토해보았다. 본격적인 탐구와 모색은 아니지만, 일반 경영 이론을 곧바로 적용하기 전에 고려해야 할 사항을 첨언하려고 노력했다.

　대중문화와 방송연예산업은 방대하고 다양한 장르와 영역을 가지고 있기 때문에 단번에 모두 다루는 것은 불가능하다. 이번 책에서도 일부 주제만을 다루었을 뿐이다. 향후 지속적으로 관련 주제들을 다루고 그 내용을 묶어내고자 한다. 이를 통해 현장과 강단을 부지런히 이어가는 가교 역할을 하고자 한다. 이러한 작업들이 우리 사회는 물론 개개인의 문화적 행복을 더 풍성하게 만들 것이라 생각한다.

　더운 여름날 바쁘신 와중에도 소중한 옥고를 기꺼이 집필해주신 여러 현장 전문가들에게 감사의 뜻을 표한다.

2013년 10월

저자 대표 심희철

케이팝 미래연구소 소장 / 동아방송예술대학교 교수

Contents

연예산업경영론

제1부

이론적 접근

01

예술사상과 대중문화예술론

심희철 · 김헌식

1. 예술사상 속 대중문화예술

예술이 무엇인지에 대한 화두는 인류의 역사가 종말을 고하는 날까지 논란을 일으킬 것이다. 예술 자체가 다양성을 내포하고 있다는 점을 생각할 때, 이는 이상한 일도 아니다. 설령 맞는 관점이 있다 한들 그것만을 맹신하는 것도 마땅하지 않다. 예술을 창작하고 향유하는 이들은 다양하기 때문이다. 다만 대체적인 흐름이 있을 뿐이고 좀 더 많은 공감을 일으키는 것들이 있을 뿐이다. 예술에 대한 이론적 · 사상적인 견해들은 나름 논리적인 일관성과 현실적인 설명력이 있지만, 모든 것을 다 설명할 수는 없을 것이다. 그렇기 때문에 그 한계점들에 너무 천착하면 냉소주의에 빠지게 된다. 여기에서는 주로 창작 제작의 관점에서 다루기 때문에 모든 사상들의 긍정적인 점을 적용시켜야 한다. 다른 점들이 제공하지 못하는 관점들은 다른 논리들을 통해 보완해야 한다. 표현 관점, 도구 관점, 제도 관점 그리고 프래그머티즘pragmatism-경험/실용 관점에서 살펴보도록 한다. 특히, 프래그머티즘 미학pragmatist aesthetics은 대중문화예술론과 팝 컬처에 밀접하게 연관되어 있다.

2. 표현 관점의 예술

표현 관점의 예술론에서 예술가는 자신의 느낌과 생각을 다른 사람들이 작품이라는 매개로 공유해주길 원한다. 다른 사람들과 공유하기 위해서는 예술가가 표현을 해야 한다. 이때 중요하게 고려되는 것이 예술가의 '정서'이다. 예술가들은 작품에 정서를 표현하고, 사람들은 그 정서를 느끼고 공유하는 것이다. 표현 관점의 예술에서는 예술 표현은 어떻게 이루어지고 어떠한 속성이 있는지, 그것이 의미하는 바가 무엇인지를 묻는다.

여기에서 '표현적 속성'들이란 사람의 느낌과 감정을 드러내는 데 필요한 수단이 예술작품에 사용될 때 그 수단들이 지시하는 것을 믿게 하는 모든 특징을 말한다.

예술작품의 표현적인 속성과 예술가의 감성, 수용자의 정서적 관계는 밀접하다는 전제에 따라 표현 관점의 예술론이 성립한다.

(1) 톨스토이의 표현론

톨스토이Leo Tolstoy(1828~1910)는 왜 사람들이 예술을 위해 고통과 어려움을 감내하는 것인지 의문을 품었다. 고통스러운 창작을 하려는 예술가의 고군분투도 있고, 많은 돈을 들이고 시간과 에너지를 투자해 예술작품을 감상하고 소장하려는

제1부 이론적 접근

노력에서도 찾을 수 있다. 그는 예술이 인간의 삶에서 무엇인지를 탐구한다. 즉 예술을 따로 존재하는 것이 아니라 인간 사이에서 파악하려 했던 것이다.

그는 예술이 사람과 사람 사이의 소통이라고 생각했다. 사람들이 언어를 통해 자신의 생각이나 주장을 전달하듯이 톨스토이는 사람들이 작품을 통해 자신의 '감정'을 상호 전달한다고 보았다.

톨스토이는 "예술은 사람들 사이에 교류·소통·공감을 가능하게 하므로 개개인의 인격이 고립하는 것에서 탈피하여 정신적인 일체감을 느끼게 하기 때문에 인류의 통합도 가능하다."고 보았다. 개개인을 단절과 고립에서 벗어나 하나의 존재로 만들어가는 것이 바로 예술이 위대한 이유가 된다. 그 하나의 결속을 위해서는 감정의 전이가 중요하다.

이러한 맥락에서 톨스토이는 예술작품이 되려면 일정한 조건이 필요하다고 보았다. 예술작품이 되려는 어떤 것은 감상자에게 감정을 경험하게 할 수 있는 원인이 되어야 한다. 또한 예술작품이 지향하는 일정한 방향을 위해 의도적으로 어떤 것이 만들어져 한다. 그 어떤 것이 불러일으키는 그런 감정들을 직접 경험한 사람들이어야 한다.[1]

톨스토이는 단순히 감정을 주장한 것이 아니라 어떤 감정들이 예술적으로 표현되었을 때 가치가 있는 것인지를 중요하게 생각했다. 이러한 점은 그가 독실한 기독교적 믿음을 견지하고 있었기 때문이다. 가치 있는 감정을 전달하는 것이 예술이라고 보았다.

그는 참된 예술이란 어린아이와 교육을 제대로 받지 못한 사람도 쉽게 이해할 수 있고, 모든 이들에게 쉽게 이해될 수 있어야 한다고 보았다. 국가와 민족, 문화, 역사를 넘어 모든 사람들이 받아들일 수 있어야 예술이라고 본 것이다.

---

1 Leo Tolstoy, *What is art? and Essays on Art*, Trans, Aylner Maude(Oxford: Oxford University Press, 1930), p. 123.

르네상스 이후의 예술은 부자들을 위해 흥을 돋우는 역할을 했다. 감정 중에서도 오만, 성적 욕망, 근심만을 전했다고 분석했다. 그는 보들레르, 베를렌, 말라르메 같은 프랑스 시인들은 불명확, 난해, 모호함을 시의 미덕으로 만들었다고 비판했다. 마찬가지로 상징주의와 인상주의, 신新인상주의 등의 화풍도 이러한 맥락에서 비판했다. 사람들이 이해하기 어려우며, 소통하기 어려운 미술이라고 했다. 미술만이 아니라 음악도 마찬가지라고 했다. 아울러 리스트, 바그너, 베를리오즈, 브람스, 슈트라우스 등의 음악은 일반 사람들이 이해할 수 없는 작품들이라고 비판했다. 대신에 실러, 빅토르 위고, 디킨스의 작품들은 높게 평가했다. 하이든이나 모차르트, 슈베르트, 하이든, 베토벤 같은 작곡가의 음악은 찬사의 대상이 되었다. 복음서의 비유들이나 민간 전설, 민간 동요와 요정 이야기들은 최상의 찬사를 들었다.

물론 이러한 관점의 문제점은 "모든 것이 표현되어야 예술이 되는 것인가?"라는 점이다. 표현적인 특징을 가지고 있지 않아도 예술로 볼 수 있다. 또한 의미와 가치가 반드시 존재해야 하는 것은 아니다. 도덕적 기준과 미적 기준을 반드시 일치시켜야 하는 것도 아니며, 자칫 잘못하면 작품의 주제가 전적으로 미적인 장점이나 흠결을 결정짓는 결과를 낳을 수 있다. 또한 톨스토이는 작품이 되기 위해서는 예술가 스스로 체험적 감정이 있어야 한다고 했지만, 최초의 예술 구상에서 반드시 어떤 경험이 있어야 찾아오는 것은 아니다. 체험이 없어도 가능하다. 그것은 인간이 가진 보편성에 바탕을 두기 때문이다.

의미와 가치를 갖고 모든 사람이 공유할 수 있는 내용과 형식을 갖추어야 하는 것은 대중문화예술 차원에서 견지해야 하는 점이다. 부자들이나 현학, 난해를 예술로 삼는 예술추상주의보다는 어린아이도 공감할 수 있는 예술이어야 한다는 점은 분명히 대중문화 시대에 항구적으로 함의를 준다.

(2) 콜링우드의 표현론

콜링우드R. G. Collingwood(1889~1943)는 『예술의 원리』에서 적절한 예술이 무엇인지 탐구한다. 예술의 진면모를 밝히기 위해 그는 진정한 예술, 그리고 예술과 비슷한 것을 비교하고 있다. 그는 예술에서 기술craft, skill을 분리한다. 기술은 각각 독립적으로 쉽게 확인할 수 있다. 왜냐하면 목적과 수단을 구별할 수 있기 때문이다. 기술은 계획과 그것의 수행 간에 구별을 포함한다. 계획에서는 목적이 수단에 선행하지만, 수행에서는 수단이 목적에 선행한다. 책상을 만들려면 연장이 필요하다. 막상 책상을 만드는 과정에 들어가면 수단인 망치와 톱, 못이 중요해진다. 소재와 완성된 제작 결과물은 구별된다. 형식과 질료는 구분할 수 있고, 형식은 기술이 적용되면서 변화하지만, 질료는 소재나 결과물과 동일하다. 여러 기술 사이에서 다른 이들이 필요로 하는 것은 위계적 관계가 있다. 철강회사는 핸드폰 업체에 강판을 납품한다. 핸드폰 부품업체는 애플사에 공급한다.[2] 이러한 기술은 예술이라고 볼 수 없다. 콜링우드는 예술적으로 재현하는 것이 불가능하다는 견지이다. 그것은 모방이고, 그 재현은 기술에 속하는 것이라 본다. 그는 예술 기획이 실행과 분리되는 것, 소재와 결과물이 구별되는 것, 목적과 그것을 성취하는 수단을 분리하는 것을 부정한다. 그에게 예술이란 물리적이고 명시적인 대상으로 간주되지 않는다. 정신적 대상은 반드시 형체를 갖는 것이 아니라 정신의 상상적 표현으로 나타낼 수도 있다. 톨스토이와 달리 그에게 전달은 그렇게 중요하지 않다. 그에게 표현은 예술가에게 느끼는 감정의 본질을 스스로에게 구체화시키는 것이 목적인 마음의 과정이 예술이라고 본다. 전달은 부수적인 것이다. 감정을 표현하는 것은 기술하는 것과 다르다. 콜링우드는 표현이라는 것을 감정이 의식하는 것과 전달하려는 표현과는 다르다고 말한다. 다른 이들에게 소

---

2   R. G. Collingwood, *The Principles of Art*, Oxford University Press, 1938, p. 2.

통하고 전달하는 것에 치중하면 기술에 좀 더 초점이 맞춰질 수 있다. 그에게 표현은 미분화된 감정을 개별화하고 인지 가능하게 만드는 것이다. 이러한 활동을 가능하게 하는 것은 마음의 상상력이다. 상상력의 주요 기능은 창조적인 사유이다. 이런 상상력은 표현을 가능하게 하지만 그것은 비기술적인 것이다. 이런 상상력의 창조 활동은 기술이나 도구를 사용하는 것과 다르다. 참된 예술이란 그것이 드러나지 않아도 표현적인 마음의 상태를 말한다. 예술작품은 예술가의 마음 안에 있는 것으로, 창조될 때에만 완전하게 창조된다.[3] 우리가 흔히 알고 있는 작품들은 그러한 마음들이 외적으로 나온 것에 불과하다. 작품들은 예술가의 마음에서 만들어진 것이 동일한 마음의 상태로 감상자의 마음의 상태로 존재하는 것이다. 그에게는 어떤 작품도 반드시 외적으로 구성되어 있을 필요가 없다. 다만 그의 논지 표현도 감정으로 이루어져 있어서 감정과 표현 사이의 구분이 없다. 감정 표현을 모두 예술작품이라고 말하게 된다. 모든 언어는 감정을 표현하기 때문에 자칫 시와 철학은 구분이 없어질 수 있다. 또한 한 작품이 구성하고 있는 물리적 속성을 간과할 수 있다. 그도 톨스토이와 마찬가지로 감정 표현이 예술 성립을 위한 필요조건으로 보고 있다. 마음의 상태를 외적으로 드러내고 형상화하는 작업들에 대해서는 가치 판단을 덜하게 되었다.

　　콜링우드의 관점은 특정한 매개물이 없어도 대중을 위한 콘텐츠와 작품이 될 수 있다는 점을 말해주고 있다. 이러한 점은 스타 자체가 상품이 되는 대중문화 현실에서는 가치를 지닐 수 있는 점이다. 스타의 평소 생각이나 행동 그리고 작품 활동, 사회적 활동 등은 그 하나하나가 모두 대중예술이 되며, 또 하나의 상품이 된다. 스타의 경우 그의 옷깃이 스치거나 흔적만 있어도 작품이 되거나 선호하는 콘텐츠가 된다.

3　R. G. Collingwood, *The Principles of Art*, Oxford University Press, 1938, p. 128.

(3) 표현 음악론

음악예술론에는 크게 두 가지 관점이 있다. 하나는 타율론 미학자들heteronomist theorists이다. 다른 하나는 자율론 미학자들autonomist theorists이다. 타율론은 음악 외적인 가치들을 음악에 연결시킨다. 주로 인간의 감정을 음악에 연결한다. 자율론 음악의 미학적 가치는 음악 자체에 있을 뿐 그 어떤 것과 연관되어 있지 않다는 견해이다.

이는 사회학적 의미들을 대중음악에서 분리하는 행태들과 밀접한 관련이 있다. 다른 한편으로 음악 자체만 중요시하는 이들은 이러한 가치들보다는 음악 자체가 듣기 좋아야 한다는 견해를 유지한다. 이는 가사가 있는 대중가요에도 마찬가지인데, 음악인이 아니라 비음악인 전문가일수록 이러한 사회적 가치, 즉 타율론적인 입장을 더 많이 드러낸다. 이는 음악만이 아니라 연극, 드라마, 영화, 뮤지컬에서도 마찬가지이며, 심지어 회화나 조각에서도 이러한 관점들이 투영된다.

① 감정 표현의 음악

데릭 쿡은 음악이 감정의 언어이며 발화와 유사하다고 말했다.[4] 자연언어가 언어 사용자들이 이해할 수 있게 조합되는 것과 마찬가지로 음악도 무한히 재조합할 수 있는 요인을 가지고 있다고 보았다. 음악을 구성하는 기본 단위인 장조와 단조, 반음계의 음표와 음정, 그리고 그것에서 파생하는 어떤 악구들은 모두 정서적인 성격을 가지고 있다고 보았다. 음계들의 음표들은 모두 의미를 가지며, 그것은 항시적으로 정서적 의미작용을 한다고 생각했다. 17개의 기본적인 악구를 제시하면서 의미소들은 무한히 조합될 수 있다고 했다. 음악의 템포가 빠를수록 활기차다. 이러한 점은 역동적이고 외향적인 감정을 나타낼 수 있다. 그러나

---

4   Deryck Cooke, *The Language of Music*, Oxford University Press, 1959, pp. xi-xii.

음악을 다르게 해석할 수 있다는 점을 생각해야 한다. 서양의 음악 관점을 동양 음악에 동일하게 적용하기는 어렵다. 음악을 통해 얻게 되는 감정의 상태도 달라진다. 쿡은 음악이 언어와 같다고 했지만, 언어 같은 기능을 한다는 것은 비약이다. 음악을 통해 명령이나 요청을 할 수는 없다. 이러한 견지에서 음악은 어떤 표현적 속성을 갖는다.

② 감정 상징

수전 랭어Susanner Langer는 음악이 감정과 긴밀한 관계가 있다고 보지만, 그것이 언어라고 생각하지는 않는다. 심리철학적으로 랭어는 음악을 상징론 관점에서 접근했다. 그녀는 상징이 경험 자료에 형식을 부여하는 것이라고 보았다. 모든 상징의 1차 기능은 경험을 전달하는 것이 아니라 형식을 부여하는 것이다. 그에 따르면 상징에는 서술적 상징discursive symbols과 표현적 상징presentational symbols이라는 두 가지 유형이 있다. 서술적 상징은 자연언어다. 단어와 문법은 고정된 의미소들이고, 통사론적인 규칙을 가지고 있다. 이런 서술적 상징들은 정서적인 내용들을 구성하는 데는 크게 기여하지 못한다. 정서를 위해서는 표현적 상징이 필요하다. 예술작품은 바로 이런 삶의 정서를 드러내는 표현상징이다. 표현상징은 우리가 언어로 말할 수 없는 것들을 규정한다. 음악은 기존 언어의 기준을 충족하지 못한다. 음악은 감정의 원인도 해소 방안도 아니고, 감정의 논리적 표현이라고 생각했다. 사람의 감정 형식들은 언어 형식들보다 좀 더 음악 형식들과 일치되기 때문에 음악은 감정의 본성 측면에서 언어가 접근할 수 없는 세밀함과 진실함을 갖고 있다.[5] 음악은 불완전한 상징체계인데, 그 이유는 음악이 체험된 삶의 한 측면만을 형상화할 수 있기 때문이다. 음악적 상징화는 양식이나 문화의 제한을 받을 필요도 없다. 체화된 감정들은 주어진 문화가 산출한 음악을

---

5   Susanner Langer, *Philosophical Sketches*, Mentor Books 1964 edition, p. 235.

통해 상징화되기 때문이다. 다만 문학작품들은 언어를 매개로 감정 경험을 표출하는데, 잘못하면 문학은 예술이 아니게 된다. 음악이 불안정한 상징체계라면 문제가 있다. 더구나 감정 형식과 내용을 분리한다고 할 때 음악이 감정의 고유한 형식이라고 말하면 논리적 형식이 감정의 고유한 상징이라는 주장은 모순에 빠지게 된다. 랭어의 논의는 쿡의 논의와 마찬가지로 타율론이다. 외부 기준, 즉 인간의 감정 관점에서 음악에 접근하는 것이다.

③ 소리와 울림의 음악적 본질

빈의 음악평론가 에두아르트 한슬리크Eduard Hanslick(1825~1904)는 『음악 미론*The Beautiful in Music*(1854)』에서 음악 타율론에 대해 비판적인 입장을 견지한다. 한슬리크는 18세기부터 19세기 초까지 타율 관점의 음악론 사례 22가지를 인용하면서 이러한 음악론은 모두 오류투성이라고 말한다. 그가 오류투성이라고 말하는 이유는 음악과 감정은 아무런 관련이 없기 때문이다.

음악은 감정을 담거나 재현할 수 없다. 음악의 미적 가치는 순수하게 음악 그 자체에 있다. 음악이 감정과 전혀 연결되지 않은 것이 아닐지라도 그것이 본질이나 중심은 아니라고 말한다. 감정은 음악으로 재현할 수 없는데, 그 이유가 감정은 그 자체로 존재하는 것이 아니라 사고와 생각을 포함하기 때문이다. 사랑의 감정은 그냥 감정이 아니라 사랑의 대상이 있고 그 대상에 대한 생각이 얽혀 있다. 기쁨이나 슬픔은 과거와 현재, 미래의 사고와 연관되어 있다. 미래에 대해 긍정적인 생각을 갖는다면 가슴 벅찬 감정에 휩싸이게 된다. 반면에 과거의 이별에 대한 생각은 슬픈 감정을 이끌어낸다.

사고라는 도구가 없다면, 어떤 감정도 슬픔이나 희망이라고 부를 수 없다. 왜냐하면 사고라는 도구를 통해 감정은 명확한 성격을 띠게 되기 때문이다. 명확한 관념의 매개를 통해서만 전달될 수 있는 정의 가능한 의미 없이는 명확한 감정도

존재할 수 없다.[6]

한슬리크 입장에서 음악은 개념적이지도 않고, 모방의 성격도 갖지 않는다. 생각을 명확하게 담아낼 수도 없다. 다만 감정의 역동적인 속성은 가지고 있는데, 여기에 대해 그는 이렇게 말했다.

> "음악은 정신적 행위의 계기, 속도, 느림, 강세, 약함, 강도의 증가와 감소에 따라 정신적인 행위에 동반하는 운동을 재현할 수 있다. 그러나 운동은 감정의 부수적인 요소의 하나일 뿐 감정 자체는 아니다."(p. 24)

예컨대 그가 보기에 음악은 사랑을 재현할 수 없고, 운동의 요인만 재현한다. 언어는 어떤 것을 전달하기 위한 수단이지만, 음악은 소리 그 자체가 목적이라고 본다. 따라서 그의 음악론은 자율론이다. 음악의 미학적 가치는 음악 자체에 있을 뿐 음악 외부에 있지 않으며, 음악의 본질은 바로 소리와 그 운동이라고 말한다. 음악이 우리의 정서를 환기시켜주지만, 그것은 재현이나 표현이 아니라 음악 자체가 주는 즐거움이다. 나뭇잎이나 꽃처럼 그 자체로 즐거움을 주는 것이다. 의미를 찾을 수 있거나 특정한 정서가 아니라 단지 소리의 조합이 만들어내는 즐거움이다. 음악의 소리는 다른 언어로 번역이나 통역이 불가능하다고 말한다. '웅장한, 우아한, 격정의, 기개 있는' 등의 단어들은 악절의 음악적 성격이라고 본다. '달콤하다, 신선하다, 안온하다, 부드럽다'라는 등의 음악을 평가하는 단어들은 모두 다른 단어들로 대체할 수 있다(p. 53).

감상자들이 보이는 반응은 음악 자체에 주의를 기울이는 데서 나오는 것이 아니라 음악이 조성하는 유쾌하고 몽환의 지점을 발견하는 데서 나온다.

"타율론이냐, 자율론이냐?" 하는 논쟁은 오래 지속되고 있고, 앞으로도 계속

제1부 이론적 접근

---

6   E. Hanslick, *The beautiful in music*, pp. 21-22.

될 것이다. 둘 다 시장적인 관점에서는 나름의 가치를 갖고 있다. 각각의 소비 기준이 다를 수 있기 때문에 이러한 점들을 모두 통괄하여 상품을 만들어내는 것이 자본주의 구조 안에서 대중예술산업 종사자들이다. 그런데 가사와 음악이 결합할 때는 다른 면모들을 보여줄 수 있다. 음악 자체가 갖는 표현의 한계를 어느 정도 극복해줄 수 있기 때문이다. 다만 언어와 음악이 모두 완벽하게 호응하는 것은 아닐 수 있으며 제한된 한계에서 최대한 정서적 느낌을 전달한다.

3. 도구 예술론

칸트Immanuel Kant는 무無목적성, 비非의도성 상태에서 대상이 아름다울 때 이를 미적인 것이라고 칭했다. 이는 미의 본래적 가치이며, 그 반대에는 미의 도구적 가치가 있다. 도구적 가치와 본래적 가치는 예술에서도 마찬가지다.

예술 그 자체로 받아들이지 않고 다른 무엇을 위해 중간에 매개 혹은 활용한다면 이는 예술을 있는 그대로 간주하는 것이 아니다. 예술의 효과가 있는데, 이런 효과를 학습하게 된 사람들은 이를 인위적으로 이끌어내기 위해 노력하기 시작했다. 인위적인 노력을 하는 이유는 자신들의 어떤 목적을 달성하기 위해서이다. 여기에서 달성하려는 어떤 목적은 다양하게 전제될 수 있다. 정신을 순화하거나 고양할 수 있고, 사람들을 통합하거나 화해시킬 수도 있으며, 하나의 단일한 결집을 이룰 수 있도록 한다. 또한 어떤 대상에 대해 좋은 생각이나 관념을 형성해주기도 한다. 생산이나 활동이 더 증대할 수도 있다. 때로는 부정적인 심리 상태에서 긍정적인 심리 상태로 이동하기도 한다. 이와 같이 어떤 목적을 달성하는 데 예술이 사용될 수 있다. 이렇게 목적을 달성하는 데 쓰이는 것을 '도구'라고 한다. 예술이 어떤 목적을 달성하는 데 사용되기 때문에 이러한 맥락에서는 도구 예술론 관점이 성립할 수 있다.

더 많은 사냥감을 위해 벽화를 그릴 수도 있고, 출항한 배의 무사귀환을 빌 수도 있다. 오락을 즐기기 위해서 예술을 대할 수 있고, 자아실현을 하기 위해 할 수도 있다. 돈을 벌기 위해 예술 활동을 할 수도 있다. 명예를 추구하거나 유명해지기 위해 예술 활동에 나설 수도 있다. 거꾸로 예술을 통해 남과 차별화를 시도하려는 목적을 가질 수도 있다.

(1) 교육 예술론

아리스토텔레스는 『정치학』 8권 3장에서 음악은 즐거움 자체를 위한 것일 수도 있지만, 심신의 휴식과 재충전을 통해서도 유용하고 훌륭한 성격과 품위 있는 행동 고양, 올바른 분별력의 향상, 도덕적 심성의 함양에 무엇보다 효과적이라고 했다.

오랜 세월 동안 미와 선은 분리되지 못했다. 플라톤의 시각에서 예술은 철저하게 국가가 내세우는 도덕적 목적, 예컨대 용기, 절제, 분별력에 이바지해야 한다. 그가 호메로스의 시를 비난한 것은 이러한 가치에 기여하지 못했기 때문이다. 도덕적 가치는 예술의 내용만이 아니라 형식까지도 규정했다. 플라톤은 나약한 이오니아조나 느린 곡조의 리디아조는 배격되어야 할 것으로 보았다. 그는 문체의 아름다움이나 음악의 우아한 리듬은 격이 한층 높은 선한 인간의 인격과 연관이 있다고 생각했다. 이러한 도덕적인 효과를 위해서 예술은 중요한 교육 수단이었다.

> "결국 훌륭한 작품이 주는 미의 영향이란 맑고 신선한 공기를 휘몰고 와서 건강을 안겨주는 사람처럼 그들의 귀와 눈을 적셔 어려서부터 부지중에 아름다움과 이성을 좋아하고, 친밀함을 느끼며, 그것에 조화될 걸세. ……그렇다면 여보게 글라우콘, 음악적 수련이야말로 가장 가치 있는 것이 아니겠나? 리듬과 하

제1부 이론적 접근

모니가 정신의 내부로 파고들어가 우아함을 심어주기 때문이네. 그것은 교육을 올바르게 받은 사람의 정신을 더욱 우아하게 만들고, 교육을 잘못 받은 사람의 정신도 우아하게 할 수 있네." – 플라톤, 『국가론』, 제3권

거꾸로 플라톤의 이러한 논리들은 검열을 가능하게 했다. "그들이 악하거나 절제를 모르고 비천하여 아름답지 못한 모습을 조각하거나 그 밖의 창조적인 기술을 표현하지 못하도록 해야 한다." – 『국가론』, 제3권

사회적 가치나 도덕, 윤리에 부합하지 않는 작품들은 제한을 받게 된다. 또한 덕이 우선한다고 했을 때 예술작품이 아니어도 그 기능을 발휘하면 예술적인 것과 구분되지 않는다. 보석으로 만든 국자보다 나무로 만든 국자가 사회적 기능을 더 발휘한다면 예술작품과 구분되지 않는다. 보석이 만약 누군가의 강제적인 압력으로 만들어진 것이라고 하면 그 보석이 아무리 아름다워도 아름답다고 말하면 안 된다. 칸트의 입장에서는 이해하지 못할 일이다. 보석이 아름다운 것은 아름다운 것이다.

(2) 수신(修身) 예술론

유교주의 관점에서 예술은 수신의 매우 중요한 도구였을 뿐만 아니라 사회와 국가의 조화와 질서를 유지하는 데 이상적·실질적 수단으로 활용되었다. 예술을 통해 정신적인 수양과 도야를 이루려 했고, 이를 통해 치세를 이루고 근원적으로 천인합일의 경지에 이르려 했다. 통치 질서를 유지하는 데 예악(禮樂)은 중요한 역할을 했다. 음악은 제사와 잔치에서 중요한 역할을 했다. 음악이나 춤이 없는 행사는 있을 수 없었다. 국가에서는 제도적으로 이러한 행사들에 필요한 음악을 연주하는 악관들을 두었다. 『논어』「술이」편에는 공자가 순(舜) 임금의 악곡이

전하는 소韶를 듣고 매우 감동하여 석 달 동안 고기 맛을 잃어버린다. 이는 공자가 음악에 대한 가치를 매우 크게 두었다는 점을 말해주는데, 이러한 공자사상을 계승한 유가들은 음악을 매우 존귀하게 여겼다.

특히 유가들과 같은 통치계급을 위해 문화수양의 교육과목으로 시서詩書 · 예악禮樂은 필수였다. 유가의 대표 경전인 『악기樂記』에는 예악의 관계와 기능을 다음과 같이 적고 있다.

> "음악은 사람의 마음을 화합시키고, 예는 신분을 구별한다. 화합하면 서로 친해지고 구별하면 서로 공경한다. 예의가 귀하고 천한 것의 분별이 분명하면, 음악으로 화합의 힘이 작용하면 위와 아래가 화평해진다. 예라는 것은 일을 구분하고 사람의 마음을 공경하게 하는 것이고, 음악이라는 것은 곡절과 다르나 사람의 마음을 자애롭게 하는 것이다. 음악은 인(仁)에 가깝고 의는 예에 가깝다."

예라는 것은 신분의 차이를 인정하고 그것의 구분 속에서 갖추어지는 것이다. 예가 잘 갖추어져 있다는 것은 구분이 많다는 것을 의미한다. 만약 그러한 구분이 없다면 예를 찾을 필요가 없을 것이다. 그런데 그러한 구분 차원에서 이루어지는 예는 진정으로 그들을 화합하고 하나로 만들지는 못한다. 예술은 사람들을 하나로 만드는 효과가 있다. 음악의 경우 그 음악으로 인해 그 공간 안에 있는 사람들이 일심동체의 경험을 할 수 있다.

또 『악기』에는 다음과 같은 내용이 있다.

> "소리를 살펴서 음을 알고 음을 살펴서 악을 알며, 악을 살펴서 정치를 알아야 나라를 다스리는 도가 갖추어진다. 소리를 알지 못하면 함께 음을 말할 수 없고, 음을 알지 못하면 악을 말할 수 없으니 악을 알면 거의 예에 가까운 것이다."

소리를 알고 음을 알고 악을 알면 정치를 알 수 있어 나라를 다스릴 수 있다고

제1부 이론적 접근

말한다. 정치를 알고 나라를 잘 다스리고 싶은 사람들은 소리를 알고 음을 알며 악을 알아야 한다. 결국 좋은 정치와 통치를 하기 위해서는 음악을 하고 예술을 해야 한다.

『예기禮記』에는 다음과 같이 기록되어 있다.

> "음악은 마음에서 생기고, 예의는 외부에서 생겨난다. 음악은 마음에서 생기는 까닭으로 고요하고, 예의는 밖에서 생기는 까닭으로 화려하다. 대악은 반드시 평이하고, 대례는 반드시 간단하다. 음악이 지극하면 원망이 없고, 예의가 지극하면 다툼이 없다. 고인이 읍하고 사양하는 것만으로 천하가 다스려진다고 했는데, 이는 예악의 효용을 말하는 것이다."

유가에서의 음악은 통치자들의 수신 수단이었다. 예가 오로지 나라를 다스리는 것도 아니며 악이 오로지 그러한 것도 아니다. 이 둘이 같이 움직여야 한다고 판단했다. 유가들이 시를 배워야 하는 것은 인간의 심성을 고양하기 위해서이다. 여기에서 심성의 고양은 도덕과 윤리인데, 이는 유교, 나아가 성리학적 질서에 부응하는 것이어야 했다.

예술은 윤리와 도덕 범위 안에 있다는 점에서 플라톤의 논지와 같다고 볼 수 있다. 그들은 도덕적 · 윤리적인 측면만이 아니라 문화적 교양을 두루 갖추고자 했다. 극단을 피하고 절제하는 문화적 소양을 축적하는 것에 우선하였다. 『논어』「팔일」편에 보면 "즐거우나 음란하지 않고 애처로우나 마음이 상하지 않는다."라고 한 것은 지나치는 것과 모자라는 것을 경계한 태도를 짐작하게 한다. 예술도 마찬가지로 이러한 경지를 지향했다.

유가에서 중요하게 여기는 예술을 빼고는 모두 삿된 것으로 간주되었다. 예술을 그 자체로 보거나 독립적인 것이라고 생각하지 않은 그들의 관점에서는 당연한 것이었다. 플라톤의 견해가 예술의 검열에 이른 것과 같이 유가 사회에서는 사문난적斯文亂賊이라든지 혹세무민惑世誣民이라는 가차 없는 평가로 다양한 예술 활동이 제거되었다. 무엇보다 그들은 예술 활동에 의미를 부여하였다. 이러한 점은 톨스토이와 같다. 예컨대, 문인화는 유가들이 많이 그린 그림인데, 문인화에 자주 등장하는 매화는 선善, 난은 미美, 국화는 진眞, 대나무는 정貞을 의미했다. 그러나 톨스토이 같은 감정적 가치보다는 이성적 가치였으며, 모든 이들이 알 수 있는 예술을 해야 한다고 보지는 않았다.

거꾸로 예술이 실제적인 생산효과가 없는 낭비적인 일이기 때문에 배격되어야 한다고 여긴 이들도 있다. 대표적인 이가 바로 묵자墨子였다.

> "오늘날 임금이나 높은 벼슬아치들은 악기를 만드는 것을 국가에 필요한 일이라고 여기고 있지만, 그 악기들은 단순히 땅에 괸 물을 괴 담고 허물어진 흙담을 빚어 만드는 것이 아니다. 그것은 반드시 백성에게서 많은 세금을 거두어 그 돈으로 큰 종과 북, 거문고와 비파, 피리와 생황 등의 악기를 만드는 것이다. …… 그들은 입고 먹을 것을 생산하는 일에는 전혀 종사하지 않으면서 다른 사람들이 만든 것을 먹기만 하는 사람들이다."[7]

사회적으로 생산하는 일에 들어갈 물적 · 인적 자원들이 모두 예술과 같이 비생산적인 일에 들어가는 것에 대해서 묵자는 비판적으로 보았다. 물론 장기적으로는 예술이 생산으로 여겨지지만, 묵자는 그 예술이 생산하는 이들과 연결되지 못하는 점들을 지적하고 있다. 도가의 경우에는 도덕적 · 윤리적인 측면에서 사회교화를 위해 예술을 본 것이 아니라 초월적인 미를 탐구하는 데 집중했다. 그러나 정신적인 수양 측면에서 예술을 본 것은 같았다. 하지만 이러한 태도들은 현실 속에서 자신이 어떻게 자리매김을 해야 하는가에 대한 구체성이 떨어지고 만다. 하늘이나 자연과의 합일이라는 점을 목적으로 두면 치열하고 구체적인 현

제1부 이론적 접근

---

7   『묵자(墨子)』, 비악(非樂) 上

실은 외면하게 된다. 전문화된 예술은 일상의 예술과 분리되는 문제를 낳게 된다.

동양에서는 근본적인 가치를 중요하게 생각하는 것이 이어지고, 서양에서는 끊임없이 실험적이고 전위적인 형식을 추구했다. 자칫 이러한 외형적인 형식의 파괴와 시도가 의미 없는 것으로 간주할 우려도 있다. 인간은 끊임없이 새로운 자극을 원하는 존재이므로 그 외부 형식의 변화는 매우 중요한 대중화 전략의 수단이 될 수 있다.

이러한 도구 관점의 예술론은 가치와 의미를 중요하게 여기거나 그것의 목적이 질서유지인 경우에는 예술 그 자체의 관점과 매우 멀어지게 된다. 다만 그러한 경향의 예술을 원하는 이들은 예술의 관점에서 보았을 때 하나의 문화종족에 해당한다. 즉, 그러한 문화예술을 좋아하는 이들인 것이다. 그렇기 때문에 그것이 전적으로 옳다거나 거꾸로 틀렸다고 할 수는 없다. 하지만 그러한 문화적 경향을 가진 이들이 통치자인 경우에는 다른 문화예술적 경향을 가진 이들이 크게 위축될 수밖에 없다. 그 대표적인 것이 바로 조선사회였다.

예술을 하는 목적이 교화나 계도일 수 있고 창조적인 작업들, 나아가 인류의 진보를 위한 것일 수 있다. 분명한 것은 이러한 작업들에는 에너지가 들어가고, 가용자원이 소모되며, 시간이 투여되어야 한다는 점이다. 더구나 다른 곳에 들어가야 할 비용들이 투입되어야 하며 이에 종사하는 이들이 먹고살아야 한다는 점이다. 각기 다른 목적들이나 다른 것이 하나로 융합되어 작용할 수 있다. 예술은 신이 하는 것이 아니라 유한한 인간이 하기 때문에 특정한 목적을 지닐 수밖에 없고 이는 사회체제에 따라 달라질 수 있다. 유교국가에서는 유교를 위해, 불교국가에서는 불교를 위해 예술이 작동한다. 서양의 중세 시대는 기독교를 위해 움직였으며 자본주의 국가에서는 자본을 위해 움직인다. 그리고 민주주의에서는 예술의 민주를 위해 움직인다. 대중의 힘이 우선인 사회에서는 대중을 위한 예술이 우선될 것이다.

4. 제도 예술론

앞서 예술을 모방, 표현, 의미의 형식이라는 개념으로 설명했다. 비트겐슈타인 Ludwig Wittgenstein(1889~1951)은 이러한 예술론을 모두 본질주의라고 하면서 비판을 가한다. 즉 "과연 예술에 본질이 있는가?"라는 근본적인 물음이었다. 본질은 어쩌면 진짜로 있는 것이 아니라 구성되는 것인지도 모른다. 비트겐슈타인은 언어에 본질이 있는 것이 아니라 한 사회에서 확립된 사용법에 따라 존재할 뿐이라고 했다. 결국 예술이라는 것도 결국 원래 무엇이 있는 것이 아니라 한 사회에서 확립된 것이다.

단토는 '예술계' The Artworld(1964)라는 말을 사용했다. 그가 사용한 말은 사회제도를 말하는 것이 아니라 예술작품들이 기거하는 문화적인 영역을 가리키는 말이었다. 단토는 예술작품은 해석을 필요로 하는 표상이라고 했다. 예술작품은 자신의 내용에 대해서 무엇인가를 표현한다. 그러나 그냥 자신을 담는 것이 아니라 변용한다. 따라서 예술작품은 변용적 표상이라고 말한다. 그는 예술이 칸트 같은 무관심의 쾌락을 전해주는 것이 아니라 적극적인 해석을 필요로 한다는 점을 보여주었다. 물론 해석의 영역으로 가면 이는 예술이 아니라 철학의 영역으로 진입하게 된다. 예술 영역에서 스스로 시민이 되기를 포기하는 셈이 되기도 한다.

조지 디키는 어떤 대상을 예술작품으로 만드는 것은 작품 안의 어떤 속성이 아니라 예술계 artworld라고 하였다. 예술계가 부여하는 지위에 따라 예술작품이 될지, 그렇지 않을지가 결정된다. 디키는 미적 경험이 고유한 별개의 영역이라는 생각을 하지 않았다. 예술과 비예술을 구별하는 문제는 사회적 지위의 문제로서 예술계에 확립된 관례와 제도에 따라 결정된다.

디키는 그 대표적인 것으로 예술계를 들고 있다. 예술계의 주체들은 느슨하게 조직되어 있음에도 예술가, 제작자, 박물관장, 미술관장, 갤러리, 관객, 극단, 배우, 비평가, 기자 등 서로 연관된 사람들로 이루어져 있다. 그는 자기 자신을 예술계의 일원으로 보는 사람은 누구나 그 하나의 주체가 될 수 있다고 본다. 어떤 대상을 작품으로 만드는 것은 바로 전시, 연주, 출판, 공연 등이다. 그는 분류적인 의미에서 예술작품은 인공물이며, 어떤 사회제도 - 예술계 - 를 대리하여 수행하는 어떤 사람 또는 사람들이 감상 대상의 지위를 주는 것들의 총합이라고 했다.[8]

그는 예술계라는 개념을 사용하여 예술을 정의하기보다는 상호 연관된 다섯 가지 조건을 제시하여 예술 정의에 최소한의 설명을 제공하려는 것이다. 예술가는 이해understanding을 가지고 예술작품의 제작에 참여하는 사람이다. 예술작품은 예술계 사람들에게 내보이기 위해 창조된 인공물이다. 이런 예술계 사람들은 어느 정도 자신들에게 보이는 대상을 이해할 준비가 되어 있는 사람들이다. 예술계는 예술계의 모든 하부체제의 총합이다. 여기에서 예술계의 하부체제는 예술가가 예술계의 일반 사람들에게 예술작품을 제시하는 틀framework이다. 그가 보기에 예술이 무엇인지 알기 위해서는 예술가, 예술계, 예술계 사람들, 그리고 예술체제화랑, 극장, 박물관 등이 무엇인지 알아야 한다. 수많은 용어들은 우리가 익히 알고 있기 때문에 익숙한 것들이 많고 그러한 것들은 새삼 달리 학습하지 않아도 이해의 폭을 좌우한다.

대중문화의 경우, 어떤 배우가 좋은 배우로 인식되는 것은 사람들에게 지지를 받았을 때이다. 이는 반드시 영화 흥행이 잘되거나 높은 흥행률을 기록해야 하는 것은 아니다. 작품성으로 인지를 받을 수도 있고, 많은 관객이 드나든 작품의 주인공일 수도 있다. 의미 있는 작품을 연출했거나 대중 흥행 작품을 만든 제작자나 연출자들도 마찬가지다. 의미 있는 공간에서 전문가의 높은 평가를 받았다면 이는 대중예술이라는 제도적인 틀에서 가능한 것이다. 많은 대중이 찾는 곳이나 눈길을 많이 주는 곳에 보여질수록 대중예술작품이라는 평가를 들을 수 있다. 이를 대중문화예술계라고 할 수도 있고, 방송연예산업계라고 할 수도 있다. 연출자, 제작자, 스태프, 배우, 방송인, 관객, 시청자, 작가, 연예기자, 대중문화평론가,

---

8   George Dickie, *Art and the Aesthetic*, Ithaca, NY: Cornell University Press, 1974, pp. 34-36.

엔지니어 등 다양한 이들이 대중문화예술계와 방송연예산업계를 형성하고 있다. 이러한 세계에서 통용되는 것일수록 대중문화예술 장르의 대상이 된다. 이런 세계의 통념이 허용하지 않는 것은 다른 장르의 영역에 머물러야 하는 상황이 된다.

1907년 사설극장인 광무대와 단성사가 설립되면서 근대 경성의 연예계가 성장하기 시작한다. 특히 연예인에게 활동무대를 제공하고 수익금을 사회사업에 쓸 목적으로 '연예 단성사'가 설립되었다. 연예演藝는 펼 연演에 재주 예藝 자이다. 재주를 펴는 사람을 모두 연예인으로 지칭한다. 여기에는 춤, 노래, 곡예, 극, 만담 등을 모두 포괄한다. 연예인演藝人은 연예를 하는 사람들로 배우俳優, 가수歌手, 무용가舞踊家 · 댄서 등이 여기에 속한다. 연예라는 말이 쓰이던 1907년 당시의 연예인이란 기생을 뜻한다[9]는 지적도 있지만, 극장을 중심으로 한 관련된 연희자들을 가리켰다.[10] 예컨대 판소리를 하던 이들이나 창극을 하던 이들도 연예인들이었다. 연예계는 바로 이 극장을 중심으로 관련되어 있는 세계를 가리켰다.

오늘날 SBS「한밤의 TV연예」, KBS「연예가중계」, MBC「섹션 TV 연예통신」이라는 이름의 지상파 방송 프로그램을 볼 때, 한국의 대중문화계가 1907년 당시 연예계의 계보를 잇고 있음을 알 수 있다. 단성사는 공연과 영화를 결합시켰고, 전통과 현대의 가교 역할을 했다. 클래식과 팝 컬처의 가교 역할을 했고, 방송사들의 본격적인 출범에 이르기까지 이 역할은 계속되었다. 1993년 영화「서편제」는 임권택이 이청준의 소설을 영화화한 것으로, 단성사 개봉 당시 서울에서 196일 동안 백만 관객을 동원했다. 서편제의 OST는 한국영화사상 최초의 정식 오리지널 사운드 트랙이었다. 하루 6회 상영이 이루어지는 단관 개봉만으로 200만

9 박은경, 「단성사 100년 비화 1」, 『신동아』, 2001. 5. 1(통권 500호), pp. 520-527.

10 예컨대 단성사는 일제 강점기 하에서 해체 기로에 선 조선왕실 군악대 70여 명 전원을 흡수했다. 관현악단석은 영화홍보를 위해 극장 전면 발코니에 배치됐다. 지금도 당시 발코니가 건물 입구 간판 뒤에 남아 있다. 이곳에서 악단 나팔수가 나팔을 불면 그 소리가 서대문까지 퍼져나가 극장으로 사람들을 불러 모았다. - 박은경의 자료 참조

관객을 모았다. 당시 백만은 지금의 전국 천만 이상의 의미를 가지고 있었다. 당시 김영삼 정부가 "한국적인 것이 세계적인 것이다"라고 내건 세계화 담론과 민족주의가 절묘한 접점을 보이고 있었다. 「서편제」의 성공으로 한국영화는 산업적 가능성을 확인할 수 있었고, 본격적으로 영화산업이 크게 부흥을 이루게 된다. 「쉬리」와 「실미도」 그리고 「공동경비구역 JSA」, 「괴물」 같은 작품이 나올 수 있는 기폭제가 되었다. 자본의 투자와 제작이 일어나고, 결국에는 멀티플렉스라는 전대미문의 복합문화공간이 탄생한다. 역설적으로 그 복합문화공간 때문에 단성사 등은 무너진다.

오늘날에는 텔레비전을 중심으로 한 미디어가 매개성을 가지고 있고, 인터넷 디지털은 이를 더욱 확장하고 있다. 특히 포털은 대중연예계의 담론을 확산시킨다. 다만 아직도 방송미디어가 연예계의 콘텐츠 생산과 소비의 창구 역할을 강력하게 수행하고 있다.

5. 프래그머티즘과 대중예술미학

(1) 프래그머티즘과 미적 경험

프래그머티즘pragmatism은 실용주의로 번역되며, 현실적인 유용성을 중시하는 사상으로 간주된다. 그러나 프래그머티즘은 실제적인 쓰임을 중시하는 경제적 도구주의를 의미하지는 않는다. 이는 서양 철학사에서 중심을 이루어온 주지주의主知主義에 거리를 두고 인간의 실제 경험을 중심에 두는 학문사상이다. 어떤 이데올로기나 사상이 중요한 것이 아니라 사람들이 실제로 어떤 것을 느끼고 경험하며, 그것을 통해 삶을 꾸려나가고 있는가가 중요하다. 따라서 이러한 맥락은 현실적인 쓰임이나 적용에 매우 근접해 간다. 프래그머티즘 관점의 예술론은 사

람들이 지금 경험하고 있는 것, 그것이 예술의 출발이라고 말한다. 이는 결국 파
퓰러 컬처와 밀접하게 연결되는 지점이다. 이는 왜 미국의 대중문화가 대중적이
고 트렌디하며 현시대적인지 알 수 있게 한다.

존 듀이John Dewey는 "예술은 사람들의 경험 속에서 나온다."고 주장했다. 이는
윌리엄 제임스William James가 발전시킨 프래그머티즘에서 비롯된 견해였다. 그는
"어떤 예술품이 일단 고전적인 지위를 획득하면 그 작품은 왠지 모르게 그 존재
의 근원인 인간적 조건에서, 그리고 실제 생활의 경험 안에서 생겨난 작품이라는
인간적 결실들로부터 고립된다."[11]고 했다. 처음에는 고전작품들도 일상의 경험
에서 나온 것이었다. 그의 책에는 다음과 같은 대목도 있다.

> 가정용품, 텐트와 집의 비품, 융단, 매트, 그릇, 활, 창 등이 즐거움 속에서 만
> 들어졌다. 그런데 오늘날 우리는 그러한 것들을 찾아내 우리의 미술관 내의 명
> 예로운 곳에 비치한다. 그러나 그것들이 만들어진 본래의 시간과 장소에서 그
> 러한 사물들은 일상생활의 과정을 가치 있게 하는 고양물이었다. 그것들은 별
> 도의 장소에 유리되어 가두어지지 않았고, …… 용감함, 종족 구성원, 신의 예
> 배, 사냥, 전투의 표식이었으며, 삶의 흐름을 강조하는 모든 율동적인 것의 일련
> 의 상징이었다(p. 22).

그는 "진실로 한 경험은 활력으로 고양되는 것이다."라고 했으며, "경험은 개
인적인 감정과 감각 안에 갇혀 있는 것을 의미하지 않고 세계와의 활발하고 민첩
한 교체를 의미한다."고 보았다. 만약 감각이 자신 안에 있다면 그것은 진정한 감
각이 아니다. 그리하여 "최고의 경험은 자아와 대상과 사건의 세계 사이의 완전
한 상호 침투를 의미한다."고 본 이유다. 그렇기 때문에 "경험은 한 생명체가 사

---

11   존 듀이, 『경험으로서의 예술』, 제1장 생명체, 이재언 옮김, 책세상, 2003, p. 17.

물의 세계 내에서 투쟁하고 성취함으로써 실현하는 것으로 예술의 맹아이다. 경험은 초보적인 형식에서조차 미적 경험이라는 유쾌한 지각에 대한 전망을 안고 있다."라고 했다.[12] 경험은 우리가 직접 접하고 느끼고 향유하는 것이다. 경험한 것은 다시 예술로 반영되고, 다시 경험을 만들어낸다. 그 경험은 관념적인 것이 아니라 우리의 지각과 몸을 통해 바로 동시간적으로 이루어지는 것이다. 이러한 점은 바로 팝 컬처와 밀접하다.

이러한 존 듀이의 프래그머티즘 관점의 대중문화론은 프래그머티즘 미학pragmatist aesthetics의 관점에서 좀 더 살펴볼 필요가 있다. 여기에서는 리처드 슈스터만의 관점을 확장해 살펴볼 것이다.[13]

(2) 대중예술미학의 연구주제

리처드 슈스터만Richard Shusterman은 "우리는 고전적인 주제들만이 아니라 새로운 문화적 주제들에 대해서도 다루어야 한다."고 했다. 특히 대중문화와 트렌드에 관한 예술적 시각이론과 실천에 대한 주목도 필요하다는 것이다. 이론과 경험을 모두 심화·계승시키기 위해 대중예술미학은 전통적 철학과 미학의 추상적 논증과 일반화된 양식에 함몰되면 안 된다.

대중예술미학은 구체적인 예술작품들을 대상으로 작업을 하고 그것을 다시 분석해야 한다. 이러한 점은 대중예술미학이 단순히 비평이나 분석론적 관점에서 미학을 논의하는 것이 아니라 구체적인 내용, 즉 요즘말로 하면 생산자와 수용자의 시각에서 구체적으로 접근하는 노력들이 필요한 콘텐츠를 담고 있어야

---

12 존 듀이, 『경험으로서의 예술』, 제1장 생명체, 이재언 옮김, 책세상, 2003, p. 42.

13 리처드 슈스터만, 『프래그마티즘 미학: 살아 있는 아름다움, 다시 생각해보는 예술』, 김진엽·김광명 옮김, 북코리아, 2009 참조.

한다는 것을 말한다. 고급예술과 저급예술이 서로 강제적이고 배척적인 차원에서 경원시되거나 적대적인 관계가 되는 것이 아니라 교차의 지점에 콘텐츠가 있으며 그것이 새로운 세기의 대중문화적 양상이기 때문이다.

아도르노Adorno, Theodor Wiesengrund와 같은 비판철학적 시각에서 대중미학 혹은 콘텐츠에 대한 분석은 금욕적이고, 비관적이며, 엘리트의 향기가 너무 짙게 배어 있다. 물론 그의 논지를 마르크시즘 자체의 문제만으로 규정하기에는 미흡한 점이 있을 수 있다. 일정한 방향으로 문화를 이끌어 가려는 철학사조에서 보편적으로 등장하며, 이는 플라톤의 『국가론』에서도 이미 드러났다. 이런 논의들은 자칫 현실에는 내려오지 않고 속세를 떠나 사찰에서 도를 닦는 승려들의 행보를 보는 듯하다. 반대로 콘텐츠 수용과 제작에는 현실적 · 세속적이고, 긍정적이며 일반 서민적인 태도가 필요하다.

그러나 무조건 대중예술-대중콘텐츠를 옹호하거나 긍정할 수만은 없다. 왜냐하면 그것이 갖고 있는 근본적인 한계와 약점이 분명하기 때문이다. 또한 그 자체가 완벽할 수 없다. 약점과 한계를 지적하는 것과 함께 강점 그리고 한계를 넘을 수 있는 가능성까지 같이 짚어야 할 필요성은 언제나 있다.

기존 문화예술 연구는 추상적이고 때로는 관념적이면서 근본적인 관점에서 벗어나지 못하고 만다. 구체적인 작품들과 그 작품들이 담고 있는 내용들이 사람들에게 어떤 반응을 일으키며, 그것이 주는 효과에 대한 지나친 선입관과 전제에 얽매여 버린다. 대중예술과 콘텐츠에 대해서 관심이 없기도 하거니와 실제적으로 적용할 수 있을지 많은 의구심을 낳기도 한다. 이제 대중문화예술 연구는 이러한 그동안의 한계들을 벗어나는 역할을 모색해야 한다.

(3) 대중예술미학의 기본 성격: 무한 생성

대중예술은 때로는 가볍고, 실용적이며 그에 따라 상업적이고, 비고전적인 것으로 규정된다. 한편으로 가벼운 것에서 무거운 것이 축적되고, 비실용적인 것에서 실용적인 것이 모색되며, 비상업적인 것은 상업적인 차원의 콘텐츠를 낳는다. 무수한 실험이 자율적·동시다발적으로 이루어질 때 그 가운데에서 새로운 고전은 탄생한다.

아무리 훌륭한 인물도 처음에는 조악하기만 했다. 하나의 거장 혹은 명작이 나오기까지 서투르고 거친 작품들이 사람들 앞에 선을 보였고, 선택·지지되는 가운데 명작의 반열에 오르고 시간의 흐름 사이에 전문가들도 학문적 체계 안에 받아들이는 일은 드문 일이 아니라 일반화되는 진리이다.

수십 년 동안 좋은 작품들을 보고 느끼고 향유한 세대들에게 새로운 문화들은 언제나 조악하고 부족해 보인다. 이러한 완성도 차원의 접근에서는 새로운 감수성과 경험 그리고 시도들을 제대로 인지하지 못하고 만다. 애초에 새로운 문화적 현상에 대해서는 주의를 잘 기울일 수 없을 정도로 신체의 집중력과 에너지가 결핍되어 가기 때문에 더욱 그러하다. 문화는 끊임없이 이런 세대의 성장과 교체를 통해 좀 더 나은 모습으로 진전되어 간다. 그러는 사이에 클래식과 팝 컬처는 끊임없이 생성·변환된다. 대중예술미학은 고정이 없다. 고정되는 순간 대중예술미학이 아니라 전통문화이거나 클래식이 되기 때문이다. 거꾸로 아무거나 대중예술이라고 할 수도 없다.

(4) 대중예술미학의 유기체성

고급예술을 옹호하는 사람들은 사람이 다른 생물들과 많이 차이 나는 점에 주목한다. 그래서 저급의 문화가 분명히 존재한다고 말하며, 그 저급의 문화가 바로 대중문화와 밀접하다고 말한다. 이는 대중문화예술이 본능과 감각에 의존하는 면이 강하기 때문이다. 하지만 이러한 문화주의적·문명적 관점은 이 때문에 인간이 생명 혹은 유기체라는 사실을 간과한 설명이다. 존 듀이가 말했듯이 인간은 감각을 지닌 생명체이며 그 생명체의 생존을 위해 분투하는 노력이 바로 예술의 자양분이다. 예술은 그 생명체의 유기성에서 출발한다. 다만 그 수준이 금수의 수준에 머무는가 아니면 그 단계를 벗어나 좀 더 인간의 단계까지 도달하는가에 따라 평가에 층위가 생긴다. 즉 인간의 생물학적 생리와 리듬은 결국 자연의 생물학적 생리와 리듬에 맥을 같이한다.

다만 그러한 생명적 혹은 인간으로 말하면 신체 리듬은 과학적·예술적으로 정교화된다. 따라서 예술은 생명 혹은 유기체가 주변과 상호작용하는 가운데 도출하는 것이고, 그것의 가장 완성된 것이 인간이 만들어낸 문화예술이다. 하지만 자연적인 미가 모든 아름다움을 대표하는 것은 아니다. 이 때문에 칸트의 미학적 자연주의는 환상일 수 있다. 칸트는 형식의 지속적인 속성에 초점을 맞추어 미학을 논한다. 미는 선과 마찬가지로 순수한 내재적 가치, 그 자체로 비도구적인 목적이다. 칸트는 이를 '무관심성'이라고 했다. 어떤 동기나 욕망도 없이 그 자체로 아름다움을 지닐 때 그것을 미적이라고 보았다. 만약 정감이나 정서, 감각적인 즐거움에서 비롯한 아름다움은 진정한 미가 아니다.

중요한 것은 인간은 감정과 감각이 살아 있는 생명, 유기체라는 사실이다. 대중예술은 직접적으로 경험을 가능케 하며 그러한 경험을 통해 살아 있음을 느끼게 한다. 더구나 그러한 살아 있음은 상위의 예술 목적을 성취하도록 만든다. 이럴 때 예술은 도구적이면서 방편이 되는가 하면 그 자체가 목적이 되기도 한다. 추수하면서 부른 민요나 노동요는 사람들의 마음을 어루만질 뿐만 아니라 생산성을 높이기도 한다. 또한 사회적인 유대와 공동체의식을 함양한다. 일요일에 방송되는 「전국노래자랑」의 경우도 마찬가지다. 일요일에 사람들은 그 프로그램에 참여할 뿐만 아니라 노래자랑을 참관하면서 일주일 혹은 오랫동안 쌓인 피로를 푼다. 이는 새로운 일상의 노동의 나날에서 잠시 피로회복제를 취하는 것과 같다. 노래자랑은 자신의 가족만이 아니라 지역의 연대와 정체성을 더욱 부각시키거나 강화시킨다.

대중미학은 이렇게 사람들 사이에서 끊임없이 움직이는 가운데 생성된다. 그렇기 때문에 대중문화의 미학은 인간 희로애락의 감성적인 영역을 이성의 영역보다 중시하며, 상대적으로 이성이나 합리성과는 거리를 둔다. 이 때문에 이성과 합리성을 강조하는 추상적 영역보다는 신체 활동이 일어나고 매개 고리 역할을 수행하는 몸에 대해 더 주목한다. 이때 일어나는 미적 쾌감은 정신적인 즐거움 이전에 육체적으로 생동감을 일으킨다.

(5) 대중예술미학의 경험성

미적 쾌감에는 경험이 중요하며 그 경험은 관념 속에서 얻어지는 것이 아니라 실제의 현실reality에서 갖게 되는 것이다. 현실은 하나의 법칙으로 수렴되거나 법칙으로 분석되는 것이 아니다. 그것은 다양하게 존재한다. 이성적인 관점에서 고급문화를 옹호하는 이들은 문화예술도 과학적인 방식으로 분석하고 정립시키려 한다.

물론 고도의 사유체계를 원하는 것이 필요하기는 하지만, 그것이 반드시 과학화를 의미하는 것은 아니다. 사유는 단순히 논리와 수리적으로 정교하게 정립되어야 그 의미를 갖는 것은 아니다. 과학적인 경험은 인간이 스스로 현실과 마주 앉아서 체험하는 것이 아니기 때문에 인간 유기체가 직접적으로 경험하는 문화예술과 비교할 때 미흡하다. 직접적인 즐거움이 내재된 문화예술은 자연스러운 것이며 과학은 그것으로 안내한다.

대중예술의 미학은 정해지고 구획화된 틀에서 끊임없이 벗어나는 것이다. 예술과 일상의 삶을 융합시키고 그 가운데에서 끊임없이 창작행위가 일어난다. 육체와 마음, 물질과 관념, 사고와 감정, 형식과 내용, 인간과 자연, 자아와 주변 환경, 주관과 객관, 수단과 목적을 나누는 이분법을 벗어나는 곳에 대중문화예술이 존재한다. 구획과 구분이 아니라 일상성 속에서 구체적인 경험을 통해 사물과 대상이 연결되어 있다는 것을 더욱 중요하게 생각하기 때문이다. 일상의 삶을 더 증진시키는 전체론적인 시각을 갖는 것이 대중문화예술이다.

　대중문화콘텐츠는 쉽게 만들 수 있는 것처럼 보인다. 하지만 흥행 콘텐츠를 만드는 사람도 실패하는 일이 많다. 하물며 법칙이나 진리를 인식한다고 해도 그것이 대중적 흥행과 거리를 두는 이유는 무엇인가? 그것은 지속적으로 경험 속에서 진리와 법칙이 검증되어야 하기 때문이다. 현실은 끊임없이 물적 토대의 흐름에 따라 경험의 양과 폭이 변화한다. 대상이 변하지 않고 고정되어 있다는 생각은 대중문화콘텐츠를 바라보는 시선에서 제외해야 할 것이다. 파스타를 맛있게 먹는 것은 선험적 진리에 그 미학이 있는 것이 아니라 사람들이 파스타를 맛있고 즐겁게 먹는 데 있다. 음식을 만들고 먹는 일련의 경험은 대중문화콘텐츠의 제작과 유통 소비와 맞물려 있다.

(6) 대중문화예술미학과 융합성

　미적 장르의 분류와 고정은 지각을 제한하고 창조적 활동을 제약한다. 이는 순수한 아이디어나 표현을 가로막는 장애가 된다. 객관적인 방식으로 분석하고 구획·분별하는 매우 엄격한 탐구는 오히려 예술이 가진 본래의 가치와 의미를 텅 빈 형식적인 틀에 가두는 셈이 된다. 이럴 때 예술이라는 제도에 따라 예술적 지위가 부여되는, 그야말로 인공의 가공물에 그치고 만다. 물론 그 인공 가공물에서 진정으로 예술로 간주될만한 것에 대한 관심은 적어지게 마련이다.

　미적 정서와 일상의 정서는 대중문화예술을 통해 구현되고 공유된다. 미적인 즐거움은 대상을 구분하고 분석하는 가운데 나오는 것이 아니라 일상의 경험들을 풍부하게 통합하는 가운데 더욱 차별화된다. 물론 이 미적 경험은 일상 속의 단순한 심리적 요소들보다 더 크게 아우르도록 만든다.

　대중미학을 비판하는 이들은 가치중립적인 진리를 우선시한다. 그것은 가치중립적인 무엇인가를 위해 대중문화를 재구성하는 것이다. 이는 예술의 가치를 한층 풍부하게 일상의 삶에 적용시키는 것은 아니다. 대중문화에서 중요한 것은 진리나 법칙, 명제가 아니라 삶에서 얻는 경험의 담김과 소통 그리고 느낌이다. 물론 그 가운데에서 중요한 것은 생물과 인간의 근본적인 본성과 생리다.

(7) 대중예술미학의 목적성

예술은 그 자체가 목적이 될 수 없어 보인다. 그것은 인간이 만들어낸 수단, 방편이다. 고급 문화예술론자들은 문화예술의 고유한 목적성을 중요하게 고려한다. 문화예술주의자도 마찬가지이다. 이른바 자율론이 핵심적인 사고이다.

하지만 이러한 논리에서는 예술의 고유한 가치와 그것의 자율성을 더 중요하게 생각하기 때문에 막상 그것을 만들어낸 인간을 소외시킨다. 인간을 배제하기 때문에 다수의 사람들이 선호하는 콘텐츠일수록 천박하고 질이 낮은 것이 된다. 이러한 경향은 소수의 취향을 범접할 수 없는 진리의 소유자들로 만들어버린다. 이른바 '백로효과'를 마치 선지자적인 절대의 깨달음이 지배하는 영역으로 신성화한다.

그러나 대중문화예술은 직접 경험을 통해 자신과 자신의 주변을 개선하거나 삶을 더 의미 있게 변화시키는 수단 혹은 방편의 역할이 크다. 따라서 더 많은 사람들에게 변화의 소지와 여유로움, 만족감을 줄수록 그 가치를 인정받게 된다. 대중문화예술은 되도록 많은 사람들에게 통합되려 한다. 그것이 아무리 독립영화나 마니아 문화에서 시작되었어도 끊임없이 많은 사람들을 포용하고 외연을 확장시키려는 가운데 자신의 정체성을 유지 · 확장한다.

(8) 대중예술미학의 확장성

문화예술의 고고함을 주장하는 사람들은 자신의 주변 사람들을 제외하고 자신의 영역을 좁게 전문화하고 자신의 논리들을 예리하게 가다듬는 데 치중한다. 그 예리한 칼날은 결국 다른 사람이나 견해, 작품의 세계를 헤집고 자신의 영역을 확실하게 지키기 위한 수단이 된다. 결국 자신을 위한 칼이 되며, 결국 그 칼에 생산자와 수용자는 소외된다.

다른 사람들의 구체적이고 작은 노력을 외면하고, 심지어 배척하는 가운데 이루어질 수 있는 작업은 예술을 구획화·원칙화하는 것이다. 이러한 작업들은 갈수록 현실의 구체적인 일들을 반영하지 않기 때문에 삶에서 멀어진다. 삶에서 멀어지는 미의 추구는 황폐화된 사막과 같다. 사막 속에서도 오아시스가 있겠지만 수많은 사람들의 희생에서 그 오아시스는 가치를 발휘한다. 오아시스는 너무나 잔인할 뿐이다.

그러한 미학적 태도는 가요와 영화, 연극, 드라마, 예능 프로그램에서 멀어지게 한다. 랩이나 재즈, 발라드보다는 클래식 음악을 음악의 정수이자 본령이라고 여기게 하고, 그러한 다종다양한 음악을 즐기는 이들을 저급한 사람들로 규정하게 한다. 그것은 결국 문화예술을 하나의 수단으로 삼는 것이며, 자신의 사회적 지위와 지식정보의 양을 과시하기 위한 방편으로 사용된다. 그런 고전적이면서 일부에 한정된 문화예술론은 수많은 사람들의 문화예술적 감수성을 무시하고 그들 스스로 절망해 역설적으로 대중문화에 더욱 집중하게 한다.

이는 일반 사람들만 그러한 것이 아니다. 예술에 대한 고정적인 인식이 있고, 그것을 추구하는 예술가들일수록 일반 삶의 경험에서 멀어져만 간다. 그것은 자신의 예술에서 소외되는 것이 다른 사람들의 삶에서 멀어지는 것이며, 결국 자신의 삶과 예술에서 스스로 유배되는 것이다.

결국 자신의 아주 예민한 성격과 그에 따른 협소한 영역으로 자신을 가둔다. 물론 그것은 간혹 예술가들 사이에서 큰 인정을 받을지 모르지만, 그것이 많은 사람들에게 공유되기는 어렵다. 자신과 평단의 몇몇에게는 일거리를 주거나 그들의 정체성을 유지하게 하지만, 많은 사람들에게는 아름다움으로 인한 즐거움을 주지는 못하며 삶의 풍요로움에도 기여하지 못하고 만다.

결과적으로 문화 엘리트들도 자신이 살기 위해서는 끊임없이 구체적인 경험을 해나가야 하고 많은 이들과 공유하면서 외연을 확장시키는 노력을 계속해야 한다. 그렇지 않다면 상상력은 제한되고 나올 수 있는 작품은 한정된다. 스스로 나오는 즐거움과 상상력의 자유가 없는 예술가의 삶이란 우울하다.

(9) 대중예술미학의 사회경제적 관계성

자연스러운 미적 즐거움과 감정의 정화를 바라는 인간의 욕구를 외면하는 것은 일상의 삶을 메마르고 황폐하게 만든다. 오히려 그것은 일반 사람들 위에서 권력과 제도를 장악하려는 이들에게 좋은 명분이 된다. 이는 고급예술이라는 이름으로 막강한 지지와 후원을 영구적으로 보장받는다. 그러한 평가와 지위를 보장받으면 일반인들의 현실을 반영하지 않아도, 그들을 위한 실제적 경험들을 외면하여도 그것들은 철회되지 않는다.

특히 자신의 문화적 향유를 다른 계급이나 계층과 차별화시키는 이들은 절대적으로 자신의 감각적 경험에서 오는 즐거움을 억제하고, 이른바 금욕적인 태도를 통해 자신의 취향을 진리화하면서 독보적인 위치를 점하려 한다.

타락하고 저급하게 물든 세상에서 자신들의 문화적 영역을 지키기 위해서는 갈수록 자신들의 영역을 좁힐 수밖에 없다. 확장할수록 물들 소지는 너무나 많기 때문이다. 그러나 이는 자신을 지키기 위한 것일 뿐 다른 이들의 좀 더 나은 삶을 위한 것이 아니다. 이럴 때 공동체와 민주의 가치는 사라지게 된다. 더구나 문화예술적 개혁은 생각할 수도 없다. 오로지 자신을 지키는 것만이 혁명이라고 생각하는 전도적인 현상도 일어난다. 변화는 없고 보수와 정체 그리고 퇴행만이 기다린다.

　대중문화는 역사적·사회문화적 차원의 이해 없이는 불가능하다. 이 때문에 한류가 불어도 그것이 지속화되는 데는 여러 가지 어려운 점이 많을 수 있다. 드라마「선덕여왕」이 한국에서는 인기가 높아도 중국이나 일본에서는 인기를 끌지 못하는 것은 이 같은 맥락에서 바라볼 수 있다. 한국영화가 국내에서 천만 관객 동원에 성공해도 해외에서 좋은 반응을 얻기 어려운 것도 마찬가지다. 한번 성공한 콘텐츠를 흉내 내어 수출할 수 없는 것은 본질적인 역동의 경험체계 때문이다.

　그러나 대중문화를 역사적·사회문화적 차원에서만 보는 것도 지나치게 협소한 것이 된다. 단순히 홀로 자율적으로 존재하는 것이 아닌 바에야 사회경제적 혹은 정치적 요소들과 맞물리는 것은 물론이다. 또한 수많은 개인적·사회적 활동과 언어의 교차 속에서 형성되고 그 언어에는 상징과 인유의 추상적인 사고 과정이 개입하는데, 그것은 물질적 토대와 인간관계 속에서만 성립할 수 있다.

　고급예술품은 그 자체가 많은 사람들에게 즐거움이나 만족감을 주는 것이 아니라 그것이 고가라는 사실 때문에 더욱 중요하게 취급되고 만다. 그러한 유형의 작품들은 그 자체의 정체성과 지위가 아니라 팔리기 위해 존재하게 된다. 예술적 생산은 사회적 연관이나 흐름과는 무관하게 흘러가게 된다. 주변화·고립화되어 가는 가운데 작품의 고유성만 강조하게 되고, 그 자신의 작품이 만들어낸 옹성에서 농성하게 된다. 간혹 그 농성을 인정해주는 선지자가 있을 수 있지만 그것은 가뭄에 콩 나는 듯이 고급 갤러리들의 상품성 판단에 의존해야 한다. 예술은 흔히 금전적인 이익과는 구별되어야 한다는 명제는 이러한 예술적 행태들을 합리화해준다. 대중과 거리를 두고 사회적 흐름과 이격되는 것이 마치 자신의 작품을 잘 구축하는 것이고 예술의 본령인 것으로 여기는 것이다. 그럴수록 한층 더 구석으로 몰리고, 특수한 작품이 되고, 난해한 것이 된다, 구석지고 특수하고 난해한 작품을 선호하면서 자신의 유니크한 면을 부각시키려는 평자들이 선호하는 가운데 일반인들을 단지 그것이 돈이 될지 모른다는 문화 권력의 담론에서 관심을 갖거나 진가를 알아본 척한다.

스스로 가지는 경험의 양태들을 절연시켜서 자신만의 고유한 영역에 한정시키는 것은 삶과 예술을 서로 고립시킨다. 이러한 것에 복무하는 이론들은 사물과 대상의 참되고 필연적인 본질을 보는 순수 이성의 절대적인 면을 발견하는 것이 아니라 관습과 제도화에서 구성된 것들을 확인할 뿐이다. 이는 구성된 것이므로 특권화된 진리의 지위를 고수하고 주장할 수 없다. 철학이 당대의 현실과 분리될 수 없듯이 대중문화예술은 더욱 그러하다. 유구한 문화의 흐름 가운데 당대의 감수성과 화두가 반영되어 있다. 그 감수성과 화두는 인간이 발을 딛고 있는 경제적 토대, 사회적 구조에서 분리될 수 없다.

(10) 대중예술미학과 즐거움의 미학

칸트는 무관심을 미학의 본질로 보았다. 보는 사람이 무관심의 경지에 있어야 한다면 결국 그것을 만드는 사람도 무관심의 경지에 이르러야 하는 것이 아닌가. 그렇다면 만드는 사람이나 보는 사람이나 감성이나 감정 그리고 의도를 전혀 개입시키지 않아야 아름다움이 성립된다. 이 같은 주장은 두 가지 문제를 발생시키고 만다. 하나는 일반 대중미학을 가치 없게 만든다. 즉 대중의 문화 향수 행위를 가치 없게 만들어버린다. 다른 한편으로 무관심의 반대, 즉 관심 있게 예술행위를 하거나 이를 받아들이는 사람들의 행위와 실천도 가치 없게 만들어버린다. 이는 근본적으로 문화는 사람들의 의미부여 행위가 기본 토대가 된다는 사실도 부정하는 결과를 낳게 된다.

삶과 예술을 분리하는 시각과 주장은 신체적인 움직임이나 욕구와 결부된 문화예술행위를 부정하게 된다. 이는 인간이 생물학적인 존재가 아니라 이성주의의 존재, 즉 신과 닮은 존재라는 사고에서 비롯된다. 결국 인간의 기본적인 성격을 부정하게 된다. 무엇보다 문화예술은 이성의 영역이 아니라 적어도 매개의 감성 영역이 강하다는 점도 인정하지 않게 된다.

이들의 특징 가운데 하나는 칸트와 같이 '쾌락'이 개입되는 것은 '아름다움'이 아니라고 본다. 그것은 아름답지 않은 것을 아름다운 것으로 착각하게 만든다고 했다. 그러나 고급예술을 통해서 느끼는 즐거움이 다시금 일반인들에게 전이된다면 그것을 다시 부정적으로 보는 경향이 생긴다. 즐거움은 비본질이 아니라 본질이다. 즐거움과 재미를 통해 교훈이나 도덕, 지식을 전달하는 것이다. 즐거움과 재미는 삶의 중요한 부분이며, 그것은 이미 비극적 운명을 선고받은 인간에게 살아갈 동력을 준다. 그것을 집중화시켜놓은 것이 문화예술에 반영되는 것은 삶의 양태에서 당연한 것이다.

사람들이 문화예술을 통해 동일시 감정을 느끼는 것은 그만큼 삶의 경험이 있기 때문이다. 유아용 콘텐츠에는 원초적인 내용들이 많다면, 차츰 성인용으로 진화할수록 다양한 삶의 내용들이 나온다. 그것에 대해 해석하고 이해하고 공감하는 것은 본능적이거나 정합적인 원칙 때문에 가능한 것이 아니라 삶의 경험 때문이다. 삶의 경험을 응축시키거나 그것을 쉽게 풀어내는 작업은 제작자의 몫인데, 그것은 결국 제작자의 경험에서 비롯하는 것이다. 비록 그 콘텐츠 안에 있는 내용을 경험하지 않은 수용자들은 그 콘텐츠를 경험함으로써 직접 경험성을 간접 경험성으로 대체할 수 있다.

그들의 과제와 의무는 행위의 맥락에서 의도와 감정, 그리고 동기가 있는 산재의 질료들을 결합하는 것이다. 그들이 만드는 콘텐츠에는 인식요소와 실천요소가 같이 들어 있는 셈이다.

결국 그들이 만드는 것 안에는 인간에서 시작해서 인간으로 끝난다. 신이나 동물을 다루어도 인간의 의도와 감정이 들어가야 콘텐츠의 호응력이 나올 수 있다. 「북극곰의 눈물」이나 「한반도의 공룡」이 한국인들에게 직접적으로 와 닿았던 것은 다른 해외의 다큐와는 다르게 한국인이 직접적으로 느낄 수 있는 인간적인 면모들이 많이 투영되어 있었기 때문이다. 직접적이고 감각적인 즐거움은 지적인 즐거움과 분리되는 것이 아니라 합일되어 있다. 그것을 두 개로 분리시키는 한 육체의 부정과 함께 그것과 연관되는 즐거움은 낮게 평가되고 배제된다. 그것은 인간을 타락시킨다. 예술 창조는 불합리하고 소모적이고 가치가 없다. 하지만 거꾸로 대중예술미학은 그것을 적극적으로 해왔고 앞으로도 할 것이다.

02

대중스타의 탄생과 역학의 구조

심희철 · 김헌식

1. 대중문화예술과 스타

문화는 사람의 흔적을 일컫는다. 동물의 흔적을 문화라고 하지는 않는다. 사람이 의미를 부여하는 모든 것은 문화가 된다. 그것은 학문이나 사상, 건축과 공예로 나타날 수도 있다. 문학은 사람의 마음 이야기이며, 철학은 마음의 법칙을 찾기 위한 노정이기도 하다. 그것들은 문화유적이나 문화유산, 문화적 전통이라는 이름으로 남는다. 다시금 다른 형태의 문화를 만들어낸다. 문화에는 사람들의 마음이 담겨 있다. 그 마음은 시간의 흐름과 더불어 축적되어 문화심리로 한 사회를 조율하고 재생산한다. 사회구성원들은 그 문화심리에 영향을 받는가 하면 다시 영향을 미친다. 이 때문에 각 사회문화 현상에는 각 사회의 문화심리가 작용한다. 이러한 문화심리는 단순히 그 자체로만 남는 것이 아니라 정치와 경제에 영향을 미친다.

결국 모든 것은 '사람'이 문제라는 말이 있다. 제도와 시스템을 갖추어도 사람이 그것을 움직인다. 객관적인 법칙으로 움직일 것 같은 경제도 결국에는 심리라는 말과 마찬가지이다. 동양 사상이 서양과는 다르게 인간관계에 대한 철학을 발전시켜온 것도 이러한 맥락에서일 것이다. 인간관계는 결국 사람의 마음을 주요 화두로 다룬다. 개인은 물론 가족, 공동체, 나라를 움직이는 것은 사람의 마음이라는 사실을 현자들은 일찍부터 간파했다. 그 사람들의 마음이 집합적으로 담긴 것이 문화다.

대중문화나 팝 컬처에서도 사람이 만들고 사람이 움직이며, 결국 사람으로 드러나고 발현된다. 그 사람은 바로 스타이다. 스타는 사람이지만 사람이 아니다. 사람이 전적으로 아니어도 안 되고 스타가 완전히 사람의 모습만을 풍겨도 안 된다. 그들은 걸어 다니는 기업이면서 상품이고 브랜드이다. 그들 하나가 있음과 없음으로 인해 특정한 공간에 대한 주목도는 달라지고, 작품이나 상품 마케팅의 효과가 완전히 달라지기도 한다. 이는 그가 완전한 스타일 경우에는 더욱 그러하다. 그러나 이러한 스타에 대한 대중적인 관심이 많음에도 심도 있는 연구와 작업이 진척되지 못한 측면이 있다.

에드가 모랭의 '스타론'에 견주어 우리가 생각해야 할 대중문화 속의 사람, 캐릭터, 스타에 대해서 생각해본다.[1]

2. 스타는 심리적인 현상: 스타와 대중의 노예 변증법

스타는 독자적인 개성과 영혼을 지닌 존재다. 그러나 스타는 대중에게서 벗어

---

[1] 에드가 모랭, 『스타: 스타를 통해 본 대중문화론』, 이상률 옮김, 문예출판사, 2000 참조.

날 수 없다. 주인이 없으면 노예가 있을 수 없다. 노예가 있어야 주인이 존재한다. 노예가 많을수록 주인의 힘은 커진다. 주인은 점점 노예에게 의존하게 된다. 노예가 없으면 할 수 있는 일은 없다. 스타가 있어야 팬이 있고 팬을 통해 스타는 힘을 발휘한다.

우리는 미디어가 스타를 만들어낸다고 여길 수 있다. 그러나 상호작용의 가능성이 커진 인터랙티브 시대에는 그렇게 일방향적으로 스타가 만들어지는 것은 더욱 힘들어졌다. 영화의 기술적 · 미학적 특성이 직접 스타를 불러일으키는 것은 아무것도 없다. 스타를 만들어내는 것은 그것을 받아들이는 사람들이다. 사람들이 어떻게 받아들이는가에 따라 평범한 배우로 남거나 스타로 등극된다. 즉 스타는 심리적인 현상이 만들어낸다. 정치적인 이유 때문에 인위적으로 누군가를 뽑는 것이 아니다. 정략적인 선택에 따라 아니면 사회역학에 따라 인위적으로 만들어지는 것이 아니다. 사람의 심리는 보편적인 것도 있지만 지역이나 국가, 민족에 따라 달라지기도 한다. 문화권마다 다른 심리가 형성되기 때문이다. 문화심리 차원에서 스타는 다르게 형성된다.

할리우드 스타가 한국의 스타로 직결되는 것은 아니다. 스타에도 보편성 혹은 상대성이 존재한다. 할리우드의 스타가 반드시 한국의 스타가 아닌 것은 바로 심리적인 차이가 민족이나 국가 단위의 문화마다 다른 데서 기인한다. 또한 동아시아 지역과 미국이 다르고 유럽이 다를 수도 있고 같을 수도 있다. 똑같은 배우라고 해도 다른 지지를 받는다. 또한 반드시 스타가 멋지고 잘생겨야 하는 것도 아니다. 이는 싸이를 통해서도 알 수 있다.

스타는 영화의 본질에는 개입할 수 없다. 스타가 영화의 본질을 바꿀 수는 없다는 말이다. 스타는 영화를 이루는 한 부분이며, 스타는 영화가 규정한다. 스타가 모든 영화에서 대성공을 거두지 않는 것에서 드러난다. 영화만이 아니라 미디어가 제공하는 틀 안에서 스타들에 대한 환상은 대중 사이에 존재한다.

3. 스타와 영웅

신화는 상상의 행동과 이미지의 총집합체이다. 신화에 등장하는 인물들은 대개 신이면서 영웅의 모습이다. 신이나 영웅은 모두 보통의 인간을 뛰어넘는다. 인간은 반대로 결핍된 존재이며, 이 때문에 결핍되지 않은 사람을 원한다. 신은 결핍이 없는 존재이고 영웅은 최대한 결핍이 없는 존재로 보인다. 영웅은 본래 신과 인간 사이의 중간에서 자신의 영역을 확보해왔다. 그 영역에서 영웅은 인간이 아니라 신이 되기를 원한다. 현실에서 부딪히는 인간의 존재적 한계, 그로 인한 비극과 고통, 열악함에서 구원받기를 열망한다. 그것은 비단 자신의 의지만이 아니라 사람들의 열망을 받으며 그가 존재하는 이유이다. 더 이상 그는 혼자 그 상황을 극복하는 이가 아니기 때문에 영웅이다. 만약 사람들의 열망이 그에게 모아지지 않는다면 그는 영웅이 아니다. 영웅은 항상 사람들 앞에 선다. 신은 아닐지라도 사람들은 그를 신과 같은 존재로 만들려고 한다. 사람들은 영웅 속에서 신의 얼굴을 보려고 한다. 그는 신의 얼굴이 약간 있는 인간이다. 신과 인간의 모습을 하고 있는 영웅은 반신半神이다. 액션 영웅, 비극적 영웅, 사랑의 영웅, 모험의 영웅, 성공의 영웅 등 보통사람들이 하지 못하는 일들을 하면 그는 영웅이다.

영웅을 연기하며 스타는 영웅이 된다. 스타는 영웅을 넘어 신화적인 요소들을 자신의 것으로 흡수한다. 그러나 모두 이렇게 한다면 스타의 모습은 같을 것이다. 이 때문에 신이 다 개성을 가지고 있듯이 스타도 자신만의 개성을 신적인 모습에 덧붙여야 한다. 이는 보편성과 차별성이 갖는 특징이라고 볼 수 있다. 하늘이 아니라 인간의 세계에서 그리스 신화에서처럼 신은 하나가 아니라 여러 명일 수 있다. 인간의 감정과 욕망을 투영하고 있는 대상들이기 때문이다. 신은 신이 되 신이 아니다. 그들이 그러한 인간적인 면모를 가지고 있지 않다면 대중 속에서 오랫동안 회자되지는 않을 것이다. 신처럼 군림하는 모습도 대중문화 권력시대에 호응을 받지 못한다.

스타가 대중적 인기를 끌거나 사람들의 주목을 받을수록 그는 실제로 영웅이 된다. 남들이 이루지 못한 성공을 이루었다면 역시 영웅이 된다. 더 이상 그는 작품이나 콘텐츠 속의 영웅이 아니라 실제 영웅이 된다. 하지만 영웅은 계속 자신의 업적을 보여야 한다. 스타의 업적은 작품 활동이다. 작품 활동을 하지 않고도 영웅이 되려면 결정적인 작품을 끝으로 영원불멸의 존재로 생명을 그치면 된다. 살아 있는 한 스타는 영웅성을 연장하기 위해 끊임없이 시시포스의 신화가 되어야 한다. 대중은 하나에 만족하지 않고 끊임없이 요구한다.

4. 대중예술의 꽃: 여신

사랑 이야기는 가장 빈번하게 신화가 된다. 이상적인 사랑 이야기, 현실에서는 좀처럼 볼 수 없는 이야기들이 오히려 현실성을 지닌 이야기가 된다. 오히려 현실성이 있을 때 그것은 신화가 된다. 현실에 바탕을 둔 신화일 때 더욱 숭배의 감정을 불러일으킨다. 현실감이 없으면 그것은 영원히 환상에 머물 뿐이다. 신화적 사랑 이야기에 등장하는 인물들은 신이 된다.

신화 속의 사랑은 현실에서 일어나는 각종 장애를 쉽게 극복한다. 모든 것은 오로지 사랑을 위해서만 존재한다. 주인공들은 사랑하고 사랑받기 위해서만 그 존재의 의미를 찾을 수 있다. 사랑을 위해 부와 명예를 포기하고, 심지어 가족은 물론 자신의 삶을 버리기도 한다.

사랑 이야기에는 반드시 여성이 등장한다. 그 여성은 보통의 매력을 가져서는 안 된다. 사랑의 대상으로서의 여배우는 사람들의 마음을 휘어잡을 만한 몸매와 얼굴을 가지고 있어야 한다. 천성적으로 타고나는 것뿐만 아니라 후천적인 노력이 필요하다. 모태여신이 아니라 이후의 각종 연출과 부각 전략이 작용한다. 실제에서는 갈수록 각종 화장품은 물론 코디, 패션, 성형외과의의 솜씨가 중요해지고 있다. 개인적인 투자뿐만 아니라 스타시스템의 투자도 여배우의 미모 개선에 투자하고 집중해야 한다. 스타시스템은 타고난 미녀를 찾기보다는 자신의 기획대로 고쳐낼 수 있는 그러한 잠재성과 가능성이 많은 여성을 찾는다. 아름답다고 해도 자신들이 생각하는 기획과 아이템에 맞지 않는다면 배제한다. 그것은 단지 그들의 기획을 위한 욕망이 아니라 대중의 정서나 아름다움을 완성시키는 데 필요한 분장, 의상, 걸음걸이, 화법, 몸짓, 매너, 포즈 취하기 등의 기술을 끊임없이 만들어낸다. 진보이자 진화의 역사다. 그것이 실제적이든 그렇지 않든 결국 뛰어난 미모는 영화 속의 배역과 절묘하게 맞아떨어질 때 더욱 신화성을 갖게 마련이다.

그러나 현대는 인터넷을 비롯한 스마트 환경에 둘러싸여 있다. 여신이 만약 전적으로 자신을 신이라고 포장한다면 사람들은 금방 눈치를 챈다. 인간적인 매력을 가지고 있으면서도 우리와는 다른 존재이기를 바란다. 인간적인 매력이 없다는 것은 인간 자체를 이해하지 못할 뿐만 아니라 전적으로 그에게 바라는 꿈들이 덜 절실하게 반영될 것이기 때문이다. 여신은 이제 인간에서 출발하여 인간으로 돌아오는 반인간화된 존재여야 한다. 그렇게 신의 반열에서만 존립할 때, 그 신화의 허구성을 알았을 때 급격하게 붕괴된다. 사람들은 자신과 조금 나을 경우에는 그를 질투하고 시기하고 음해한다. 인간보다 뛰어나야 하는 것이 스타이지만 그 우월한 존재가 인간적인 허점이 있다는 것은 매력을 크게 향상시킨다. 하지만 허점은 큰 것이 아니라 작은 것이어야 한다.

5. 스타교(敎)

신은 아무 때나 인간에게 모습을 드러내지 않는다. 아무 때나 신이 보인다면 그 가치는 떨어진다. 신은 희소성이 그 존재론적 토대다. 희소성을 가질수록 접신을 한 사람들의 가치조차 올라간다. 아무데나 나오는 것은 스스로 신의 위치를 인간의 위치로 만들어버린다. 처음에는 좋아하지만 인간 스스로는 인간 사이에 있는 신을 긍정적으로만 보지 않는다. 신은 사람들의 선망을 받지만 결코 인간들 사이에서 존립할 수 없는 운명을 가지고 있다. 하지만 신이 전혀 보이지 않을 경우에도 신은 그 가치를 인정받지 못한다. 그 존재론적 가치 자체에 대한 의구심이 사람들 사이에서 발생하기 때문이다.

스타는 몸을 숨긴다. 이러한 것을 우리는 '신비주의 전략'이라고 한다. 그렇지만 항상 숨길 수만은 없다. 그러면 멀어진다. 스타는 사람들에게 자신들의 비밀스러운 이야기들을 흘려야 한다. 사람들에게 하나하나 정보를 줄 수는 없다. 그것은 주로 매스 미디어를 통해서이다. 미디어는 통제할 수 없을 때는 해를 주지만 적절한 활용은 스타들에게 필수적이다. 지나치게 신비주의에 빠져 있을 때 미디어는 그 신비주의 이면에 있는 정보를 꺼내려 한다. 미디어는 항상 굶주려 있는 동물과 같다. 적절하게 먹이를 주지 않으면 오히려 주인을 물게 된다. 또한 방송에 적절하게 출연하는 것은 존재감을 드러내준다. 그런 출연에는 반드시 이슈가 될 만한 것이 필요하다. 단순히 작품 홍보를 위해 의례적으로 나오는 것은 오히려 반감을 줄 수 있다.

그를 따르는 이들이 비록 소수일지라도 무리를 형성한다면 마침내 스타의 주위에서 종교의 싹이 형성된다. 곧 세상에 퍼뜨린다. 영화광과 스타 숭배자는 구별할 필요가 있다. 영화광은 영화는 많이 보지만, 스타를 좋아하지 않을 수 있다. 스타보다는 영화를 좋아하기 때문이다. 스타 숭배자는 영화를 거의 안 보거나 골라 보지만, 스타를 열렬하게 추종할 수 있다. 영화를 보면서 스타를 좋아하는 사람도 있을 수 있다. 스타를 좋아하면 영화를 좋아할 수 있다. 여기에서 영화는 드라마나 연극, 뮤지컬 그리고 음악으로 대체해볼 수 있다.

숭배하는 신자信者, 즉 팬은 잡지, 사진, 팬레터, 클럽, 순례, 의식, 영화제 등을 스타 숭배의 기본 수단으로 삼고, 때로는 그것 자체가 목표가 되기도 한다. 팬들은 스타를 갖고 싶어 한다. 그가 반영되어 있는 콘텐츠나 물건을 사면 그를 가질 수 있을 것이라 여겨지기도 한다. 하지만 스타에 대한 팬의 사랑은 소유하고자 하나 결코 소유하지 못하는 사랑이다. 신을 사랑할 수 있지만, 신을 소유할 수는 없다. 그것은 혼자의 것이 아니라 공유해야 하는 사랑이다. 만약 신을 소유하려 한다면 스토커가 될 위험이 크다.

스타에 대한 관심은 사랑이나 질투여도 단순히 선망하는 차원을 벗어나기 일쑤다. 매력적인 여배우일지라도 성적인 사랑의 의미를 벗어난다. 초월적인 인격체다. 성적인 욕망이 아닌 공유의 숭배적 사랑이 스타에 대한 사랑이다. 그렇지 않고 성적인 대상으로 여긴다면 팬일 수 없으며 그것은 그 스타를 스타로 여기는 것이 아니라 하나의 도구로 여기는 수준이다. 그렇기 때문에 스타는 잘생기거나 예쁘기만 하면 안 된다. 얼굴 자체도 날카롭거나 악역처럼 생겼으면 스타 위치에 오르기 힘들다. 동물적 욕망이나 낮은 욕망에 충만한 이미지여도 곤란하다. 이른바 가볍거나 천박하거나 교양이 없어 보이는 것은 스타를 선망하는 대중심리와 반대 지점에 있다.

팬 자신이 스타보다 낫다고 생각한다면 숭배는 일어날 수 없다. 팬은 자신이 낮은 존재라는 사실을 확실하게 인정할 때 그에 대한 숭배심리가 일어난다. 따라서 스타가 대단할수록 자신도 대단한 존재로 격상된다. 교도들은 자신이 숭배하는 신을 비방하면 극단적인 공격을 감행하기도 한다. 팬도 마찬가지다. 이러한 현상은 팬덤 현상을 통해 흔히 목격할 수 있다.

스타와 팬 사이에는 타인들은 알 수 없는 절대적인 신뢰관계가 만들어진다. 그것은 믿음에서 비롯한다. 또한 소망과 사랑이 함께 어우러져 있어 이를 쉽게 분리시킬 수 없다. 이러한 감정의 심리가 없으면 그들 사이를 이해할 수 없으며, 시기와 질투 그리고 무가치한 냉소 차원의 평가를 내리기 쉽다. 남들이 무엇이라 하건 간에 그들 사이의 이러한 알 수 없는 관계가 중요하다.

스타는 그 자체로 성스러운 멘토다. 스타는 이론을 이야기하지 않는다. 하나는 이미지이고 다른 하나는 그 삶의 성공 모델이다. 만약 스타가 성공하지 않는다면 사람들은 멘토로 생각하지 않을 것이다. 이른바 무명을 스타로 여기는 이들은 거의 없다. 그것은 그의 삶의 체험과 그에 따른 가치가 적다는 것을 의미할 수도 있다. 만약 체험과 가치가 충만하다면 그가 덜 유명하더라도 그를 따르는 팬덤은 존재할 것이다. 스타는 험난하고 고통스러운 인생을 살아가는 사람들의 가이드다. 스타는 충고나 조언 그리고 정신적 통찰이나 지혜를 주는 존재, 고통을 덜어주고 격한 감정을 가라앉히는 존재이며, 탁월한 정신적 지주이자 지도자가 된다.

스타를 숭배하는 이들은 그의 모든 것을 섭취하려 한다. 석가의 사리 조각 하나에 열광하는 신자나 예수의 흔적이 남은 천 조각에 열광하는 신자와 같이 스타교의 신자들은 스타에 관한 모든 정보를 알고자 한다. 그래서 가십성 기사들이 넘쳐난다. 비록 사소한 일들이라고 해도 그 자잘한 이야기들은 중요한 정보가 된다. 이러한 정보들을 통해 스타를 따르는 신도들은 더욱 늘어난다. 스타시스템을 성장시키는 거름이다. 물론 그 시스템 안에는 하나의 신만이 있는 것이 아니라 신의 캐릭터들이 존재한다.

무엇이라도 스타의 것이라면 자신의 것으로 만들려는 심리를 바탕으로 물신숭배의 심리가 작용한다. 스타의 손길이 닿은 모든 물건을 소유하고자 한다. 물건은 어느새 스타의 분신이 된다. 그가 버린 담배꽁초나 이쑤시개도 소중한 물건이 된다. 스타의 손길은 미다스의 손이다. 조금만 스쳐도 그것은 값나가는 물건이 된다. 하찮은 것이라고 해도 그것은 금방 생명력을 가지며 그것에 대한 가치는 증가한다. 이것은 물론 잔상이나 후광효과 덕분이다. 눈부신 물건이 아니더라도 일반인이 사용하면 하찮은 것이지만, 그가 사용하는 것은 매우 의미 있고 가치 있는 물건이 된다. 이는 스타의 물건에 연관된 페티시즘fetishism이다. 따라서 아무리 하찮은 물건도 귀한 물건으로 보인다. 좋은 물건은 더 좋게, 비싼 물건은 더욱 가격을 높게 만들어내는 것이 스타다. 만약 그러한 역할을 하지 못한다면 아직 그는 스타가 아니다.

예컨대, 스타가 수수하고 검소한 옷을 입어도 새로운 가치가 부여된 것처럼 그 옷은 귀중하게 보인다. 비닐장화에 불과한 레인부츠는 비싼 가격에 팔리고 낡은 청바지는 빈티지 상품이 된다. 이 때문에 스타가 입은 옷과 그가 걸친 장신구는 사람들의 유행에 다시금 영향을 준다. 지나간 유행이라고 해도 누가 하는가에 따라 유행의 흐름은 달라진다. 수수하다 못해 촌스러운 머리는 스타가 하기 때문에 따라 해도 된다는 심리가 생긴다. 스타가 한 머리모양은 이제 촌스러운 것이 아니라 최고의 스타일이 된다. 그래서 사람들은 스타가 하기 전에 자신이 했다고 우겨보기도 한다. 그러나 스타가 하기 전에 했다는 말은 별로 의미를 지니지 못한다. 본인이 아니라 스타 때문에 유행을 타게 된 것이기 때문이다. 하지만 그전에는 멋있어 보이지 않던 그 머리 스타일은 스타가 한 뒤로 갑자기 멋있어 보이기까지 한다. 평범한 이들이 새로 입은 옷은 낯설고 우스꽝스럽지만 스타가 입으면 그것은 프런티어의 창조적 작품이다. 평범한 이들이 하면 아무런 의미가 없지만 스타가 하면 무엇인가 고귀한 가치, 의미가 담겨 있는 것으로 보인다.

물건을 가지지 못하는 이들은 사진을 통해 대체수단을 취한다. 사진은 스타의 현신이며 언제나 그가 팬과 함께하고 있다는 증표가 된다. 단순한 사진이 아니라 그와 찍은 사진은 다른 이들에게 자랑거리가 된다. 선택받은 존재임을 증명하는 징표이기도 하며, 스스로를 다른 이들과 차별화되는 존재로 의미를 부여한다. 신의 공간에 마치 인간의 대표로 참여하고 있는 심리적 상태를 이룬다. 이제 인터넷 동영상의 스타들은 영원히 생생한 느낌을 간직하고 있다. 물론 그것은 영상의 연출미학을 통해 구성된 스타의 이미지 연동체이다.

종교나 신화의 담론에서 벗어나 인간적인 관점에서 팬덤을 분석하자면, 관객과 팬은 자신을 매우 왜소하고 외롭다고 느끼며 스타는 매우 크고 당당하게 여긴다. 관객은 자기가 되고 싶은 그 존재를 숭배하는 자가 된다. 현실에서는 자신이 우월하고 뛰어난 사람이 되지 못하니 다른 대상과 동일시하고 숭배자가 되는 꿈을 꾼다. 이것은 10대에게 강렬하게 나타날 수 있는 점들이다. 그 대상이 스타이며 스타를 항상 찾아다닌다. 사진, 동영상, 가십, 기사, 소식, 뒷담화는 실존을 대신하는 존재이다. 이것들은 모두 심리적으로 간접 체험하는 외적인 수단이 된다.

스타의 신성神聖이 개화하는 곳은 감정이 순진하고 열렬하게 발효하는 곳, 즉 젊은이와 여자들이다. 팬의 70~80%는 20대 이하의 여성이다. 이런 여성 우위는 스타시스템의 여성심리적 성격을 부여한다. 신격화는 여성 스타에 대해 행해진다. 여성 스타 쪽이 만들어내기도, 미화시키기도 쉽고 현실감이 없고 숭배되기도 쉽다. 하지만 여성은 남성보다 더 신화적인 소재이자 대상이 된다.

여성은 존재 자체가 날 때부터 남성보다 스타다. 스타 여성에게 치중하는 것은 이러한 맥락에서 이해할 수 있다. 물론 여성이 숭배하는 것은 남성 스타다. 남성도 남성 스타에게 무관심하지는 않다. 액션 영웅을 생각하면 남성들은 더 많은 동일시의 심리를 가진다. 그러나 남성에게 남성 스타는 우월한 초월의 인격적 존재라기보다는 세속적인 모델에 가깝다. 남성들은 남성 스타를 좋아하기는 하지만 경배하거나 숭배하지는 않는다. 하나의 닮고 싶어 하는 대상이라는 인식을 갖기 쉽다. 대부분의 경우, 남성 스타들은 남성들에게 경쟁의식을 불어넣어줄 뿐이다.

스타는 속과 성, 숭고와 현실, 미학과 주술 사이를 오간다. 스타 숭배는 신비적 성격에도 불구하고 세속적이다. 팬클럽, 잡지, 선물 등이 스타 숭배의 수단이며 성당, 성서, 공물 등이 아니다. 신격화의 모든 과정은 그런 세속적인 형태들로 이루어진다. 스타는 생활과 꿈이 혼합된 재료로 만들어진다. 스타는 신과 같은 존재로 모든 것이면서도 아무것도 아닌 존재이다. 스타는 신이며 관객은 스타를 그러한 존재로 만든다. 그러나 스타를 준비하고 요리하고 가공하고 제공하고 만들어내는 것은 스타시스템이다. 스타의 재료는 외모, 끼, 재능, 능력, 열정, 젊음이다. 스타시스템이 없다면 그 재료는 사장되기 쉽다. 물론 스타시스템은 거대한 문화산업 자본주의의 제도다. 비즈니스의 논리에 따라 경영되고 관리된다. 그것은 인간이 만들어낸 것이기 때문이다.

6. 스타와 반(半)신화성

이제 스타는 특정 공간에만 있는 우월하기만 한 존재가 아니라 친숙하고 가정적인 존재가 되었다. 스타는 대저택이나 성城 같은 집에서 살지 않는다. 사람들과

제1부 이론적 접근

같은 아파트나 심지어 전원주택, 농장에서도 산다. 사생활을 철저하게 숨기는 것은 오히려 그들에게 부정적인 이미지를 만들어낸다.

　스타는 자신들의 일상적인 삶을 그대로 드러내주려 한다. 허리에 아기자기한 앞치마를 두르고 프라이팬이나 냄비를 든 자신이 얼마나 가정적인지, 얼마나 맛있게 요리를 잘하는지 보여주려 한다. 스타는 임신한 모습을 보여주고 출산과 아기의 모습을 공개한다. 스타들은 세상 사람들의 일상생활에 적극적으로 참여한다. 그들도 누군가의 아들이며 아버지이고 남편이라는 점을 드러낸다. 하지만 그것은 긍정적이고 잘하고 좋은 점에 한정된다. 자신의 고통을 드러내는 수준이라면 그는 스타가 아니라 그냥 연예인이나 방송인이다. 주목을 끌기 위한 동정 유도의 수준에 있기 때문이다. 그 수준을 딛고 독보적인 활동이나 콘텐츠를 낳으면 달라진다.

　그들은 이 세상 사람들 같지 않은 존재, 숭배의 존재에서 인간성을 얼마나 많이 가지고 있는가를 드러낸다. 숭배와 존엄, 찬탄의 대상에서 벗어난다. 왜 그들은 하늘에서 내려왔는가. 신 같은 존재가 아무리 뛰어나도 신이기에 주목받지 못한다. 하지만 인간인 스타가 뛰어난 일을 하면 오히려 찬탄의 대상이 된다. 인간적인 존재가 인간적이지 않은 신성을 하고 있을 때 더 대단하고 위대해 보인다. 물론 대중은 스타가 더 이상 신적인 존재가 아니라는 것을 영악하게도 알고 있다. 더구나 신이 아닌 존재가 신의 흉내를 낸다면 더욱 위선적이다. 물론 단순 접촉의 효과와 같이 자주 접촉할수록 사람들은 더 인간적인 사랑과 정이 쌓이는 법이다.

　그리스 · 로마 신화의 신들은 너무나 인간적이다. 이를 통해 다른 신화에서 신과 인간 사이의 간격이 멀어지는 것을 차단할 수 있었다. 스타의 신성神聖을 떨어뜨리는 것. 이것은 숭배와 숭앙을 해치기는커녕 더욱 증대시키기 마련이다. 스타는 더 가까운 존재, 예전보다 덜 고상하지만 사랑스러운 존재가 되어 감동시킨다. 팬클럽, 잡지, 사진, 동영상 사업은 번창에 번창을 누린다. 그들은 환상의 세계와 현실의 세계를 매개해주는 존재가 된다. 그들을 통해 대중은 환상적인 공간으로 대리 현신現身하고자 한다.

언제나 스타는 대중, 특히 자신을 주목하거나 자신을 추종하는 팬들에게 관심을 끊지 말아야 한다. 스타가 부와 명성을 얻은 것은 결국 스타를 좋아하고 지지하는 사람들 때문이다. 따라서 팬 서비스는 당연한 의무다. 이런 차원에서 스타는 모든 사람들을 이해하고 그들을 헤아려야 한다. 미모와 고상함의 결합으로 형성되는 초인격성은 팬과 대중이 최종적으로 주는 것이다. 그것에 영혼을 줌으로써 스타를 스타답게 만들어낸다. 스타는 항의하거나 거칠게 반응하는 모습을 보일 수 없으며, 정제되고 다듬어진 반응을 보여주어야 한다. 그렇지 않으면 그는 스타가 아니며 팬들은 분노한다. 하지만 부당한 일을 용인하는 것은 오히려 좋지 않은 시대가 되었다. 왜냐하면 인기를 누리기 위한 연출이나 전략으로 보이기 때문이다. 김태희가 허위 사실을 유포한 네티즌을 고소한 것은 이 때문이다. 하지만 자비를 베풀어야 한다. 고소를 해도 처벌을 원해서는 안 된다.

한편으로 팬들은 스타에게 검소함, 수수함, 털털함을 원한다. 그리고 검소함만이 아니라 화려함을 요구한다. 어느 하나라도 없으면 안 된다. 경계 가로지르기가 필요하다. 이는 가수 비와 이효리를 통해 알 수 있다. 남성미를 가지고 있으면서 아기 같은 가수 비와 섹시한 미에 화려하면서도 털털하고 인간적인 매력을 가진 이효리이기 때문이다. 만약 노현정이 고고한 얼음공주로 남아 있었다면, 스타의 반열에 올라가지 못했을 것이다. 웃음을 참지 못하는 인간적인 매력이 스타의 반열에 올라가는 데 중요한 계단이 되었다.

화려함의 절정은 우아하면서도 검소함이다. 그러나 그것이 단지 보여주기 위한 가식적인 것이라면 의미가 없다. 그 안에는 진실성이 있어야 한다.

7. 분장 효과

드라마나 영화의 분장에 따라 스타의 이미지는 천차만별로 달라진다. 연극의 분장은 마스크와 같다. 아름다운 얼굴을 더욱 아름답게 하는 마스크가 있는가 하면 전적으로 본래의 얼굴을 가리고 새로운 인물형을 창조하는 마스크가 있다. 그 마스크가 화장 혹은 분장이다.

화장 혹은 분장은 하나의 가면으로 사람들의 마음을 사로잡는 것, 귀신에 홀린 듯이 그것은 인간이면서 인간이 아니게 특별한 존재로 만들어준다. 축제나 신성한 의례에서 마스크는 나약한 인간을 보호해주는 수호신의 역할을 한다. 영화「마스크」가 보여주는 것도 이러한 비범성이고, 신의 화신을 상징하기도 한다. 분장은 마스크와 같다. 무대의 배우와 스타를 현실의 관객과 구별 짓기가 필요할 때, 분장은 일반 관객과는 다른 존재라는 신성성을 부여한다. 마스크 자체가 신성한 인격성을 부여하는 것이다.

물론 분장은 극중의 인물이 배우에게 밀착되게 만들려는 의도이다. 극중만이 아니라 대중 앞에 서는 스타는 항상 분장을 해야 한다. 그러나 분장이라는 마스크가 무조건 신화화시키는 것은 아니다. 지나치게 현실성을 없애면 오히려 반감을 산다. 분장은 본래 얼굴이 나타내는 메시지의 표현력은 감소시키지만 새로운 메시지, 즉 새로운 표현능력을 부가하게 된다. 이러한 점은 생얼 화장이 잘 말해준다. 지나치게 화장을 하지 않고 자연스럽게 얼굴 피부와 선을 살려주는 방식이라고 할 수 있다. 가공하지 않으면서 아름답고 매력적인 모습을 보여줄수록 순수함과 가식이 아닌 이미지를 만들어낼 수 있다.

분장은 스타의 얼굴을 개성화시키기 위해 본래 스타가 지니고 있는 개성을 없앤다. 화장하고 난 뒤의 얼굴이 이상형이라 칭해진다. 분장 역시 본래 배우의 얼굴과 분장이 만들어낸 얼굴이 새로운 퍼스낼리티를 만들어낸다. 이는 현실과 환상의 결합이다.

8. 스타 퍼스낼리티

대중문화에서 스타 신화의 인물은 아름다운 육체만으로는 그 생명성을 보장 받기 어렵다. 스타는 마음과 정신도 아름다워야 한다. 실제로 그렇게 하는 것이 중요하지만 최소한 그러한 후광이미지를 남겨야 한다. 이상적인 신체에는 이상 적인 영혼도 필요하다. 부도덕한 인물이거나 사악하거나 동물적인 본성만 있어 도 안 된다. 악하고 부도덕해도 나름대로의 타당한 이유가 있어야 한다. 또한 결 코 미워할 수 없는 악당에 머물 때 악당 영웅이 된다. 그의 행동이 절대 악이 아니 라 타당한 명분이 있어야 한다. 욕망으로 똘똘 뭉친 그의 일탈은 인간적인 매력 을 벗어나지 않는 범위여야 한다. 아름다운 영혼을 지녔기 때문에 순수하고 착한 성격을 보여준다. 비단 영화 속이 아니라 일상생활에서도 이러한 인성과 성격이 드러나야 팬은 따른다.

악역을 맡는다고 해도 악인을 맡는 것은 절대 스타가 할 일이 아니다. 스타의 노정에 있는 이들이 다양한 배역을 소화하기 위해 악인의 역할도 마다하지 않는 다. 스타들이 맡은 악역은 상대적인 차원의 악역이다. 비록 악인의 행태를 보이 고는 있지만 피치 못한 사연이 존재해야 한다. 또한 처음에는 악인일지라도 개과 천선을 통해 좋은 일을 해야 한다.

일상과 배역의 이미지가 다르지 않게 받아들여지므로 스타들은 평소에 사회 적인 활동들을 활발하게 펼쳐야 한다. 그것은 봉사활동일 수도 있고 재능기부일 수도 있다. 적극적으로 수행하는 노력이 필요하기도 하지만, 사회적 기여를 잘하 지 않는 스타라는 낙인에 찍히는 것보다 더 나쁜 상황은 없다. 사회적 활동에 1위 를 할 필요는 없지만 꼴찌를 해서는 안 된다.

9. 투사와 동일시

레오 한델Leo Handel의 조사에 따르면 스타를 좋아하는 이유 중 1위는 동일시였고, 그다음이 유사 공감이었다. 사실 스타들과 일반인은 같지 않다. 여기에서 동일시를 느끼는 것은 같음이 아니라 다름이다. 인간적으로만 같다면 그들을 동일시하지 않는다. 그들이 대단한 이들이기 때문에 그들과 자신이 같다고 여기기를 바라는 것이다.

스타들은 고상하고 남다른 물건과 공간, 그리고 경험하는 존재로 보인다. 그들은 사람들과는 먼 곳에서 살기 마련이다. 상상을 통해 사람들은 그들의 현실을 일치시키려고 한다. 그 과정에서 동일시의 투사 현상이 일어난다. 사람들의 혼과 정신은 스타들에 대한 상상력과 같이 결합한다. 서로 영향을 주고받으며 풍부한 내용물을 만들어내고, 다시 미디어는 이를 확대재생산한다. 테크놀로지는 이를 더욱 다양하고 풍성하게 만든다. 스타나 주인공과 완전하게 동일시된 사람들은 허구적인 영화 속에서 행복하게 살기를 바란다. 주인공은 바로 자신이기 때문이다.

사람들이 스타에게 행하는 것은 동일시와 함께 투사投影도 있다. 사람들은 감정과 사상을 타인에게 이입하고서는 그것을 그 다른 사람의 것이라고 여긴다. 신이 일정한 능력을 지닌 것으로 보이는 것은 정작 신을 바라보는 자신의 생각과 열망이다. 인간은 성상聖像에 삶과 죽음에서 자신을 초월하려는 욕구를 투사했다. 이 분신은 잠재적인 마력의 소지자이다. 분신은 모두 잠재적인 신이다. 이른바 신화적 투사다. 신화적 투사는 이미지를 넘어서 육체를 지닌 구체적인 인물, 즉 스타에게 집중된다. 스타는 동일시로서 투사라는 복합의 산물이다. 영웅적인 행동과 사랑의 신화를 불러일으키는 데는 동일시와 투사가 반드시 작용한다. 이때 인간의 모습을 한 신들이 탄생한다.

아주 초월적인 존재보다 인간의 아들이자 신으로 향하는 영웅은 우리가 동일시할 수 있고, 그를 통해 대체 투영시킬 수 있는 여지가 많다. 이러한 차원에서 대중이 바라는 영웅의 심리적 유형에는 슈퍼맨형, 예수형, 네오형이 있다. 슈퍼맨은 인간이 아니지만 언제나 악의 무리를 물리치는 절대적인 존재다. 예수는 선지자로 자신의 희생을 통해 다른 이들을 구원한다. 네오는 인간이면서 인간의 능력을 벗어나 모순을 해결한다. 영웅의 과정에서 능력의 신장은 물론 인간적인 번민과 갈등을 이겨낸다.

영웅을 통해 대중은 신성神聖을 체험하고자 한다. 그 이유가 너무 멀리 떨어져 있는 것 때문이거나 아니면 감히 모방을 할 수 없을 정도로 대중 자신이 초라하다고 여기기 때문일 수 있다. 영웅은 혼자만의 욕심을 챙긴다면 자격을 박탈당한다. 그는 고귀한 일을 한다. 자신보다는 남을 위해서 일신의 안일보다는 희생과 봉사를 한다. 어려운 지경에서도 영웅은 죽지 않는다. 끝까지 산다. 남들이 생각할 수 없는 어려움을 고귀한 헌신의 정신으로 타개해 나가는 그를 보면서 경외의 느낌을 갖지 않을 수 없다.

스타는 자신을 드러내지만, 다른 사람들을 위한 이야기를 한다. 때로는 다른 사람들이 꺼리는 역할을 통해 많은 사람들의 고통을 드러내어 치유해주기도 한다. 드러내기 어려운 것일수록, 그동안 외면 받았던 것일수록 그것을 공론화한 그의 업적은 큰 셈이다. 영웅 탄생은 그래서 스타 탄생이고 스타 탄생은 영웅 탄생으로 흐른다. 대개의 경우 스타는 사람들이 자신과 동일시할 수 있고, 또 자신을 동일화시킬 수 있으며, 각각의 개인적 상황에 맞출 수 있는 신격화된 영웅의 수준에 있다.

감정이입participation affective은 투사와 동일시의 복합이다. 투사만 한다고 해서 몰입이나 감동을 주지는 않는다. 감정이입이 이루어져야 한다. 영화 영상은 그 자체가 감정 참가 또는 상상에 따라 동일시로서 투사를 일으킨다. 이러한 심리적 작동은 스타만의 힘으로 이루어지지는 않는다.

촬영기술 외에도 기술 시스템이 사람의 마음을 감동시키고 의미를 나타내도록 배우를 가공시킨다. 카메라 앵글은 잠재적으로는 감정의 의미작용을 일으킨다. 앙감仰瞰촬영은 인물을 드높이고 인물에게 위대함, 권위, 힘을 주는 데 반해 부감俯瞰촬영은 인물을 보잘것없게 보이게 만든다. 카메라의 스피드와 영상의 지속이 관객에게는 하나의 얼굴인 것처럼 보이지만, 감정의 움직임을 하나하나 세세하게 잡아낸다. 여러 가지 카메라의 테크닉 외에 조명은 마음을 잡아내는 데 중요한 역할을 한다. 배우가 표현하지 않으면 안 되는 감정의 상당 부분은 이미 조명효과 속에 포함되어 있다.

10. 해피엔드와 스타

고생이 많았던 스타는 더욱더 사랑을 받고 대중은 고생에 대한 대가에 대해 즐거워한다. 대부분의 사람들은 고생을 많이 한다. 부유한 사람들이 고민하지 않을 만큼 먹고 살기 위한 활동들이 진정으로 하고 싶은 일들을 방해한다. 이상과 다른 현실 속에서 자신의 고생을 보상받고 싶다는 심리가 콘텐츠 소비의 배경에 있다. 고생한 주인공은 비참하게 죽기보다는 행복하게 잘살면 좋아한다. 거꾸로 현실은 그렇지 않기 때문이다. 새삼스럽게 영화에서까지 그것을 확인하는 것은 비참하다. 그렇기 때문에 아주 대중적인 작품일수록 해피엔딩으로 결말이 맺어진다. 마니아적인 수준에 이를수록 비극적인 결말이 많다.

언제나 행복만 있는 이들에게 불행은 흥미로움을 자아낸다. 낭만과 감동의 소재가 된다. 죽음을 걱정하지 않는 사람들, 젊은이들일수록 죽음에 대해 쉽게 말한다. 하지만 죽음에 가까운 사람일수록 죽음에 대해 함구한다. 죽음에 관한 영화를 보기 싫어한다. 그것은 픽션이나 가공의 상황이 아니라 감동과 낭만이 없는 처절한 현실이기 때문이다.

사람들이 행복한 결말을 원하는 것도 결국에는 스타와 동일시하는 심리가 작용해 자신이 좋아하는 스타가 극중에서 좋은 결말에 이르기를 원한다. 스타는 곧 자신이기 때문이다.

관객은 주인공의 죽음과 같은 불행보다 행복을 통해 마음이 위안 받기를 더 좋아한다. 이 때문에 주인공이 살아남기를 바라고 불사의 신화를 꿈꾼다. 주인공이 죽지 않았으면 하는 심리인데, 주인공이 죽었어도 살아 있기를 바란다. 살아서 행복하게 살고 있다는 결론의 사진 한 장은 사진 한 컷이 아니라 영원으로 관객의 머릿속에 각인된다.

여기에서 사람들의 심리를 다시 한 번 되짚어볼 필요가 있다. 사람들이 행복한 불사의 결말을 원하는 것은 근본적으로 사람들의 마음에 죽음에 대한 불안이 숨겨져 있기 때문이다. 생각해보면 사람들 자신은 너무나 유한한 존재다. 언젠가는 죽게 될 생명체이기는 돈이 많건 적건, 지위가 높건 낮건 마찬가지다. 영화의 공간은 영원의 공간이다. 관객의 대리자인 주인공, 동일시한 인물은 여전히 살아 있기를 바라게 되고 죽지 않는 주인공은 불멸이다. 언제나 그 영화를 보면 행복하게 살아남았다. 심지어 관객이 죽고, 실제 스타와 배우가 죽어도 말이다.

이는 감정의 충족심리라고 부를 수도 있을 것이다. 이 때문에 감정의 충족심리는 상상적인 것인 동시에 현실적인 것이 된다. 사람들은 단지 영화 속의 장면을 멀리 봐두지 않는다. 실제적으로 현실에서 실현하려고 노력한다. 모랭의 말대로 영화는 환상 속으로 도피하는 것이 아니라 입체감과 현실감이 있는 시간과 공간으로 도피하는 것이다.

사람들은 영화 속의 사랑 같은 장면이나 애정생활을 만들려고 노력한다. 보바리즘Bovarism을 만들어내기도 하는데, 이상이 너무 강렬해서 현실에서 부적응으로 나타나는 것이 보바리즘이다. 이는 병적인 증상으로 나타나기도 한다. 플로베르의 소설 『보바리 부인』에서 보바리 부인처럼 자신의 현실을 자기 이상으로 착각하는 일종의 자기 환상, 과대망상의 증후가 될 수 있다.

현재 자기 자신의 모습이 아닌 모습의 자기를 꿈꾸는 것으로 모든 사람이 가진 성향이다. 다만, 정도의 문제이다. 꿈과 상상이 현재를 지배하는 정신병으로 분류하기도 한다. 말하자면 열등 보바리즘이다. 스타를 따르는 이들 중에는 스타와 동일시하면서 상상하는 내용이 실제인 것으로 여기거나 그렇게 만들려고 한다. 영화 속의 장면을 그대로 실현하면서 만족을 느끼거나 배우자로 영화나 드라마의 주인공 같은 인물을 찾는다.

감정의 동화심리 혹은 그것을 지향하는 욕구는 무엇보다 영화의 주인공을 향하기 마련이고, 그러한 방향성은 영화의 주인공이 스타로 막강한 영향력을 발휘할 때 더욱 강화된다. 주인공은 대부분 사람들의 모델이며 이상향으로 가는 길의 매개자다. 주인공은 예외적인 것과 통상적인 것, 이상적인 것과 일상적인 것들을 끊임없이 매개한다. 작품은 현실에서는 일어날 수 없는 일들이 마치 일어날 수 있는 것처럼 상상력을 발휘한다. 실제적이고 현실적일수록 주인공의 영화는 성공한다. 사람들에게 자신의 일인 것처럼 빠져들게 할수록 흥행은 성공할 가능성이 높다. 이를 통해 관객은 주인공과 자신을 동일시하게 된다.

문제는 현실과 상상을 혼동하면서 만들어낸 상황을 진짜로 믿는 수준까지 간다는 것이다. 이러한 현상은 대중문화에서도 일어난다. 영화 속의 현실을 이상으로 삼고 그 장면들을 따라 할 때 마치 이상을 실현한 것처럼 행복하게 사는 것처럼 여기게 된다.

11. 젊은 스타와 청소년의 열광

스타가 가장 효과적으로 발돋움할 수 있는 것은 분명히 사춘기라는 심리학적 및 사회학적으로 불확정한 시기, 개성이 추구되는 때이다. 영화는 젊은이들과 청소년들이 만들어내는 것이다. 사실 트렌드와 모방의 대부분은 젊은이들과 관계된다. 주인공들을 모델로 삼아 새로운 정체성, 자신의 진보를 꾀하는 것도 그들이다. 현실의 사랑을 성취하기 위해 상상의 스타를 소화 · 흡수하는 것도 그들이다. 스타는 지식 제공자일 뿐만 아니라 인격 형성자이며, 선도하는 자이다.

사랑과 연애를 예로 들어보자. 영화관 안에서는 다양한 감정의 전이轉移가 이루어진다. 애인의 손을 잡거나 키스하고 껴안는다. 스킨십을 통해 스타들의 사랑을 자신들의 사랑으로 실체화하는 것이다. 선도자로서 스타의 역할은 청소년이 스타가 그에게 고취시킨 모든 것숭배을 사랑하는 파트너에게 옮기면서 마침내 성과를 보일 때 그들에게서 벗어난다. 더 이상 영화를 흉내 내지 않아도 된다. 실제 연애의 노하우를 터득했기 때문이다.

소년기 단계에서 영화의 효과는 정화와 모방의 상호성 속에 있다. 영화의 효과는 놀이유희적 모방로 표현되며, 그 분명한 놀이를 통해서 모방은 정화로 변한다. 청춘기 단계에서는 사회화의 모방이 나타나는데, 성인의 인격을 형성하는 데 공헌한다. 스타의 영향이 가장 큰 효과를 드러내는 것은 이 단계이다. 스타는 젊은 청년기의 감성을 강조한다. 본래 대중적 작품일수록 감정을 극대화시킨다. 청년기의 내적 침잠은 청춘스타들의 대표적인 심리 유형이다. 이런 의미에서 스타는 개개인의 고독을 심화시킨다. 스타는 개인적 고독과 사회적 참가를 강화시키지만, 그 양자는 서로를 상쇄시키지 않는다.

주인공 혹은 영웅은 기존 사회와 맞서는 사람이다. 세계에 대해 점차 비장하게 맞선다. 젊은이는 새로운 사회구성원이다. 기존의 질서에 대해 고민하고 그것에 맞서 싸우면서 자신의 정체성을 확립해 나간다. 젊은이들에게 영화의 주인공은 자신이다. 어떤 절대적인 가치를 추구한다. 주인공은 절대적인 것을 추구하다가 죽음과 만난다. 그의 죽음은 그가 세상의 적대적인 힘에 의해 분쇄된다는 것을 의미한다. 하지만 그 패배로 마침내 절대적인 것을 얻는다. 즉, 죽지만 죽지 않고 영웅으로 남는다. 영웅의 죽음은 죽음으로 승리가 시작된다.

영웅들은 일찍 죽으며 영웅들은 젊다. 청춘기의 메시지를 전하는 영웅들이 당대의 문학 속에 출현해왔고, 당대의 영화에서 영향력을 더욱 확장했다. 영화를 자주 보러 가는 사람은 대부분 젊은이다. 젊은 스타의 삶은 만족이 아니라 끊임없는 결핍과 그것을 채우기 위한 갈망이다. 그들은 사랑을 이루려 분투하고 성공을 열망한다. 사회의 중심 권력자가 아니라 그들을 향해 부딪치는 존재다. 스타는 청년들에게 더 이상 이상적인 모델이 아니라 방황과 현실탐구의 고양된 화신이며 상징이다.

제1부 이론적 접근

젊은이들에게 호응을 얻는 스타는 스크린에서 훨씬 더 많이 괴로워한다. 진실한 삶과 삶의 진실에 대한 탐구를 구현한다. 마침내 어른이 된 영웅은 청년기의 내적 고민의 흔적을 갖는다. 그는 어떤 불만, 문제, 탐구를 보여준다. 방황, 문제를 제기하는 새로운 흐름을 반영하고 구현한다. 새로운 개성이 출현하여 모방, 꿈, 사랑을 불러일으킨다. 그러면 관객석과 스크린 사이에서 깊은 동일시와 정신의 융합이 일어날 것이다.

12. 스타와 배역

스타가 맡은 배역은 단순히 배역으로 그치지 않는다. 영화 속의 배역은 스타에게 영향을 주며 반대로 스타 자신도 배역에 영향을 준다. 스타는 영화의 인물을 결정한다. 그는 여러 인물들로 구현되며, 그 인물들을 뛰어넘는다. 다시 그 인물들이 그를 초월하며 인물들의 특성이 스타에 반영된다. 연기자와 그가 연기하는 배역은 상호간에 서로 영향을 미치며 서로 규정된다.

영화 「올드보이」의 오대수는 최민식이라는 배우를 통해 나타나지만, 최민식은 오대수로 구현된다. 하지만 사람들이 최민식을 완전히 오대수로 여기지는 않는다. 하지만 오대수의 이미지를 통해 최민식에 대한 경외감이 발생한다. 스타는 배역을 연기하는 배우 이상이다. 하지만 스타는 그 배역 인물들로 구현되며 그 배역 인물들은 스타를 통해 실체감을 지니고 대중 앞에 나타난다. 만남은 불행과 행복의 갈림길이다. 이 과정에서 스타는 배역을 잘 만나야 하고 배역은 스타를 잘 만나야 한다. 스타 명성의 유지는 이 만남에서 비롯한다.

인물이 배우를 흡수한다든지 인물과 배우 사이에 지속적인 친밀성이 없는 경우, 배우와 인물 간의 상호적인 융합이 없는 경우 스타는 없다. 오대수와 최민식이 따로 노는 것이 아니라 상호간에 일종의 유사한 점이 있어야 한다. 또한 영화

밖에서 오대수를 연상할 수 있는 흔적이 최민식에게 있지 않으면 스타성은 떨어지기 마련이다. 과거 최민식이 가지고 있던 '꽃~숑'의 이미지와 너무나 닮았다면 오대수에서 받은 감동과 인식은 반감될 수밖에 없다. 배우는 자기 역을 완전히 삼킬 수 없으며 영화가 끝나면 배우는 다시 배우가 된다. 그러나 배우와 인물이 혼성적으로 매개되는 것이 스타라는 존재다. 스타는 양쪽을 모두 포괄하지만 한쪽에 전적으로 속하지도 않는다.

13. 배우의 심리

배우가 허영심과 자기과시 성격을 가진 이들이라고 할 때, 병리적 관점에 따른다면 배우는 모두 치료의 대상이 될 것이다. 허영심과 자기과시는 평범한 정신 위생 상태는 아니기 때문이다. 하지만 그런 허영심과 자기과시는 긍정적인 방향으로 흐를 수 있다. 허영은 자기 자신이 좀 더 존중받고 싶은 심리를 말한다. 자기 과시도 자기존재감의 가치를 좀 더 높이고 싶어 한다. 배우는 연기를 통해 이러한 욕망을 충족할 수 있다.

배우는 자신이 맡은 배역에 자신의 감정을 실을 수도, 스스로 자신을 보는 관객의 시각이나 마음에 투사할 수도 있다. 연기는 다른 이들의 마음이나 몸으로 할 수 없다. 코치와 지도를 받는다고 해도 자기 스스로 발현해야 한다. 스타니슬라프스키Stanislavski가 말했듯이 배우가 스스로 감정을 불러일으키는 것이 중요하다. 팬들이 잘못 생각할 수 있지만, 작품에서 작가와 배우는 별개의 사람인 경우가 대부분이다. 즉, 배역과 실제 배우는 다르다. 그렇다면 작가가 설정한 배역의 심리, 감정은 연출자의 도움을 받더라도 배우 스스로 불어넣어야 한다. 이 과정에서 중요하게 작용하는 것은 상상력이다. 인물이 처한 상황에서 심정이 어떨지, 그 상황에서 어떠한 행동과 표정, 사고를 할지 상상해야 한다. 상상력은 정서적 환기에도 필요하다. 과거의 경험 혹은 비슷한 상황을 되새기면서 감정을 재구성하는 것도 중요하다. 요컨대, 배역에 알맞은 심리를 보여주는 내면 연기는 상상력과 경험의 정서적 환기에 의존한다. 아무리 상상력이 뛰어나다고 해도 경험에 따른 정서적 환기가 뒷받침되어야 한다. 이렇게 한다면 상상과 가상의 인물이 형성되는 것이기 때문에 일상생활에서 배우들이 그 캐릭터를 갖고 있는 것은 아니다. 대중은 그 배우를 실제로 보았을 때 연기 속의 캐릭터가 보였던 표정과 말, 그리고 행동을 보기 원한다. 하지만 그러한 점들을 볼 수 없기 때문에 팬들이 실망할 수도 있다. 이러한 점들은 다른 작품을 통해서 보여주어야 하는데, 잘못하면 이러한 점을 생각하지 않고 자신의 능력을 보여주는 연기를 시도한다. 예컨대 로맨스의 연기를 통해 대중적 인기를 받았다면 당분간 그 연기 캐릭터를 보여주어야 하는데, 갑자기 다음 작품에서는 액션배우의 캐릭터를 보여준다면 팬 층이 이탈할 수도 있다. 특히 확실한 자기 팬 층을 확보하지 못한 경우에는 더욱 그럴 수 있다.

그런데 배우가 자신의 배역에 몰입한다고 해서 그것이 반드시 관객과 팬의 몰입을 이끌어낼 수 있는 것은 아니다. 지나치게 몰입하면 몰입하지 않은 것만 못한 결과를 낳을 수도 있다. 예를 들어 지나치게 슬픈 감정에 몰입해서 진짜로 울어버리면 감동이 아니라 관객은 당황하게 된다. 슬픈 감정을 최대한 억누른 것만도 못한 셈이 된다. 슬픈 감정은 보는 이들이 공감할 수 있는 수준에서 제어하고 억누르는 것이 감동을 더 준다. 예를 들어 사랑하는 가족이 죽었다는 통보를 받았다면 주인공이 그 자리에서 울어버리는 것보다 절제하는 모습을 보여준다면 오히려 감동을 준다. 너무나 충격이 크기 때문에 울음조차 나오지 않는 심리를 나타낼 수도 있다. 감정의 절제는 감정의 크기를 더욱 배가시키는 데도 작용하고, 다음 행동에 대한 궁금증을 일으키는 데도 사용한다. 당연히 울어야 하는데 울지 않는다면 왜 그런지, 그 이유는 무엇이고, 다음에 어떠한 행동으로 이어질지 궁금하게 만들기 때문이다.

결국 배우가 느끼는 감정, 심리 상태 자체보다는 그러한 심리가 보는 이들에게 어떻게 전달되는가가 관건이다. 자신 혼자 감정에 충실해 그대로 드러낸다고 하면, 그것은 보는 관객이나 시청자를 전혀 의식하지 않기 때문에 호응을 얻기 어렵다. 관객을 의식하지는 않지만 그들은 처음부터 끝까지 의식하고 있어야 한다. 관객이 어떠한 심리 상태에 이르도록 만드는가가 중요한데, 그러기 위해서는 감정을 전달하는 방법들이 필요하다. 상상과 감정 환기는 배우가 해야 할 자기 안의 과제이고 대중에게 전달하는 방법은 외부를 향한 문제이다. 배우들은 자신의 상상과 감정을 외부 사람들에게 전달하는 심리적 방법들을 숙달하는 데 많은 시간을 들여야 한다. 전달 기술 방법이 우선인지, 상상적 방법이 우선인지는 각자 차이가 있고 이를 절대화할 수는 없겠지만 이에 대한 정립은 필요하다.

이제 동작과 연기에 대해서 살펴보자. 배우의 연기가 동작을 잘 모방한다고 잘하는 것일까? 연기는 삭제와 간결 그리고 절제라는 원칙을 따라야 한다. 배우가 동작을 많이 할수록 그것은 의미가 없어지고 배우가 동작을 적게 하면 그 몸짓은 더욱 의미를 가진다. 결정적인 순간에 한 번 쳐다보는 것은 확신에 찬 결의를 보여줄 수 있지만, 빈번하게 쳐다보면 결의는 반감되고, 제대로 의미를 전달하지 못한다. 침묵은 또 하나의 의사표현일 수 있다. 엄청난 고통을 나타낼 수도 있고, 무언의 항의이기도 하고 동의일 수도 있다. 하지만 그것이 남발되면 의미를 전달하지 못한다. 화를 자주 내면 그 화는 가치가 감소한다. 결정적인 순간에 내는 화가 감정 상태를 훨씬 잘 드러내고 각인시킨다.

또한 배우의 사소한 몸짓 하나하나는 관객에게는 매우 큰 의미로 받아들여진다. 무심코 한 행동도 극 전개를 위한 어떠한 복선이나 암시, 상징으로 작용할 수 있다고 주의집중하기 때문이다. 거꾸로 배우들은 하나하나의 행동에 나름대로의 의미를 함축하는 것이 필요하다. 큰소리가 위협적이라고 생각하기 쉽지만, 조용한 목소리가 더 위협적일 수 있다. 큰소리는 자신이 두렵기 때문에 그것을 극복하고 떨치기 위해서 지르는 소리이다. 정말 힘 있는 사람, 권력이 강한 사람은 큰소리를 칠 필요가 없다. 힘이 없는 사람들이 항상 큰소리를 지른다. 힘 있는 사람들은 힘을 들여 소리를 크게 지를 필요가 없다. 작게 말해도 충분히 영향력을 행사할 수 있기 때문이다. 말이 빠른 사람은 지적이고, 아는 게 많고, 확신이 있으며 정열적인 사람으로 받아들여지는 심리가 있다. 말을 더듬거나 실수를 많이 하면 신경질적이고 과잉보상적인 사람으로 보인다. 무엇인가 욕구불만에 따른 보상을 기대하는 민감한 사람으로 보이기 때문이다.

배우가 연기를 잘하는지, 못하는지는 연기를 보는 이들에게 작용하는 심리적 메커니즘을 이해하고 자신의 상상력, 경험 그리고 심리적 기술의 습득을 통해 이른바 자신의 연기 세계, 캐릭터를 만들어간다.

배우와 스타의 다른 점은 연기 심리에 있다. 배우는 일정한 인물을 연기하면서 설득력과 호소력을 통해 사람들에게 감정을 전달한다. 이를 통해 심리적 감동을 유도한다. 스타는 일정한 인물이 아니라 그 자신이라는 인물 자체를 통해 사람들에게 감정적인 전달과 변화를 이끌어낸다.

초보 배우들은 배역에 대해 우선 리얼리즘을 생각한다. 사실적인 모습을 연기해야 한다고 생각한다. 그러나 오히려 역작용을 나타낸다. 슬픈 표정은 슬픔을 적절하게 전달하기만 하면 된다. 실제 울음과 같이 슬퍼버리면, 사람들은 얼굴을 찡그린다. 간결하게 슬퍼야 한다. 현실에서 우는 얼굴이 보고 싶은 얼굴은 아니다. 오히려 추한 모습이 된다. 일반 사람들의 우는 모습과 배우의 우는 모습이 다른 것은 그 때문이다. 배우-스타가 우는 모습은 현실에는 없는 간결함에 바탕을 두고 그 자체로 감정을 전달한다.

배우들은 진실한 것처럼 보이는 데 능수능란하다. 아니 능수능란하여야 한다. 감정을 비언어적으로 어떻게 표현하는가도 중요하지만 감정이 없는데도 감정이 있는 것처럼 믿게 만들어야 한다. 표정은 언어의 수단임이 분명하다. 여기에 몸짓은 표정보다 더욱더 은근하게 사람들을 설득시킨다. 몸짓은 말과 함께 혹은 단독으로 사회적 커뮤니케이션의 역할을 한다. 배우는 일회적인 단순한 몸짓을 넘어 그것이 일관성을 가지도록 한다. 다만, 몸짓과 자세라는 것은 사회문화적 심리에서 차이가 있다. 일본에서는 허리를 연신 굽히는 것이 예의이자 겸손이다. 하지만 한국에서는 비굴로 받아들여진다. 미국인이 보기에는 고개를 숙이는 것조차 비굴일 수 있다. 한국 배우가 미국에서 활동하거나 미국 배우가 한국의 드라마나 영화에 등장할 때 이러한 차이 때문에 곤혹스러울 수 있다. 즉, 연기자 혹은 가수들은 자신의 몸짓이나 자세가 문화적 차이에서 적절한지 확인할 필요가 있다. 거리 감각도 중요하다. 지나치게 떨어져 있는 여성은 교태와 부끄럼 사이에 있는 것으로 볼 수 있다.

그러나 남자의 경우에는 멀리 떨어져 있으면 적대적이거나 경계의 거리를 두는 것으로 볼 수도 있다. 거리를 지나치게 유지하는 사람은 잘난 체하거나 자만심이 많은 인물로 간주하기도 한다. 너무 가까이 있는 사람은 너무 자신만만하거나 허세가 센 사람으로 보인다. 팔짱을 끼고 스스로 감싸는 것은 자기방어의 심리를 나타낸다. 과시하듯이 다리를 꼬는 것은 상대방을 유혹하는 심리를 담고 있지만, 다리를 높게 꼬고 앉는 것은 자기방어로 심리적 후퇴를 나타낸다. 골반의 움직임이 없으면 금욕의 심리 상태를 나타내는 것이기도 하다. 남성들은 여성을 팔로 감싸 안으면서 여성에 대한 소유심리를 드러낸다. 팔꿈치와 어깨로 일종의 방어막을 만들어 인파 사이에서 여자 친구를 다른 사람들이 부딪히는 것에서 구해낸다. 배우는 이러한 심리를 몸짓 그 자체로 드러내주어야 관객의 몰입과 호응을 이끌어낼 수 있다.

14. 바보 스타의 철학

지금까지는 뭔가 일반 사람들보다 뛰어난 점을 통해 인기를 얻은 스타에 대해 살펴보았다. 하지만 보통 사람들보다 뛰어나지 않은 점들을 부각해서 인기를 끄는 스타들도 있다. 이른바 바보 같은 캐릭터를 통해 스타에 오르는 이들이다. 배삼룡, 서영춘, 이주일, 심형래, 이창훈이나 찰리 채플린 등은 바보스런 희극 연기자들이다. 에드가 모랭은 바보스런 희극배우는 일반적인 주인공과는 거리가 멀지만, 그럼에도 대중의 우상이 될 수 있는 요소를 분석한 적이 있다. 바보는 건달과 함께 영화에 등장하는 핵심적인 인물이다. 바보를 넓은 의미로 순진무구한 사람이라고 본다면 영화에서 희극적 주인공, 어린아이 같은 주인공을 발견하게 된다.

바보는 본질적인 인간의 가치를 보여준다. 희생양, 놀림감이 되는데 그것이 희극적이기만 한 것이 아니라 감동적이다. 성실과 우정, 신뢰감 같은 근본적인 가치도 우직하게 보이는데, 그는 그러한 가치를 지키며 스스로 고통을 감내한다. 순진무구한 사람, 바보의 죽음과 희생은 속죄의 성격이 있다.

바보가 아닌 사람들은 그에게 동일시를 이루며 어떠한 심리상태를 갖는 것일까? 그 인물이 순진무구하기 때문에 그것이 우리의 악의惡意를 정화시키고, 그의 순진무구함은 정신적으로 느낄 수 있는 그 무엇인가를 전해준다. 우리 영혼의 더러워진 부분을 묵묵히 씻어주는 느낌을 준다. 순진무구한 사람들도 여러 가지이지만 그중에서도 비참한 바보, 아니 오히려 비참하게 묘사된 바보는 사람들의 마음속 깊은 곳까지 감동시킨다. 비참함은 그것을 겪지 않은 이들에게 비참하지 않은 상태가 얼마나 소중한지 느끼게 만든다. 장애인의 비참함을 보면서 장애가 없음을 다행스럽게 여긴다. 가난한 사람들의 곤궁함을 보고 가난한 처지가 아님을 다행스럽게 간주한다. 자신들이 가지고 있는 것을 소중하게 여긴다. 질병의 고통을 심하게 겪는 사람들을 보고, 자신은 질병에 걸려 있지 않다는 사실에 안도한다.

바보는 바보가 아닌 사람들의 현재 상태를 만족하게 만든다. 바보는 아니지만, 현재의 생활이 만족스럽지 않은 사람에게 바보의 비참성은 현재의 상태에 그래도 만족하게 만든다. '바보보다는 낫지 않은가?' 하는 심리를 형성시킨다.

'비참함의 묘사'는 과거에는 그러했지만, 이제는 비참하지 않은 자, 고통을 받고 있지 않는 자, 가진 것이 없는 자들의 과거 향수를 만족시키기도 한다. 과거의 불행과 어려움은 이제 하나의 이미지에 불과하다. 본인들은 더 이상 예전의 존재가 아니기 때문에 단지 과거의 고통은 추억하고 보는 대상일 뿐이다. 고통과 불행은 사회적인 악이지만, 대중문화 속에서는 하나의 감동을 일으키는 수단이 된다.

바보 스타는 대개의 경우 주인공과는 달리 관객이 거리를 둔다. 무릇 배우는 작품에서 이상적인 인물형을 만든다. 그 배우는 잘 만들어낸 캐릭터 때문에 스타의 반열에 오른다. 그 캐릭터를 통해 스타는 완성되는 것이다. 이 때문에 스타는 배역과 인격 자신의 변증법적의 산물이다. 이상적인 인물을 통해 좋은 이미지를 구축한다. 사랑을 쟁취하고, 정해진 운명과 구속에서 벗어나려 하며, 악과 부정부패에 맞서 싸운다. 하지만 바보 연기를 하는 스타는 그것에서 벗어나 있다.

바보 스타 주인공은 추하고 겁 많고 허풍선이이며 우스꽝스럽다. 즉 영웅과는 반대다. 약하고 힘이 없다. 초라하다. 영웅은 진지한데 그는 그렇지 못하고 경박하다. 진지하고 깊이 있는 말보다 가볍고 우스운 행동과 말을 한다. 영웅과는 다른 특징을 가지고 있지만, 그럼에도 그는 대중의 우상이다. 사람들은 우스꽝스러운 사람, 즉 우상답지 않은 사람을 우상화할 수 있는가? 그는 정열적인 스타의 희화화로 우상이 되기도 한다. 어떻게 해서 바보 같은 개성이 대중의 마음에 파고들 수 있는 것일까? 바보-희극배우들은 남들을 차기보다는 차인다. 던지기보다는 내던져진다. 그들은 박해를 당하고 조롱과 야유를 받는 존재들이다.

보통 사람들이 일어나지 않기를 바라는 그들에게 불행과 고통, 불운과 악운이 일어난다. 그들은 희극 속에서 비극성을 강화한다. 그러나 그들의 고통과 불행, 비극을 보고 사람들은 웃는다. 만약 그것을 보고 웃지 않는다면 진정으로 그것은 고통과 불행, 비극이 될 것이다.

희극의 주인공들은 얼간이이며, 우직하거나 바보다. 그들의 바보스러움은 그들의 기본적인 순진무구함에서 비롯한다. 희극의 주인공은 너무 순진하기 때문에 무엇이 일어나고 있는지 모른다. 여기에서 순진은 전략적이거나 계산적이지 못한 것을 말한다. 그는 자신의 행동이 어떤 의미를 갖는지, 다른 사람들에게서 어떤 평가를 듣게 될지 모른다. 이를 지켜보는 이들은 우월감을 느끼게 된다. 누구나 잘 알고 있는 사실을 그들은 모르기 때문이다.

그들은 사회적 금기를 알지 못하며, 그래서 그 금기를 곧잘 위반한다. 이러한 행동을 통해 그는 치명적이지 않을 정도의 제재를 받게 되고, 그 과정에서 사람

제1부 이론적 접근

들은 웃는다. 그들은 스스로 검열하지 않는다. 보통 사람들은 예쁜 여자라고 입을 벌리고 오랫동안 쳐다보거나 마음대로 그녀를 직접 만질 수는 없다. 하지만 바보는 그렇게 한다. 그럼으로써 그 여성에게서 따귀를 얻어맞는다. 욕망에 충실한 그는 결국 제재를 받는 것이다. 하지만 그는 그녀를 마음대로 쳐다보았으며 만지기까지 했다. 금기를 어기는 그를 통해 관객은 대리만족을 한다. 관객이 못하는 일을 그는 마음대로 하기 때문이다.

욕망이라는 말을 들이대기 전에 그들은 어린아이와 같은 상태다. 그 때문에 악의가 없다. 악의가 없으므로 금기를 위반하는 행동은 가혹한 처벌보다는 단순한 혼냄의 단계에 머문다. 그들은 우스꽝스러운 위반자일 뿐이다. 그들은 자신보다 약한 사람들을 괴롭히고 군림한다. 이를 통해 그 군림의 허구성을 희화화한다. 그는 항상 사랑하지만, 사랑에 성공하지는 못한다. 성공하지 못하면 아파하고 그 아픔을 통해 연민을 낳게 한다. 또한 계산 없이 자신의 의지를 실현시키고자 하는 면에서 사람들의 아픔을 대신한다. 사랑할 때 그는 순수하고, 성실하며, 희생적이다.

결국 그는 마음을 정화하는 제물이며 속죄양이다. 가장 순수한 사람만이 제물과 속죄양이 된다. 이를 통해 그는 신성한 인물이 되며 영웅이 된다. 비참함과 희극적임, 우스꽝스러움과 진지함이라는 양가적인 심리가 바보, 희극인을 특별한 대중 속 존재로 만든다. 그는 사람들을 웃기기 위해 멍청함과 어설픔, 우스꽝스러움을 스스로 짊어진다. 하지만 많은 바보들-희극인들은 주인공이 되지 못하고, 희생으로 만든 웃음만 남긴 채 스타가 되지 못하고 사라진다. 그렇다고 항상 바보의 순수함, 희생이 찬양의 대상만이 될 수 없는 특수성도 있다. 장애인의 관점이 그 한 사례가 될 것이다.

장애인은 대중문화에서 여러 가지 모습으로 나타나지만 바보같이 일관된 모습을 보인다. 특히 대중적인 작품일수록 더 그렇다. 통념을 벗어나서는 성공할 수 없기 때문이다. 대개 영화나 드라마 속에 등장하는 장애인은 몇 가지 유형을 보인다. 영화 「검은 집」이나 「유주얼 서스펙트」에서 장애인은 가공할만한 살인마로 등장한다. 하지만 사람들은 그를 의심하지 않는다. 일단 다리를 저는 가냘픈 여성이거나 휠체어에 의지하는 무력한 존재로 등장하기 때문이다. 그래서 주변 사람들은 전혀 짐작하지도 못한다. 영화 「추격자」에서 지영민하정우이 유약한 모습으로 여성에게 접근하는 것은 사람들을 방심하게 만들려는 전략이기도 하다.

영화 「레인맨」에서는 더스틴 호프먼이 중증 자폐 증세를 보이지만, 암산의 천재로 등장한다. 이는 최근 연구 결과를 볼 때 전혀 근거 없는 이야기가 아니다. 베토벤과 칸트, 뉴턴이나 비트겐슈타인, 아인슈타인도 자폐증 때문에 한 가지 분야에 집중해서 업적을 만들어낼 수 있었다. 아일랜드 트리니티 대학의 마이클 피츠제럴드 교수는 자폐 증상을 가졌으면서 역사적으로도 잘 알려진 인물 1,600명을 대상으로 그들의 생물학적인 기질과 특징 등을 분석한 연구 결과에 대해 "자폐증 등이 창조적인 천재성과 큰 관련이 있다."고 했다. 아인슈타인, 소설가 H. G. 웰스, 독일 철학자 칸트, 영국 작가 조지 오웰, 철학자 비트겐슈타인 등이 있었다.

영화 「말아톤」에서 레인맨과 비슷한 장면이 등장한다. 마라톤 코치가 초원이의 암산이 빠른 것을 보고 아연 긴장한다. 그는 복잡한 계산식을 구성해 물어본다. 하지만 초원이는 계산을 하지 못하고 딴 짓을 해 관객에게 웃음을 준다. 영화 「뷰티풀 마인드」에서 러셀 크로는 자폐증에 정신분열증을 앓고 있는 천재 수학자 존 내시를 연기해 호평을 받았다. 살인마나 지략가 혹은 천재도 아닌 채 많은 장애인들은 영화 「바보」에서처럼 바보로 등장한다. 여기에서 바보는 순수한 존재를 더 강하게 내포하고 있다. 영화 「길버트 그레이프」에서 디카프리오는 순수한 지적 장애 소년으로 등장하면서도 갈등의 원인을 제공하는 인물이다. 영화 「라디오」의 라디오, 「말아톤」의 초원이, 드라마 「안녕하세요 하나님」에서 하루도 순수한 청년이며, 영화 「허브」, 「웰컴 투 동막골」에서 강혜정의 모습을 떠올릴 수 있다. 그런데 이러한 인물들은 욕망이 거세된 인물이다. 언제나 환하게 웃고 남에게 희생하는 존재로 등장한다.

영화 「바보」의 승룡이도 마찬가지다. 승룡이 역의 차태현은 대사가 몇 마디 없을 정도로 웃기만 한다. 순수성을 드러내기 위해서다. 그에게서는 희로애락, 인간의 오욕칠정이 드러나지 않는다. 또한 대등하게 사랑하지도 못한다. 영화「오아시스」나「씨크릿 러브」그리고「사랑하고 싶은 그녀」, 홍콩 영화「성원」은 그나마 장애인의 사랑을 정면에서 다루고 있다.

바보의 철학에 대해서 생각해볼 필요가 있을 것이다. 김수환 추기경은 자신의 자화상을 '바보야'로 이름 붙였다. 운보 김기창은 자신의 산수화를 '바보산수'라고 했다. 신영복은 바보철학이 세상을 바꾼다고 했다. '지우이신至愚而神'이라는 말이 있다. 어리석음이 도의 경지에 이르면 세상을 바꾼다. '우공이산愚公移山'이라고도 했다. 영리한 이들은 세상에 재빠르게 영합하지만, 바보들은 세상에 관계없이 자기 일을 하며 세상을 자기에게 맞춘다. 결국 세상을 조금이나마 바꾸는 것은 바보들이다. 세상에 재빨리 맞추기만 한다면 세상을 바꾸지 못한다. 또한 바보는 단순히 백치가 아니라 경험과 그에 따른 통찰이 많은 사람만이 구가할 수 있는 경지다. 그래서 수많은 성인聖人과 현자들이 바보철학의 경지를 말했다. 이기적이고 위선적인 사회에 대항한 예수의 힘은 단순성과 정직성이었다.

15. 스타 열망과 참여

스타를 꿈꾸는 심리는 대중 속에 항상 있다. 어떤 대중은 선망의 수준에 머물지 않고 자신이 스타이고 싶어 한다. 이러한 마음은 스타와 자신을 비교하여 공통적인 요소를 발견할 때, 더욱 강해진다. 스타는 일단 미모를 갖추고 있다. 대체적인 특징이기 때문에 이러한 본연의 자질을 가지고 있는 이들은 자신이 스타가 될 수 있다는 심리를 갖기 마련이다. '나라고 왜 못하겠는가? 왜 안 되겠는가?' 이런 심리가 있을수록 스타의 반열에 오르기 위한 오디션에 열망을 키운다.

배우에게는 기본기 혹은 기술이 필요하다. 하지만 스타에게 그러한 기본기와 기술이 반드시 있어야 하는 것은 아니지 않은가. 재능이 많은 배우라고 해서 반드시 스타가 되는 것은 아니다. 재능이 없다고 스타가 되지 말라는 법도 없는 것이다. 그것이 대중스타의 불확실성에 따른 마력이다. 이 때문에 누구나 스타를 꿈꾸는 심리가 가능해진다. 어쩌면 스타시스템을 움직이는 핵심일지도 모른다. 중년의 배우들은 연기에는 달관한 사람들이지만, 그들이 아무리 연기를 잘한다고 해도 스타가 되지는 못한다. 하지만 햇병아리 후배가 연기경력이나 능력, 테크닉이 일천해도 스타가 된다. 착실하게 몇 년을 기다려야 스타가 된다는 연공서열이 있다면 세상은 정말 살맛이 안 날 것이다.

하지만 단번에 스타의 반열에 올라갈 수 있다는 기대감은 지망생을 신이 나게 만든다. 거꾸로 언제든지 한방에 스타가 될 수 있다는 심리는 삶의 희망으로 작용한다. 그래서 현실적인 어려움을 참게 만드는 심리기제로 작용한다. 이러한 심리적 기제들은 오디션 프로그램의 번성으로 이어졌다. 하지만 그 가운데 스타가 되는 이들은 지극히 적었으며 생각할 수 없는 변수들이 작용했다. 실제의 스타화 과정은 예측을 불허하기도 한다.

이렇게 보면 스타가 되는 것은 행운의 여신이 선사하는 선물이다. 이 선물을 받을 준비는 언제든 하고 있어야 한다. 스타시스템의 주변에는 젊음과 미모를 가진 이들이 끊임없이 몰려든다. 외모와 젊음을 가진 이들일수록 "당신도 스타가 될 수 있다."는 말에 더욱 솔깃해지고 스타 데뷔심리는 증폭된다. 이런 상황에서는 이렇게 말한다. "행운의 여신이 주는 인생 최대의 로또가 기다리고 있을지 누가 어떻게 알겠는가?"

연기학원이나 미인모델 선발대회는 여신의 웃음이 내려질지 모르는 제단이 된다. 기획사는 제사장, 제작사는 제의식의 주관자다. 작가는 제의식을 구성하는 존재이고 감독은 그 제의식을 감독하고 구체적으로 연출한다. 각 스태프들은 온갖 수발을 다 드는 시녀들이다. 그들은 제의식을 지내는 주인공의 의상과 분장에 정성을 다해야 한다. 마사지사, 미용사, 치과의사, 다이어트 전문가는 물론 성형외과 의사에 정형외과 의사까지 이들은 제단의 주인공을 도와주는 조력자들이다. 화법 전문가와 예절 전문가까지 동원되어 주인공의 사투리, 비속어 그리고 대화하는 법을 교정한다. 제단 앞에 노출될 노래와 춤은 물론이거니와 행동거지 하나하나를 가다듬는다. 또한 그가 가진 장신구나 애완동물도 특별하게 선발된다. 이를 통해 거대한 산업 안에 왔다는 것을 실감할 수 있다.

16. 대중문화산업의 피그말리온주의(Pygmalionisme)

그리스 신화에 나오는 피그말리온 왕은 자신이 만든 여상女像에 반해 그것에 생명을 불어넣어 사람으로 만들어냈다. 스타를 만들어내는 과정도 이와 비슷한 면이 있다. 원료를 가져다가 다듬고 분장시키고 옷을 입힌다. 거리에서 여성을 데려다가 이것저것 조작을 하고 장신구로 치장시킨다. 이러한 과정을 통해 아무것도 아닌 존재가 실제로 신과 같은 스타가 되는 것이다.

이제 막 원료에서 조형造形을 마친 인형을 본 사람들은 1차 피그말리온 심리를 활용한다. 자신들은 그 사람들이 스타가 될 것인지 아닌지 판별하는 능력이 있다고 여긴다. "그 애가 될 줄 알았는데 진짜 됐어.", "내가 그렇게 여기면 반드시 스타가 되더라고." 이러한 심리는 한번쯤 품는 일이다. 그러나 이는 우월한 기호 때문이 아니라 누군가 그러한 심리가 일어날 줄 알고 예견한 이가 만들어낸 것이다.

즉 스타 기획자들은 기획 단계부터 사람들에게 그러한 심리를 갖도록 만든다. 그래야 아무것도 아닌 존재일지라도 진짜 위대한 스타가 될 터이니 말이다. 이러한 과정을 통해 아무것도 아닌 흙 속의 원석이 다이아몬드가 된다. 묻혀 있던 신성이 활짝 피어나는 것이다.

핀업 걸은 자신의 온몸을 다 드러내야 한다. 그러나 스타는 중요한 순간에만 보여준다. 신인 여배우의 경우에도 자신의 몸을 드러낸다. 그러나 모든 신체를 다 드러내면 그는 스타가 되지 못할지도 모른다. 핀업 걸은 신인 여배우와 스타의 중간 단계라고나 할까? 핀업 걸은 무엇인가? 그녀는 자기동일성이 없다. 얼굴이야 스타와 같이 표지를 장식할는지도 모른다. 그러나 그녀는 얼굴이 있으되 얼굴이 아니고, 가슴과 허벅지가 있으되 그녀의 것이 아니다. 가슴과 얼굴과 허벅지가 따로 논다. 즉 그녀는 자기동일성이 없다. 보는 이들은 그의 얼굴과 가슴과 다리를 일치시키지 않는다. 얼굴에 다른 이의 얼굴을 대체시킨다. 언제든지 다른 사람이나 그 사람의 부위로 대체시킬 수 있는 대체 가능한 명확하지 않은 존재다. 그러나 스타는 다른 사람이나 다른 사람의 부위로 대체할 수 없는 존재이다. 그는 명확하게 확정되어 있는 존재, 자기동일성을 지녔다.

예를 들어 심은하의 얼굴은 그대로 두는데, 심은하의 얼굴을 떼어내고 다른 무명모델의 얼굴을 붙이지는 않는다. 김태희 역시 마찬가지다. 자기동일성을 갖는 존재가 되도록 하는 것이 스타 만들기다. 자기동일성을 가지면 그는 이미 스타가 된 것이다. 다른 존재로 대체 불가능한 존재가 되었기 때문이다. 핀업 걸은 이름 없는 사진 모델로 벽면에 걸어두고 언제나 장식용이 된다. 보는 이들은 그녀에게서 인성이나 인격을 기대하지 않고 미모와 젊음, 육체만을 기대한다. 따라서 언제든지 대체가 가능해진다. 항상 더 예쁘고 더 젊고 보기 좋은 육체에 항상 밀리기 마련이다. 그러나 스타는 단지 젊고 아름답고 섹시하기 때문에 선호되는 것은 아니기에 오래 자리를 지킨다. 그에게는 영혼적인 존재를 지닌 자기동일성이 있기 때문이다. 핀업 걸과 신인은 몸, 얼굴, 이미지의 존재이지만, 스타는 혼, 인격의 존재다.

스타는 팬들을 피하지만, 신인스타는 그들을 찾아 나선다. 스타는 자신의 혼을 보여주지만, 신인스타는 자신의 몸매를 보여주며 모든 제단에 기꺼이 나선다. 제단의 희생양이 될 수도 있고 그 제단의 주인공이 될 수도 있다. 스타는 자신의 몸을 상상하도록 만들지만 신인은 몸을 드러내는 것을 마다하지 않는다. 신인은 스타가 꺼리는, 스타가 아끼는 타임에 적극적으로 나서서 스타가 되는 길을 뚫고자 한다.

이러한 과정 속에서 그녀는 화제가 된다. 그녀는 이제 무수한 대체물이 아니라 인격을 가진 존재, 영혼과 개성이 있다는 것을 알리게 된다. 그러나 이것만으로 된 것은 아니다. 지속성을 가지지 못하면 다시 무명으로 떨어진다. 단지 무수한 연예인들의 한 부분을 차지하는, 그야말로 풍경 속의 주변 인물이 되는 것이다. 인기배우는 무엇인가. 인기배우가 스타는 아니다. 인기배우가 반드시 스타배우는 아니라는 말이다. 그러나 스타가 인기배우에 들 수는 있다. 인기배우에게 결여되어 있는 것은 단순한 인격을 벗어난 초인격이다. 인간을 벗어난 무엇인가 아무나 흉내 낼 수 없는 불가침, 대체 불가능한 그만의 무엇을 지니고 있어야 한다.

그 무엇을 위해서 개인만이 움직이는 것이 아니라 수많은 이들이 조직에서 각자 맡은 일을 합체시켜 탄생시킨다. 스타 탄생. 그것에서는 첨단의 아이디어와 오랜 경험의 축적물들이 최신 트렌드보다 반 발짝 앞서가고 있다. 스타는 대중문화예술의 최전선에서 탄생한다.

03

문화의 본질과 대중문화의 연구

김헌식

1. 문화의 특징: 퓨전과 융합성[1]

월러스틴Immanuel Wallerstein은 집단 간의 구별을 가능하게 하는 특성으로 문화를 바라볼 수 있으며, 이것을 '문화의 제1용법'이라고 보았다. 이럴 때 문화는 어떤 집단이 다른 집단과 구별되는 방식들을 압축해 표현하는 방식이다. 집단 간의 차이를 문화로 설명했지만, 사실 같은 집단 안 구성원 혹은 요소라고 해도 반드시 일치하지는 않는다. 월러스틴은 이렇게 같은 집단 안에서 서로 다른 현상들을 문화라고 하고 제2용법이라고 했다.[2] 그러나 문화는 단순히 구별 짓거나 분별 짓는 특성만 있는 것은 아니다. 끊임없는 상호관계성 속에서 문화의 생명이 탄생·

---

1   김헌식, 『대중문화 심리 읽기』, 울력, 2008, 서문.

2   이매뉴얼 월러스틴, 『변화하는 세계체제: 탈아메리카와 문화이동』, 김시완 옮김, 백의, 1995 참조.

유지되기 때문이다.

한국만큼 정통을 따져 묻기 좋아하는 곳도 없다. 정통 중국요리, 정통 프랑스요리 혹은 정통 일본요리 등 모두 자신들이 진짜임을 강조한다. 진짜를 강조하는 말 가운데 하나가 '원조'다. 우리 주변에서는 원조 해장국집, 원조 할매집, 원조 쌈밥집 등을 쉽게 볼 수 있다. 원조에만 머물지 않고 진짜 원조, 왕 원조, 진짜 왕 원조 등과 같이 자신들의 고유성·순수성을 강조한다.

단일민족을 강조하는 사회일수록 거꾸로 단일민족이 아닐 수 있다. 차별이 없다고 주장할수록 오히려 차별이 많은 사회일 수 있다. 마찬가지로 이렇게 원조, 정통을 강조하는 이유는 원조가 아니거나 정통이 아닌 것이 많기 때문일 것이다. 사회문화에서 폭넓게 이러한 모습을 보인다면, 그것은 사회문화 자체가 원조가 아니거나 정통이 아닌 것이 많다고 여길 수 있다. 이는 한국 문화 자체가 원조나 정통과는 거리가 멀다는 것을 의미할까?

한국의 된장은 고구려의 콩과 중국의 육장 문화가 만나서 콩된장으로 탄생한 것이고, 일본에 영향을 주어 미소味噌로 만들어졌고, 다시 이것이 한국에 수입되어 된장 문화에 변화를 주고 있다. 미국의 건강 전문지 「헬스」 인터넷 판을 통해 김치와 함께 세계 5대 식품으로 뽑힌 바 있는 낫토納豆 또한 한국의 청국장 비슷한 발효식품이다. 짜지 않으며 간편하게 들고 다니면서 먹을 수도 있다. 이 낫토를 모델로 한국의 청국장이 변화를 꾀하고 있다. 한국의 청국장은 그 영양적 가치에도 불구하고 염화나트륨의 양이 너무 많다는 한계를 지니고 있기 때문이다.

김치도 처음부터 오늘날의 모습은 아니었다. 대표적으로 고추는 원산지가 남아메리카로, 임진왜란 이후에 일본을 통해 들어왔다. 따라서 지금 우리가 먹는 빨간 고춧가루의 김치는 16세기 이후에 나타난 것이다. 마찬가지로 고려청자도 이런 문화 결합의 산물이다.

이는 한국 문화만의 특징이 아니다. 문화는 그 자체가 고유성과는 거리가 멀고 고요하게 머물러 있지도 않다. 『조선과 그 예술』을 쓴 야나기 무네요시柳宗悅는 자신의 책 『공예문화』에서 사람의 생활은 물심양면의 교류이며, "문화는 항상 움직인다."고 했다. 여기에서는 음식만을 예로 들었지만, 바꾸어 말하면 문화는 원조나 정통성의 의미가 적다. 심지어는 "문화에 독창성이 어디에 있는가?"라고 주장하는 이들도 있다. 들뢰즈가 말하듯 "노마디즘에 바탕을 둔 끊임없는 접합이 존재할 뿐"이라는 것이다.

이러한 점은 사회의 생명력과도 연결된다. 로마가 다양한 이민족 국가를 포용하고, 교류하고 아울러 제국을 형성한 반면, 그리스는 각자의 폴리스에 갇혀 폐쇄적인 문화만을 추구했다. 로마는 정통이나 고유성을 추구한 것이 아니라 다양한 포용과 접합을 추구한 것이고, 그리스는 정통과 원조를 강조했다. 그러나 여기에도 원칙은 있다. "피정복민의 장점만 취한다." 이는 시오노 나나미가 『로마인 이야기』에서 한 말이다. 로마인의 지성과 지능은 그리스인보다 못하고, 체력은 켈트인과 게르만인에 뒤지며, 기술력은 에트루리아인에게 못 미치는 가운데 경제력도 카르타고에게 미치지 못했다. 그럼에도 로마인이 역사적 번영을 누렸던 것은 끊임없이 다른 나라의 장점들을 자신의 것으로 받아들인 데 있었다.

게오르크 짐멜Georg Simmel은 "모든 사물의 문화가 인간의 문화에 미치고 이러한 사물문화를 발전시켜 인간을 발전시킬 수 있다."고 했다. 인간이 만든 문화는 다시 인간에게 영향을 미치기 마련이다. 짐멜이 지적하고 있듯이 문화는 끊임없는 깨짐의 대상이다. 아도르노Adorno, Theodor Wiesengrund도 "문화는 지속적으로 전복의 대상이 되는 역설적인 본질을 가지고 있다."고 했다. 이는 변증법적 특징이 문화의 근본적인 본질임을 알 수 있게 한다. 이러한 문화의 전복과 깨짐의 주체는 인간이다. 또한 이런 인간에게 영향을 주는 것이 문화다.

문화는 인간을 통해 끊임없이 발생 · 생성되는 과정을 겪지만, 그것은 단지 흘러가는 것이 아니라 일정하게 축적되는 형태를 보이게 된다. 짐멜은 공동체에 구현된 정신노동의 축적이라고 했다. 언어와 관습, 정치와 제도, 종교 교리, 문학과 기술 속에는 수많은 세대의 노동이 객관화된 정신으로 형성되어 있다.[3]

3   게오르크 짐멜, 『돈의 철학』, 안준섭 · 장영배 · 조희연 옮김, 한길사, 1985, p. 561.

레이먼드 윌리엄스는 "인간은 끊임없는 학습과 재학습을 통해 상호작용을 함으로써 얻은 경험을 토대로 자신의 존재와 삶의 양식을 창조적으로 변화시켜 나간다."고 했다.[4] 이는 한 사회와 공동체에서 계통적으로 유지되고 형성·축적되어온 문화적 맥락을 의미한다. 『문화: 개념과 정의의 한 비판적인 검토Culture: a critical review of the concepts and definitions』에서 클럭혼C. Kluckhohn이 "문화는 일시적으로 나타나는 현상이 아니라 언제나 사회적 계승으로 나타난다."고 한 말을 상기할 필요가 있다. 이러한 점은 대중문화예술에도 마찬가지이다.

2. 대중문화와 대중심리: 대중문화 비판과 재비판

산업화 시대 이후에 우리는 가장 일반적인 문화적 형태를 '대중문화'라고 일컬었다. 문화적 성격으로서 대중문화는 그 역동성과 상호교호성, 그리고 그에 따른 접합과 잡종화가 가장 활발하다. 디지털-정보화 시대를 맞아 다중多衆문화를 이야기하지만, 아직도 대중문화는 무시하지 못할 범주로 남아 있다.

니체F. Nietzsche, 가세트O. Y. Gasset, 엘리엇T. S. Eliot, 아널드M. Arnold는 모두 대중문화에 대해 부정적인 견해를 가지고 있었다. 오르테가 가세트는 『대중의 반역』에서 "대중은 엘리트에 대한 타락한 반역"이라고 했으며 특히, 아널드 하우저는 『예술사의 철학』에서 고급예술을 옹호하면서 "오락 아니면 시간 때우는 수단에 지나지 않는 대중예술과는 거의 공통성이 없다."라고까지 했다. 이러한 관점에서 대중문화는 대중에게 영합하고 예술가를 임금노동자로 타락시키며, 대중문화를 향유하는 이들은 매우 수동적인 존재로만 보이게 된다. 고급문화가 대중문화로 이전되면 끊임없이 질적인 저하가 일어나고, 창조적이고 독창적인 예술 인력들

---

4   R. Williams, *The Long Revolution*, Chatto and Wounds, 1961, p. 22.

은 타락한 채 대중문화 생산체제 속에 흡수된다. 결과적으로 문화예술 전반에 악영향만 끼친다. 건전한 도덕과 정서를 붕괴시키기도 한다. 말초적 감각을 자극하고 현실 도피적 행태를 유도하니 당연하게 보이기도 한다. 이럴 때 대중의 비판적 판단은 상실되기 마련이다. 결국 민주주의에도 악영향을 주고 만다. 프랑크푸르트학파Frankfurt School의 호르크하이머와 아도르노는 대중문화보다는 문화산업이라는 단어를 쓰며 비판적인 태도를 취했다. 그들은 대중문화산업 혹은 문화산업이 경제적인 권력을 가진 이들이 기술에 대한 통제력을 이용하여 문화적 산물을 표준화하고 대량생산하는 산업이며, 소비자에게 일상생활의 책임에서 회피·도피하도록 부추기는 역기능을 한다고 보았다.[5] 여기에 일반적 상식에 호소하는 상업적인 이윤 동기가 개입된다. 따라서 대중문화는 많은 사람들이 공감하는 내용을 바탕으로 작위적으로 충동하는 상품 측면이 강하다고 보았다. 또한 의미 중복성redundancy이 과잉 정보성entropy보다 강하다. 누구나 쉽게 이해하고 몰입할 수 있도록 만들어야 하기 때문에 반복적으로 필요 없는 정보들을 더 많이 집어넣는다. 이런 점 때문에 대중문화는 유치하다는 평가를 듣기도 한다.

그런데 이러한 대중성-상업성 때문에 대중문화가 타락했다고 볼 수 있을까? 그것이 문화예술의 수준을 낮게 만드는 것일까? 이러한 평가가 한동안 풍미했지만, 대중문화가 부정적인 측면만 있다고 주장하는 시대는 이미 지났다. 이런 차원의 대중문화 비판은 이성, 합리주의, 관념철학, 엄격한 도덕적 원칙주의에 집착할 때 일어나는 평가일 수 있다. 허버트 갠스Herbert Gans는 이러한 대중문화 비판론을 정면으로 반박했다. 대중문화는 많은 사람들의 미학적 욕구와 그 밖의 다양한 욕구들을 반영하고 표현하며, 모든 사람들은 고급문화이든 대중문화이든 그들 스스로 선택할 권리가 있다고 했다. 그에 따르면 대중예술은 대체로 사용자

제1부 이론적 접근

5　Horkheimer, Max & Theodor W. Adorno, *Dialectic of Enlightenment*, trans by John Cumming, New York: The Seabury Press, 1972 참조.

지향적 문화이며, 수용자의 가치와 원망顧望을 만족시키며 존재한다.[6]

여기에서 욕구와 원망은 사람들이 가지고 있는 마음을 뜻한다. 즉, 문화에는 기본적으로 사람의 마음이 담겨 있다. 사물이 단지 사물이 아니라 문화가 될 수 있는 것은 사람이 그것에 의미를 부여했기 때문이다. 사람들이 꿈과 소망 그리고 마음을 담아냈기 때문이다. 성황당의 아름드리나무가 그냥 나무가 아닌 것은 그것에 마음을 담아 굿을 지냈기 때문이다. 까마귀가 불길한 징조라는 상징은 인간이 그것에 자신의 마음 – 죽음에 대한 공포, 불안한 심리 – 을 담아냈기 때문이다. 문화 현상은 심리 현상이다. 인간이 만들어낸 마음의 소산이다. 식물이나 동물이 이루어낸 것은 문화라고 부르지 않는다. 그냥 무심히 찍은 인간의 발자국을 문화라고 하지 않는다. 「캐스트 어웨이Cast Away, 2000」에서 배구공 '윌슨'은 자신에게 이름을 붙여주고 대화하는 알렉스 때문에 단지 손자국이 아니라 문화적 존재가 된다. 친구를 바라는 알렉스의 간절한 마음이 담겼기 때문이다.

대중문화나 고급문화, 일상문화에는 사람들의 심리가 담겨 있다. 한 사람 두 사람의 마음이 담기고 축적되어 일정한 유형과 맥락으로 전해진다. 문화는 현상으로 보자면 끊임없이 변한다. 그러나 맥락으로 보면 변하지 않는 것이 있다. 그것이 바로 문화심리culture psychology다.

마르크스와 엥겔스는 『신성가족』에서 헤겔과 청년 헤겔파의 추상적이고 관념적인 견해는 물론 애덤 스미스를 중심으로 한 국민경제학자들을 혹독하게 비판했다. 그들은 인간주의, 인간의 감성을 도외시한 철학, 경제학은 현실을 무시했다고 보았다. 경제학에서 무엇보다 인간의 감성을 중요하게 보았다. 문화에서는 인간의 감성을 더욱 **빼놓**을 수 없다. 물론 마르크스가 말한 인간주의, 감성은 실천적인 측면을 강조한 것이다.[7]

---

6 Gans, Herbert J., *Popular Culture, and High Culture: An Analysis and Evaluation of taste*, Boston: Basic Books, 1974 참조.

7 카를 마르크스·프리드리히 엥겔스, 『저작 선집 I』, 최인호 옮김, 박종철출판사, 1997, pp. 96-106.

알렉스시 슈미트는 포이어바흐의 추종자들이 진리가 감성 가운데 있는 것으로 여겼다고 주장했는데[8] 적어도 문화의 진리는 인간의 감성, 인간의 심리에 있다.

마르크스와 엥겔스에 따르면 인간의 본질은 수많은 개인들이 자연스럽게 결합하는 것이 아니다. 1845년 포이어바흐에 관한 테제에서 밝혔듯이 문화의 본질도 개개인이 단순히 결합해서 만들어내는 것이 아니다. 제7 테제가 가리키고 있듯이 개인은 특정한 사회적 형태에 속해 있기에 문화도 거기에서 파생한다.

의식은 혼자 발생하는 것이 아니다. 마르크스가 『독일 이데올로기』에서 밝혔듯이 물질과 상관관계를 맺는 가운데 발생한다. 인간의 정신은 끊임없이 물질, 환경과 상호관계를 맺으면서 변증법적으로 발전한다.[9] 이러한 점은 문화가 처음부터 하나의 모습으로 존재하는 것이 아니라 끊임없이 사회적 단계와 변화에 따라 움직이는 것을 의미한다.

스피노자는 "인간이 감정적인 동물이며, 감정은 감응이고, 다른 사람들에 감응해가면서 변해간다."고 했다. 단지 수동적인 감응이 아니라 능동적인 감응이다. 이는 문화의 감응으로 이어진다. 끊임없이 영향을 주고받으면서 하나의 특성을 만들어가는 것이다.

대중문화는 일상문화와 민중문화, 고급문화가 모두 융합되는 문화범주다. 각 문화는 대중문화를 통해 상업적 목적이든 대중적 지지가 목적이든 끊임없이 누구나 쉽게 이해할 수 있는 내용과 형식으로 존재한다. 여기에서 중요한 것은 대중문화가 이성이나 합리성보다는 감성에 더 호소한다는 점이다. 한류가 주목을 받은 것은 동아시아인들의 감수성을 건드렸기 때문이다. 이 감수성을 다른 말로 하면 마음, 심리다. 그러한 마음은 다른 문화적 현상을 일으키는 원인이 된다. 신드롬과 유행, 증후군은 모두 사람들의 마음과 심리에서 비롯한다. 따라서 대중문

---

8   정문길, 『마르크스의 사상과 초기 저작 독일 이데올로기와 마르크스 엥겔스 전집 연구』, 1994, pp. 161-163.

9   카를 마르크스 · 프리드리히 엥겔스, 앞의 책, 1997, p. 211.

화만이 아니라 수많은 문화적 현상에서 문화심리가 무엇인지 지적하는 것이 필요하다. 이런 문화심리를 배제하면 단순 사실, 정보의 열거 또는 현상의 묘사와 유형의 정리는 왠지 무엇인가 빠진 것 같은 생각을 들게 한다.

그간 문화 현상에 대한 심리학적 분석이 이루어졌다. 그러나 정신분석학은 이러한 분석을 하기에는 너무나 성적性的이다. 행태주의적 심리학은 너무나 단순화시키고 수치 중심이다. 그야말로 행태심리학行態心理學, behavioral psychology이다. 대중문화 분석들은 그 현상 자체의 분석에만 머무는 경향이 있다. 이데올로기적 분석인 습성아비투스은 아직도 학자와 비평가들 사이에서 유효하다. 하지만 맹목적 계급 이데올로기에 대한 집착은 다양한 문화적 연구의 다양성을 가로막는다. 다른 한편에서는 통계학적인 방법론을 이용해 이미 정해진 가설과 변수로 문화적 현상의 아우라를 해체하는 데 몰두해왔다. 그러나 그것은 인체를 해부하여 뼈와 살을 헤집어 인간의 본질을 찾겠다는 것과 같다. 대중은 스스로 환상을 구성해가면서 아우라를 만들고 대중문화를 형성시킨다.

그렇다고 그것이 전혀 의미가 없다는 것은 아니다. 그러한 작업들은 질적 연구에서 하지 못하는 수치적 법칙화에서 탁월한 업적을 성취한다. 그러나 그러한 해체를 반복하면 거꾸로 인간의 심리가 만들어내는 문화적 상상력이 제한된다. 예를 들어 신화와 판타지가 왜 대중적으로 그렇게 인기를 끌고 있는지 알 수 없다. 오로지 신화는 비현실적이어서 나쁜 것이고 도피심리를 조장하는 것이므로 공공의 적이 되어버린다. 여러 가지 문화 행위에 대한 분석과 그에 따른 비판도 중요하다. 여기에서 꼭 살펴볼 것은 그러한 현상이 일어나는 심리적 이유에 대한 물음이다. 이는 대중문화 안에 수용자의 심리가 어떻게 투영·반영되었는지 보는 것이다. 그것은 비즈니스 관점에서도 상품화 전략을 위해 중요할 수 있지만, 학술적으로도 충분히 가치 있는 것이다. 당대 사람들의 욕망과 가치는 바로 이러한 대중문화 콘텐츠나 텍스트 안의 심리적 기제 분석을 통해서 알 수 있기 때문이다.

3. 대중문화와 상호작용성

　롤랑 바르트는 "문화가 풍부하면 풍부할수록 그 즐거움은 더 크고 더 다양화할 것이다."라고 했다.[10] 문화의 다양함은 많은 사람들을 더 즐겁게 할 것이고 즐거움이 다양할수록 문화는 풍부해질 것이다. 그 문화는 작품 혹은 콘텐츠, 텍스트로 반영되어 존재감을 드러낸다. 다만 구성과 변화의 원칙들이 있을 것이다. 예컨대 바르트는 즐거움의 텍스트와 환희의 텍스트가 주체 안에 쪼개져 이중으로 꼬여 있다고 했다. 즐거움의 텍스트texte de plaisir는 행복감을 담아서 채우고 전하는 텍스트라고 했다. 환희의 텍스트texte de jouissnace는 상실감을 부여하는 텍스트이고, 아마도 조금은 지루함을 느낄 정도로 마음을 불편하게 하며 독자의 역사적 · 문화적 · 심리학적 전제들, 그들의 기호, 가치, 기억들의 일관성을 뒤흔들어 언어와 그 사이의 관계를 위기로 몰고 가는 텍스트라고 했다.[11] 즐거움의 텍스트는 자신에게 익숙하고 공유된 것이다. 하지만 환희의 텍스트는 아직 익숙하지 않고 낯선 것들이다. 그래서 혼란과 어리둥절함을 준다. 모든 문화 현상은 이 두 가지 현상이 언제나 공존한다. 이 두 가지 현상이 공존하여 꼬여 있지 않다면 문화는 진전되지도 풍부하지도 않을 것이다. 문화 분석은 이런 익숙한 것과 낯선 것들 사이에서 변화되는 메커니즘을 짚어내야 할 것이다. 그것을 공유하면 할수록 문화 생성과 향유를 통해 우리의 미래 삶을 더 진전시키기 때문이다.

　그 가운데 대중문화의 분석은 끊임없이 부정적 인식을 대하게 된다. 예컨대 앨런 스윙우드는 "대중문화와 대중사회는 존재하지 않는다. 있는 것은 대중문화와 대중사회의 이데올로기뿐이다."라고 했다.[12] 여기에서 이데올로기는 매우 부정적인 개념을 전제로 한다. 이데올로기는 일방적으로 사실과 현실을 은폐하고

10　롤랑 바르트, 『텍스트의 즐거움』, 김명복 옮김, 연세대학교 출판부, 1994, p. 56.

11　위의 책, p. 15.

12　앨런 스윙우드, 『대중문화의 신화(The Myth of Mass Culture)』, 김영수 옮김, 현암사, 1984, p. 180.

진실을 호도하는 것이니 말이다. 이런 관점이라면 우리가 대중문화를 논할 가치가 없는 듯싶다. 실체는 없고 일방적인 이데올로기만 존재하니 말이다. 그러나 과거와 같이 그러한 이데올로기는 일방적으로 주입되는 것이 아니라 참여와 상호적 창조를 통해 만들어지고 있다. 그렇다면 사람들은 왜 그런 이데올로기를 만들어낼 것인지 분석해야 할 것이다.

만하임은 "인간은 그 자신들이 사유하거나 사유를 품고 있는 고립된 개인들이 아니다."라고 하면서 타인이 그에 앞서 생각하는 것을 계속 생각하는 데 참여한다고 보았다. 전승된 반응양식을 계승·발전하거나 그렇지 않으면 그 대신에 상황의 변화와 변천에서 발생하는 새로운 요구들을 적장한 방법으로 고정시키려고 노력한다는 것이다.[13] 보는 이들에 따라 다른 차원으로 간주되겠지만, 문화에는 나름의 사유가 담겨 있다. 작품과 콘텐츠, 텍스트에는 전승의 사유가 당대의 사유와 결합되거나 변형·진전되는 모습을 확인할 수 있다. 이러한 점은 일방적인 대중문화 시대에는 덜했는지 모른다. 이는 다중의 개념이 강해진 대중문화에서는 강도가 약하더라도 여전히 결합·변형·진전이 존재한다.

이러한 현상들이 미디어를 통해 드러나는 것도 여전하다. 마셜 맥루한은 "핫 미디어를 사용하면 감정이입感情移入, empathy 또는 참여가 일어나지 않는다."[14]고 했다. 쿨 미디어일수록 사람들의 참여와 몰입은 늘어날 것이다. 그런 면에서 미디어는 갈수록 감정이입과 참여를 유도하는 쿨 미디어로 더 많이 진전되고 있다. 이러한 특성은 디지털 환경이 이끌어낸 것이기도 하다. 디지털과 하이퍼텍스트 환경 때문에 대중문화 전반에 걸쳐 쿨 미디어의 특성이 강화되고 있는 것은 분명하다. 그러나 이는 단지 미디어의 특성이 그런 것만이 아니다. 콘텐츠와 텍스트 자체가 그러한 요인을 강화하고 있다. 즉 많은 사람들이 직접 감정을 이입하고 참여할 수 있는 여지가 많아지고 있다. 그렇기 때문에 작품은 창작자가 시작하지

---

13   카를 만하임, 『이데올로기와 유토피아』, 황성모 옮김, 삼성출판사, 1989, p. 23.
14   마셜 맥루한, 『미디어의 이해』, 박정규 옮김, 삼성출판사, 1989, pp. 319-321.

만 그것을 완성하는 것은 관객, 이용자라는 말이 공공연한 상식이 되었다.[15]

아울러 뉴미디어가 원근법 회화 사진, 영화 텔레비전과 같은 기존 미디어들을 인정하고, 경쟁·개조를 통해 문화적 의미를 얻는 재매개 현상은 자연스러움 강조투명성과 극미디어화하이퍼 매개를 이중적 논리를 통해 다양한 문화적 현상을 만들어내고 있다.[16] 그럴수록 이러한 문화적 현상들에 대한 주목이 필요할 것이다. 앨버트 반두라는 미디어의 영향력 때문에 사람의 생각과 행동에 큰 영향을 미치는 인간의 상징 커뮤니케이션이 중요하다고 하면서 사회적 인지 이론social cognitive theory에 따라 미디어가 행동과 인지, 생물학적 그리고 인간적 요인들의 상호작용에 주목한다.[17] 이러한 점은 뉴미디어를 중심으로 형성되는 문화적 인지 현상에 대해서도 충분히 가능한 논지이다. 미디어 자체에 대한 분석도 중요하지만 미디어나 그 이용자들의 토대가 무엇인지도 여전히 주목해야 한다.

4. 대중문화예술의 향유와 미적 사회

루카치는 "카타르시스는 사회적·역사적 구성체 속에서만 효과를 발생할 수 있다."고 했다. 그에 따르면 그런 환경에서 카타르시스는 인간의 변화와 더 나은 발전에 밀접하다.[18] 마르쿠제는 "감성의 측면과 이성의 측면에서 역사는 상상력

---

15 프랭크 로즈, 『콘텐츠의 미래: 앞으로 10년 콘텐츠로 먹고살 사람들이 알아야 할 모든 것』, 최완규 옮김, 책읽는수요일, 2011, p. 128.

16 제이 데이비드 볼터·리처드 그루신, 『재매개: 뉴미디어 계보학(Remediation understanding New Media)』, 이재현 옮김, 커뮤니케이션북스, 2006, pp. 62-70.

17 Albert Bandura, "Social Cognitive Theory of Mass Communication", Jennings Bryant Dolf Zillmann(eds), *Media Effect Advances in Theory and Research*, 1994, pp. 61-62.

18 게오르크 루카치, 『루카치 미학』, 제4권 제13장 예술의 해방투쟁, 반성완 옮김, 미술문화, 2002, p.

의 기획 안으로 들어서게 된다."라고 했다. 왜냐하면 "감성의 세계는 역사의 세계이며, 이성은 역사의 세계에서 개념을 통제하고 해석하기 때문이다."라는 것이다.[19] 우리는 감성과 이성을 통해 상상하고 그 상상을 현실화시키면서 현실을 긍정적인 쪽으로 바꾸는 주체자가 되어야 한다. 감성과 이성을 조화시키는 상상력은 흔히 문화적 실천으로 모습을 드러낸다. 마르크스가 "노동자는 생산과 생산물, 생산과정, 인류는 물론 스스로에게서 소외되는 일이 없어야 한다."고 주장[20] 했듯이 문화를 대하는 이들은 그 스스로는 물론 사람 자체에서 소외되어서는 안 된다. 이는 문화노동자들도 마찬가지이고, 문화의 향유자에게도 마찬가지다. 갈수록 문화콘텐츠는 프로슈머문화생산이면서 생산자인 현상이 강해지고 있기 때문이다. 그것은 존재론적 즐거움을 위한 것이고 이에 복무하는 변혁을 위한 것이다.

에피쿠로스는 과거, 현재, 미래에 걸쳐 경험하는 마음의 쾌락을 중요하게 생각했다. 그러한 쾌락이 인생의 목적이라는 것이다.[21] 맛의 즐거움, 사랑의 쾌락, 듣는 즐거움, 아름다운 모습을 보아서 생기는 즐거운 감정들이 선이라는 생각[22]은 에피쿠로스만이 아니라 일반 대중이 중요하게 생각하는 것이다. 예컨대 마르쿠제의 지적대로 문화의 건설자인 에로스를 죽이는 것은 타당하지 않다.[23] 다만 그것은 에리히 프롬이 말하는 존재론적 즐거움이어야 한다.[24] 우리가 문화콘텐츠를 논하는 이유도 그러한 마음의 지향점을 염두에 두어야 한다. 이러한 마음의 즐거

259.

19 헤르베르트 마르쿠제, 『해방론』, 김택 옮김, 울력, 2004, p. 50.

20 Karl Marx, "Economico-philosophical Manuscripts of 1844", Eugene Kamenka(ed), *Karl Marx*, Penguin Books, 1983, pp. 131-146.

21 에피쿠로스, 『쾌락』, 오유석 옮김, 문학과 지성사, 2008, pp. 141-142.

22 위의 책, p. 40.

23 헤르베르트 마르쿠제, 『에로스와 문명』, 시사영어사, 1993, p. 47.

24 에리히 프롬, 『소유냐 존재냐』, 3. 두 실존양식의 근본적 차이에 대한 분석, 차경아 옮김, 까치(까치글방), 2002 참조.

움에 대한 지향은 단순히 개인에게만 해당하는 것은 아닐 것이다. 쾌락, 즐거움은 아름다움이다. 마르쿠제는 미학적 인간, 미학적 사회를 지향했다. 그는 "감각적인 것, 유희적인 것, 평온한 것, 그리고 아름다운 것이 존재의 형식이 되고 결국은 사회 자체의 형식이 되는 일종의 보편성 속에서 가난과 노역이 폐지되는 사회를 건설할 권리에 대한 긍정이다."라고 했다.[25] 우리가 문화에 주목하는 것, 가벼워 보일 수 있는 대중문화를 논하는 이유가 여기에 있다. 고수와 변화에 대해 감각을 열어놓고 예민한 감수성으로 현상을 보고 듣고 그 경험을 바탕으로 상상력을 배가하여 실천으로 옮기는 노정으로 나가야 할 것이다. "변혁은 개념적이라기보다는 감성적인 것, 즐거운 것이라야 한다."[26]

5. 대중문화연구의 원칙들[27]

대중문화연구는 하급문화와 고급문화의 경계를 허무는 중간 매개물 삼아 대중문화를 분석 대상으로 한다. 고급문화와 하급문화의 구분은 무의미할 뿐만 아니라 만약 그것을 인정해도 분석과정에서 각자의 상보적인 역할이 더 바람직하다는 관점을 일관되게 유지하려 한다.

두 번째는 문화주의의 기호와 선호의 우선 행태나 문화 운동의 가치 당위성을 인정하면서도 다양한 '사고 틀'을 바탕으로 문화 현상을 탐색하려 한다. 여기에서 문화는 단지 일상문화나 공연예술문화만을 뜻하는 것이 아니다. 그것은 정치, 경제, 사회, 미디어와 국제적인 문제까지도 포괄하고 있다.

25 헤르베르트 마르쿠제, 『해방론』, 김택 옮김, 울력, 2004, p. 45.

26 H. 마르쿠제, 『미적 차원: 예술과 혁명』, 최현 옮김, 범우사, 1982, p. 145.

27 김헌식, 『트렌드와 심리』, 울력, 2010, 서문 참조.

세 번째는 사고의 틀을 강조하면서 인과관계의 완결성을 추구한다. 이를 통해 단순정보의 나열이나 감각적 호기심을 충족하는 접근법에서 거리를 두려 했다. 이 과정에서 심리학적 개념을 적극 포용하여야 한다. 다만, 심리학이 가지고 있는 개별적이고 중립적 혹은 과학적 태도가 가진 한계가 우려될 수 있다. 여기에서 벗어나기 위해 적극적인 해석 작업과 가치부여를 하려는 노력도 필요하다. 그 가운데 인문학적 사고와 사회과학적 기술記述을 통해 수사학에 의존하는 문화 분석과 거리를 둘 수도 있다. 왜냐하면 수사학에 지나치게 의존할 경우, 실체 없이 성찰 자체에 머물거나 문장 표현이나 범주화 개념의 조탁이 읽는 사람에게만 관념적 쾌락을 주는 데 그치기 일쑤이기 때문이다.

이러한 원칙들은 여타 다른 장르에도 동일하게 적용되어야 한다. 그럴 때 일상문화와 경제현상, 그리고 소비행위의 트렌드 영역이 대폭 늘어날 수 있다. 자본주의 상품구조와 거리를 두고 접근했던 방식과는 다른 점이다. 확장하는 이유는 자본주의와 문화현상은 상품을 매개로 결합되어 있어 자본주의 상품구조와 유행을 통해 대중적 심리를 읽어내는 작업도 필요하기 때문이다. 근본적으로 대중이 선호하는 트렌드를 부정할 수 없는 상황에서 대안을 모색하는 것이라면 대세적인 문화 현상들을 외면할 수는 없다. 간과나 외면은 그에 대한 대응조차 할 수 없고, 대안을 모색할 수도 없게 한다. 간과나 외면은 그나마 가진 영역조차 알게 모르게 **빼앗기게** 한다.

근본적으로 앞선 원칙들을 세운 이유를 여전히 견지하여야 한다. 문화적 현상을 분석하고 일정한 원칙에 따라 문화 담론을 재구성하는 것은 단순히 분석이나 가치판단을 목적으로 삼고 있기 때문이 아니다. 더구나 비평을 위한 분석이나 가치 당위론적으로 대중 혹은 시민을 계몽하기 위한 효과적인 수단을 확보하기 위한 것도 아니다. 삶을 이해하고 만들기 위한 문화 생산과 노동을 통해 그 쓰임을 문화적으로 올바로 자리매김하고, 궁극적으로 더 나은 사회구조를 만들기 위한 것이다. 달리 말하면 요즘 유행하는 행복경제학의 목표와 통하는 면이 있다. 다만, 행복경제학의 논리들은 역설적으로 너무 국민경제학적이다. 마음의 메커니즘이 빠져 있기 때문에 주류경제학과 비슷한 오류를 낳는다. 주류경제학의 가장 치명적인 오류 가운데 하나는 심리, 특히 심리가 만들어내는 문화적 현상을 간과하는 것이다. 근래에 각광받고 있는 행태경제학도 주류경제학을 비판하지만, 아직 실험심리학의 틀을 완전히 벗어나지 못하고 있다.

무엇보다 문화 현상은 각 행위자들이 분리되어 있는 것이 아니라 혼연일체가 되어 만들어진다. 그것은 창작하는 자와 향유하는 자, 생산하는 자와 소비하는 자가 하나의 동일성을 갖고 피드백 하는 가운데 생성되는 것이기 때문이다. 예컨대, 자본주의와 화폐경제 이전에도 문화를 파는 자와 사는 자는 하나였으며, 그 가운데 삶을 더 낫게 영위하려 한다. 문화는 모든 공공적 행위들의 정점에서 중요한 변수로 작용한다. 따라서 문화의 주체들을 분리하기보다는 통합해서 분석하는 데는 '물적 · 심리적 시스템 사고economical-psychological systems thinking'가 필요하다. 상호 주체들에게 어떤 인과적 영향관계가 존재하는지 동태적으로 분석하는 것은 문화와 사회, 경제가 끊임없이 요동치기 때문이다. 문화심리는 고정되어 있는 것이 아니라 살아 움직인다. 조지 소로스가 『금융시장의 새 패러다임』에서 말했듯이 경제이론이 예측에 실패하는 것은 인간의 동기가 움직이기 때문이며, 그 동기의 결집이 문화현상이다. 소소한 개인의 동기들이 거대한 행동을 움직이는 현상은 토머스 셸링의 『미시동기 거시행동』에서 논파된 바 있다. 소소한 일상과 편린의 문화 현상들을 미미하게라도 살펴보는 이유는 그러한 '요동'을 미세하게 따라가려는 심산이다.

연구 작업에서는 몇 가지 용어 구분과 연구 주제에 대한 제언이 필요하다. 문화콘텐츠라는 용어는 좁은 영역에 한정하기 때문에 '문화'를 떼어버리고, 콘텐츠라는 영역으로 확장할 수 있다. 대중문화의 많은 현상이 미디어를 중심으로 일어나기 때문에 콘텐츠와 미디어는 하나로 묶을 수 있다. 일상문화는 상품경제와 밀접하게 연결된다. 사람들이 욕구하는 것들은 일상문화에 산재하며, 그것은 상품으로 반영되거나 경제적 현상을 만들어낸다. 이 때문에 일상문화와 경제 현상을 분리하지 않고 그 둘을 연결하는 심리적 현상에 초점을 맞출 수도 있다. 놀이성

제1부 이론적 접근

과 대중예술미학에서는 현실에서 결코 무시할 수 없는 엔터테이너를 둘러싼 연예演藝에 관련한 문화심리적 관점과 대중문화의 놀이적 요소를 주안점으로 두게 된다. 대중문화 속의 미학이 가지는 기본적인 심리 속성을 간과하면 대중을 무교양으로 만드는 일이 자행된다. 왜냐하면 고급예술콘텐츠를 예로 들며 비교하기 때문이다. 이는 엘리트 예술가들이 대중문화콘텐츠를 제작했을 때 대규모 실패를 낳는 원인이 되기도 한다. 무엇보다 공통적으로 다루고 있는 것은 한국적 현실과 문화 현상이다.

전반적으로 위에서부터 기존의 이론적 논의들에 바탕을 두는 분석 방식을 채택하지 말아야 한다. 그 이유는 각각의 현상에 대한 관찰과 분석을 통해 밑에서부터 이론적 구성을 도모하기 위해서이다. 그러나 성과는 정말 미미하고 하잘것 없다. 마음과 욕망 그리고 사회경제적 구조 사이의 순환 고리들을 찾을 수 있기 위해서는 많은 개별 분석이 필요하다.

6. 한국사회 연구와 대중문화[28]

사회는 따로 존재하는 것이 아니라 개인과 개인 사이에서 존재한다. 그런 개인과 개인 사이의 심리는 사회심리가 된다. 개인과 개인의 덩어리가 커져서 군집, 즉 무리 형태를 띠게 되면 대중사회심리가 될 것이다. 그런데 여기에서 문화라는 개념을 어떻게 규정하는가가 중요해진다. 대중문화심리로 한국사회를 보려하기 때문이다. 그러면 문화심리는 무엇인가에 대해서도 그에 앞서 살펴보아야한다.

28　김헌식, 『K팝 컬처의 심리』, 북코리아, 2012, 서문 참조.

우선 문화는 무武의 상대어다. 무는 대개 물리적인 강인함을 뜻한다. 물질의 세계를 말한다. 무는 몸을 단련하고 무기를 만들며 그것을 움직이는 방법을 중요하게 생각한다. 평균적으로 성능이 좋은 비행기와 전차, 로켓, 개인화기로 무장한 대군이 승리할 가능성이 높다. 전쟁은 핵무기나 항공모함이라는 물질적 우세에 좌우되기 마련이다. 하지만 물질적인 우세에도 불구하고 전쟁에 지는 경우는 많다. 그것을 좌우하는 것이 문文이다. 만약 무의 우세함에도 불구하고 병사들을 인간 이하 취급을 한다면 그 군대는 저항과 불복종이 일어나는가 하면 반란으로 자중지란의 상태에 빠져 전쟁을 해보기도 전에 무너지게 될 것이다. 그들 스스로에게 인간다운 대접을 받지 못했기 때문이다. 스스로 존귀하고 싶은 것이 인간다움이다. 인간다움이란 무기물이나 동물의 상태, 미개나 야만이 아니라 그런 단계에서 품격을 갖추려는 모든 노력들을 말한다. 이성적인 능력을 발휘하는 것일 수도 있고, 도덕적·윤리적인 측면을 강화할 수도 있다. 인간은 끊임없이 자의식을 통해 존재감과 정체성을 확립하면서 일정한 가치를 추구한다. 그것이 개인은 물론 사회를 유지시키고, 더 진전하게 만드는 동력이 되도록 한다. 인간다움을 끊임없이 고민하고 추구하는 것이 문화이다. 특히 글월 문자를 쓰는 것은 인간이 자신의 사고와 감정을 더 품격 있게 만들려는 욕구 때문이다. 표현의 욕구는 바로 인간이 스스로 자의식을 가지기 때문에 가능하다. 표현의 욕구가 한 단계 올라가면 그 결과물은 문화예술작품이나 행위가 된다. 인간만이 그렇게 스스로 가치를 추구하고 그것을 일정한 형태로 남겨둔다. 다만, 그것을 공감하고 향유하는 사람에 따라 다양한 장르와 층위가 성립하게 된다.

어떤 장르는 배경지식과 소양이 필요한 반면 어떤 장르는 사람이라면 누구나 이해하고 공감할 수 있다. 그러나 어떤 것이 우월한지는 가리기 힘들다. 모두 인간의 문화적 행위이기 때문이다. 그것을 통해 얼마나 인간다움을 고양시키는가가 중요하다. 유사 문화행위란 겉으로는 문화행위 같지만 문화행위의 본질에서 벗어나 있는 것을 말한다. 아무리 고품격을 지향한다고 해도 문화적 행위의 본질에서 벗어난다면 그것은 유사 문화행위, 즉 사이비가 된다. 거꾸로 품격이 낮아

보여도 문화적 행위에 부합한다면 사이비가 아니다.

　아직도 우리는 대중사회에 존재하고 있으며, 대중사회에는 개인적·문화적 행위들이 모여 무리를 이루고 있다. 개인들의 미시 동기는 거시적인 집단의 사회적 행위와 함께 문화적 행위와 그로 인한 현상들을 만들어낸다. 그것은 욕구를 넘어 욕망의 형태로 치달아간다. 욕구는 당연히 필요한 것이지만 욕망은 필요 수준을 넘어서서 그 이상을 바라는 것이다. 필요 이상의 욕구가 욕망이 된다. 그 욕망은 문화의 진전으로 이어지기도 하지만 문화에 역행하기도 한다. 따라서 무조건 나쁘거나 좋기만 한 것은 아니다.

　인간의 표현행위가 글월 문자를 넘어서서 반드시 예술작품으로 이어지지 않아도 현상들을 만들어내는 것이 미디어 현상이다. 텔레비전, 라디오, 영화, 신문, 광고 같은 올드미디어만이 아니라 각종 모바일 디지털 기기들은 다양한 콘텐츠들을 통해 욕구와 욕망들을 담아내고 있다. 욕구와 욕망은 현실의 결핍에서 비롯한다. 대중은 정치나 국가의 영역에서는 시민이나 국민의 개념으로 이동한다. 문화콘텐츠는 많은 사람들을 무작위적인 대상으로 만들어지지만, 정치의 정책이나 국가의 대국민서비스는 시민, 국민이라는 명확한 타깃층을 염두에 두고 있을 뿐이다.

　정치와 국가가 대상으로 하는 이들은 대부분 대중 안에 포함된다. 그들을 대상으로 하는 콘텐츠들에는 그들의 욕구와 욕망이 담겨 있다. 욕구와 욕망의 일정한 유형이나 원리들은 심리라고 규정할 수 있다. 이는 생물학적인 욕구와 욕망만이 아니라 문화적 욕망과 욕구를 포괄한다. 따라서 문화심리는 가치 있는 인간이고자 하는 존재론적 사고, 행동의 욕구와 욕망의 일정한 유형이나 원리들을 말한다.

　대중문화콘텐츠에는 이러한 문화심리가 담겨 있는데 이는 정치와 정책, 국가의 의사결정과 무관하지 않다. 문화심리는 좀 더 나은 삶을 꿈꾸는 바람이 담겨 있기도 하기 때문이다. 문화심리는 사회 안의 구성원들에게 존재하고, 이는 대중이라는 무리 개념으로 일컬어진다. 따라서 대중문화심리는 한국사회와 밀접하다. 또한 대중문화심리는 정치와 국가의 영역에서 중요하게 간주해야 할 개념이 된다. 결국, 대중문화심리라는 개념으로 각 개인들이 선호하는 대중문화콘텐츠는 시민사회와 국가의 정책 대안을 모색하기 위한 기본적인 초석 작업이 되는 것이다.

그러나 대중문화콘텐츠와 현상이 모두 긍정적인 것만은 아니다. 욕망이 긍정 또는 부정의 흐름으로 이어지는 것과 마찬가지다. 이 때문에 행태심리학이 심리적 현상을 밝히고 설명하는 선에서만 머무는 것은 문제가 된다. 가치평가나 현실 변화에 대한 필요성과 운동성을 간과하기 때문이다. 대중문화심리는 단순히 현상이나 원리들을 설명하는 데 그쳐서는 사회의 진보에 기여할 수 없다. 인간의 모든 행위들이 바람직한 방향으로 진화하는 궤도에 있는 것이 아니기 때문이다. 다른 동물들과 다른 것은 인간 스스로 자연의 선택을 받을 수 있도록 적응과 선택을 할 수 있다는 점이다. 트렌드나 콘텐츠 소비에 대한 원리적인 설명만이 아니라 비판적 대안을 구현하려는 것은 이 때문이다. 그것은 정치인이나 사회, 기업의 리더가 고민해야 할 것이기도 하며, 우리 스스로 끊임없이 고민해야 할 숙제이기도 하다.

04

대중문화예술과 연예산업경영의
학술적 과제와 전망

심희철

1. 방송 · 연예산업경영과 대학의 역할

(1) 연예산업이란 무엇인가?

대중문화예술산업에서 중요한 위치를 차지하고 있는 연예산업은 사람을 중심에 두고 있다. 그렇게 보면 대중문화에서 사람, 즉 스타를 빼놓고는 언급이 되지 않는다.

연예산업은 구구절절 이어가는 이론 논쟁처럼 거창한 것이 아니라 즉응적이다. 즉 우리가 직감적으로 알 수 있기에 그 가치를 덜 인식하게 되었다. 방송 3사에 연예프로그램이 있는 것을 통해서도 즉응적으로 가늠할 여지가 있다. 「섹션 TV 연예통신」, 「연예가중계」, 「한밤의 TV연예」 등 직관적으로 떠오르는 개념이 연예의 협의의 개념이다. 이들 프로그램은 주로 연예인들의 소식을 다룬다. 다르게 말하면 이러한 프로그램은 연예기업과 연예산업계의 동향과 소식을 알려주는 셈이다. 하지만 사람 중심으로 구성되기 때문에 자칫 기업이나 산업, 자본의 관점에서 통찰하지 못할 수 있다. 방송이 연예를 다루고 있는 것은 거꾸로 방송과 연예계가 불가분의 관계에 있음을 알려준다. 이는 한국에서 더 큰 영향력을 가지고 있다. 그렇기 때문에 방송연예라는 말이 쉽게 연결될 수 있다.

우선, '연예'에 '산업'이 붙는다는 점을 생각해볼 수 있다. 연예가 지향하는 것은 연예의 예술이다. 고전적으로 말하면, 연演 자와 예藝 자의 결합을 생각할 때, 연희의 예술이다. 여기에 매스 미디어가 결합하여 단순 시장을 넘어 산업적인 확장이 일어났다. 대중사회의 산물이고 이는 연예산업과 밀접하다. 대중매체의 폭발적인 영향력 확대는 연예산업의 확장과 비례했다. 방송은 매스 미디어의 대표이고 연예산업은 이와 밀접하게 작동한다. 미디어와 대중과의 소통 사이에 연예산업이 있다. 초기에는 단순 연결자 또는 조력자의 매니지먼트 개념에서 벗어나지 못했다. 하지만 연예산업이 경제적 수준과 발전에 부응하면서 양상이 달라지게 되었다. 한국은 1990년대 국력과 경제력이 폭발하면서 연예산업도 더불어 급성장했다. 그 상징적 아이콘이 '서태지와 아이들'이며 그 멤버 중 한 명이었던 양현석이 YG를 이끌고 있다는 점은 충분히 상징의 실제적 의미까지 보여주고 있다고 생각한다. 연예산업은 이제 초기 매니지먼트의 지협성을 넘어 사업다각화와 OSMU의 의미에서 드라마, 음반, 공연 등 유관 콘텐츠들을 통합하고 유기적으로 결합시켜 종합엔터테인먼트라는 의미로 확대되고 있다.

이제 거스를 수 없는 대세의 와중에 소규모에서 대규모로 기업화·조직화되어 산업화가 이루어지는 것이 연예 분야이다. 그런데 몸집이 커졌지만, 그에 맞는 법이나 제도가 따라가지 못하는 현상이 벌어졌다. 이러한 가운데 더 발전된 단계를 위해서 교육과 학술의 관점에서 대학의 역할이 왜 필요하고 중요한가를 살펴야 한다,

제1부 이론적 접근

(2) 팽창하는 연예산업과 대학의 역할

외형적으로 급성장한 청소년기처럼 소위 질풍노도의 시기를 맞은 산업이 더 발전하기 위해서는 실용적이든 학술적이든 인재 양성이 때맞춰 이루어져야 하고, 그것이 산업계에 유입되어야 선순환이 된다. 한류 현상과 더불어 대중문화산업의 활성화를 이루고 연예산업의 발전을 이끌기 위해서는 좀 더 많은 인재들이 필요한데 그간 전공자의 수준이 낮고, 전문성이 낮았다. 이러한 상황에서 각 연예기업들은 부족한 제도와 가용자원을 바탕으로 폭발적으로 늘어나는 몸집의 엔터테인먼트 산업계를 이끌어야 했다. 최근 들어 경영이나 마케팅을 공부한 국내외 우수한 인재들이 간헐적으로 참여하기는 하지만 아직까지 연예산업 분야의 '경영' 시스템을 체계화하기에는 학술적 토대와 전문 인력이 턱없이 부족한 것이 현실이다.

대학을 살펴보면, 2000년대 초에 관련학과들이 신설되기 시작했고, 이러한 점은 한류 현상과도 맞물린다. 국내의 확장만이 아니라 해외에서의 확장으로 더욱 국내에서 관련학과의 신설을 촉진하는 역할을 했다.

하지만 연예산업이 포진하고 있는 수도권이나 서울이 아니라 지방대학이나 전문대학 과정에서 신설 학과를 만들었다. 이러한 점은 아직 그 실체적인 내용에 대한 자신감이 여타 다른 대학에서는 존재하지 않았기 때문이다. 생존적인 차원에서 새로운 변화를 모색하는 방편이었고, 실험적인 사례로 설치했지만, 아직은 메인 스트림 학계나 주요 대학에서는 체계화하지 않고 있다. 그것은 아무래도 위험기피적인 성향을 보이고 새로운 분야에 능동적인 태도를 보이지 못하는 보수적이면서도 안일한 사고에 기인하는 측면이 있다.

주로 실용적인 관점에서 접근하고 있다. 대학이 가지는 학술적인 차원의 모색은 아직 덜 활발하다. 이 분야는 정량화할 수 없고, 학문적으로 정착시키기 힘든 면이 있다. 또한 흥행, 소비, 트렌드 상품으로 여기는 경향 때문에 연구 학술적인 역량이 축적되지 않고 있다. 예상하지 못한 변수들에 좌우되는 측면도 많다. 이러한 점들로 보편의 학문 영역으로 진입하기에는 일정한 약점을 가지고 있다. 즉 대학에서 학문적으로 보편화하기 어렵다. 흥행 공식이 절대화된 법칙으로 정립할 수 없다.

하지만 그럼에도 대학들이 이 분야에 관심을 가질 수밖에 없는 것은 미래의 중요한 성장동력으로 성장하고 있기 때문이다. 이는 경제적인 차원의 주목이지만 경제적 차원의 학술적인 접근도 가능하다. 또한 연예산업의 영역이 특수성을 가진 감성적 소비 트렌드 상품이지만, 그래도 결국 경영이라는 큰 틀과 보편적 학문의 영역 안에 안착해야 한다는 입장을 간과할 수 없기 때문이다. 이러한 측면에서 연예산업은 여전히 학술적인 다양한 연구가 필요하다. 학술적인 연구 없이는 지속적인 대중문화예술산업의 발전은 물론 연예산업의 진전도 없게 된다. 그렇기 때문에 그냥 방관할 수만은 없는 상황이다. 특히 4년제와 아울러 대학원 중심의 학술적인 역량의 구축이 있어야 한다. 실용적인 교육은 물론 이론과 분석의 학술적인 접근이 결합되어야 한다.

2. 대학교육의 한계와 새로운 수용의 필요성

학교 강의의 비현실성과 연예산업경영을 배우고자 하는 학생들이 바라는 바에 비해 추상적인 커리큘럼을 가지고 있기 때문에 관련학과의 경우 기대불일치 현상이 일어나고 있는 것이 현실이다.

일반적으로 신문방송학은 연예산업의 관점에서 보면 방송 하드웨어에 집중하는 경향이 있다. 또한 시스템과 제도 연구에 치중한다. 미디어 자체에 대한 연구가 더 압도한다. 콘텐츠 창작이나 구성은 부차적이다. 스토리텔링, 대중과의 연결고리, 흥행 포인트와 법칙, 리스크 매니지먼트, 대중 수용성-심리 등은 부차적이다. 더구나 통계계량적인 접근 방법으로 직관적인 영역을 간과하기 쉽다. 관심을 가지더라도 연예기획사의 하드웨어나 조직 자체에 주목하는 경향이 크고 그 안의 구체적인 콘텐츠나 작품에 대해서는 상대적으로 소홀하다. 더구나 대중문화예술산업의 핵심 코드인 연예인 대중스타에 대해서는 소홀하거나 매우 비판적이다.

방송학 개론은 신문방송 그리고 미디어 자체에만 지나치게 집중되어 있어 그 영역이 확장되어야 한다는 입장이다. 수많은 관련 직업군 사이의 다양한 지형도를 담아내어야 할 과제가 있다.

콘텐츠를 분석해도 저널리즘적이다. 그중 언론적인 관점에서 사회계도와 비판을 중요시한다. 이는 수용자들의 심리는 간과하고 일정한 가치 방향성을 견지한다. 그러한 견지의 방향성은 대중적이기보다는 원칙적이거나 지나치게 진보적 입장에서 바라보고 있다. 더구나 연예산업을 낮게 평가한다. 연예인이나 스타에 대한 언급은 없으며, 그러한 현상 자체를 낮게 본다. 인기 있는 작품들의 경우에도 사회적 가치가 들어 있지 않으면 막장 드라마, B급 정서 콘텐츠를 가진 저질이라고 한다. 고급문화의 대척점에 있는 하급문화로 간주한다. 대중적인 인기가 없어도 사회적 가치가 충만하면 크게 평가하는 경향이 존재한다.

연예정보는 가십이나 팝콘 같은 '씹을 거리'라고 여기고 그것을 지식정보적 가치가 없는 것으로 간주한다. 그동안 상당한 지식재산적인 특징이 있음을 지나쳐 왔다. 대개 소모품처럼 여기므로 산업이라는 관점도 없으며, 더구나 학술적인 대상이 아니며 여흥을 위한 수단으로 여긴다. 연예는 긍정적인 심리치유효과보다 향락과 일탈을 조장하므로 늘 비판하고 견제해야 한다는 강박적인 관점을 담고 있다. 따라서 그 유희와 오락성을 억압하기도 하고, 그 종사자들을 폄하하는 행태들이 빈번하다. 대중이 그 문화를 향유 내지 공유하는 원리를 탐구하기보다는 수용이나 접촉을 조심하고 늘 비판적 의식을 견지해야 한다고 계도한다. 따라서 방송연예산업 자체를 있는 그대로 학문적 체계로 수용하기가 어려워 보인다.

문화콘텐츠학은 명시적으로는 이름 자체가 매우 중요한 의미와 참신한 가치 지향성을 갖는다. 의미상 연예산업을 포함하고 있으며 시대적 소명에 맞게 다른 다양한 장르들의 교차를 통해 융합적 응용 학문이라는 특징을 가진다. 공식적인 인문, 과학 그리고 전통과 현대를 아우르며 통시적으로 관통하는 학문이다. 수평적 다양성과 수직적인 연결고리가 있다. 그러나 뷔페 음식과 같은 모습을 지니기 쉽다. 뷔페는 뭘 먹었는지 모른다. 많은 경우, 인문적 성향이 강하다. 한류를 예로 들어 그 한계를 설명해보면, 한류는 대중문화나 연예산업인데, 문화콘텐츠에서는 잘 다루지 않는다. 고유한 전통문화의 해외 진출이라는 입장이 강하다. 그렇기 때문에 지금의 한류는 우리 문화의 본질이나 진짜가 아니라고 하기도 한다. 또한 한류를 잘 만들고 성장시킬 수 있는 비즈니스 모델이나 창작 원리 탐구가 부족하다. 이론적인 융합도 중요하지만, 현장의 영역과 시장, 상품, 유통 차원의 모색은 실질적이지 못하다. 문화콘텐츠는 개념적으로 엔터테인먼트의 속성이 강한 측면이 있다. 하지만 문화콘텐츠학과에서는 엔터테인먼트 차원의 영역을 소극적으로 받아들이고 있다. 어떻게 생산·유통·소비시키는지 구체적이지 않다.

파인 아트fine art조차 대중문화와 융합되고 있다. 이미 오래전에 시장에서는 경계가 무너지고 있다. 팝 아트는 전형적인 사례이다. 여전히 대학교의 예술대학은 주로 파인 아트 중심이다. 파퓰러 컬처popular culture가 아니라 주로 클래식예술을 교육한다. 파퓰러 측면에서 전문대 과정에서 생겨서 4년제로 이동하고 있다. 클래식과 파인 아트학과는 건재하지만, 사회 진출을 고민하고 있는 현실이며 자체적인 순환 속에서 외연을 확장하지 못하는 경우가 다수였다.

그 결과 파인 아트나 클래식이 아니라 파퓰러 컬처나 실용예술이 더 늘어나고 있다. 클래식이 비판받는다기보다 파퓰러나 실용예술의 지지와 선호가 늘어나고 있다고 보는 것이 맞다. 따라서 이에 대한 교육 강화가 일어나고 있고, 일어나야 한다. 크게 바뀌는 것이 아니라 서서히 바뀌고 있다. 점점 경계가 무너지고 있음은 분명하다.

예술경영의 경우, 10여 년 동안 본격화된 분야이다. 매우 다양한 노력들을 시도하고 있으며, 연예산업의 중요한 베이스가 될 수 있는 학문의 분야다. 하지만 파인 아트와 전통 중심의 학문적 스펙트럼으로 대중예술을 감당하기에는 한계가

제1부 이론적 접근

있어 보인다. 또한 전통적인 예술경영학에서 추구하는 경영학은 일반 경영학의 기본 구조를 상당 부분 차용하고 있다. 아직은 문화예술경영에 대한 주체적인 이론과 실무활용 역량이 다소 부족하며, 다뤄지는 내용들은 문화예술에 관한 독자적인 경영 이론이나 실무마케팅 노하우에 대한 언급은 기대에 못 미친다. 빈번하게 보편화적인 경영 이론, 즉 기초적·기본적인 보편 이론만 적용하였다. 문화예술경영만의 특징을 체계화함에 아쉬움이 있고 시장의 현실을 적극 반영해야 하는 숙제도 남아 있다. 이전과 비교했을 때 한류, 연예기획사, 엔테테인먼트 논문은 활발히 출판되고 있는데, 눈에 띄는 이론적 논의나 담론은 좀처럼 없는 상태이다.

예를 들어, 최근 예술경영 연구는 대부분 이론적 논의가 초기 모델, 경영 기초에 근거하고 분야도 마케팅 일반, 메세나, 비영리적인 지원정책, 파인 아트 중심의 무대 연출, 테마 파크, 전통연희, 이벤트 축제 등을 주로 다루는데 이는 좁은 범위에 한정된다. 예컨대, 공연기획이 중요하지만 K-pop 가수들의 공연, 즉 대중 콘서트 같은 공연의 기획과 무대연출에 관한 강의나 교재는 찾아보기 어렵다. 있어도 전략기획의 수준이 아니라 이벤트 수준에서 정리한 것이 전부다. 방송연예산업 전공 학생들이 선호하여 배우고 싶은 대중적 공연의 내용이 포함되지 않아 아쉬움을 더한다. 아예 파퓰러 문화나 구체적인 비즈니스 경영전략은 간과되기 일쑤다. 흔히 품격 있는 클래식, 이른바 고급예술경영을 중심으로 다룬다. 실무라고 하더라도 클래식 공연이 주류를 이루는 극장 경영이나 무대연출과 진행 매뉴얼을 정리하는 정도가 대부분이다.

기존 예술경영은 이제 연예산업 현장을 멀리서 두고만 볼 것이 아니라 하나의 산업으로 인식하고 공유하고 발전시켜야 한다. 그리고 산업적 차원에서 실무경영론이 정립되어야 한다. 정부가 문화콘텐츠라는 개념을 만든 것은 파퓰러 컬처와 대중문화의 경제적 효과를 인식했기 때문이며 최근 대중문화 담당 부서를 독립적으로 신설한 것은 이러한 맥락에서 나아가 산업적 관점이 더 부여되었음을 미루어 짐작할 수 있다. 파인 아트가 아우를 수 없는 실질적인 영역이 있음을 확증한 것이다. 다만, 정부의 정책적 개입과 함께 자본적 팽창의 부작용을 비판적 견지에서 유지하는 것은 계속 존립할 것이다.

연예산업 관련학과에서는 무엇보다 파퓰러 컬처를 다루어야 한다. 이론과 현상에 대한 이야기도 중요하지만 중요한 것은 항상 시장을 중심에 두어야 한다. 원론적 학문과 이론을 우선시하는 것은 기존의 주류 학과의 오류를 반복하는 것이다. 기본적으로 학부에서는 현장 투입에 필요한 전문가 양성이 필요하다. 시장에 필요한 인력을 양성하는 것이 필요하며, 이 시장은 대중문화, 파퓰러 컬처다.

문제점은 학문적으로 정착되지 않아 둘 중 하나를 선택해야 하는 측면이다. 이론가와 실행자를 둘 다 겸비하는 경우가 적다. 현장에서 활동한 이들을 이론으로 체제화할 것인가? 이론가를 실무형으로 바꿀 것인가? 이 두 가지 질문을 던지기 마련이다. 일단은 교육을 현장형으로 바꾸는 것이 중요하다. 현장이라고 해도 다 같은 것이 아니다. 무엇보다 실제 비즈니스를 빼고 생각할 수 없는 측면이 강하다. 따라서 비즈니스 실무 현장형이 일차적이며 이러한 관점에서 학술적인 접근이 이루어져야 한다.

그렇지 않으면 다시 반복되는 탁상공론이 될 수 있다. 학교에는 실제 현장 전문가들이 거의 없다. 최근 고무적인 현상은 실제 현장 전문가들이 학교에 진출하고 있는 것이다. 그 여세에 맞추어 학과들이 많이 생길 것으로 보인다. 이에 맞추어 학교 강의와 학습은 현장과 이론 연구의 중간 가교 역할을 해야 한다.

3. 대중문화예술과 연예산업경영의 학술적 접근과 연구 현황

대중문화예술산업과 연예산업경영에 대한 연구는 주로 한류 연구, 기획사, 스타시스템에 대한 접근이 많다. 여기에 방송과 연계되는 연구가 종종 눈에 띈다. 이유는 대형 기획사 그리고 방송국과의 관계를 떠나 생각할 수 없기 때문이다.

넓게는 방송 환경과 그에 따른 파생 영역과 분야를 스타시스템이라고 하며, 그것의 파급과 관련 산업이 바로 연예산업이라고 한다. 대중문화예술산업은 기획사, 제작사, 배급사, 소비 공간과 네트워크, 매체를 통괄한다.

대중문화예술과 연예산업경영의 연구는 3단계로 이뤄졌다. 2000년대 중반에는 관련 논문이나 책이 소수였다. 2000년대 후반에는 급증세를 보이며 쏟아지고 있다. 신문방송학과 예술경영, 문화콘텐츠 영역에서 논문이 나오기 시작했다. 특히 문화예술경영이나 문화콘텐츠에서 많았다. 그 이유는 한류가 본격화되었기 때문이다. 그동안 부정적이었던 대중문화가 산업적으로나 해외 국가 진출 관점에서 중요한 함의를 주었기 때문이다. 이른바 국가와 자본의 결합이 한류의 해외 진출로 본격화되었고, 이에 대한 국가적인 지원이 늘어났다. 국책 프로젝트는 학과들과 연계되었고, 이와 관련한 연구 결과들이 책이나 논문으로 출판되었다.

그다음으로 2010년 즈음 케이팝의 흥행, 즉 한류 2기가 성립하면서 SM, JYP, YG 같은 가수 매니지먼트 기업에 대한 학술적인 연구가 일어났다. 이 때문에 케이팝은 노래로 인식되는 결과를 낳고, 한국의 파퓰러 컬처에 대한 인식을 좁히는 결과도 낳았다. 또한 그동안 축적되어온 연구 결과가 없었기 때문에 전문가가 난립하는 현상도 벌어졌다. 대학에 한국의 파퓰러 컬처에 대한 실무론적 연구보다는 비판적 연구자들이 더 많은 현실에서 이는 놀라운 일이 아니었다. 케이팝에 대해 전문적으로 잘 구축되어 이에 맞는 박사과정이 제대로 없는 실정이다.

싸이가 유튜브를 통해 세계적으로 주목받으면서 대중문화예술과 연예산업연구는 연구 3기의 단계로 들어간다. 싸이를 비롯하여 케이팝에 대해 미국 등 해외에서 논문이 많이 나오고 있다는 것에 영향을 받아 한국의 주류 대학에서 연구결과들이 봇물처럼 쏟아져 나오기 시작했다. 이제 글로벌 관점에서 보편적인 연구 주제의 반열에 오르기 시작한 것이다. 다만 이제서야 보편적인 연구 대상이 되었는데 마땅한 교재도 없고, 학회 활동도 활성화되지 않고 있다. 그럼에도 이제 학술적으로 정립되어야 할 본격적인 단계로 들어서고 있다.

연예산업은 이제 보조자의 역할이 아니라 인근 산업을 주도하는 수평과 수직의 교차점에 존재하기 때문에 그 위상과 역할이 현저히 달라졌다. 즉 이론 중심이 아닌 실무형 강의라 하여 단순 기능직 관련 교육이나 현장 매뉴얼 요약정리 정도의 강의가 주류로 이루어져야 한다는 것이 아니다. 다시 말해 단순히 무대 백스테이지back stage 현장 진행인력이나 막내 매니저 역할의 기능인을 길러내는 것을 뛰어넘어 이제는 디렉터와 프로듀서의 기능을 수행하기 위해 기획, 마케팅, 재무 회계, 법률, 경영전략 수립, 인사, 해외 진출 등에 관한 전문 매니지먼트 인력을 육성해야 한다. 하지만 전문 인력을 어떻게 육성할 것인가에 대한 본격적인 학술 연구는 제대로 일어나지 않고 있다. 정부 정책을 봐도 그렇고 경제 산업적으로 학술적인 접근이 필요하다고 인지하고 있지만, 인식은 초기 수준에 머물고 있다. 관련 학회는 유명무실하거나 다른 학회의 문화산업분과로 인식되고 있다. 연예산업 관련 학술지도 거의 없는 상황이다. 활성화되어 있지 않다고 보는 게 맞다. 정부의 정책프로젝트에 관련 과들이 참여하지 않고 있다. 이제는 실무적인 학교의 연구 인력들이 참여하여야 한다. 그런 면에서 4년제 대학에 대학원을 갖춘 학술적인 방송연예산업경영대학이 필요하다.

케이팝에 대한 연구는 학계의 일반적인 추세이기는 하지만 방송연예산업학과계는 특히 더 중요하다. 시장과 단절된 '상아탑'에서 현장과 소통하는 '상호탑'으로 전환해야 한다. 팝이 서구 산물처럼 인식되어 자원을 받았지만, 이젠 우리 것으로 꽃피운 자랑스런 한류문화, 즉 창조적 경제 모델 가운데 하나가 되고 있다. 작은 붓 한 자루 속에는 거대한 한류나무를 키울 수 있는 씨가 숨어 있다. 이것이 바로 대중문화와 연예산업의 새로운 옷을 만들어 입힐 한류 목화씨에 대한 연구가 중요한 이유다. 학술적인 연구는 이런 측면을 잠재하고 있으며 이를 학교나 학회, 연구기관이 활성화해야 한다. 붓은 연예학과와 엔터학계에서 할 역할이다. 특히 학술 활동의 중요성이 부각된다. 비록 미력한 학교일지라도 현장과 소통하여 선순환의 영향을 주고받으면, 그 작은 붓이 문익점의 붓이 되어 많은 대중이 누리는 우리의 창조적인 대중문화가 되어 스스로 글로벌한 자부심을 가질 수 있다.

4. 학술적인 연구가 필요한 주제들

지금까지 한류 비즈니스의 성공, 흥행 코드, 플랫폼은 일반 원리로 보편화되어 있지 않았다. 완벽한 법칙은 아니어도 만족할 만한 적정한 수준의 일반화 작업이 필요하다. 경영관리의 보편적인 원칙이 존재하며 연예산업경영에 대한 고유의 특성을 반영한 원칙들이 정립되어야 한다. 경영학의 일반 이론처럼 정리되어야 한다. 한 개인의 경험 폭에 의존하는 교육이 아니라 보편타당한 이론화가 필요하다. 또한 다른 학문과 전공에서 다루고 있는 개념이나 영역을 주체적인 시각이나 관점으로 연구할 수도 있다.

예를 들어 셀레브리티celebrity에 대한 관점은 연예산업경영에서 본격적으로 확립해야 할 대상이다. 광고홍보학에서는 이를 주로 스타의 광고효과 차원에서 접근했다. 하지만 이는 효과에 대한 측면이므로 그전에 이른 과정이나 사후 평가를 반영하는 것은 기업이나 사업 영역에서 담당해야 한다. 셀레브리티의 기획, 상품화, 관리, 마케팅에 대한 영역은 연예산업경영이 맡을 수 있을 것이다.

경영학의 기업조직론 연구처럼 대형 기획사와 중소 기획사 연구 같은 일반적인 주제도 있지만, 제도론 연구도 필요하다. 저작권, 공인 매니지먼트, 협회 운영과 같은 예가 있을 수 있다. 경영 리더십과 엔터의 리더십 비교 연구도 필요하다. 또한 각 대중문화예술 영역에 주제가 있다. 미디어와 연예산업의 관계 연구도 반드시 필요하다.

또한 사람에 대한 연구가 필요하다. 일반 상품과 다른 스타에 대한 연구가 필요한 것이다. 특히 스타성은 브랜드 가치의 창출과 유지에 관한 것이므로 이에 대한 연구가 필요하다. 이는 단순히 사람에 대한 것만을 의미하지는 않는다. 스타성은 이미지, 콘텐츠, 기업, 캐릭터를 모두 포괄한다. 왜 사람들이 동질의식과 감정이입을 통해 그들을 소비하는지 연구해야 하는데, 이는 대중심리나 수용자 심리 그리고 팬덤 현상에 대한 분석을 필요로 한다. 왜 스타성은 탄생하고 유지되는가? 왜 열광하다가 스타를 저버리는가? 이런 대중문화심리를 분석하는 작업들은 단순히 심리학적인 접근이 아니라 사회문화적 · 문화심리적인 차원의 연구를 말하는 것으로 그러한 성과들이 학술적으로 체계화되어야 한다. 문화산업은 지식정보산업과 마찬가지로 일단 수용되기 시작하면 기하급수적으로 수확 · 체증하는 현상이 나타난다. 하지만 이러한 단계에 이르기까지 많은 위험부담이 따른다. 즉 높은 리스크를 감당해야 한다. 마찬가지로 대중예술에서도 높은 위험부담이 존재한다. 이를 줄이기 위해서 기획 제작사에서는 많은 노력을 기울이고 있다. 많은 논자들은 하이 리스크, 하이 리턴이라는 용어를 자주 사용한다. 그러나 이는 크게 성공했을 경우를 말하며, 대부분의 경우에는 하이 리스크에 로 리턴이다. 하이 리스크, 로 리턴으로 결과물이 돌아오는 것이 다반사라고 할 때 그것을 어떻게 관리할 것인가가 화두이다. 현장에서는 오히려 로 리턴으로 돌아오는 상황에 대한 관리가 더 필요하고, 실제로 이에 익숙하게 적응되어 있다. 다만, 그것들이 암묵지 형태로 내재화되어 있기 때문에 하이 리스크, 하이 리턴에 대한 좀 더 체계적인 연구가 필요하다. 이는 일반적인 이론과 다른 측면이 연예산업경영에 나타나는 현상이기 때문에 간과되고 있는 점이 있다. 아무리 콘텐츠가 좋아도 설명할 수 없는 상황과 요인들 때문에 실패하는 일은 비일비재하다. 리스크를 최대한 줄이고 그로 인한 부정적인 결과를 최대한 줄이는 것을 '헤징hedging'이라고 한다. 따라서 연예산업경영에서도 다른 영역에서 중요하게 부각되고 있는 리스크 헤징에 대한 연구가 필요하다. 리스크 매니지먼트가 이제는 연예산업경영에서 본격적으로 연구되어야 하는데, 그것은 기업이나 산업적인 차원에만 머무는 것이 아니라 각각의 배우나 가수, 방송인, 스타들에게도 해당된다. 그들 스스로 움직이는 기업이며 상품이고 브랜드이기 때문이다. 거꾸로 개인들의 헤징은 기업이나 산업 차원에서 큰 영향을 받는다. 예컨대 루머에 대한 개인적 헤징은 전체 기업이나 산업적으로 매우 큰 영향을 미친다. 하루아침에 천억짜리 회사가 무너지거나 단번에 붕괴될 수 있다. 이러한 예들은 단편적인 예시에 불과하다. 더 많은 연구주제들이 앞으로 더 활발하게 논의되어야 한다.

제1부 이론적 접근

5. 산학연계의 현황, 유형 의미와 가치

　현장과 학술 그리고 교육이 선순환을 이루기 위해서는 산학연계가 필수적이다. 기존의 이론적 학문 영역보다 지금 단계에서는 실제 경험과 노하우가 중요하다. 정형적 학문이 아니라 응용 학문의 성격이 강하기 때문에 전통성이나 순수 형태의 학문을 강조하는 것에서 벗어날 필요가 있다. 더구나 대중문화예술이나 연예산업은 사람의 감성이 지속적으로 반영되는 영역이다.

　대학을 상징하는 상아탑은 좋은 의미를 지니고 있지만 한편으로는 단절되어 있는 학문의 공간을 의미하기도 한다. 대중문화예술이나 연예산업은 폐쇄적이지 않은 학문 영역이기 때문에 산학연계가 중요하다. 예를 들어, 미국 대학에는 월트 디즈니론 같이 특정 기업 브랜드 과목이 있다. 우리도 CJ엔터테인먼트론이나 SM엔터테인먼트론과 같은 형태를 생각할 수 있다. 이는 특정 기업을 절대화하는 것이 아니라 세계적인 성공사례가 되었을 경우에 비즈니스 관점에서 성립할 수 있다. 이러한 단계로 가기 전에 활발한 사례분석을 통해 예측 가능한 형태로 분석하여 체계화하여야 한다. 이러한 사례연구case study는 다시 현장에 적용되어야 한다. 반드시 사례연구만이 유효하다는 의미는 아니다. 많은 양적인 연구 결과들이 실제 현장의 재현이나 실현과 관계없었기 때문이다. 사례연구는 전문경영자들의 처지에서 더 참여할 수 있게 한다. 대학에서 현실의 경험을 체계화하도록 장을 마련해주는 노력도 필요하다. 이런한 연구 체계와 결과의 축적을 매개로 현장과 연결된 대학, 도서관과 통합적 구조를 가지고 있어야 한다. 대중적 소통구조는 물론 정보교환과 학술 작업의 공유도 이루어져야 한다.

　그때마다 즉응적인 대응만 하는 행태에서 벗어날 수 있어야 한다. 이런 맥락에서 학교가 산업현장에 제공해줄 수 있는 것은 연구 성과물이다. 실제 효과와 영향의 측정이나 효과 분석을 축적하고 이를 다시 체계화하는 것도 중요하다. 감각과 경험에 의존하는 것들을 통계적으로 정량화할 수 있는지에 대해서는 여전히 주먹구구식이기 때문에 이런 연구분석 작업이 더 필요하다. 초기에는 미미하더라도 시간의 흐름에 따라 현실과 사례들을 분석하고 종합적으로 구축하는 작업들은 감성의 축적을 통해 맥락과 패턴이 생겨서 다시 재생산하거나 재적용할 수 있다. 기획사가 분석 작업들을 요구하고, 학교가 분석·정리하여 더 나은 경영을 위한 대안 탐색을 할 수 있어야 한다. 하버드경영대학원은 사례연구의 기본을 수행한다. 지금은 이러한 분석이 아니라 개인의 경험이나 감각에 의존하고 있기 때문에 실패할 가능성이 많으므로 연예산업경영에 적용하여 다양한 대안을 추출해야 한다. 만약 10년 정도의 사례를 분석하는 작업에서 일정한 성공 법칙이나 원칙들이 생길 수 있다. 예컨대 불미스러운 일에 연루되어 있는 스타가 자숙 기간에 어떻게 하는가에 따라 운명이 달라질 수 있다. 이에 대한 대응방안에 대한 연구는 각각의 많은 사례연구를 통해 집적하고 미래의 전략을 도출할 수 있다. 이는 개인만이 아니라 기업이나 팬덤에게도 중요한 영향을 미친다.

산학이 연계되어 함께 프로젝트를 추진할 수 있는 것은 한류 발전전략만이 아니라 대중문화산업과 연예산업의 기초를 다지는 측면에서 정부-기획사-제작사 그리고 협업 체계다. 현재까지는 부분적으로 이루어지고 있지만, 앞으로 본격적으로 이루어져야 하며 그렇게 될 것이다. 연예산업경영은 미디어 연구와 떼어놓을 수 없다. 그러나 방송연예 관점에서 미디어연구는 단지 하드웨어나 시스템에 대한 접근이 아니다. 그것이 대중수용자들에게 어떻게 작동하며, 그것을 어떻게 미디어콘텐츠 창작자나 제작자 그리고 공급 배급 마케터들에게 유리한 방향으로 관리될 수 있는가를 고민하는 것이다.

또 연예산업에서 방송 미디어를 떼어놓고는 생각할 수 없다. 연예의 공간은 미디어의 공간이다. 연예산업과 미디어의 선순환 구조이다. 미디어를 통해 스타가 탄생하고 스타는 미디어를 촉진한다. 다른 분야와 달리 연예산업은 대중 소통의 매개물이다. 일종의 창이라고 할 수 있으며 본질을 파악할 수 있도록 한다. 활동, 노출, 매개의 특징이다. 콘텐츠 속의 인물이나 상황과 결합해야 스타성이 생긴다. 그러므로 미디어는 스타성 형성에 매우 중요한 기반이다. 스타시스템의 형성에서 가장 중요한 역할을 한다. 발굴, 데뷔, 인지와 각인, 마케팅의 과정은 미디어 과정에서 나타난다. 매체를 통해 콘텐츠가 전달되고, 팬들의 호응이 있다. 일반인이라도 재능만 충분하다면 누구나 미디어를 통해 배용준-준상이가 된다.

스타덤이 스타를 낳고, 스타가 팬덤을 낳으며, 팬덤이 스타덤을 만든다. 수동적인 반응에 그치지 않고 팬들은 이제 적극적인 행보를 보이고 있다. 이러한 상황에서 미디어매체와 언론은 홍보하는 수단이나 강압의 수단이 아니라 자발적이고 상호소통적 · 촉진적인 특징을 가지고 있다.

꿈의 사회dream society는 대중문화예술과 연예산업경영에서도 매우 중요한 지향점이라고 볼 수 있다. 영국의 창조경제에서 중요한 것은 바로 사람들의 꿈을 제공해주는 사람들이다. 문화가 그렇듯이 대중문화는 많은 사람들이 바라는 것을 담아야 한다. 연예산업은 꿈을 만들어내는 작업자들의 총체적인 활동 속에서 나온다.

마음을 담고 마음을 드러내주면서 공유하는 것이 좋은 콘텐츠이다. 시선으로 마시는 카프리맥주 광고는 바로 마음과 꿈을 먹고 사는 현대인들을 나타낸다. 꿈을 생산하는 연예산업은 앞으로 미디어 그리고 테크놀로지의 발달과 결합하면서 이를 더욱 촉진한다. 주파수가 라디오를 통해 젊은이들의 소통창구 역할을 했고, 브라운관이 텔레비전으로 이어졌다. 렌즈는 카메라 사진과 영화를 만들어냈다. 디지털 테크놀러지의 증강 현실 등을 맞은 대중예술과 연예산업은 더욱 진화할 것이다. 따라서 뉴미디어와 테크놀로지의 관계성에 대한 연구가 매우 중요하다. 기술과 엔터테인먼트, 연예산업을 이끌어가고 성공을 낳을 것이므로 연구와 학술적인 작업이 필요하다.

6. 미래 변화에 따른 실무와 학술활동의 조건

어떤 점이 잘되어야 대학의 교육과 학술 그리고 현장의 생산이 잘될 수 있을 것인가는 영원한 화두이자 숙제라고 할 수 있다.

세상과 시대는 변했다. 경영학은 서브 프라임 사태 이후에 새로운 전환점을 열어야 하는 상황이 되었다. 이는 정량적인 방식으로 잡아낼 수 없는 불합리한 욕구·욕망·정서 등에 따라 소비하기 때문이다. 불안과 공포, 두려움 등의 심리로 소비하기 때문이다. 이에 맞추어 새로운 경영학을 찾아야 한다. 예컨대 된장녀, 신상녀 등의 소비는 심리학적 메커니즘을 통해 이해할 수 있다. 때로는 시기, 질투, 부러움, 불안감 때문에 소비하기도 한다. 항상 불합리한 소비자라는 점을 전제하는 것이 중요하다. 이러한 전제에 따라 연예산업에 심리학을 적용하고, 경영, 과학, 인문사회적인 응용을 해야 한다.

무엇보다 경제적인 영역에서도 문화의 심리 요인이 강해지고 있다. 그래서 창조경제가 나온 것으로 그 안에도 욕망 본성, 감성의 심리가 있다. 연예산업에는 욕망, 욕구, 인지 행위들이 있다. 즉 이는 정서와 감정을 통해 더욱 소비하는 것을 나타낸다. 경영학적으로 보면 이러한 특징이 추세다. 티저 마케팅도 소비자의 심리로 알 수 있다. 행동경제학이나 뉴로 마케팅-뇌 과학도 작용할 수 있다. 그러한 소비 행태를 비판할 것이 아니라 원인 분석의 관점으로 바라보는 것이 중요하다.

무엇보다 이러한 흐름에서 전략기획은 위기로 이어질 수 있다. 왜 그런가? 그러면 어떻게 해야 하는가? 현대 경영학의 꽃은 MBA 중 마스터키인 전략기획이었다. 요즘에는 그런 전략기획의 오차와 문제점에 대한 지적이 비등하고 있다. 상황과 지형의 변화에 맞게 그때그때 판단과 결정을 해야 한다는 측면에서 기획 전략의 무용성이 나오고 있는 것이다. 연예산업경영은 바로 이러한 점에 맞다. 생각하지 못한 상황에 빠르게 대응해야 한다. 연예산업은 바로 이러한 즉응적 기민함이 매우 중요하다. 이러한 맥락에서 학술적 연구와 분석 그리고 적용을 해야 한다. 취향과 감성, 꿈, 기호, 본성, 감각적인 것에 따라 소비하기 때문에 대중문화연예산업의 심화와 구조화가 맞다. 감성산업인 연예산업은 욕망산업으로 21세기 소비 트렌드의 중심에 위치하고 있기 때문에 이를 잘 적용하여야 한다.

제2부
실무 현장론

01

연예 매니지먼트 시스템과 운영의 실제
- 연기자를 중심으로

이은영

1. 서론

문화체육관광부는 2011년 9월 1일에 문화콘텐츠산업실 내에 '대중문화산업팀'을 신설했다. '대중문화산업팀'은 대중문화를 지원하고, 그와 관련된 정책을 담당하는 독립부서로서 일해오고 있다.[1] 문화체육관광부는 "TV 드라마에 이어 한국 대중음악K-pop이 아시아를 넘어 전 세계적으로 확산되고 있는 상황에서, 우리 대중문화에 대한 국내외적 관심과 정책적 수요가 증대됨에 따라 정부에서도 대중문화 관련 지원 정책을 더 심도 있고 체계적으로 추진하기 위해 '대중문화산업팀'이 발족하게 되었다."고 밝혔다. 주요 소관 업무는 대중음악, 연예산업, 한

---

[1] 김영태, "문화부에 '대중문화산업팀' 신설", 「노컷뉴스」, 2011년 9월 1일자.

류, 패션 등이며, 분야별 지원 사업은 물론 법제도적 개선 등 산업 기반 조성을 위한 정책을 추진해나가겠다고 했다. 일례로 최근 추진 사업 중 하나로 'K-루키즈 2013' 프로젝트를 진행하였고 이를 통해 선정된 최종 우승 6개 팀에게 창작과 음악활동에 필요한 다양한 지원을 할 계획이라고 발표하였다.[2]

한국문화산업교류재단에 따르면 2008년 기준 한류 콘텐츠의 수출효과는 영화 110억 원, 방송 116억 원, 게임 4,027억 원, 음악 134억 원, 관광 4,030억 원이었다. 한국관광공사 측은 "K-pop 열풍이 일본, 중국 등 아시아를 넘어 유럽, 미주 등으로 확산하면서 신新한류 관광시대가 열렸다."고 말했다. 그는 이어 한류 스타의 지방공연을 통해 한류 관광을 확산시키고 한류 스타가 출연하는 한국 관광 홍보광고 등을 통해 신한류 관광을 더욱 확산시켜 나가겠다고 덧붙였다.[3]

우리나라 문화콘텐츠산업의 성장은 IT기술의 발달과 함께 다매체·다채널을 통한 수요의 확대를 통해 고속 성장하고 있다. 이제 문화콘텐츠는 한 개인의 기호를 넘어 국가의 미래 핵심 산업으로 발전하고 있다. 문화콘텐츠 사업의 핵심으로 성장하고 있는 엔터테인먼트산업과 그 산업의 꽃이라고 할 수 있는 연예인을 발굴·교육·기획하여 콘텐츠 상품으로 연결하는 연예 매니지먼트사는 21세기 들어 엔터테인먼트산업의 새로운 주체가 되고 있다.

우리나라 연예 매니지먼트는 짧은 역사와 생성 초기 연예인의 심부름꾼 수준에서 시작된 비전문적인 이미지, 최근 몇 년간 기사화된 성상납, 불공정 계약 등 단편적인 사건들로 폄하된 것이 현실이다. 그러한 폄하된 현실 속에서 전 세계인들의 함성을 받고 있는 '한류'의 주체로 자리매김하기까지 연예 매니지먼트사가 이바지한 역할은 결코 작은 것이 아니다. 하지만 그 과정에서 시스템이 이루어낸 결과이기보다는 기획자 개개인의 역량에만 기대어 온 것도 큰 과장은 아니다.

현재 연예 매니지먼트산업은 짧은 역사와 태생적인 비전문성 때문에 아직은

2   김세운, "한국콘텐츠진흥원, 'K-루키즈 2013' 프로젝트 결선 성료", 「민중의 소리」, 2013년 5월 29일자.
3   서동화·유재혁, "진화하는 K팝 '열풍'… 한국관광 100만 시대", 「한국경제」, 2011년 9월 9일자.

미성숙한 시스템과 경영 노하우를 가지고 있다. 그로 말미암아 급작스럽게 형성된 한류에 대해 대다수의 연예 매니지먼트사가 올바르게 대응하지 못하고 있다. 스타로 자리매김한 연예인들의 행동 하나하나에 직·간접적으로 가장 큰 영향을 끼치고 있는 것은 그들과 가장 많은 부분을 함께하는 매니저와 매니지먼트사 일 것이다.[4] 점점 대형화되고 국제화되기 바라는 스타들을 관리할 수 있는 본격적이고 전문적인 시스템이 절실한 상황이다. 이러한 상황에서 연예 매니지먼트의 과거와 현재를 짚어보고 실제로 어떻게 운영되고 있는지 살펴보고자 한다.

2. 국내 연예 매니지먼트 시스템

(1) 2000년대 이전의 연기자 매니지먼트 시스템

대중문화는 대중매체의 발달과 함께 성장해왔다. 매체의 발달은 관련 콘텐츠를 필요로 하고, 그런 콘텐츠를 제작하는 핵심은 연예인이다. 그리하여 〈표 2-1〉

---

4   흔히 스타를 '공인(公人)'이라고 칭하는데, 이는 올바른 말이 아니다. 공인은 대체적으로 국민의 세금을 월급으로 받는 사람들을 말한다. 일반적으로 공직에 있는 이들을 말한다. 국민의 세금을 급료로 받기 때문에 그들은 국민을 위해 일해야 하며, 대체적으로 국민의 요구를 수용해야 하는 의무와 책임을 진다. 또한 국민의 알 권리를 충족시켜주어야 한다.
  스타들이 시민의 지지를 통해 자신의 존재와 지지를 유지하며 부와 명예를 지니지만, 엄밀하게 말하면 그들은 자신을 스스로 상품으로 삼아 수익을 올리고 있는 셈이기 때문에 공인의 범주와는 다르다. 영어로는 셀레브리티(celebrity)가 맞다. 그렇기에 스타의 사생활은 모든 국민에게 알려질 필요가 없으며, 알 권리의 대상이 되지 못한다. 그들의 활동은 공무(公務)가 아니다. 본래 알 권리는 공공의 사안에 대한 국민이 알아야 할 권리에 대해 규정하는 것이다. 스타들은 단지 유명인이다. 그렇지만 항상 팬들의 성원에 의존하기 때문에 과중한 책임감에 시달린다. 불명확한 대중적 영향력이라는 잣대로 인해 피해를 당할 수 있는 말이 바로 공인이라는 개념이다. 연예인이라는 이유만으로 과중 처벌되는 일이 없으려면 이 정체불명의 공인이라는 말부터 폐기해야 한다.

〈표 2-1〉 대중매체 발전에 따른 매니지먼트 시스템의 변화

구분	대중매체의 특징		매니지먼트의 특징		매니지먼트 시스템	
	가수	연기자	가수	연기자	가수	연기자
1960~1970년대	KBS, MBC 개국	영화의 황금기	스케줄 관리	스케줄 관리	비서형	비서형
1980년대	음반 판매 수익 증가	방송국 전속제	음반제작과 홍보		만능형	
1990년대	케이블TV 시작	SBS 개국	제작과 유통을 겸비한 대기업의 문화산업 진출로 기업형 매니지먼트 최초 도입		만능형	기업형, 만능형 혼재
2000년대	인터넷과 모바일을 통한 음원시장 확대	한류로 인한 세계화	한류와 인터넷으로 인한 시장의 확대로 체계적인 분업화 진행		매니지먼트 시스템의 다양화	

과 같이 매체의 발달로 인해 연예인의 수요가 증가하게 되었고, 연예인들의 활동의 폭도 매우 넓어지게 되었다. 그에 따라 연예인을 관리하는 매니저가 자연스럽게 생겨나고 발전하게 되었다. 또한 단순히 매니저의 역할만을 하는 것이 아니라 기획 전략의 관점이 강해졌다.

1960~1970년대에는 KBS, MBC 방송사의 개국으로 가수의 방송출연 횟수가 많아지게 되고, 연기자는 방송보다는 영화 황금기로 인해 영화의 겹치기 출연이 빈번하던 시기였다. 그래서 연예인의 단순한 스케줄을 관리하는 비서형 매니지먼트가 시작되었다. 1980년대는 음반 판매 수익이 크게 증가하였고, 가수에게는 만능형 개인 매니지먼트가 나타나기 시작하였다. 이때 연기자는 방송국 전속제 때문에 비서형 매니지먼트가 유지되었다. 1990년대 들어 가수는 유능한 매니저 중심의 만능형 개인 매니지먼트가 유지되었고, 연기자는 SBS 방송국의 개국으로 방송국 전속제가 흔들리면서 만능형 개인 매니지먼트가 시작되었다. 이 즈음 최초의 기업형 매니지먼트사인 스타써치가 등장했다.[5]

(2) 2000년대의 연기자 매니지먼트 시스템

2000년대는 연예산업의 확장으로 외부투자가 활발해지면서 매니지먼트사들이 각자에게 맞는 매니지먼트 시스템을 선택하여 다양한 매니지먼트가 공존하게 된다. 2000년대에는 인터넷과 모바일 시장의 활성화가 콘텐츠의 더 많은 수요를 불러오게 되고, 이에 연예계의 전반적인 산업이 팽창하게 되었다. 이로 인해 외부투자가 활발해지면서 초대형의 기업형 매니지먼트 회사가 등장했다. 그리고 연예산업의 확장으로 이루어진 외부투자는 다양한 매니지먼트 시스템의 공존을 가능하게 하였고, 매니지먼트사들은 각자에게 맞는 매니지먼트 시스템을 선택하며 발전해오고 있다.

2000년대 초 대부분 초대형의 기업형 매니지먼트사들은 유명 연기자를 내세워 외부투자를 이끌어냈고, 외부투자로 다른 사업인터넷방송, 모바일 사업, 이벤트, 에이전시, 아카데미 사업, 드라마·영화 제작 등을 추진했다.[6] 사업적으로는 매니지먼트에 소속된 자사의 연기자를 통한 또 다른 수익이 발생되는 합리적인 제안이었다. 하지만 가수와는 다르게 연기자는 작품으로만 모습을 드러내기 원하는 성향으로 인해 기업형 매니지먼트의 사업 확장은 연기자들의 반발을 가져왔다.[7] 회사가 설립된 후 계약기간이 끝나가는 2~3년 후에는 연기자의 재계약이 불발되고, 그들의 존재로 인해 발생한 외부투자는 연기자의 이탈로 인해 회수된다. 그래서 외부투자가 빠진 회사는 자금의 부족으로 자연히 문을 닫는 순서를 밟게 되었다. 〈표 2-2〉

---

5   이은영, "연예 매니지먼트 시스템의 변화과정 및 발전방안 연구", 동국대학교 문화예술대학원, 2012, pp. 6-7.

6   소속된 연예인의 인지도는 그 회사의 신뢰도와 연결된다. 그리하여 신규 사업을 추진할 때 그 신뢰도가 외부투자를 용이하게 하는 경향이 있다.

7   가수와 다르게 연기자들은 드라마, 영화 그리고 광고를 제외하고는 모습을 좀처럼 나타내지 말아야 한다고 인식되고 있었다. 예를 들어, 전지현은 영화, 광고를 제외하고는 다른 매체를 통해 그녀의 모습을 접하기 어려운 방법으로 '신비주의' 효과를 극대화했다. 그리하여 대부분의 연기자는 매니지먼트 사업이 아닌 다른 사업에 참여하는 것에는 부정적이었다.

기획사	주요 소속 연예인	특징
(주)싸이더스[8]	• 연기자: 전지현, 정우성, 전도연, 김혜수, 설경구, 차태현 • 가수: GOD • 개그맨: 유재석, 이휘재, 이혁재 • MC, 스포츠 스타	• 2000년 설립 • (주)EBM(대표 정훈탁)과 (주)우노필름(대표 차승재)의 합병. (주)로커스홀딩스 출연 • 영화 및 음반 제작 • 2001년 연매출 400억 원
(주)싸이클론[9]	• 연기자: 이병헌, 장진영, 이정재, 유준상, 배두나, 변정수 • 가수, 작곡가, 작가, 영화 스태프, 유명인	• 2001년 설립 • 강제규 감독과 벤처캐피털업체 (주)한솔아이벤처스, (주)벤처플러스가 설립, 대박기획(대표 김정수) 합병
(주)에이스타스[10]	• 연기자: 이영애, 안재욱, 김상중, 송윤아, 김선아, 김정은, 한고은, 이나영 • 가수: 투야	• 2000년 설립 • 영화, 방송, 음반, 광고, 캐릭터, 이벤트, 모바일 사업, 인터넷방송(MCC21.COM) • 한일 합작 종합 엔터테인먼트사 (주)K&J 설립: 3인조 여성그룹 '투야'를 일본 현지에 데뷔시킴 • 톱스타 30%, 중간스타 30%, 신인 40%의 비율로 매니지먼트의 안정화 도모
(주)윌스타[11]	• 연기자: 신은경, 진희경, 감우성, 김현주 • 개그맨: 서경석, 이창명	• 2001년 설립 • 명성기획 대표였던 이용관 씨가 설립 • 일본 요시모토흥업과 업무 협조 • 중국의 상하이 영화TV공사와 파트너십 • 스포츠지 데스크, 방송국 국장, 영화 관련 인사들이 회사 자문위원 • 이벤트, 에이전시, 온라인 사업, 아카데미 사업

자료: 박성혜, "기업형 연예 매니지먼트회사의 매니지먼트 시스템 분석과 개선 방안에 관한 연구", 홍익대학교 광고홍보대학원, 2006, pp. 16-18 재구성.

에 소개된 매니지먼트사 중 현재 (주)iHQ로 사명을 바꾼 (주)싸이더스를 제외한 (주)싸이클론, (주)에이스타스, (주)윌스타는 설립 2~3년 후 이러한 이유로 문을 닫게 되었다.[12]

2000년대 초반에 이러한 초대형의 기업형 매니지먼트사가 어려움을 겪으면서 문을 닫게 되고, 그곳에서 나온 매니저들과 연기자들은 다시 여러 형태로 차별화된 매니지먼트사를 이어가고 있다. 중·장년층 성인 연기자들을 중심으로 한 비서형 매니지먼트, 기업형 매니지먼트사 출신인 유능한 매니저를 중심으로 한 만능형 개인 매니지먼트, 그리고 (주)iHQ와 같은 기업형 매니지먼트 등 시대를 관통하는 매니지먼트 시스템이 공존하고 있다. 그리고 한류를 바탕으로 형성된 톱스타의 일부는 본인에게만 매니지먼트를 집중할 수 있는 연예인 1인 중심 매니지먼트사를 시작했으며, 방송 제작사, 일반 기업, 음반 기획사에서 매니지먼트사를 겸업하고 있다.

〈표 2-3〉 국내 연예 매니지먼트사의 조직 유형별 분류(연기자 중심)

조직 유형별 분류	대표 연예인
비서형	회사에 소속되지 않고 활동하는 연예인: 최불암, 김혜자, 이순재, 고두심 등
연예인 1인 중심형	고현정, 김윤진, 김희선, 류시원, 소지섭, 송혜교, 장근석, 전지현 등
매니지먼트 기반형	나무엑터스, 매니지먼트 호두, 심엔터테인먼트, 열음엔터테인먼트, 예당, 웰메이드스타엠, 제이와이드컴퍼니, 킹콩엔터테인먼트, 판타지오, BH엔터테인먼트, BOF엔터테인먼트, IHQ, MS팀엔터테인먼트, S.A.L.T.엔터테인먼트 등
제작사 기반형	팬엔터테인먼트, GnG프로덕션, 택시엔터테인먼트(에이전시 기반) 등
일반기업 기반형	마스크, 마이네임이즈, 일광폴라리스, 자유엔터테인먼트 등
음반기획사 기반형	FNC엔터테인먼트, JYP엔터테인먼트, SM엔터테인먼트, YG엔터테인먼트 등

자료: 김현지(2010), 서영익(2010)을 토대로 재구성.

---

8 라틴어로 '별'이라는 뜻을 가진 (주)싸이더스는 2002년에 영화 제작을 중심으로 한 (주)싸이더스와 매니지먼트를 중심으로 한 (주)싸이더스HQ로 기업 분할이 이루어진다. (주)싸이더스HQ는 2000년 초에 만들어진 기업형 매니지먼트 중에서 지금까지 건재하는 몇 안 되는 기업 중의 하나이다.

9 연예계에 '강한 회오리바람'을 일으키겠다는 의지를 나타낸 사명이다. 하지만 무리한 비용투자와 소홀한 매니지먼트로 배우와 매니저가 이탈함으로써 문을 닫게 되었다.

10 지나친 사업 확장으로 인해 주력 사업인 매니지먼트에 소홀했다. 그로 인해 배우의 이탈을 초래하였고, 급기야 회사대표의 공금횡령으로 문을 닫게 되었다.

11 가장 기본이 되는 매니지먼트 사업의 발전을 가져오지 못하여 자생적으로 잊히는 절차를 밟았다.

12 이은영, "연예 매니지먼트 시스템의 변화과정 및 발전방안 연구", 동국대학교 문화예술대학원, 2012, pp. 17-18.

(3) 2010년대의 연기자 매니지먼트 시스템

현재 국내 매니지먼트 시스템은 초창기의 비서형 매니지먼트 시스템에서부터 기업형 매니지먼트 시스템에 이르기까지 다양한 종류의 매니지먼트 시스템이 각각 존재하기도 하고 매니지먼트사에 소속된 연예인의 성향과 상황에 따라 한 매니지먼트사 안에 복합적으로 작용하기도 한다. 앞으로 완벽한 시스템이 구축 된다 해도 이러한 매니지먼트의 공존은 계속될 것이다. 왜냐하면 매니지먼트 시스템은 연예인과 함께 구성되는 것이고, 신인이 아닌 기존 연예인은 각자 연예인의 성향과 상황에 따라 본인에게 가장 맞는 매니지먼트 시스템을 선택하기 때문이다.

역사와 함께 발전해온 매니지먼트 시스템은 시스템별로 특징과 장단점이 있다. 특징과 장단점은 매니지먼트사의 운영진 입장, 매니지먼트사 소속 직원으로서의 매니저, 소속 연예인, 관계사, 제작 주체별로 각각 다르게 파악된다. 소속 연예인에게 좋은 시스템이 매니지먼트사 운영진으로서는 성장에 방해가 되는 요소일 수도 있고, 매니지먼트사에 좋은 시스템이 관계사 입장에서는 발전적이지 않는 요소일 수도 있기 때문이다.

예를 들어, 만약 연기자 A의 1인 중심형 매니지먼트를 하고 있는 매니저 B가 있다면 회사의 모든 일은 A를 중심으로 움직이게 된다. 그러한 시스템은 A의 성장에는 큰 도움을 주게 된다. 하지만 만약 A가 남자여서 군대에 간다거나 여자여서 출산을 하게 되어 부득이하게 활동을 쉬게 된다면최악의 경우는 사회적으로 물의를 일으켜 활동을 쉬어야 한다면 관계자들이 B를 만나는 일이 줄게 되고[13] 당연히 B의 매니저로서의 능력은 그만큼 줄어들게 된다. 따라서 그 시간이 길어질수록 B는 더 무능해지게 된다. 그리고 A가 복귀를 하게 된다면 A는 당연히 더 유능한 다른 매니저

---

13 관계자들은 연기자의 캐스팅과 관련된 업무가 아니고서는 업무적으로 매니저를 만날 일은 거의 없다.

를 찾게 된다. 실제로 오랜 기간 같이 호흡을 맞춰온 A와 B가 B 이름으로 회사를 차리고 일을 시작하다가 A의 수익만으로 운영하는 것이 현실적으로 녹록치 않으면 A는 언제든지 B를 버리고 다른 회사나 매니저를 찾아가는 일이 비일비재하다. 그 반대인 매니지먼트 기반형 회사의 경우는 A1, A2, A3, A4, A5 등 연기자가 많이 있다면 캐스팅이 잘되는 연기자를 우선으로 일을 진행하게 되는 경우가 많다. 그런 경우, 이미지 변신이 필요하거나 매니지먼트의 전략이 필요한 연기자는 소외되기 마련이다. 그리고 회사의 입장에서는 또 다른 연기자를 영입해서 업무를 진행하면 큰 문제가 되지 않는다.

매니지먼트 시스템 초창기에 등장한, 개인 친분으로 형성된 비서형 매니지먼트 시스템은 현재까지 이어오면서 범위가 주로 중·장년 연예인으로 축소되었다. 이는 이른바 문화지체현상으로 여겨지기도 한다. 비서 형식으로 한 명의 매니저를 채용해 운전과 촬영 스케줄 관리를 맡기고 개인적인 업무에도 대동하는 경우가 많다. 연예인에게는 편리한 시스템이지만, 담당 매니저의 발전에는 긍정적이지 않다. 초보 매니저의 경우, 연예계의 전반적인 상황과 운전 및 지리를 익히기 위해 시작하는 경우가 많으며, 몇 년이 지나면 더욱 적극적인 개념의 매니지먼트를 배우기 위해 다른 회사로 이직하기도 한다.

2013년 현재 유지되고 있는 만능형 개인 매니지먼트는 크게 두 부류로 나뉘게 되는데, 하나는 매니저 1인이 연예인 1인의 기획과 마케팅에서부터 운전에 이르기까지 모든 것을 맡아서 하는 경우이다. 다른 하나는 기업형 매니지먼트의 전 단계에서 많이 나타나는 시스템으로, 유능한 매니저 한 명이 여러 명의 연예인을 관리하며 기획과 마케팅에서부터 스케줄관리까지 맡아서 진행한다. 그리고 담당매니저를 따로 고용하여 운전과 촬영 스케줄만 관리하게 한다. 이렇게 한 사람에게 집중된 매니지먼트는 오랜 경험을 가진 매니저들만이 할 수 있으며, 책임감 있는 매니지먼트로 연예인의 빠른 성장에 도움을 주지만 연기자의 성장 과정에서 초기 투자금이 환수되기도 전에 연기자가 이탈하면 매니저에게는 경제적인 어려움을 준다. 아울러 연기자의 발굴부터 모든 것을 다시 시작해야 하는 시간적인 어려움이 발생한다. 신인일 때는 평생을 함께하겠다고 약속하지만, 조금 성장하다 보면 아무런 상의도 없이 대우를 잘해주고 겉보기에 큰 회사로 이적하는 경우가 많다. 매니저가 얼마나 열심히 홍보와 로비를 통해서 작품을 캐스팅해 오는지 연기자들은 잘 모른다. 모르는 부분이 많을수록 쉽게 이적할 수 있다. 매니저가 연기자의 사기를 북돋우려고 제안이 들어온 작품이라고 이야기하면 그냥 자신들이 잘나서 작품이 제안된 거라고만 생각하는 경우가 곧잘 있다.[14]

다음 항목에서는 연예기획사에서 실제로 어떻게 연기자 매니지먼트가 이루어지는지 그 발굴부터 런칭, 관리에 이르는 단계를 살펴보고자 한다.

3. 연기자 매니지먼트의 과정

연기자 매니지먼트와 가수 매니지먼트는 그 출발선부터 아주 다르다. 간단하게 설명하자면, 연기자 매니지먼트는 그 연기자에게 맞는 작품영화, 드라마 등을 선택하여 활동하는 것이고, 가수 매니지먼트는 기획사가 기획한 콘셉트에 맞는 가수를 찾아서 콘셉트에 맞게 트레이닝을 해서 활동하는 것이다. 연기자는 대부분 드라마나 영화 등 작품을 통해서 이미지가 만들어지는 것이 현실이다. 캐스팅 1순위인 몇 안 되는 톱 연기자는 자신에게 맞는 작품을 기획하고 제작할 수 있는 상황이지만, 대부분의 연기자는 기획이 정해진 작품 중에서 연기자의 이미지와 가장 잘 맞는 작품을 찾아가야 한다. 매니지먼트에서 계획된 이미지가 있다고 언제까지 그런 이미지를 그려줄 작품을 기다릴 수는 없는 노릇이기 때문이다. 대부분의 연기자는 이렇듯 선택을 받아야 하는 입장이기에 매니지먼트의 기획이 쉬

---

14 이은영, "연예 매니지먼트 시스템의 변화과정 및 발전방안 연구", 동국대학교 문화예술대학원, 2012, pp. 25-26.

운 일은 아니다. 하지만 요즘은 매체의 발달과 강력한 매체의 의미가 희미해지는 까닭에 작품만이 아닌 유튜브, 블로그, SNS 등을 통해서 이미지를 만들어가는 방법도 생겨나고 있다.

(1) 캐스팅

캐스팅은 몇 년 전만 해도 길거리 캐스팅이나 잡지[15]를 통한 신인 캐스팅이 많이 이루어졌다. 하지만 최근에는 길거리 캐스팅은 거의 이루어지지 않고 있는 추세이다.[16] 길거리 캐스팅보다는 좀 더 신뢰성이 보장되는 연기 관련 학교나 광고 에이전시의 소개로 캐스팅을 진행하는 경우가 많다. 그리고 부모가 일을 봐주는 아역에서 성인 중간 단계의 연기자 또는 뮤지컬이나 연극에서 경력을 쌓고 아직 방송 일을 하지 않는 연기자 중에서 캐스팅을 하는 경우도 있다. 광고 에이전시에는 매니지먼트 계약이 없는 신인들이나 소속사가 유명무실한 곳의 신인들이 혼자서 광고 활동을 하게 되는 경우가 종종 발생하기 때문에 좋은 신인을 소개받을 기회가 많다.

신인 연기자를 캐스팅하면 기본적인 연기 트레이닝 과정을 거치게 된다. 연기자에게 가장 기본은 연기이기 때문이다. 연기 트레이닝을 통해서 기본적인 발성, 대본 이해력, 감정 표현력, 대사 전달력 등을 배우게 된다. 그리고 기본적인 작품

---

15 잡지는 중철지가 많이 사라짐으로써 신인들이 잡지로 데뷔하는 기회가 많이 줄어들었다. 중철지는 잡지의 제본(製本)방법 중에 스프레드로 인쇄된 인쇄물의 중간을 고정시키는 방식을 택한 잡지를 일컫는 말이었다. 10대 학생들을 타깃(target)으로 하는 잡지인 「쎄씨」, 「보그걸」, 「엘르걸」 등을 지칭하는 말로 변했으며, 「유행통신」, 「키키」, 「신디더퍼키」 등은 2000년 초·중반에 폐간되었다.(디지털 매체의 등장으로 이러한 잡지들은 매체적 힘을 잃었고, 이러한 매체를 겨냥한 연기자 마케팅도 급속하게 사라졌다.) 다른 부류로 라이선스지(licence誌)가 있다. 라이선스지는 해외에 본사를 두고 있는 잡지의 라이선스를 확보해 국내에서 발간되는 잡지로 「엘르」, 「바자」, 「인스타일」 등이 있다.

16 모래사장에서 바늘을 찾는 정도의 확률에 시간을 소비하기보다는 보다 효율적인 방법을 찾는 추세이다.

캐스팅을 위한 오디션 요령도 익히게 된다. 최근에는 연기자들도 노래와 안무를 배우는 경우가 많다. 그 이유는 노래를 통해서 발성이 좋아지고 안무를 통해서 연기의 신체 동작들이 자연스러워지기 때문이다. 그리고 노래와 안무를 통해서 개인의 특기를 개발할 수도 있으므로 연기자에게는 큰 도움이 된다.

(2) 프로필 작업

연기자 매니지먼트에서 신인을 매니지먼트 할 때 계약을 진행한 후 프로필을 촬영하게 된다. 연기자는 프로필이 있어야 활동을 시작할 수 있기 때문이다. 쉽게 표현하자면 서류심사를 먼저 통과해야 면접을 볼 수 있는 과정과 같다.

먼저, 연기자의 이미지에 맞는 콘셉트를 정한다. 프로필은 작품의 서류심사이기 때문에 본인이 가장 잘 표현할 수 있는 캐릭터에 맞는 콘셉트로 프로필을 촬영하여야 한다. 발랄한 성격의 연기자가 반항아 캐릭터가 멋있다고 무턱대고 그 콘셉트로 촬영한다면 스틸촬영을 통해서는 그 느낌을 쉽게 표현할 수 있어도 연기를 해야 하는 오디션에서는 어려울 수 있다. 아울러 반항아적인 콘셉트의 프로필은 발랄한 성격을 필요로 하는 캐릭터의 오디션에서는 1차 서류 통과가 쉽지 않다. 그리고 한 가지 덧붙이자면, 작품 속에서 신인들에게 기회가 오는 캐릭터의 90% 정도는 극 중 막내아들이나 막내딸 역할이다. 또한 대부분 그런 역들은 철없고 할 말 다하며, 세상물정 모르고 사건사고를 일으키는 골칫덩어리 캐릭터인 경우가 많다. 그래서 대부분 신인들의 프로필에는 가볍고 개성 있는 콘셉트의 사진들이 많이 있다. 하지만 무엇보다 연기자 본인만의 느낌을 살리는 것이 가장 중요하다.

제2부 실무 현장론

(3) 오디션 과정

신인인 경우는 프로필을 촬영한 후 광고 에이전시에 프로필을 전달하여 광고 오디션을 시작하게 된다. 또한 영화사에 프로필을 전달함으로써 영화 오디션을 보게 된다. 이때 매체를 통한 연기력이 검증되지 않은 상황에서 드라마 오디션은 연기자에게 부담으로 작용하는 경우가 많다. 드라마는 검증되지 않은, 작품 활동이 없는 연기자에게는 기회가 거의 주어지지 않기 때문이다.[17] 준비되지 않은 미팅은 자칫하면 앞으로 주어질 기회의 박탈로 이어질 위험이 있기에 매니지먼트 회사는 데뷔무대를 광고나 영화로 준비하는 경우가 많다.[18] 광고는 연기력과는 무관하게 연기자가 가지고 있는 이미지만으로 캐스팅을 하는 경우가 대부분이어서 신인은 쉽게 경력을 쌓을 수 있다. 그리고 영화는 다른 매체에 비해 준비기간이 충분히 길어서 대부분의 영화감독은 연기자의 이미지와 연기에 대한 가능성만 가지고 작품 캐스팅을 진행하는 경우가 많다.

오디션 과정에서 매니저가 해야 할 일은 다음과 같다. 첫째, 오디션 정보 알기. 둘째, 담당자에게 연락하여 연기자의 프로필 전달하기. 셋째, 다른 많은 연기자들 중에서 자신의 연기자가 오디션을 볼 수 있도록 날짜를 잡는 일. 넷째, 오디션 심사원들의 정보를 입수하여 그들의 특성을 분석하는 일. 다섯째, 연기자에게 오디션에 필요한 사항을 숙지시키는 일 등이다.

작품 캐스팅에서 뇌물, 접대, 성상납 등이 이루어진다는 소문이 있는데, 이것은 극히 일부의 일이다. 그리고 그런 나쁜 경로를 통해서 얻은 배역은 지극히 미

---

17 드라마는 호흡이 빠르기 때문에 모험을 하기보다 광고나 영화 매체를 통해서 보여진 경험이 있는 연기자를 선호하는 편이다.

18 오디션 담당자(감독, PD 등)들에게 작품 제작 일정 중에서 오디션을 위한 기간은 그리 길지 않다. 그렇기 때문에 모든 연기자를 볼 수 없는 것이 현실이다. 만약 예전에 오디션을 봤는데 연기가 엉망이었던 신인은 다음 오디션에도 쉽게 부르지 않는다. 이미 연기를 못하는 신인으로 인식되어버렸기 때문이다.

미한 배역이거나 그런 나쁜 경로를 통하지 않고도 얻을 수 있는 배역일 가능성이 크다. 왜냐하면 한 작품에서 캐스팅에 큰 영향력을 미치는 사람예: 감독, 제작사 대표 등은 그 작품의 성공과 실패에 큰 영향을 받는 사람일 가능성이 크다. 어떤 감독이나 제작자도 작품의 성공이 자신들의 인생에 더 중요한 일이기에 작품에 영향을 주는 캐스팅을 그런 접대로 성사시키지는 않는다. 자신도 그 작품으로 중요한 평가를 받기 때문에 망치고 싶은 생각은 없으므로 주요 배역은 할당하지 않을 것이다. 부정한 방법으로 얻은 배역은 오히려 배우 자신의 가치를 깎아내린다. 만약 나쁜 경로로 중요한 배역을 받았다면, 그런 경로를 통하지 않아도 그 배역을 받을 능력이 있는 연기자일 가능성이 크다. 만약 능력이 없는데 나쁜 경로로 배역을 받았다면 그 배역은 시시한 역할임에 틀림없다.

(4) 데뷔 후 매니지먼트 과정

신인 연기자의 캐스팅에서부터 프로필 작업, 여러 작품 오디션의 섭외에서 헤어, 메이크업 의상 결정과 스케줄 진행을 매니저와 연기자가 함께하면서 우리나라의 매니지먼트 시스템은 연기자와 밀착하여 움직이게 된다. 동양적인 감성주의적 가치관이 가족주의family-shop, 종신제 같은 상호 신뢰를 바탕으로 한 비즈니스가 추구되면 그 긍정적인 작용으로 매우 강력한 효과가 나타난다. 단순한 상업적인 수익을 내는 일이 아닌 가족 같은 느낌의 매니지먼트를 하게 된다.[19]

이런 정적인 매니지먼트는 관계자에게 연기자를 홍보할 때 매우 긍정적인 효과가 있다. 만약 관계자가 작품을 위한 연기자를 캐스팅한다면 끈끈한 관계를 유지하는 매니저가 있는 연기자를 선호하는 경우가 많다. 그 이유는 모든 작품

---

19 박성혜, "기업형 연예 매니지먼트 회사의 매니지먼트 시스템 분석과 개선 방안에 관한 연구", 홍익대학교 광고홍보대학원, 2006, pp. 67-68.

은 제작과정에 많은 시간과 과정을 거치게 되므로 갑자기 사건과 사고가 발생하는 경우가 많다. 특히 신인연기자의 경우는 회사의 안정적인 지원이 없으면 심지어 연기력도 흔들리는 경우가 있다. 그리고 그 배역에 맞는 의상, 헤어, 메이크업을 충실히 지원받는 연기자의 연기가 더 훌륭하게 표현된다. 만약 매니저가 단순히 연기자의 현재 가치만을 보고 평가해서 출연료가 적다는 이유로 지원하지 않는다면 연기자가 연기하는 것이 불편해지고, 그런 불안한 연기는 작품에 손해를 끼치게 된다. 하지만 미래를 함께할 수 있는 연기자와 매니저의 관계라면 당장의 손익이 아닌 투자를 할 수 있고, 그런 안정성이 연기자의 연기력을 향상시켜서 작품에도 도움이 될 것이다. 실제로 몇 년 전에 미니시리즈의 주인공인 부잣집 막내아들 역으로 경력이 많지 않은 연기자 A의 캐스팅에 고민하던 그 작품의 감독 B가 A에게 지금 매니저 C와 계약을 끝내고, B가 평소에 성실하게 보아온 매니저 D와 계약하는 조건으로 캐스팅을 진행한 적도 있었다.

연기자가 한류 붐을 타고 해외시장으로 활동 영역이 확대되고 있는 상황에서 연기자와 감성적인 매니지먼트는 자칫 넓어진 활동 영역에 걸림돌이 될 수도 있다. 매니저의 능력이 아무리 뛰어나더라도 한국의 매니지먼트 시장과 세계의 매니지먼트 시장을 모두 아우르는 것은 물리적으로 불가능한 일이다. 미국 시스템처럼 정확한 역할 분담과 체계적인 분업화를 통해 사업에 접근하는 것이 필요한 시점이다. 연기자의 경우는 작품을 통해 해외로 진출하는 기회가 대부분이다. 그렇기 때문에 작품이 흥행하는 타이밍을 놓치면 언제 다시 해외에서 흥행할지 모르는 다음 작품의 해외진출을 무작정 기다려야 하는 상황이 발생할 수도 있다. 그리고 사업적으로 긴 호흡이 아닌 단순히 작품 홍보를 통한 일회성 해외 프로모션은 이벤트용으로 끝날 우려가 있다. 그러므로 해외 업무는 전문 해외 에이전시[20]를 통한 꾸준한 해외시장의 마케팅이 필요하다고 볼 수 있다.

---

20 HS미디어, AVEX, 아티스트뷰, 메이스엔터테인먼트, 코믹리츠그룹, 버터플라이, 코나, SS미디어 등이 있다.

4. 경험을 바탕으로 한 신인연기자 매니지먼트 사례

　20대 신인을 회사로 영입하는 과정은 결코 쉬운 일이 아니다. 회사 메일로 프로필을 접수받아 봐도 사진만으로 호감이 가는 신인은 거의 없다. 그렇다고 프로필을 보낸 모든 사람을 만나볼 시간적 여유는 절대적으로 없다. '일단 사진으로 호감이 생겨야 실물미팅이라도 진행할 텐데'라는 생각이 들 때면 절망감마저 든다.

　주위 사람들에게 괜찮은 신인이 있으면 소개해 달라고 부탁한다. 거래하는 에이전시에도 부탁하고, 아는 예능작가에게도 부탁하고, 이리저리 많이 부탁한다. 하지만 소개를 받으면 거절하기만 불편한 상황이 되는 경우가 많다. 아무리 일반 사회에서 "와~ 너 동생 진짜 잘생겼다. 연예인 해도 되겠다."는 이야기를 많이 들었다고 해도 정말 거기까지인 경우가 많다. 연예인은 특별한 그 무엇인가가 있어야 한다. 이런저런 이야기를 나눴을 때 사람을 끄는 묘한 그 무엇인가가 있어야 한다. 물론, 외모는 기본이다. 키와 목소리도 빼놓을 수 없다.

　프로필을 보는 것은 클릭하는 순간마저 아깝고, 소개를 받는 것은 소개해준 사람과의 관계가 어색해지기 일쑤이다. 소개해준 신인을 미팅하고 나서 거절하는 것은 소개해준 사람의 안목을 무시하는 결과가 되기 때문에 주의가 필요하다. 어떤 경우는 한 번만 더 만나보라며 부담을 주는 사람들도 있기 때문에 이에 대한 대응 노하우도 있어야 한다.

　마지막 방법은 직접 찾아나서는 것이다. 요즘은 아카데미와 대학들이 많이 있고, 그곳에는 일종의 외부인 공개 테스트 과정이 있다. 아는 사람을 통해서 아카데미 정기 공개오디션이나 대학의 연기시험이나 졸업작품전을 찾아간다. 이 과정들을 통해서 외모나 연기력을 보고 질문과 답변의 시간도 가질 수 있다. 그리고 아카데미와 대학에서도 외부 매니저들이 테스트에 심사위원으로 참석하는 것을 반긴다. 왜냐하면 학생들에게 시험뿐만 아니라 정식으로 소속사에 들어갈 기회를 제공해줄 수 있기 때문이다.

몇 번의 과정을 거쳐 수백 명의 지망생들을 만나면서 몇몇 마음에 드는 지망생들과 따로 미팅을 거친다. 드디어 내 마음에 쏙 드는 신인을 만나게 되었다.

그 친구의 이름은 A군으로 일단 키는 183cm, 부드러운 눈빛을 가졌으며, 나름대로 몇 년간의 작은 경력도 있었다. 낮고 부드러운 목소리에 귀여운 눈웃음이 매력적이고, 만들어진 복근까지 있었다. 일단 친해지는 시간이 중요하다. 친해지면서 그를 알아가야 한다. 매니저로 A에 관해서 속속들이 알고 있어야 보편적인 단점은 고쳐나가고, A만의 장점은 부각시켜 A만의 매력이 무엇인지 찾아갈 수 있기 때문이다. 이것은 다른 어떤 과정보다 중요하다. 그리고 이러한 과정은 인간 대 인간으로 만나야 한다. 매니저와 신인연기자, 어른과 아이, 여자와 남자 등 어떠한 관계가 아니라 그냥 친구처럼 편하게 만나야 한다. 그래야 편안해진 상황에서 작은 행동이나 말투, 성향을 알 수 있게 되기 때문이다. 그 뒤 든든한 파트너인 연기선생님과 함께 연기 수업을 시작한다. 연기를 할 때의 모습과 일상이 어떤 차이가 있는지, 그리고 연기를 대하는 태도는 어떤지를 체크한다. 아울러 연기 선생님과 언제쯤이면 어떤 수준의 오디션을 볼 수 있는지를 상의한다.

매니저와의 미팅, 연기 수업을 제외하고는 A군의 일상생활을 모두 인정한다. 학생이기에 학교생활을 잘하도록 하고, 방학이 되면 아르바이트를 권한다. 이제 서서히 사회생활을 알아가도록 하는 것이 중요하다. 일에 대한 책임감도 알아야 한다. 더구나 연기자는 다른 사람의 모습을 대신 살아보는 것이므로 사람을 많이 알아야 하는 직업이다. 많은 사람을 만나서 그들의 특징을 분석하는 것이 얼마나 재미있는 일인지 이야기를 나누며, 아르바이트의 중요성을 알려준다. 아르바이트를 통해서 성실성도 알아볼 수 있고, 사회생활의 책임감도 느끼게 해줄 수 있다.

몇 달의 시간이 지나고 이제 A군이 어떤 사람인지 알게 되었다. 뒤이어 기존의 배우 중에서 롤 모델을 정한다. 이건 혼자만 생각한다. 그리고 혼자 생각 중인 그 이미지를 가지고 프로필 촬영을 위한 스태프회의를 한다. 스태프회의를 하는 동안 그간 생각한 그 이미지에 스태프들도 동의하는지를 체크한다. 생각한 것이 맞다면 A군의 이미지를 잘 만들어가는 것이고, 아니라면 수정보완이 필요한 상황이 된다. 그간 해온 생각이 기준이지만, 절대적이지는 않다는 생각을 항상 가지고 있어야 한다. 여러 과정을 거쳐 프로필 촬영을 한다. 프로필 촬영 중에도 준비된 이미지로 한정지으면 안 된다. 연예인의 기질이 있는 친구들은 카메라 앞에서 또 다른 모습으로 태어나기도 한다. 항상 기준은 있지만 수정보완이 필요하다.

프로필이 평소 느낌과는 완전히 다른 느낌으로 나왔다. 평소보다 카메라 앞에서 눈빛이 확 달라지는 A를 보며 희열을 느꼈다. '와~! 이 녀석, 예상보다 훨씬 느낌이 좋은걸.' 많은 프로필 사진 중에서 몇 장의 사진을 고른 후, 프로필 작업을 한다. 사진과 이름, 신상명세, 경력 등을 넣는다. 이때 경력 란에는 모든 경력을 넣는 것이 아니라 대표적인 것만 하나씩 넣는다. 영화, 드라마, 광고 각 하나씩만 넣는 것이다. 이것저것 했는데도 아직 두각을 나타내지 못한 신인이라는 이미지를 줄 수 있기 때문에 무조건 그동안의 경력을 다 넣는 것은 바람직하지 않다. 프로필을 통해 상대방에게 주고 싶은 메시지는 다음과 같다. "각 분야에서 검증은 받았지만, 아직 제대로 활동하지 않은 흙 속의 진주 같은 존재이다. 그러니 이제 당신이 그 진주를 꺼내면 된다." 이런 이야기를 담은 프로필을 만들기 위해서 경력 사항 중 영화, 드라마, 광고 각 하나씩만 넣는 것이다.

만들어진 프로필을 광고 에이전시에 전체적으로 발송한다. 그런 틈틈이 오디션 영상촬영을 하러 간다. 간단한 자기소개 영상이나 짧은 콘티 연기 등이 이에 속한다. 광고 정도는 현재 연기나 이미지로 충분히 진행이 가능하다. 그리고 아주 친한 관계자들과 미팅을 한다. 이 미팅을 통해서 작품 오디션을 준비하는 것이다. 이젠 매니저가 아닌 다른 관계자와 이야기를 어떻게 하는지, 준비해온 연기를 얼마만큼 보여줄 수 있는지, 돌발적인 질문에 어떻게 대답하는지, 앉아서 이야기할 때의 자세, 어깨 각도, 머리 각도, 시선 처리 등을 체크한다. 그리고 미팅을 진행한 후 관계자가 바라보는 A의 느낌, 연기력, 이미지 등을 듣고 연기자와 그에 관해서 이야기를 하며 사소한 것까지 체크해서 수정 · 보완하는 과정을 거친다. 왜냐하면 이 분야의 일은 사람과 사람이 만나서 하는 일이기에 객관적인

데이터보다 만났을 때의 태도와 느낌이 훨씬 중요하기 때문이다. 이 과정을 다섯 명 내외로 반복한다.

그 사이에 작은 광고 몇 편을 찍었다. 광고는 좋은 제품의 광고만 선택했다. 메인이거나 바스트 샷 클로즈업 정도는 있어야 촬영을 진행했다. 광고 서브의 느낌은 좋지 않다. 모델료보다는 비중이 훨씬 중요한 선택 요소이다.

이제 본격적인 작품 오디션을 진행한다. 이때 중요한 것은 아무 작품에나 오디션을 보는 것이 아니라 우선 친분이 있는 감독이나 PD의 작품을 우선적으로 본다. 친분은 신뢰관계를 의미한다. 각 오디션은 굉장히 많이 진행되지만, 그런 정보를 다 안다는 것은 쉬운 일이 아니다. 더구나 괜찮은 작품의 오디션 정보는 알음알음으로 진행되는 것이지 어디에 공지되는 것이 아니기 때문이다. 아울러 웬만한 오디션은 몇백 명이나 되는 신인들의 프로필 심사에서부터 시작된다. 그리고 수십 명으로 추려진 신인들의 팀 오디션으로 한 단계를 거친다. 프로필 심사에 수십 초, 팀 오디션은 팀당 10~15분 정도. 한 팀이 다섯 명 정도이니 한 명당 2분 정도다. 대부분 이런 형식적인 오디션을 거쳐서 10여 명으로 추려진 사람들 중에서 최종 캐스팅을 위한 마지막 단계의 오디션이 진행된다. 어떤 경우는 팀 오디션에서 최종 선택권자인 감독이 참관하지 않는 경우도 많다. 또한 감독이나 PD와 친분이 있다면 형식적인 오디션 과정을 거치지 않고 10여 명에 포함될 수 있다. 단, 그 신인에게 실력이 있다면 그렇다. A에게 형식적인 오디션은 한두 번 경험하게 했지만 더 이상 그런 오디션은 참석시키지 않았다. 친분이 있는 주요 관계자들을 공략하기 위해서이다. 그래서 그들이 A를 여러 신인 중의 한 명으로 보는 것이 아니라 친한 매니저의 특별한 신인 A로 보도록 한다. 좀 더 관심 있게, 호감 있게 A를 보는 사람들은 A만의 매력을 발견하게 될 것이고, 다른 신인보다 자신을 더 호감 있게 보는 오디션이면 A도 분명히 자신감 있게 오디션에 응할 수 있을 것이기 때문이다.

두세 차례 이런 과정을 거쳐 A는 주요 작품에 신인이 들어가기에 부담 없고 자신의 캐릭터는 확실히 보여줄 수 있는 역에 캐스팅이 된다. 그리고 그 작품의 주요 관계자는 나와 친밀한 사람이기에 A의 작품 준비는 좀 더 편안하게 진행된다.

　이 분야는 사람과 사람이 하는 일이라는 점과 많은 일을 하는 것보다는 하나를 하더라도 제대로 하는 것이 중요하다는 점을 잊지 말아야 한다.

5. 현재 연예 매니지먼트의 환경과 과제

　연예 매니지먼트산업 종사자들이 갖는 공통적인 문제는 미래에 대한 불확실함이다. 한국콘텐츠진흥원의 「드라마 성공 요인 분석」의 연구 결과는 "국내 드라마의 성공 방정식을 추출하지 못함. 예술작품에서 성공 방정식이 없다는 상식이 다시 확인됨."이다.[21] 작품을 결정하고 준비함에 있어서 어떤 완벽한 조건예: 스타급 감독, 작가, 주연배우 등이 마련된다고 해도 그 결과는 아무도 장담할 수 없다. 특히 연예인들은 한 작품을 통해서 일약 스타가 되기도 하지만, 한 작품을 통해서 바로 비非스타로 전락하기도 한다. 작품의 성공과 실패는 소속사의 수익에 지대한 영향을 미친다. 드라마의 성공과 실패에 따라 광고의 계약이 큰 영향을 받는다. 그리고 광고 출연료는 소속사의 수입에 큰 부분을 차지한다.

　아울러 작품의 흥행 실패보다 더 두려운 것은 연예인들이 대중의 알 권리라는 이유로 지극히 개인적인 연애사와 취향들이 만천하에 드러나게 되어 능력과 상관없이 업계에서 퇴출되거나 스스로 은퇴해야 하는 상황에 놓이게 되는 경우다. 인간이면 누구나 하게 되는 작은 실수나 약점이 연예인들에게는 치명적으로 다가오는 경우가 많이 있다. 그리고 일부는 불확실한 미래의 수익을 위해 무리하게 새로운 분야의 사업을 시도하다가 경제적인 위기를 맞게 되어 현재 연예인의 위

21　권호영 외, 「드라마 성공 요인 분석」, 한국콘텐츠진흥원, 2009년 12월, p. 11.

치까지 위협을 받기도 한다. 대중의 힘든 일상을 엔터테인먼트를 통해 즐거움과 감동을 주는 연예인들이 자살이라는 극단적인 방법으로 대중의 마음을 아프게 하는 일이 없어지려면 전체 연예 매니지먼트 차원에서의 개선과 정부 차원에서의 지원이 필요하다. 불합리한 제작환경과 불투명한 업계 관행 등을 어느 한 단체의 문제라고 평가하기에는 무리가 있다. 소속 연기자에게 맞는 작품이 있는지를 알아보는 것이 아니라, 어느 제작사에서 어떤 작품이 들어가는지, 그 작품이 언제 편성이 결정되는지에 대한 정보를 알기 위해서 100명이면 100명 모든 매니저들이 똑같은 작업을 하며 시간을 낭비하는 것은 올바른 산업의 형태가 아니다. 아는 매니저들끼리 알음알음 정보를 공유하는 것이 아니라, 전체 정보에 대한 접근이 쉽고 그 정보 속에서 소속 연기자가 성장할 수 있는, 그리고 그 작품이 성공할 수 있는 연기자와 작품을 연결하는 것이 보다 발전적인 일이라고 생각한다. 1차적인 정보의 공유 네트워크가 있어야 한다. 1차적인 정보를 위해 소비하는 시간을 좀 더 발전적인 매니지먼트에 사용한다면 우리나라 전체 매니지먼트가 성장 하고, 그 힘으로 각 연예인의 개성을 살리는 콘텐츠가 많이 양산되어 세계 속의 한류를 더욱 성장·유지시킬 수 있을 것이라 생각된다. 서로 경쟁을 위해 사소한 것에 집착하는 경우 소탐대실할 수 있다. 이렇게 서로 얽혀 있는 문제들을 풀려면 사회 전체적인 차원에서의 접근이 필요하다고 생각한다. 글로벌 시대에 한국의 대중연예산업이 한 차원 도약하려면 이런 문제들에 현명하게 대처하는 것이 중요하다고 생각한다.

02

대중음악 기획
– 마케팅 관점을 중심으로

홍원근

1. 음악 기획이란?

기획企劃이라는 단어를 사전에서 찾아보면 '일을 꾀하여 계획함'이라고 나와
있다. 다시 말하면 앞으로 할 일의 절차, 방법, 규모 등을 미리 예측하는 일이다.
이러한 기획은 시장에서 이루어진다. 넓게 보면 음악공연이나 음악방송을 하는
이들도 음악 기획자라고 할 수 있다. 여기서는 주로 음반을 다루고자 한다.

예컨대 음반 기획자는 음반시장의 상황을 파악하고, 음반 수요자의 니즈needs
를 연구 분석해 음반의 주제와 콘텐츠를 기획한다. 사람들이 원하는 음악 주제에
착안하기 위해 여러 방식의 다양한 조사를 한다. 그런 다음 음악감독과 협의해
음반의 주제를 창안한다. 음반 기획의 주제를 선정하게 되면 이에 합당한 관련
인력과 인재들을 결합해야 한다. 즉 기획된 음반의 주제에 맞는 가수, 연주자, 작
곡가, 작사가, 편곡가 등을 선정해야 한다. 이 과정에서 애초에 원하던 이들을 섭

외하지 못할 수도 있기 때문에 섭외 성사가 매우 중요하다. 음반에 참여할 이들이 결정되면 음악의 작사, 작곡 및 편곡 등을 의뢰한다. 의뢰와 실제 곡이 나오는 시점까지는 시간이 유동적일 수 있다. 일반 산업공장처럼 찍어낼 수 없는 것이 아티스트 영역이기 때문이다. 이런 시간적인 유동성 속에서 곡들이 나오면 이를 바탕으로 음반을 제작한다. 음반이 완성되면 다음은 홍보와 마케팅이다. 음반의 홍보 및 판매전략 등을 기획 · 총괄한다. 다른 일반 기업의 상품홍보와 다른 점은 바로 인터뷰다. 방송 출연 및 신문사, 잡지사 같은 홍보 매체와의 인터뷰 등을 계획한다. 각종 가요제, 방송 드라마 등의 방송기획이 확정되면 방송연출가와 협의하여 음반 출반에 관한 전반적인 사항을 기획 · 총괄하기도 한다.

2. 대중음악 기획자의 조건

일반적으로 대중음악 기획자는 음악 및 음반산업은 물론 방송 등 연예산업 전체에 대한 총괄적인 이해를 기본적으로 갖추어야 한다. 또한 홍보, 소비자 심리 등 마케팅에 대한 지식이 있어야 하는 것은 물론이다. 특히 음반 제작은 예술 창작 작업이기 때문에 제작 과정에서 가수, 작곡가, 작사가, 편곡가 등 음반 창작가들과 같이 일하기 때문에 무엇보다 원활한 협의와 협력을 이끌어낼 수 있는 능력이 있어야 한다. 그뿐만 아니라 작업과정에서 여러 가지 생각하지 못했던 변수들이 나타나기 때문에 이를 감내하거나 해결하며 나아가는 추진력이 필요하다. 음반시장의 트렌드를 발 빠르게 인지하고 있어야 하며, 현재의 트렌드나 유행과는 별도로 소비자의 잠재적 욕구 등을 미리 파악하고 이해하기 쉬운 개념과 아이디어로 분석할 수 있는 능력이 필요하다. 또한 감각적인 능력과 시장조사 결과에 바탕을 두고 음반을 성공시킬 수 있는 판단력과 기획력이 요구된다. 음악에 대한 소양은 물론 외향적으로 일을 추진하여 성취감을 느끼는 것에 재능과 흥미가 있어야 하며 적응성, 리더십, 혁신, 독립성 등의 특징을 필요로 한다. 다양한 상황에 신속하게 대응하고, 리더십을 발휘할 수 있어야 하며, 새로운 것을 만들어내고 도전할 수 있어야 한다. 그러나 이러한 점은 어디까지나 기초적인 사항이다.

별도로 대중음악 기획자에게는 하이브리드, 인사이트, 상상력, 열정, 지식과 기술, 진지함, 임계점에 대한 인식 등이 필요하다. 하이브리드는 여러 가지 면을 융합할 수 있는 능력이다. 하이브리드hybrid는 원래 이질적인 요소가 서로 섞인 것으로 이종異種, 혼합, 혼성, 혼혈이라는 뜻이다. 더 넓은 의미로는 이종을 결합하여 부가가치를 높인 새로운 무엇인가시장이나 영역 등를 창조하고 통합하는 것을 말한다. 이는 퓨전이나 융합·복합적인 능력과 관련된다. 인사이트insight는 직관적인 통찰력을 말한다. 이는 음반 기획의 가치와 성공 여부를 판단하는 데 중요하게 작용한다. 기획자에게 무엇보다 필요한 것은 상상력이다. 상상을 하는 자만이 새로운 것을 만들어낼 수 있다. 여기에 더해 열정이 필요하다. 아무리 재능과 흥미가 있어도 열정이 없으면 그것을 뒷받침할 수 없다. 열정과 재능이 있어도 관련 분야에 대한 지식이나 기술이 없으면 추동력을 얻기 힘들다. 지식과 기술은 기초적인 것이 우선이지만 새로운 기술과 지식은 끊임없이 학습의 대상이 된다. 또한 진지함이 중요하다. 가볍고 유희적으로 다루는 것은 그 분야에서 이탈하게 만들거나 무책임하게 만들 수 있다. 진지함만이 그 분야에 대한 진정한 가치를 발현해낼 수 있다. 또한 애초의 기획에서 특정한 결과물이 나오기까지 임계점이 있음을 자각해야 한다. 임계점을 넘지 못하거나 인식하지 못하고 실패하는 경우가 많음을 항상 염두에 두어야 한다.

무엇보다 한때 내가 살았음으로 인해 누군가의 인생이 조금이라도 나아지는 것이 성공의 척도가 되어야 한다. 음악을 통해 자신이 만족하는 수준에 머무는 것이 아니라 그것을 통해 나와 다른 사람들이 이로워질 수 있도록 한다. 물론 그 매개물은 바로 음악이다.

3. 대중음악 기획을 위한 마케팅 개념

연예산업의 특징을 이야기할 때, '하이 리스크-하이 리턴'high risk-high return이라는 표현을 자주 쓴다. 연예산업은 고위험에 고수익의 구조를 가지고 있다. 흔히 말하는 대박이 있는 산업이지만, 실패할 가능성이 많은 산업이라는 뉘앙스가 있는 표현이다. 물론 이 표현은 연예산업 또는 엔터테인먼트산업에만 국한된 말은 아니다. 통계청의 한국표준산업분류에 따르면 경제활동의 유형이 99가지에 이르는데, 그중 대다수의 많은 산업군들에 속하는 수많은 회사들이 대박의 꿈을 안고 경제활동을 하고 있다. 연예산업도 이 수많은 산업들 중의 하나다. 일종의 실리콘밸리의 벤처산업과 같은 맥락에 있다. 다만, 연예산업이 기업화·산업화·대형화하면서 기존에 경험하지 못한 변화를 맞고 있는데, 가장 큰 변화는 리스크 관리기술이 나날이 발전하고 있다는 점이다. 즉, 하이 리스크의 상황이지만 하이 리턴을 더 많이 만들기 위해 관리경영기술이 발전하고 있다는 것이다.

(1) 마케팅의 개념과 성격

우리가 자주 사용하는 '마케팅'이라는 단어에는 시장market이 포함되어 있다. 마케팅이라는 단어를 유심히 살펴보면 market + ing이다. 시장 안에서 뭔가가 진행된다는 의미다. 시장은 수요와 공급으로 이루어져 있어 마케팅을 수요와 공급의 불균형을 추구하는 학문이라고도 한다.

수요가 공급보다 많을 때는 수요를 줄이든지 공급을 더 많이 하든지 조치를 취해야 한다. 제작 측 입장에서는 더 많은 물건을 빨리 만들어 공급해야 한다. 유통 측은 재고라도 섭외하여 재빨리 수요에 맞추어야 한다. 공급이 수요보다 많을 때는 공급을 줄이거나 수요가 많아져야 한다. 공급이 너무 많으면 마케팅을 통해 사람들이 더 많이 사도록 해야 한다.

먼저 우리는 공급자의 입장에서 시장을 바라볼 필요가 있다. 흔히 마케팅은 상품을 가지고 경쟁한다고 생각한다. 음악 차원에서 보면, 더 좋은 기능과 음질 연주로 경쟁해야 한다. 하지만 더욱 중요한 것은 상품이 아니라 고객의 인식perception 싸움이다.

> 마케팅은 제품이 아니라 인식의 싸움이다. 마케팅은 그런 인식을 다루어 나가는 과정이다(Al Ries).

힙합의 대부, 알앤비의 제왕, 록의 전설, 트로트의 여왕 하면 떠오르는 아티스트가 있는가? 음악시장에서는 라이벌과의 경쟁에서 고객의 머릿속에 아티스트가 원하는 이미지로 인식되게 하는 것이 연예산업 마케팅의 핵심이다. 음악에서 시장, 고객, 마케팅 같은 단어가 조금 낯설 수도 있을 것 같다. 하나씩 알아보기로 하자.

(2) 음악산업의 고객

엔터테인먼트업계에 종사하는 우리의 고객은 누구일까? 우리의 음반을 구매하는 사람들을 가장 먼저 떠올릴 수 있을 것이다. 그 음반을 구매하도록 유도한 음반가게의 점원도 우리의 고객일까? 고객을 유저, 바이어, 페이어, 게이트키퍼, 인플루언서로 나누어보기로 하자.

유저user는 이용하는 사람이다. 사지 않아도 상품을 사용하는 사람은 있다. 바이어buyer는 물건을 사는 사람이다. 자신이 원하지 않아도 살 수 있고 다른 사람을 위해 살 수도 있다. 다른 사람에게 선물을 줄 수도 있고 매장에서 음악을 틀기위해 살 수도 있다. 페이어payer는 정당한 대가를 지불할 의무를 지니는 지불자를 말한다. 실질적으로 자신의 돈을 사용하는 이들이다. 바이어는 사기는 사지만

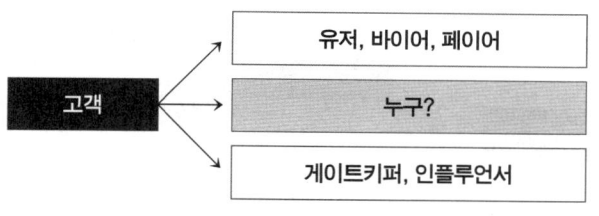

〈그림 2-1〉 고객의 범주 예 1

누군가를 대행할 수도 있다. 자신의 돈으로 상품을 사고 그것을 사용하는 이들이 진정한 고객일 것이다.

게이트키퍼gatekeeper라는 개념은 1947년 쿠르트 레빈Kurt Lewin이 회로이론 channel theory을 설명하기 위해 제시했다. 레빈은 식품이 생산지를 출발해서 유통 회로를 따라 차츰차츰 식탁을 향하여 움직여 나가는 것은 회로상의 여러 게이트를 지배하는 게이트키퍼의 결정 때문이며, 식품 자체의 원동력impetus에 의한 것은 아니라고 했다. 따라서 음악도 고객의 손에 이르기까지 여러 단계를 거쳐야 하며, 이 단계에서 게이트키퍼들이 선택할 경우 고객의 손에 들어오기 쉽다. 요즘에는 인터넷 환경이 구축되면서 여러 단계로 나뉜 것들이 간소화해졌다. 인터넷 음원사이트나 포털을 예로 들 수 있다. 해외 진출에서도 여러 단계의 게이트키퍼를 단출하게 만들어버린 것이 유튜브였다.

인플루언서Influencer는 소비자의 구매 결정에 큰 영향을 주는 사람 혹은 매체를 말한다. 요즘은 영향력 있는 개인이나 일반 소비자가 인터넷 등 디지털미디어의 발전으로 자신의 영향력을 적극적으로 나타내는 것을 가리킨다. 홍보와 마케팅은 물론 기획을 위해서도 이러한 인플루언서의 기호와 취향, 선택에 대한 연구가 매우 중요해졌다.

다시 음악산업으로 돌아와 우리의 고객이 누구인지 생각해보자. 음반사 입장에서는 매니지먼트사와 공연 제작사 등이 어떤지 생각해볼 수 있는데, 이렇게 생각하다 보면 고객을 유저, 바이어, 페이어, 게이트키퍼, 인플루언서로 나누는 것이 부족하다고 느낄 수 있다. 같은 업계 안에서 음악을 선곡하여 다른 식으로 상

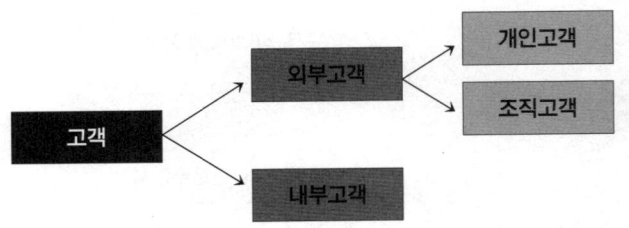

〈그림 2-2〉 고객의 범주 예 2

품을 재창조해야 하는 이들은 간과될 수 있다. 그래서 고객을 다른 관점에서 분류해보면 외부고객과 내부고객으로 나눌 수도 있다. 외부고객은 개인고객과 조직고객으로 나눌 수 있고, 내부고객은 주로 업계 안의 고객이 될 수 있을 것이다.

또 다른 분류로는 가치 영향의 관점에서 나누는 것인데, 가치구매고객, 가치전달고객, 가치생산고객, 가치요소고객으로 나눌 수 있다.

음악산업을 예로 들어본다면, 가치요소고객은 가치를 생산할 때 꼭 필요한 고객으로 설명할 수 있다. 노래를 만드는 작곡자, 작사가, 편곡자 같은 창작자, 직접 무대에 서는 가수나 밴드가 그 좋은 예이다. 가치생산고객은 가치요소고객의 가치를 현실화시키는 역할을 하며, 녹음 관계자, 음반 제작자, 공연 제작자, 프로듀

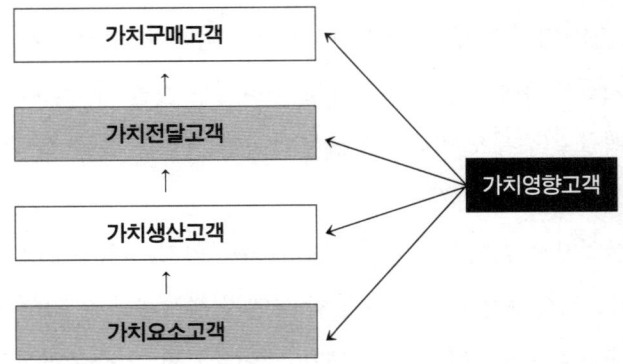

〈그림 2-3〉 고객의 범주 예 3

서, 연출자 등을 들 수 있다. 가치전달고객은 말 그대로 관객이나 대중에게 가치를 전달하는 역할을 하며 방송국의 PD, 유통업자, 마케터, 판매자, 홍보 매니저 등이 좋은 예이다. 가치구매고객은 대표적으로 음악을 직접적으로 구매하는 대중이 있으나, 기업 광고주, 광고기획자, OST 제작자 등이 있다. 가치영향고객은 가치요소, 생산 · 전달 · 구매의 관점에서 구분했지만, 이것이 명확히 구분되는 것은 아니며 각 사례에 그대로 적용되는 것도 아니다. 각자의 상황에 맞게 세분화하여 전략을 수립하는 것이 중요하다.

　구매 시점에 따라 현재고객과 가망可望고객, 잠재고객과 미래고객 등으로 나눌 수 있고 서비스 마케팅 차원에서 활동고객과 수면睡眠고객, 문제고객과 옳은 고객 등으로 나눈다. 이처럼 고객을 분류하는 방법은 관점에 따라 매우 다양하다. 각 상황에 맞게 고객을 분류하고, '우리의 고객은 누구인가?'를 생각해보는 것은 매우 중요하다.

　지금까지 고객의 분류에 대해 알아보았다. 우리의 고객이 원하는 것은 무엇인지 알아내는 것이 바로 수요를 예측하는 일이다. 고객이 원하는 것이 무엇인지 아는 것이 성공의 관건이다.

(3) 고객가치

　고객가치value proposition는 고객이 특정 브랜드를 선택하는 이유이다. 고객이 가치 있게 여기는 것이 있을 때 상품을 사게 된다. 고객이 중요하게 여기는 것이 고객가치이다. 이러한 가치의 종류나 각 속성 특징을 파악하는 것이 음반 기획과 판매에서 중요한 역할을 한다.

　특정 가수의 음원 또는 음반을 사거나 공연을 보러 가는 이유를 생각해보자. 사운드가 좋아서, 멜로디가 좋아서, 가사가 좋아서, 외모가 끌려서 등 그 이유는 셀 수 없이 많을 것이다 전인수는 고객가치를 "고객이 특정 브랜드를 사고 싶어하고, 사고 좋아하는 이유"라고 정의했다. 그뿐만 아니라 정확한 이유는 모르겠지만, 왠지 끌리는 것도 포함하여 인지적인 면, 기분이나 정신적인 것과 같은 감성적인 면이 포함된다.

일반적으로 고객가치의 구성요소는 편익benefit, 품질, 서비스, 경험, 가격의 다섯 가지로 간단히 제시하기도 한다. 특히, 경험 요소는 최근 집중적으로 논의되고 있는데, 눈으로 보고 느끼는 행복과 즐거움, 그에 따른 '판타지' 등 몸과 마음으로 체험하는 감흥을 말한다. 대중음악 기획과 마케팅에서도 가장 중요한 요소 가운데 하나라고 할 수 있다.

대중음악 기획 또는 제작이라고 하면 무엇을 생산하고 무엇을 소비하는 것일까? 단순히 잘 디자인되고 높은 퀄리티로 녹음된 음반 또는 음원파일을 생산하고 소비하는 것은 아닐 것이다. 앞서 이야기한 고객가치가 대중에게 어떻게 소비되는가를 유심히 관찰하고 생각해볼 필요가 있다. 음악을 듣고 보고 느끼며 얻는 감성의 만족, 욕망의 충족에서 오는 유쾌하고 즐거운 감정을 채워주는 기호적 편익과 타인에게 보이고자 하는 욕구를 충족하는 상징적 편익으로 설명하기도 한다. 트로트라는 음악은 호불호가 명확히 갈리는 장르 중 하나인데, 기호적 편익과 상징적 편익의 충돌이 보여주는 좋은 예라고 할 수 있다. 몸은 트로트에 반응을 보이지만, 자신이 선호하는 음악이 트로트라고 자신 있게 말하는 이들은 없다. 대개 세련되고 느낌이 좋은 음악을 자신의 음악 취향이라고 말한다. 이러한 유형의 고객은 록 페스티벌을 좋아한다고는 말해도 지역 축제의 트로트 공연을 좋아한다고는 말하지 않는다.

4. 대중음악 마케팅 전략

한때 화려하게 등장했지만 곧 아무 일도 없었다는 듯 대중의 기억에서 사라진 대중음악 가수는 비일비재하다. 이는 비단 대중음악계에만 해당하는 일은 아니다. 기업은 물론 그들의 상품, 서비스, 브랜드 등도 혜성처럼 나타났다가 사라지는 경우가 많이 있으며, 수십 년 또는 수백 년 된 기업이 하루아침에 사라지기도 하는 일이 백여 년에 걸쳐 세계 곳곳에서 일어나고 있다. 하지만 이런 사실에 절망할 필요는 없다. 세스 고딘Seth Godin은 기업이 사라지고 뮤지션은 잊힐지라도 사람들이 가진 아이디어와 창작물은 그대로 남아 있으므로 넓게 보면 쉬지 않고 발전하고 있는 셈이라고 말한다.

이렇게 성공하지 못하는 제품은 누구의 책임일까? 게으른 홍보담당자나 무능한 제작자일까? 아니면 제품의 가치를 몰라주는 대중을 원망해야 할까? 모든 것은 마케팅에 달려 있다고 생각한다. 유행이 지난 노래를 스타가 다시 리메이크하여 히트를 시키고 원곡도 덩달아 다시 주목받는 경우를 자주 볼 수 있다.

(1) 가치제안

가치제안value proposition은 "소비자에게 제공을 약속하는 고객가치의 집합"으로 정의한다. 브랜드의 가치제안은 '브랜드 아이덴티티'라고 하고, 제품의 가치제안은 '제품 콘셉트'라고 한다. 어떤 제품의 가치제안을 중심으로 기획 내용을 기술한 것을 가치제안 기술서statement of value proposition라고 하는데, 회사와 제품마다 다르기는 하지만 타깃 고객target customer, 타깃 구획target segment, 타깃 경쟁자target competitor, 제품 범주product category, 가치제안, 가격price, 타이밍 timing을 포함한다.

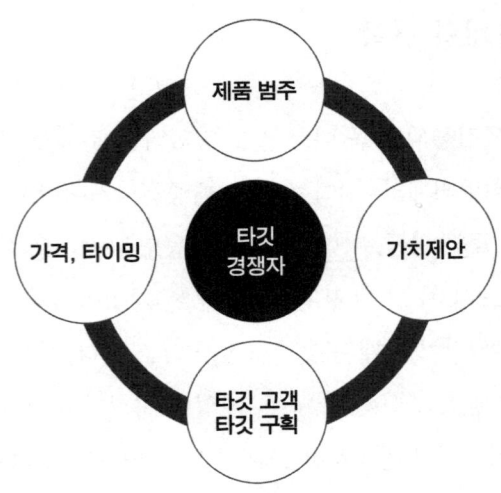

〈그림 2-4〉 가치제안 기술서

출처: 전인수, 『새로 쓰는 마케팅』, 학현사, 2012.

(2) 가치제안과 마케팅 전략

마케팅 전략은 가치제안을 결정하는 데 매우 중요하다. 가치제안과 관련 의사결정은 가치제안에 무엇을 더하고 뺄 것인지를 결정하는 것과 이미 제공하고 있는 가치제안을 어떻게 하면 더 잘할 수 있는지 궁리하는 것의 두 가지다. 이러한 의사결정과 고민이 바로 마케팅 전략의 내용이다. 마케팅 전략은 세 가지 관점으로 접근할 수 있다.

- 경쟁 중심 관점: 1980년대 포터Porter의 경쟁전략에서 출발했다. 차별화전략, 원가우위전략, 집중전략은 본원적 전략으로 거의 모든 마케팅 전략에 그대로 인용되고 있다.
- 핵심역량 관점: 하멜Hamel과 프라할라드Prahalad 교수에 의한 일본 제조업의 융성을 설명하는 관점이다. 일본 제조업의 경쟁력은 포터 교수의 모델

로는 설명하기 어렵다고 보아 '핵심역량core competences'이라는 새로운 개념으로 경쟁력을 설명한 것으로, 1990년대를 휩쓴 관점이다. 두 사람의 연구가 있고 난 후부터 많은 연구자들이 우수 기업의 특징을 연구하게 되었고, 이런 연구에 영향을 받아 성공하는 사람의 습관은 다르다는 등의 자기계발서가 쏟아져 나오게 되었다.

- 고객가치customer value 관점: 2000년대에 접어들면서 마케팅 전략을 전공한 학자들과 제품혁신을 전공한 학자들이 좋아하는 관점으로, 지속적 혁신과 와해적 혁신을 제안한 크리스텐슨Christensen 교수를 비롯해 데이Day 교수, 『블루오션 전략』의 김위찬 교수 등이 이러한 관점의 대가들이다. 특히 데이 교수는 고객가치 관점에서 그냥 하고 있는 것을 더 잘하도록 하는 다음과 같은 네 가지 강령을 제시하고 있다.

  (a) 고객가치의 리더가 되라.
  (b) 고객을 위해 새로운 가치를 혁신하라.
  (c) 고객을 자산화하라.
  (d) 브랜드를 자산화하라.

자사의 비즈니스나 브랜드 혹은 새로 기획하는 신제품에 적합한 가치제안을 설계하는 방법 중 가장 기본적인 방법은 STPsegmentation, targeting, positioning이고, 실무에서 가장 흔하게 사용하는 방법이 SWOTstrength, weakness, opportunity, threat분석이다. 김위찬과 모보르뉴Mauborgne의 『블루오션 전략』에 소개되어 유명해진 가치곡선value curve이 새롭게 부상하고 있으며, 포지셔닝 전문가인 리스Ries와 트라우트Trout가 제안한 22가지 마케팅 불변의 법칙도 실무에서 가이드라인으로 많이 사용되고 있다.

SWOT분석은 기회나 강점을 활용할 수 있고, 위협이나 약점을 무마할 수 있는 전략을 택하는 것인데, 이를 가치제안의 설계에 적용하면 SWOT분석 가이드라인을 제시할 수 있다. 모든 환경변화는 기회와 동시에 위협이 될 수 있다. 강점과

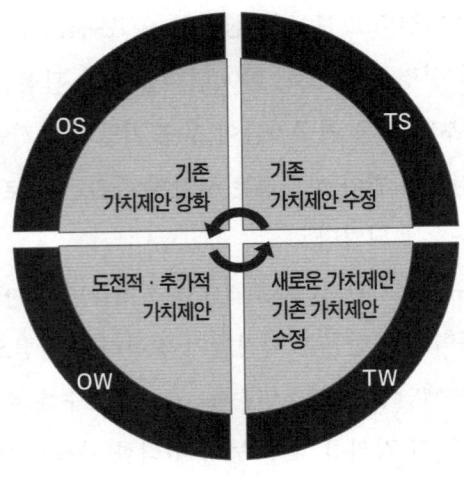

<그림 2-5> SWOT분석의 가이드라인

출처: 전인수, 『새로 쓰는 마케팅』, 학현사, 2012.

약점은 경쟁사에 대비하여 판단하는 것으로, 시장에서의 위치에 따라 결정된다. 예를 들어 시장 1위 브랜드는 강점을 많이 가지고 있고, 기타 브랜드는 약점을 가지고 있는 것으로 본다(전인수, 2012).

(3) 시장 리더의 가치제안

트레이시Tracy와 위어스마Wiersenma는 시장 리더가 지켜야 할 세 가지 원칙을 가치원칙value principle이라는 개념으로 제시하고 있다. 이들은 세 가지 원칙을 따로 제시하고 있지만, 세 가지 원칙을 다 사용할 수 있으면 최고의 고객가치를 달성할 수 있다.

- 제품 리더십: 잘 알려져 있지 않고 시도해보지 않았지만 바람직한 영역으로 제품을 넓혀가는 것이다. 어떤 경우이든 경쟁 브랜드보다 제품혁신에서

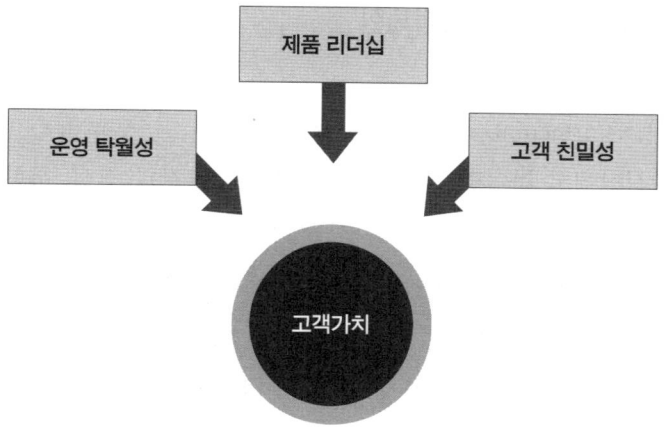

〈그림 2-6〉 고객가치 개발을 위한 세 가지 원칙

출처: 전인수, 『새로 쓰는 마케팅』, 학현사, 2012.

앞서야 한다는 것이다. 이렇게 할 수 있으려면 창조적이어야 하고, 아이디어를 재빨리 상품화할 수 있어야 한다. 또한 최신 자사 제품을 뛰어넘으려 끊임없이 노력해야 한다.

• 고객 친밀성: 좋은 이웃처럼 고객과 유대bonds를 맺는 것을 말한다. 핵심은 시장이 원하는 것을 제공하는 것이 아니라 특정 고객이 원하는 것을 제공하는 것이다. 고객을 이해하는 것이 비즈니스의 핵심이며, 제품과 서비스를 고객의 욕구에 끊임없이 맞춘다. 최근 국내 대중음악은 곡의 스타일과 함께 작사의 비중이 확대되고 있는데, 이는 대상 고객이 원하는 감성을 공유하기에는 가사가 좀 더 직접적인 영향이 있기 때문인 것으로 짐작된다.

• 운영 탁월성: 품질, 가격, 서비스에서 어느 경쟁 브랜드보다 앞서야 하는 것을 말하는데, 대중음악산업에 있어 제작 시스템, 아티스트 매니지먼트 시스템에 견주어 말할 수 있다.

(4) 대중음악 기획자의 가치제안

① 의존 브랜드(incumbent brand)의 경쟁

대중음악시장에서 라이벌 관계에 있는 아티스트 간의 경쟁, 특히 의존 브랜드 간의 경쟁은 매우 흥미롭다. 1997년 'SM엔터테인먼트'에서 여성 3인조 아이돌 그룹 S.E.S.가 데뷔하자 'DSP엔터테인먼트'에서 비슷한 콘셉트의 핑클이 데뷔했고, H.O.T.가 하이틴들의 폭발적인 관심 속에 데뷔하자 곧이어 젝스키스가 데뷔했다. 근래의 아이돌 걸 그룹 시장에서는 소녀시대, 원더걸스, 2NE1 등이 섹시 콘셉트로 서로 의존 브랜드가 되자, 경쟁사는 '더 섹시함'을 콘셉트로 내세운 걸 그룹들이 대거 등장했다. 경쟁적으로 섹시함을 강조하기 위해 노출이 심한 의상과 선정적인 안무, 가사 등이 논란의 대상이 되기도 한다. 어찌됐건 이는 의존 브랜드의 제품 콘셉트를 열등으로 몰아 신제품을 선택하게 하는 전략으로 볼 수 있다. 한편, 섹시함을 강조하는 의존 브랜드와 다른 속성을 제품 콘셉트로 내세운 그룹들도 있다.

의존 브랜드가 갖는 속성, 즉 제품 콘셉트를 신규 브랜드가 더 우월함을 강조하는 공격 전략인데, 이를 방향성 전략이라고 한다. 다음으로 의존 브랜드가 갖는 속성은 같은 수준으로 유지하면서 다른 속성을 추가하여 차별화하려는 전략이다. 끝으로, 의존 브랜드와는 다른 범주를 개척하는 신하위범주화 전략이다.

방향성과 차이성 전략은 의존 브랜드의 콘셉트를 중심으로 공격하는 전략으로 속성 중심 전략으로 묶을 수 있고, 신하위범주화 전략은 부상하는 새로운 하부시장을 찾아내는 것이기 때문에 시장 중심으로 볼 수 있다.

② 협업

기획 전략적 차원의 마케팅에는 단지 경쟁만 존재하는 것이 아니라 여러 사람의 도움이 필요하다. 착취적인 관계로 이루어지는 경향이 보이기도 하는데, 근본적으로 지향해야 하는 것은 협업이다. 시장적인 관점에서만 접근하지 말고 교호적 관계를 끊임없이 구축해야 한다. 신뢰적인 차원에서 새로운 관계를 계속해서 만들어야 한다.

③ 차별화

우리가 24시간 내내 음악을 듣는다면 한 곡을 4분 정도로 계산해도 하루에 360곡, 한 시간에 10~15곡을 들을 수 있으니 현실적으로 하루에 들을 수 있는 곡의 수는 생각보다 많지 않다. 이렇게 음악을 들을 수 있는 시간은 물리적으로 정해져 있는데, 새롭게 발표되는 음악은 한 달에 150개의 앨범에서 많게는 300개에 이른다.

이러한 상황에서 필요한 것은 바로 차별화이다. 수많은 작품 중에서 선택받을 수 있는 곡들은 매우 제한적이다. 고객과 팬들이 정해진 시간 속에서 투여할 수 있는 여력은 많지 않기 때문에 선택받기 유리한 차별성을 확보해야 한다. 이는 콘텐츠 자체의 차별성을 의미하기도 하지만, 마케팅을 어떻게 차별성 있게 구사하는가도 중요하다.

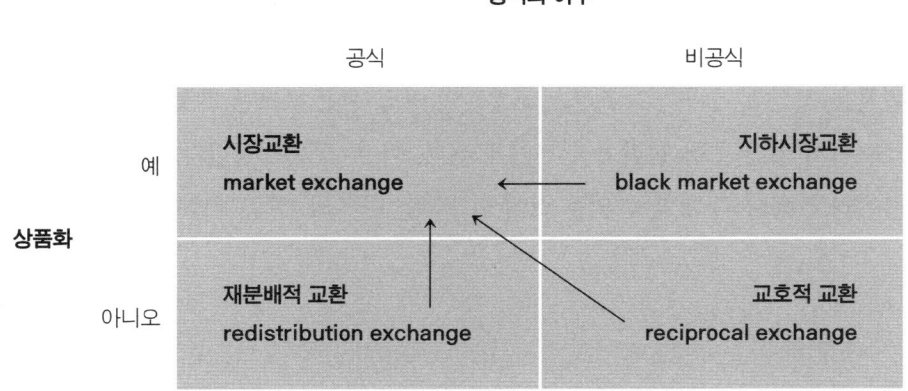

〈그림 2-7〉 공식화의 관계

④ 교환의 재규정

여기에서 한 가지 질문을 던질 필요가 있다. "마케팅을 모든 교환 상태에 적용할 수 있는가?" 교환을 지배하는 규칙에는 몇 가지가 있다. 시장교환공식, 지하시장교환비공식, 재분배적 교환공식, 교호적 교환비공식 등이다. 시장교환은 돈으로 계산된 교환가치가 교환을 지배한다. 지하시장교환은 공식적으로 드러나지 않는 것이다. 일종의 '암시장'이라고 해도 된다. 부당하게 이익을 챙기는 이들이 존재하는데, 무료 공유사이트가 이에 해당한다. 재분배적 교환은 법이 원칙적으로 작용하는 곳이다. 예를 들면 계약서를 통해 서비스와 대가가 오간다. 교호적 교환은 반드시 법적인 원칙이 아니라고 해도 다른 규범으로 교환이 이루어지는 곳이다. 사회적 규범, 예컨대 도덕, 양심, 인정, 의무 등의 정신적 가치가 교환을 지배한다. 공식화의 과정으로 이어지는데, 공식적인 원칙이 아니라 보이지 않는 원칙들이 오히려 공식적인 교환보다 더 큰 효과를 발휘할 수 있다는 점을 생각해야 한다. 저작권법의 적용은 반드시 필요하지만, 한국의 현실에서 그것을 항상 모든 영역에 적용하는 것은 자칫 이미지 상품에 해를 줄 수도 있는 단계이다. 고객에게 대가를 요구하는 일이 지나치게 엄격해도 역작용이 날 수 있음을 항상 주의해야 한다.

고객의 관계성을 생각할 때 "고객을 가족처럼 대하라는 말이 적절한가?"라는 질문은 정신적 가치를 강조하는 교호적인 관점이다. 하지만 이것이 법적인 틀을 벗어나게 되면 착취 논란에 휩싸이게 된다. 어떤 가족 개념인가가 중요하다. 가족이라고 해서 막 대할 수 없는 것이 현대적인 관점의 가족 개념이기 때문이다.

5. 음반 제작 과정

　음반의 제작방식은 회사나 아티스트마다 차이가 있겠지만 크게 기획planning 단계, 프로덕션production, 프로모션promotion으로 구분할 수 있다.

　기획 단계에서 아티스트의 데모를 가지고 마케팅 기획을 하는 경우도 있고, 마케팅 기획에 따라 먼저 콘셉트를 잡고 음악 작업을 진행하거나 곡을 의뢰하기도 한다. 음반 제작에서 마케팅 기획이 도입된 것은 비교적 최근의 일이다. 최근 들어 산업화·대형화가 빠르게 진행되면서 마케팅 기획이 무엇보다 중요해지는 추세이다. 마케팅 기획은 무엇보다 고객의 가치제안에서 시작해야 한다. 아티스트의 음악을 고객의 가치제안에 따라 만들어야 한다는 뜻도 있지만, 만들어진 창작물을 누구를 대상으로 알릴 것인지, 어떤 가치를 중심으로 어떻게 알릴 것인지를 결정하고 실행하기 위해 고객의 가치제안이 중요하다고 할 수 있다. 가치제안에 대해 앞서 간략하게 설명하였지만, 우리의 고객이 자신이 기획·제작하는 음악을 듣고 싶어 하는지에서 출발한다. 그것은 음반이 가지는 요소들을 세분화하여 가사메시지, 사운드, 외모, 스타일, 안무 등 어떤 요소를 중점적으로 기획할지 결정하는 중요한 과정이다.[1]

　리코딩은 말 그대로 원 소스source를 녹음하는 것이다. 악기별로 반주를 녹음하고 가수의 노래와 코러스를 녹음하는데, 1980년대 이후 본격적으로 컴퓨터를 이용한 녹음이 이루어진 후 하드웨어와 소프트웨어의 끊임없는 발전으로 리코딩은 음악가들의 창작물을 좀 더 쉽게 세상에 내놓을 수 있는 계기가 되었다. "집에서 이불을 뒤집어쓰고 녹음한 앨범이 몇 십만 장이나 팔렸다더라." 하는 이야기는 근거 없이 꾸며낸 이야기만은 아니다.

　상대적으로 음악적 전문지식이나 기술이 적더라도 차별화된 감성을 앞세워

1　고객의 가치제안에 관한 내용은 많은 마케팅 서적에서 다루고 있지만, 전인수, 『새로 쓰는 마케팅』, 학현사, 2012를 추천한다.

대중에게 널리 알려진 가수들의 등장도 이러한 녹음기술 발전의 영향이라고 할 수 있다. 물론 사운드 디자인과 믹싱, 마스터링 등 사람의 감각에 따라 품질이 좌우되는 영역은 여전히 전문가의 능력이 중요한 역할을 한다.

믹싱mixing은 개념적으로는 혼합하는 것을 의미하며, 둘 이상의 음원에서 혼합 회로로 입력을 혼합하고 증폭하여 레벨을 조정해 여러 가지 효과를 낸다. 두 가지 이상의 영상 또는 음성신호를 필요한 의도에 따라 혼합하고 최종적으로 단일한 구성체로 만드는 것으로, 별도로 녹음한 음악, 대사, 음향효과 등을 하나의 음대에 혼합 녹음하는 작업이다. 마스터링mastering은 녹음, 믹스를 거친 다음 상용화 또는 대량 제작, 즉 CD나 카세트테이프 상태로 만들기 바로 직전에 곡의 순서를 결정하거나 페이드인, 아웃, 이퀄라이징이나 잔향reverb을 이용한 마지막 손질을 말한다.

이런 단계를 거치고 나서 음반이 제작된다. 음반 재킷이나 포스터 등 디자인 영역이 담당해야 할 영역도 매우 중요하다. 음악이 좋다고 해도 이러한 점들이 뒷받침되지 못하면 성공하지 못하는 경우도 다반사이다. 이를 바탕으로 다양한 방식으로 홍보와 광고 마케팅을 모색하여야 한다.

〈표 2-4〉 음반 제작 과정의 예

	분류		내용
1	planning	pre/가녹음	• 데모 확보 • 앨범 제목 • 콘셉트 • 레퍼런스 수집 • 포맷(정규 또는 EP 또는 싱글) • 인쇄(프레스 or 디지털 only / LP 제작) • 수록곡 • 발매시기 • 스튜디오 선정 • 예산 편성 • 마케팅 기획
		스태프 구성	• 총괄제작 • 프로듀서 • 녹음 • 믹싱 • 마스터링 • 디자인 • 프로모션 기획 • 뮤직비디오 • 프로필 사진 • 스타일링 • 텍스트(소개자료) • 매니지먼트 기획
2	production	리코딩	• 녹음 • 믹싱 • 마스터링
		홍보물	• 뮤직비디오 • 프로모션비디오 • 사진
		디자인	• 아트워크 • 앨범 재킷 • 발매 포스터 • 웹 이미지 • 온라인 배너 • 부가 콘텐츠(MD 등) • 리플릿/스티커 등 • 로고

분류			내용
2	production	프래스킷	• 프로필 사진 • 밴드 소개서(밴드/멤버 프로필) • 앨범 소개서(곡 소개 포함) • 보도자료
		발매	• 프레싱 • 유통사 선정/계약(신보 발매 안내서) • 인지 신청(저작권/실연권 등록) • 심의 • 음원, 음반 세팅 • 리핑 시 곡 정보 나오도록 등록하기
3	promotion	ATL	• TV • 라디오 • 신문 • 잡지 • 기타
		BTL	• CD 사이트/판매처 • 음원 사이트 • 오프라인 이벤트 • 밴드 홈페이지 • 포털 • 트위터 • 페이스북 • 유튜브 • 기존 팬 블로그 및 카페 • 유사 아티스트 커뮤니티 • 음악 관련 커뮤니티 • 파티/음감회 등 • 홍보반 발송
		공연	

6. 음악 기획자의 삶과 요건

(1) 본능적으로 끌려야 한다

일에 대한 열정을 이야기할 때, 그 일을 하게 된 특별한 계기가 있을 수도 있지만, 태생적·본능적으로 끌리는 분야가 있다. 나에게 음악은 절대 뒤로 미룰 수 없는, 지금 당장 해야만 하는 것이었다. 아마도 문화예술경영을 공부하는 분들이라면 더욱 이해할 수 있을 것이다. 음악을 할 수 있는 다양한 방법들이 있다. 직접 연주를 하거나 노래를 부를 수도 있다. 음악 기획을 하게 된 이유에 대한 질문을 받은 기억이 있다. 대학생 때 밴드를 했고 밴드 리더로 활동하면서 음악이 너무나 좋았는데, 연주하는 것도 좋지만 음악을 비즈니스로 연결 지어 사업을 해야겠다는 생각을 했다. 다양한 형태로 풀어낼 수 있지만 그 중심은 항상 '음악'이었다.

(2) 자신이 정말 좋아해야 한다

오랫동안 음악 관련 사업을 해온 과정에서 보면 사업하는 사람들은 늘 '롤러코스터'를 타는 것 같다고 한다. 롤러코스터를 탄 것과 같은 다양한 상황은 부침을 말하는데, 내려가기도 하고 올라가기도 하면서 그에 따라 다양한 정신적 상태를 경험할 수 있다. '즐거움' 이상의 일을 했지만 나름대로는 마음고생도 있었던 게 사실이다. 스물아홉 살 때 시작하여 그동안 많은 일들이 있었지만, '음악'은 무조건 해야만 하는 일인 것으로 생각했다. '내가 진짜로 원하는 것은 무엇인가?'라는 생각을 많이 했고, 지금도 마찬가지다. 힘들 때는 악착같이 버티고, 잘될 때는 평정심을 찾으려고 노력한다. 이런 과정에서 이제는 '진짜 행복'에 대해 조금씩 알아가는 측면도 생겼다. 그렇기 때문에 회사 이름도 '두루두루'다. '세상을 이롭게 하는 음악을 두루두루 다 한다'는 의미를 가지고 있다.

(3) 자신이 일로 행복해야 남을 이롭게 한다

주변 사람들은 "왠지 두루두루amc에서 나오는 음악들은 세상을 행복하게 만들 것 같은 느낌이 든다."고 말한다. '내가 진짜로 원하는 것은 무엇인가?'라는 질문은 누구에게나 꼭 필요한 질문일 것이다. 주위에 보면 자신의 진짜 모습과 겉모습을 혼동하는 사람들이 있어 안타까울 때가 있다. 자신이 다니고 있는 회사, 자신을 둘러싼 환경이 자신이라고 생각하는 것이다. 혼자 무인도에 떨어졌을 때, 진짜 그 사람이 누구인지 알 수 있다. 하는 일에서도 내가 궁극적으로 무엇을 하고 싶은지에 대해 항상 고민하고 생각해야 한다. 나는 지금도 그렇게 되기 위해 노력하고 있다.

(4) 열정보다 진지함의 혼

자신이 좋아하는 분야에서 10년 넘게 버티려면 꼭 필요한 고민이다. 그럼 자신이 좋아하는 분야의 비즈니스를 잘하기 위해서는 무엇이 필요할까? 감히 비즈니스는 '열정'보다는 '진지함'이라고 말하고 싶다! 이 말에 전적으로 동의해왔다. 앞에서 이야기했던 것처럼 '열정'을 가지고 뛰어들었으면 내가 왜 이 일을 해야 하는지, 궁극적으로 무엇을 위해 일하는지 생각하고, 오랫동안 그것을 하기 위해 중심을 세우는 '진지한 자세'로 다가가는 과정이 필요하다. 문화예술 비즈니스를 하는 사람들은 반드시 필요하다. "왜 살아야 하는지 이유를 아는 사람은 어떤 어려움도 견뎌낼 수 있다."는 프리드리히 니체의 말처럼 나는 '혼'을 담은 비즈니스를 하고자 노력했고 앞으로도 마찬가지일 것이다.

03

음반기획 매니지먼트
– 글로벌 메이저사를 중심으로

김기덕

1. 글로벌 음반 매니지먼트의 정의: 국내에서의 해외 음반사의 정체성

글로벌 메이저 음반사소니, 워너, BMG, EMI, 유니버설가 해외 시장을 90% 정도 장악하고 있다. 각 나라 음반사의 정체성은 해외 팝 시장의 90%를 장악하는 음반 메이저사워너, EMI, 유니버설, 소니뮤직에서 A&RArtist & Repertoire: 아티스트와 곡에 대한 기획을 나라별 지사에 뿌려 프로모션과 마케팅 기능을 수행한다. 워너의 경우를 예로 들면, 한국 지사인 워너뮤직코리아는 작품에 대한 프로모션과 마케팅 기능을 한다.

2. 국내 음반 매니지먼트와 해외 메이저 매니지먼트의 차이점

본사가 기획을 하면 한국에서는 프로모션을 한다. 프로모션의 경우 과거 CD 시절에는 방송과 언론에 많이 치중했다. 방송이라는 것은 방송 횟수가 많이 나오게끔 하는 것인데, 한 예로 메이저의 홍보담당은 주간회의를 할 때 회의 전주에 지난 방송 횟수가 체크된다뮤직 박스 차트. 자회사의 노래가 잘 안 나올 경우 마케터가 회의에서 문책 당한다. 말하자면 실시간으로 업무 역량이 체크되는 셈이다. 가요도 마찬가지이다. 차트가 팝만 체크하는 것은 아니다.

그러다가 디지털 시대로 넘어오면서 언론의 파워가 약해졌다기보다는 홍보의 장이 온라인 사이트로 바뀌면서 DSP Digital Service Provider: 예-멜론에 어떻게 노출될 것이냐가 관건이 되었다. 홍보는 노출expose이라는 점을 생각하면 낯선 것도 아니다.

다시 음반 매니지먼트로 돌아가 보자. 해외 메이저라는 개념은 여러 가지 레이블이 모여서 메이저가 된다. 전 세계에 유통망을 가지고 있는 것을 '메이저'라고 한다. 수많은 레이블이 모인 메이저가 한국에서도 여러 레이블의 음반음원을 발매하게 되는 것이다. 그래서 멜론 차트에 보면 기획사와 발매사가 있다. 기획사가 레이블인 것이다. 팝의 경우 마돈나는 기획사가 워너 Bros로 되어 있고, 발매사가 워너뮤직코리아라고 되어 있다. 여기서 레이블과 메이저의 개념을 정확히 표현할 필요가 있다. 레이블은 소속사 또는 기획사이다. 메이저는 유통사가 된다. 우리말로 발매사, 배급사와 같은 말이다. 그래서 간혹 미국에서는 발매가 워너뮤직이고 기획이 워너 Bros인데, 워너뮤직 본사가 앨범을 찢어서 파는 경우도 있다. 아시아는 소니 혹은 SM이 될 수 있다. 빌보드에서는 워너뮤직인데 한국에서는 소니이다. 이상하게 보일 수 있는데, 이런 경우가 과거에도 있었다.

3. 음원 시대의 마케팅 전략

CD 시대에서 디지털 음원 시대로 바뀌면서 마케팅 전략도 바뀌었다. 과거 CD 시절에는 오프라인 소비자를 어떻게 끌어들일 것인가가 마케팅의 초점이었다. 이제 초점은 온라인 소비자를 어떻게 끌어들이느냐다. 가장 어려운 점은 온라인 유저의 특성을 파악하기 어렵다는 것이다. 예를 들어, 온라인 마케팅을 할 때 마돈나의 신보가 나온다고 하면 DSPDigital Service Provider 외에 어디에 노출할 것이냐가 관건이다. 마돈나의 커뮤니티나 팬 사이트의 유무부터 시작해서 어디에 할 것인지를 항상 고민하게 된다. 실행을 하고 나서도 효과 여부 측정이 매우 어렵다. 그러나 하지 않으면 불안하다. 어떤 경우에는 비용이 들기도 한다. 효과가 있는지 없는지에 대해 조회 수, 반응 정도는 알 수 있으나 음원 판매로 직결되었는지는 측정하기 어렵다.

측정하기 여려운데 어떻게 할까? 측정과 상관없이 그냥 할까? 특정 사이트의 경우는 의무적으로 하는 곳이 있고, 얼마나 더 노출할 것인지를 고민한다. 직관적으로 필수인 곳은 있다. 최근 SNS라 부르는 툴은 거의 한다. 소위 과거 게이트키퍼gatekeeper라고 하던 TV, 라디오 등에서 이제는 CATV, 각종 온라인 매체, 페이스북, 트위터, 카톡, 팟 캐스트 등이 이 시대의 게이트키퍼 역할이자 홍보 수단이 되어가고 있다.

그러면 앞으로 좀 더 계량화될 여지가 있을까? 그 가능성을 보이고 있는 것이 바로 가온차트다. 런칭 운영한 지 3년 정도 되었다. 외국에 '한국의 빌보드'라고 알려진 공식적인 차트이다. 소위 5개의 DSP멜론, 소리바다, 벅스, 올레뮤직, 엠넷에서 음원 판매량을 제공받아 그 데이터를 주축으로 한다. 물론 벨소리, 모바일 사용 같은 부가적인 부분도 합산하는 것으로 알려져 있다. 그러면 가온차트에서 몇 위에 있느냐가 그동안의 홍보에 기울인 노력 측정 정도가 될 것이다.

정확한 예측은 어렵지만 감은 있다. 당연한 말이지만 사실 모든 DSP와 SNS에 노출하면 잘된다. 매칭시키지는 못하지만, 그런 직관적인 부분은 있다. 멜론은 국내 이통사가 운영하는 사이트이기 때문에 부정적으로 보는 사람들이 많다. 대기업의 횡포라는 부정적인 시선. 그런데 멜론이 없어진다면 국내 음반 시장은 붕괴될 것이다. 따라서 공생해야 한다.

4. 음원 시대의 수익 전략

"음원 분야에서 대기업과 중소기업이라 할 수 있는 기업 형태들이 부딪히고 있는 것이 과연 긍정적인가?"라는 질문이 있었다. 횡포라고 해도 긍정적 역할이 있다. 과거에 삼성이 제일기획 내에 '오렌지'라는 레이블을 설립하여 음반 비즈니스를 했었다.

결국 서비스를 중단했지만 삼성뮤직이 다시 음원사업에 진출했다. KT뮤직과 손을 잡았다는 내용이 기사화되었지만 삼성이 다시 시작한다면 SKT의 자회사인 로엔이 하는 음악사업인 멜론과 경쟁구도가 될 것인지가 관심사다.

음반에 대한 수익 배분율이 초미의 관심사다. 수익 배분은 음원사업자가 44%, 저작권자가 10%, 실연자가 6%이다. 이것은 2013년 1월부터 바뀐 내용이다. 그 전에는 음원사업자 40%, 저작권자 9%, 실연자 4.5%였기 때문에 사실 음원권리자를 위해 어느 정도 진보하고 있다. 하지만 아이튠즈가 70%이기 때문에 선진모델예: 아이튠즈과 비교해보았을 때 10%가 모자라는데, 향후 5년 안에 이루어지지 않을까 예측한다.

5. 음반 매니지먼트의 철학과 원칙

해외 메이저 음반사는 음반 매니지먼트 시스템이 잘되어 있다. 외국에서는 음반이 발매되면 레이블 카피label copy라는 것이 있어 곡에 대한 정보아티스트, 타이틀, 시간, 작곡가, 작사가, ISRC 코드 등가 정리되어 나온다. 이 한 장만 있으면 어디에서 유통해도 정당하게 수익이 들어오는데, 과거 우리나라는 가요 부문에서 이러한 시스템이 되어 있지 않았다.

그 이유는 ISRC 코드가 우리 것이 아니기 때문이었다. 외국 것이어서 그것을 따오기가 어려운 시스템적인 문제들이 있었다.

시스템도 그렇고 마케팅 전략에서의 차이도 있다. 일반적으로 3개월 전에 마케팅 플랜을 내놓게 된다. 준비 기간이 그만큼 길다는 얘기다. 자세한 마케팅 플랜도 1~3단계로 나뉜다. 1단계는 두 달, 2단계는 1년 동안 등 세밀한 플랜을 가지고 한다. 이는 메이저 음반사와 그렇지 않은 회사의 차이이다.

3개월 내에 마스터플랜이 나온다. 보통은 마스터플랜이 나오기까지 유명 아티스트는 1년 동안 준비한다. 국내는 2~3개월 전부터 한다. 사실 이것이 큰 차이인데, 국내는 그렇게 하더라도 K-pop이 성공하고 있기 때문에 나쁘다고 할 수 없다. 어쨌든 메이저 음반사는 세계를 겨냥하기에 치밀하게 준비하는데, 국내는 시장규모 면에서 작기 때문에 어쩔 수 없다. 메이저 음반사의 경우는 발매일과 공연 기획 플랜까지 전부 나온다.

최근 워너뮤직이 최초로 시도한 것이 있다. 바로 360도 전략이다. 이는 메이저 음반사가 음반, 음원 수익 외에 부가 수익을 위해 캐릭터, 공연 등을 시도한 것인데, 사실 과거의 OSMU를 말만 바꾼 것이다. 지구가 둥근 데서 전방위 360도라고 하며, 이 용어가 조금씩 보편화되어 국내 주요 기획사에서도 사용하고 있다.

6. 해외 음반 매니지먼트와 국내 음반 매니지먼트의 결합

유니버설뮤직이 2010년 1월에 큐브와 전 세계 유통 계약을 맺었다. 큐브의 비스트, 포미닛을 유통했다. 이 부분에 시사성이 있는데, 이것이 전 세계 유통 계약을 맺은 첫 사례이다. 유니버설뮤직이 케이팝의 가능성을 정확히 알아보고 시작한 것이다. 여기서 시사성은 당시의 포미닛이 지금의 포미닛이 아니다. 유니버설이 한국말을 할 수 있는 것도 아닌데 읽고 계약을 잘한 것이다.

2012년 12월 31일은 큐브와 1차 계약이 끝난 날이다현재도 계약은 진행 중. 2007년도에 워너뮤직코리아가 '비타민'이라는 자체 가요 레이블을 설립했다. 이것은 직배사가 해외에서 국내 음반시장을 강화하고자 세운 최초의 레이블이다.

예를 들어 메이저 음반사가 성공시킨 아이돌은 하나도 없다. 아이돌 외에도 아티스트 매니지먼트를 하려고 했으나 제작 시스템이 취약하고 제작에서의 전문성이 떨어져 결국 실패했다.

그 이후에 유니버설뮤직은 이 사례를 알고 있으면서도 큐브와 유통 계약을 맺었다. 제작이 아닌 유통을 맡아서 안전성이 확보된 것이다. 이런 실패 사례에 의한 제작은 하면 안 되겠다는 교훈을 얻은 셈이다.

큐브와 유니버설의 결론은 성공했을까? 일단 성공했다고 봐야 한다. 그럼 국내 음반시장에 어떤 영향을 주었을까? 메이저 음반사가 인피니트나 씨스타에게 접근해도 지금은 전 세계 유통 계약Worldwide Distribution Deal을 맺는 대신 찢어서 팔고 싶어 할 것이다. 일본은 에이벡스다. 이런 식으로 하는 것이 돈이 많이 된다. 실례로 일본에서 티아라가 47억 원, 씨스타가 20억 원 정도를 받고 계약한 것으로 언론에 보도된 적이 있다. 메이저 음반사의 특징을 따지자면 수많은 음원을 가지고 컴필레이션을 제작할 수 있다. 이것은 국내 회사와의 어쩔 수 없는 차별화이다. 힐링 뮤직도 내고 댄스 컴필도 많이 낸다. 내가 근무할 당시 '듀오'라는 앨범을 냈다. 커플 노래를 모아놓은 곡이다. 결혼정보회사인 듀오와 합작한 경우이다. 하지만 결국 객관화, 보편성에 문제점이 있어서 실패했다.

국내와 합작한 경우는 '싸이월드'라는 제목으로 싸이월드와 EMI에서 제작한 적이 있다. 싸이월드에서 히트 친 음원을 컴필레이션 해서 어느 정도 성과를 보았다. 그 외에도 '핫트랙스'라는 앨범도 컴필레이션 한 경우다. 메이저 음반사가 엮으려고 하는 이유는 브랜드와 연계하여 그런 컴필레이션 네이밍을 얻기 위해서다.

메이저 음반사에서 주목할 사례는 'NOW'라는 컴필레이션 앨범이 히트 친 것이다. 전 세계적으로 크게 히트했는데 이유는 간단하다. 메이저의 온갖 음원을 다 끌어 모아 돌아가며 나왔다. 한국에서는 이렇게 나온 적이 없다. 개인적으로는 가능하다고 본다. 앞으로 SM, YG, JYP, 스타십, 울림, 티오피, 큐브 등을 모아서 이해관계를 버리고 합작하면 좋을 것이라 예상해본다.

대승적 차원에서 음원시장 활성화를 위해 서로 양보를 얻어내어 한국판 NOW를 제작할 필요가 있다. NOW는 본사 차원에서 한 것인데, 그 당시에는 5대 메이저였다. 누가 주도했는지는 잘 알려져 있다.

현재 일본의 경우는 직배사와 로컬 메이저가 모여 레이블 게이트라는 것을 만들었다. 메이저 음원은 이곳을 통해 유통되고 있다. 한국으로 따지면 DSP보다 우선권을 가지겠다는 내용이다. 한국에서는 실체를 알고 움직이려고 한 것이 KMP홀딩스이다. 최근에 KMP홀딩스가 KT와 합쳐지면서 KMP홀딩스는 사라졌다. 현재 해외 메이저는 BMG가 소니뮤직에 흡수·합병되면서 BMG가 사라졌고 EMI가 유니버설에 합병됨으로써 이제 메이저 음반회사는 유니버설, 소니, 워너의 세 회사가 남았다.

7. 관련학과 교육의 방향성

그런데 이런 내용들을 가르치는 학교가 거의 없다. 실용음악과에서도 가르쳐주지 않는다. 사실 음반 매니지먼트를 논할 때 저작권법을 빼고는 이야기가 성립되지 않는다. 저작권법의 메커니즘을 알아야 한다. 저작권법이 음반 매니지먼트를 움직이는 시발점이기 때문이다.

그런데 이런 중요한 저작권법에 대한 내용을 어디에서도 가르쳐주지 않는다. 가르친다고 할지라도 전문성이 부족하다. 거기에 문제가 있다. 그 이유는 음반 매니지먼트의 출발은 노래 한 곡으로 시작하는데, 곡은 저작자와 음반 제작자가 만나서 생기는 메커니즘으로 그것을 모르면 추상적인 내용이 되고 만다.

그렇다면 실무에서는 어떻게 강의할까? 실제 학교에서는 화성학, 작곡을 가르친다. 노래를 어떻게 만드는가? 사실 따지고 보면 저작권에 관한 것이다. 결국 음반 매니지먼트를 가르치는 것은 업체에서 배워나가는 것인데, 업체에서는 자꾸 경력자를 뽑으려 하므로 졸업생들이 진입하기 어렵다.

다른 나라의 사례를 보면, 미국의 경우는 NYU와 버클리에 그러한 커리큘럼이 있다. 이들 학교에서는 제작-엔지니어링을 배운다. 사실 같이 배우는 게 맞다. 국내에는 4년제인 K모 대학에 학과가 있다. 뮤직 비즈니스를 가르친다면 저작권법과 제작 시스템아이돌 그리고 비아이돌 그리고 한류를 가르쳐야 한다. 한류의 수요가 있기 때문에 4년제 대학에서도 뮤직 비즈니스에 관심이 많아져야 함을 의미한다.

8. 음반 비즈니스의 위기관리

사실 주어진 콘텐츠는 한정적인데 매출이 오르지 않는 경우에는 신인개발new artist development을 할 수밖에 없다. 현재 시장에서는 어떠한 콘텐츠를 끌어낼까? 말랑말랑한 팝이 대세라면 그것을 끌어내야 하는데, 우리가 시도한 사례는 제이

슨 므라즈Jason Mraz였다.[1]

그리고 WS 같은 경우도 리스크 매니지먼트로 볼 수 있다. 큰 그림을 그려야 한다. 합작도 하나의 리스크 매니지먼트의 일환으로 볼 수 있다. 최근에는 전형적인 걸 그룹 같지 않은 아이돌인 크레용 팝이 대표적인 예이다.

디지털 음원시장이 열리면서 글로벌 메이저가 위축된다면 그것은 하나의 위기일 수도 있다. 메이저의 시장 마켓 셰어가 디지털시장이 되면서 소리바다에 영향을 받았다. 양씨 형제가 2000년에 시작하여 점점 위축되다가 2003년에 유료화를 선언했다. 메이저와 국내 음반사에서 P2P가 악영향이라고 하면서 정확히 유료화한 것이 2006년 6월이었다. 선언 이후 무려 3년이나 걸렸다. 그래서 소리바다 이전과 이후로 나눌 수밖에 없다. 유료화 선언 이후에 시장을 떠난 콘텐츠 생산자들이 유료화 이후 2008년부터 서서히 다시 들어왔다. 차트를 보면 그런 상황을 알 수 있다.

메이저 입장에서는 시장 마켓 셰어가 커졌을까? 그것은 아니다. 메이저는 소리바다와 상관없이 존재했지만 국내의 음원 제작자들이 들어오자 메이저의 마켓 셰어는 줄어들었다. 그것을 극복하기 위한 조치로 360도 전략이 나왔다. 그것은 아직 진행 단계이다. 공연을 한다면 전문가가 있어야 하는데, 내부에서 키우겠다는 것이지만 전문성 부족으로 잘될 것 같지는 않다.

---

1   2008~2011년 4년 연속으로 국내 팝 부문 음반 판매량 1위를 차지했다. 므라즈의 앨범 판매량은 세계적인 명성을 자랑하는 팝스타들의 앨범 판매량보다 평균 서너 배 높았다. 한국 가요계에 밀어닥친 오디션 열풍도 므라즈 현상을 부추긴 배경으로 이해된다. 안무를 곁들인 댄스 음악으로는 승부수를 띄울 수 없겠다고 생각한 전국의 수백만 음악 지망생들은 대체적으로 싱어송라이터 형식의 무대를 표방하려 애썼다. 음악적 재능을 뽐내는 데 유용한 악기로는 기동력을 갖춘 통기타만 한 게 없고, 그 분야에서 가장 트렌디한 팝가수는 므라즈였다. Mnet 「슈퍼스타 K 1」의 조문근, 「슈퍼스타 K 2」의 김지수, SBS 「K팝스타」의 박제형 등은 모두 제이슨 므라즈를 언급하거나 그의 음악을 인용했고, 좋은 반응을 얻었다. 므라즈의 장르적 속성은 '자유분방함'이다. 통기타를 들고 있어 겉으로는 포크를 지향하는 듯한데, 레게나 펑크, 심지어 록, 디스코, 재즈까지 아우른다. 잘 짜인 기획사적 시스템, 상업적 프로듀서는 음악의 좋은 도구일 뿐 원초적인 낭만과 음악 본연의 목적을 해소할 수 없다는 사실을 다시금 알려주었다. "우리는 왜, 제이슨 므라즈에 반했나?", 「경향신문」, 2012년 5월 8일자, 23면.

사실은 좋은 예가 될 수 있는데, 유니버설뮤직코리아가 큐브와 합작 당시 SM에서 가요의 총 책임자를 데려왔다. 이것은 전문성 부족으로 인한 전문인 스카우트로, 하나의 리스크 매니지먼트로 볼 수 있다. 물론 SM엔터테인먼트 차원에서가 아닌 개인의 결정과 시기가 맞물린 것이다.

9. 음반 매니지먼트가 성공하기 위한 요건과 관계자의 소양

제작 경험이 많은 사람이 와야 한다. 대기업에 오래 있었다는 것 등과 상관없이 그동안 실제로 어떤 콘텐츠를 만들어냈느냐가 중요하다. 간판적 경력보다 성과가 중요하다. 가요를 한다고 하면 씨스타, 인피니트, 틴탑 등과 같은 성공적인 콘텐츠를 만들어낸 사람을 데려와야 한다.

유니버설 산하에 '인터스코프'라는 레이블이 지금도 존재한다. 림프비스킷을 만든 제작자가 있다. 인터스코프가 아티스트를 끌어들이면서 이 제작자를 레이블의 부사장으로 앉혔다. 뛰어난 사람을 윗선에 앉히자 그제서야 상업적인 콘텐츠가 나올 수 있었다.

한국의 경우 음반 기획을 할 때 결과물이 있는 사람을 채용할까? 사실 메이저 음반사는 그것을 하지 못했다. 사실은 SM에서 데려온 사람은 제작 부문이 아니라 유통이었다. 제작 쪽으로는 그런 전문가를 데려온 사례가 없다. 안 가려고 하는 이유도 있고, 가더라도 폐쇄적이기에 제 역량을 펼칠 수 없다. 몇 년의 기간이 필요한데 당장의 결과물을 원하기 때문에 회사에서도 인내심을 갖고 기다리지 못한다.

제작 경험 이외의 소양은 어떤 것이 있어야 할까? 먼저 아티스트와 오픈 마인드가 되어야 한다. 아티스트가 떠나는 경우가 많다. 특히 그룹형이 많은데, 한두 명이 떠난 경우에는 문제가 된다.

또 다른 조건은 트렌드에 밝아야 한다는 점이다. 이 부분은 전 세계 음악 흐름이 어떤지도 알아야 한다. 트렌드를 안다는 것은 트렌드에 맞는 작곡가도 섭외해야 한다. 전문성 있는, 트렌드에 맞는 작곡가를 섭외할 수 있어야 한다.

끈기도 있어야 한다. 걸스 데이의 경우는 4년을 밀었더니 결국 성공했다. 성공하기 위해 끈기 있게 지속하는 방법도 중요하다.

음반 매니지먼트에서 분업화되어 있고 규모가 작은 곳은 통합적이다. 그것에 따라 장단점이 있다. 크게 세분화되면 의사결정이 느릴 수밖에 없다. 스타십의 경우는 곡 선정이나 의사결정이 빠르다. SM이나 YG는 느리다기보다는 결정에 신중하다고 볼 수 있다.

10. 변화하는 음반 매니지먼트사 경영

최근 한류의 영향으로 케이팝 기획사들이 늘어나고 있다. 이는 생산물이 늘어나고 있다는 뜻이다. 그러면 경쟁력이 강화될 수밖에 없고, 결국 양질의 결과물이 나온다. 많이 등장할수록 디지털 음원이 많아진다. 그러면 DSP에서 선점 공급이 생긴다. 과거에는 앨범 중심이었으나 디지털 시대가 되면서 곡 중심으로 가게 되고, 투자비용도 줄어들어 그만큼 기획사가 늘어난다. 지금은 한 곡으로 승부하는 시대이다.

글로벌 메이저 음반사가 한국은 이미 디지털 중심 시장이라고 인정했다. 국제음반산업연맹에서 발표한 논문2007에 의하면 한국은 전 세계 최초로 디지털 음원이 CD 매출을 넘어섰다고 한다. 이것은 싱글, 즉 곡 중심임을 의미한다.

마케팅이 곡 중심에 오면서 일어난 변화가 있다. 디지털 시장으로 오면서 곡의 라이프 사이클이 짧아졌다. 그러면서 곡 하나에 대한 홍보나 툴이 노출로 간다. 단기간 내에 빠르게 치고 빠져나오는 식이 된 것이다. 최근 차트에서 가요의 경우는 1주일간 1위를 하는 곡이 없다. 팝의 경우는 머무는 기간이 길지만 가요는 엄청 짧다.

음원이 장기간 갈 수 없기에 그것에 맞춰서 매니지먼트를 하게 되었다. 곡에 대한 매니지먼트는 짧아졌으나 아티스트에 대한 매니지먼트는 짧아졌다고 볼 수 없다. 인피니트가 곡을 냈는데, 곡은 짧았어도 싱글은 이어진다. 이것이 메이저 시스템인데 국내는 이제 시작되고 있다. 해외의 경우는 앨범 기획이 다 되면 세 번째 싱글 내용과 세부 마케팅 플랜에 적게 되어 있다. 이런 시스템이 한국에는 이제 자연스럽게 온 것이다. 이런 싱글이 모여서 앨범이 된다. 외국의 경우는 전체 앨범이 기획되고 그 안에서 싱글이 나온다. 이것이 역설적이다. 한 곡만 내기보다는 버전을 바꾸며 나눈다. 음악적 장르는 일렉트로닉이 주가 되므로 DJ음악이 활약한다. 믹싱에서는 클럽 버전들도 등장한다.

SNS에서도 변화가 있다. 페이스북에서도 적극적으로 음반 서비스를 하려 한다. DSP1이 채널을 하나 늘리자는 것이다. SNS와 음악 서비스는 굉장히 연계가 많다. 네이버뮤직의 경우는 2004년 8월에 시작되었다. 로엔의 경우는 멜론도 하지만, SNS와 음악 서비스가 소구력이 있다.

최근 디지털 싱글을 발매하면 대부분 지론은 뮤직비디오를 유튜브에 반드시 올려야 한다고 생각하는 것 같다. 한국 같은 경우는 아이돌 K-pop이 득세하면서 '보는 음악'이라고 할 만큼 비주얼적인 홍보를 무시할 수 없기에 유튜브를 사용하면서 확산되기를 바란다.

그러려면 음반 기획보다 뮤직비디오에 신경을 쓰고 더욱 고급 인력이 투입되지 않을까? 둘 다 신경 써야 한다. 뮤직비디오는 한국이 잘 만든다. 우리는 조성모 이후에 '드라마 타이즈'라는 형태의 뮤직비디오가 유행하면서 현재까지 이어지고 있다. 가수만 출연하는 것이 아니라 스토리텔링이 가미되었다.

유니버설뮤직에 몸담고 있을 무렵에 유니버설재팬과 미팅을 했다. 당시 한국의 뮤직비디오를 틀어주면서 홍보했더니 유니버설재팬의 담당이 질문했다. "가수는 어디 있나요?" 심지어 그런 뮤직비디오도 있었다. 「뮤직뱅크」가 전 세계 70

개국 이상 생방송되고 있다. 그렇기에 음반 매니지먼트에서 보여지는 것 – 시각화 – 을 무시할 수 없다.

심지어 일본이나 미국을 제외한 해외에서 오라고 해도 「뮤직뱅크」에 출연하는 것이 중요하기에 가지 않는다. 세계에 진출하는 창구 역할을 하기 때문에 생방송이 있는 목요일부터 일요일까지는 해외 일정을 피한다KBS, MBC, SBS, Mnet.

가요차트 프로그램 결과가 해외 공연 섭외에 영향을 미친다. 그것을 가지고 협상하기도 하고 1위가 아니더라도 가수의 퍼포먼스를 보고 판단할 수 있다. 가요 프로그램이 한류에 기여하고 있다고 볼 수 있다. 디지털 시대이고 다매체 시대라 하더라도 지상파 TV에 나오는 가요 프로그램이 음반과 매니지먼트에 영향을 미친다.

예를 들어 인디에서 플럭서스의 어반자카파가 떴는데, 순위에 올라가니 TV에 나온다. 이렇게 대중화가 된다.

11. 음반 매니지먼트의 앞으로의 과제와 개선 방향

한류가 뜨고 K-pop이 주목을 받으면서 음반산업도 함께 얽여 가는데, 자생적인 시장원리로 굴러갈 수 있게 내버려둬야 한다. 자생적인 시장논리와 정부의 지원책이 조화롭게 균형을 이루어야 한다.

CD가 감소하면서 음반시장이 죽었다는 말은 맞지만, 디지털 시장은 있기에 차이는 크지 않다. 10년 전에 5천억 규모로 내다봤고 앞으로도 비슷할 것이다. 이 안에서 어떻게 살아가야 할 것인가, 어떻게 협동해야 할 것인가는 중요한 문제이다.

사실은 "기존의 기획사들에 의해 길러진 아이돌"이라는 영국 BBC 방송의 표현을 벗어나 자생적으로 만들어진 케이팝이 많이 나오고 있다. 이들이 계속 나올 수 있도록 지원, 즉 콘텐츠를 만들어낼 수 있는 환경이 조성되어야 한다. 뮤직비디오 심의가 없어진다고 하는데 바람직하다고 본다.

문화체육관광부에서 인디 육성책을 지원하고 있는데, '인디'라는 표현이 마음에 들지 않는다. 단어를 '유망한 신인 육성 개발'로 대체하는 것이 좋겠다. 예를 들어 '루키스' 지원정책이라는 표현으로 바꾸어 아이돌 형태라도 유망한 경우는 지원해야 한다. 최근 문광부는 '루키스'라는 표현을 사용하고 있다.

해외 메이저에 비해 국내 회사가 바뀌어야 할 부분이 있다. 국내의 대형 기획사 외에 플럭서스, 마스터플랜, 미러볼 등의 회사는 결과물이 있다. 이들은 자회사 나름의 육성 시스템이 있으므로 계속 지속되도록 도와줘야 한다. SM, YG, JYP와는 완전히 다른 형태이다. 이는 선진 시스템에 다가가고 있다는 것을 말해준다. 사실은 해외 쇼케이스 지원책 같은 것들이 있다. 아이돌이 이끄는 케이팝이 아니라 다른 모델이 나올 수 있도록 해야 한다. 즉 큰 그림에서 아이돌이 이끄는 케이팝이 아니라 케이팝이 이끄는 한류라는 전략적 접근이 필요하다.

12. 음반 매니지먼트의 미래 전망

이제는 음반 매니지먼트도 360도 전략으로 갈 것이다. 가지 않을 수 없다. 국내 음반 제작 시스템이 아이돌·비아이돌을 합쳐서 선진화에 접근하고 있다. 결과물이 성공의 지표차트, 해외 반응로 인정되기 때문이다. 한류가 4~5년밖에 가지 못할 것이라는 주장에 절대 동의하지 않는다. 왜냐하면 K-pop이 다양해지고 있기 때문이다. 소위 전형적인 댄스 위주의 그룹형 아이돌에서 록, 힙합, 발라드 등 음악 장르의 다양화와 AOA, 크레용 팝, 아이유, M.I.B. 등 다른 형태의 아이돌이 생산되고 있으며, 이하이, 로이킴, 딕펑스 등 오디션 출신 아티스트들의 인기로 케이팝은 점점 다양화 경향을 보이고 있다.

또한 아이돌도 다양화되고 있다. 케이팝이 아주 다양화되고 있기 때문에 아이돌 포인트가 줄어들고 있다. 이것이 대체되어 한류를 이끌어가는 주동력이 될 것이다. 아이돌도 유능하고 제작자들도 유능하기 때문에 전체 시장은 커질 것이다. 니즈도 늘어나고 360도 전략도 확장될 것이기 때문에 라이선스, 캐릭터, 공연사업도 같이 커질 전망이다.

예를 들어, 최근 인기를 끌고 있는 '크레용 팝'이라는 아이돌 걸 그룹은 기존의 아이돌과는 다른 형태와 콘셉트를 내걸었다. 이런 방식들은 좀 더 다양화될 가능성이 많다. 개성이 충만한 콘텐츠는 디지털 환경에서 급속하게 퍼진다.

실무와 경영 차원에서 따지자면 실무가 더 중요한데, 실무를 하면서 떠오르는 제작자들이 상대적으로 경영을 소홀히 하는 경향이 있었다. 말하자면 몸으로 체득한 자생적인 경영을 하고 있는 것이다. 하지만 그것은 과거의 매니저와는 완전히 다른 시각으로 가야 한다. 과거의 주먹구구 방식이 아닌 나름의 체계적인 경영기법이 필요하다고 본다. 따라서 제작자들이 선진 경영을 배울 커리큘럼이 있어야 한다. 대학원이 있지만, 전문 실무자들의 강의이다. MBA의 커리큘럼 같은 전문적인 교육기관이 필요하다.

13. 음반 비즈니스 입문자들이 유의할 점과 갖춰야 할 점

일단 음악을 좋아해야 한다. 좋아한다는 것은 무엇이 트렌드이고, 왜 인기 있는가에 대해 궁금한 마음을 가져야 한다. 국내의 멜론이나 해외 빌보드 차트에서 왜 1위를 차지했을까? 그리고 세계의 트렌드를 읽으려면 언어영어를 준비해야 한다.

매니저의 요건이라고 하면 성실, 인성, 운전면허라는 뻔한 답이 나온다. 하지만 매니저도 성장해야 한다. 저작권법과 엔터테인먼트 그리고 뮤직 비즈니스의 메커니즘을 알아야 성장할 수 있다. 가수나 PD와 대화할 때 "잘 부탁드린다."는 말만 해서는 안 된다. 시대가 바뀌었으므로 다방면의 지식을 갖추도록 노력해야 한다. 지속적인 공부가 필요하다. 음반 매니지먼트를 한다고 영화를 알아야 하는 것은 아니지만 적어도 음반에 있어서는 전문가가 되어야 한다. 이것은 계속 호기심을 가지고 스스로 체득해 나가는 방법 외에는 별다른 대안이 떠오르지 않는다. 대학 그리고 사회적 인프라가 제대로 갖추어지기 전까지는 말이다.

04

콘서트 제작 진행과 기획자의 역할

손근형

1. 콘서트 제작 진행 개요

「개그콘서트」, 「강연콘서트」, 「스토리텔링 콘서트」와 같은 프로그램도 생겼지만, 본래 콘서트concert는 음악을 연주하여 청중이 음악을 감상하게 하는 모임, 즉 '연주회'를 말한다.[1] 콘서트의 기획과 제작에 대한 접근방법은 여러 가지 방식이

---

[1] 연주회의 역사는 비교적 짧다. 17세기 말경 음악 연주는 우선 교회 그리고 사적(私的)인 관현악단을 가진 재력 있는 제후나 부호의 저택 또는 아카데미, 콜레기움 무시쿰 같은 폐쇄적인 사회계급에서 이루어졌다. 사실상 일반인은 교회 이외에서는 좋은 음악을 충분히 준비된 상태에서 들을 수 없었다. 공개연주회는 1637년 베네치아의 산 카시아노 극장의 설립과 함께 시작되었으며, 오페라 이외의 최초 공개연주회는 1672년 런던의 바이올리니스트인 존 배니스터(1630~79)에 의해 행해졌다. 프랑스에서는 1725년부터 '콩세르 스피리튀엘'이라는 연속 연주회가 A. 필리도르(1681~1728)에 의해 개최되었다. 독일 최초의 연주회 설립은 라이프치히의 게반트하우스 콘체르테로, 1781년에 발족했다. - 『클래식음악용어사전』, 삼호뮤직, 2002.

있을 수 있다. 여기에서는 가공의 인물 콘서트 프로듀서 S씨의 이벤트 제작과정을 일례로 들어 콘서트가 기획·제작되는 전 과정을 알기 쉽게 설명하고자 한다. 콘서트 기획·제작 과정은 기획과 제작, 콘서트 제작자의 자질 요건, 공연 제작의 준비 단계, 제작회의, 리허설, 큐시트, 공연 전 최종 점검, 막을 올림 등의 순으로 살펴본다.

(1) 기획과 제작

콘서트 제작은 크게 나누어 콘서트의 기획·제작과 무대의 하드웨어와 관련된 스테이지 제작으로 나뉜다. 콘서트 기획·제작은 말 그대로 공연을 기획하고 티켓을 판매하며, 각종 업체의 선정과 출연 아티스트 대응 관련 업무, 그리고 제작비 지불을 책임지는 등의 제작 업무를 말한다. 기획·제작은 전체적인 제작의 총괄적인 역할을 한다.

또 하나의 부문으로 스테이지 제작이 있다. 스테이지 제작은 콘서트의 연출, 무대설치 리허설, 본 공연, 그리고 무대 해체와 철수가 끝날 때까지를 담당한다.

기획·제작사의 경우에는 콘서트를 개최하고 스테이지 제작을 외주로 두어 흥행에 대한 것, 즉 비즈니스와 관련된 부분만 책임지는 업체가 있는 반면, 공연 연출자가 직접 기획·제작회사를 운영하며 각 소속사 사무실과의 연계로 직접 스테이지 제작까지 총괄 진행하는 경우도 있다.

> S씨는 기획·제작사를 운영하며, 스테이지 제작까지 병행하는 회사를 운영 중이다.
> 어느 봄날, S씨 회사에서의 기획회의.
>
> 기획팀원 1:   이번 연도 여름 행사를 슬슬 기획해야 하지 않을까요?

S씨: 　　　　　그러게요. 여름이니까 밝은 음악을 하는 아티스트 출연 행사를
　　　　　　　　한번 기획해보죠.

기획팀원 2: 　작년 연말에 성황리에 공연했던 A팀은 어떤가요?

S씨: 　　　　　소문에 이미 투어 에이전트에 내년까지 공연 권리가 팔렸다고 하
　　　　　　　　네요. 다른 팀은 없나요?

Tip	근래 들어 각 회당 공연이 아닌 횟수로 공연 권리를 확보하는 경우가 있다. 매회 출연 협상을 하기보다는 조금 큰 금액이긴 하지만 집객력이 높은 아티스트들의 경우 20회 공연, 30회 공연 등으로 한번에 계약하여 2년 정도에 걸쳐 공연 기획사가 공연권을 행사하는 경우이다. 장기적이고 계획적인 플랜을 짜기가 쉽고 횟수가 많은 만큼 하드웨어 비용도 절감 가능성이 높아지며, 특히 전국 투어 등을 기획할 때에도 권리를 가진 횟수 분만큼 카운팅해 가며 준비할 수 있는 등 여러 가지 이점이 있다. 단, 기획자 입장에서는 한 번에 매우 큰 금액이 선개런티로 지불되는 점(경우에 따라서는 수십억 단위)이 부담되며, 아티스트 소속사 입장에서는 한꺼번에 큰 자금을 마련할 수 있으나, 공연권 집행 도중에 인기가 더 올라가 나중에는 회당 출연료가 인기에 못 미치게 책정되어버린 결과가 나올 수도 있다. 물론 도중에 인기가 떨어져 계약 당시보다 턱없는 집객수로 기획사가 큰 손해를 보는 경우도 있을 수 있다. 결국 장점과 단점이 공존한다.

기획팀원 1: 　최근에 데뷔한 팀들 중에서 한번 찾아볼까요? 여름쯤엔 홍보가
　　　　　　　　잘되어 팬들을 모을 수 있을 만한 팀으로요.

S씨: 　　　　　데뷔한 지 오래되지 않았으면 여름쯤 되어도 개런티가 그리 높지
　　　　　　　　않을 테고, 성장 가능성이 있는 팀으로 한번 리서치해보죠!

기획팀원 1: 　공식 사이트의 게시판에 올라가 있는 글들의 숫자와 공식 카페
　　　　　　　　회원 수, 그리고 해당 아티스트의 이름이 검색되는 블로그 숫자
　　　　　　　　등을 조사해서 보고하겠습니다.

S씨: 　　　　　네, 좋아요. 예전 공연 영상 등도 있으면 찾아보고, 다섯 팀 정도
　　　　　　　　로 후보 팀을 보고해주세요.

06 콘서트 제작 진행과 기획자의 역할

(2) 콘서트 제작자의 자질 요건

콘서트 제작자에게는 각 아티스트의 동향 파악이 매우 중요한 역할이다. 공연 업계의 트렌드를 파악해야 하고, 다른 제작자의 공연에서 각 아티스트의 콘서트 실제 집객수도 항상 참고하여야 한다. 예전에는 국내 관객만 생각했지만 한류의 여파로 최근에는 해외 팬들이 한국에 공연을 보러 오는 경우도 많다. 수백 명의 해외 팬들이 티켓을 구매한다면 그 또한 무시하지 못할 숫자가 된다. 또한 해외 현지에 티켓을 포함한 여행 투어 상품을 만들어 새로운 비즈니스 영역을 만들 수도 있다.

앞으로의 공연 흥행시장에 대한 예측과 단순한 감각적인 숫자가 아닌 정확한 데이터에 의한 집객력 예측 등 이런 모든 것들이 제작자에게 요구되는 조건들이다.

진행과정에서 다섯 개 후보 팀의 갓 데뷔한 신인들의 보고가 올라왔다. 그중 평소에 소속사와 거래가 있던 세 곳의 신인 아티스트와 접촉하여 결국 밴드음악을 하는 5인조 남성 팀B팀의 소속사와 구체적인 출연 협상을 시작하였다. 동시에 기획팀은 공연장을 찾기 시작한다.

이때 공연장의 규모는 출연자의 지난 공연의 관객수를 참고로 약간 더 높은 좌석수의 극장을 타깃으로 찾는 것이 일반적이다.[2] 대부분 공연장의 주말 스케줄

---

2   큰 공간에서 콘서트를 하는 것이 인기를 가늠하는 척도가 되는데, 오히려 유명 가수들은 반대로 선택한다. 유명 가수들은 콘서트의 공간으로 1만 명 이상의 관객을 불러 모을 수 있어도 일부러 200~

제2부 실무 현장론

은 6개월 정도 전에 모두 예약되어 있게 마련이고, 극장의 교통 접근성과 음향 등 하드웨어 보유 유무, 대관료 등이 모두 공연장 선택의 중요한 포인트가 된다.[3]

본 콘서트의 경우에는 여름까지 5개월 정도밖에 남지 않은 일정으로 모든 부분을 만족시켜줄 수는 없었으나, 토요일 대관이 가능한 공연장이 확인되어 우선

500석 규모의 소극장을 선택한다. 가수는 인기를 얻을수록 소극장, 중극장, 대형극장으로 공연장 규모를 늘리는 일반적인 것과 반대다.

그런 선택을 하는 이유는 무엇보다 "관객과 호흡할 수 있기 때문"이다. 싸이 측 관계자는 소극장 공연을 기획한 이유로 "대형 공연이나 일반 행사와 비교해 수익은 적지만, 관객과 훨씬 가까이에서 뜨겁게 호흡할 수 있기 때문"이라고 대답했다. 관객과 밀착하는 느낌이 소극장만의 거부할 수 없는 매력이라는 것이다. 이적은 "객석 앞자리에 앉은 사람부터 끝자리에 앉은 사람까지 모든 관객의 얼굴을 볼 수 있다. 관객의 반응을 하나하나 섬세하게 읽어낼 수 있다는 것이 소극장 공연의 장점이다." 라고 말했다. 다음으로 소극장은 자기 실력을 그대로 보여줄 수 있는 공간이기도 하다. 대형 공연의 경우, 무대장치나 특수효과, 조명을 이용해 시각적인 효과를 높이거나 극적인 상황을 연출할 수 있는 반면 소극장 공연은 무대장치를 최소화해 공연 내용 자체를 충실하게 만든다. 음악만으로도 탄탄하고 완성도 높은 공연이 가능하기 때문에 자칫 흐름을 깰 수 있는 이벤트나 게스트 초청은 하지 않는다. 또한 소극장 공연은 공연 비수기인 2~4월에 가수들에게 손익분기점을 맞추기 쉽다. 대형 공연은 비용이 많이 들어 티켓 값도 비싼데다가 비수기에는 티켓을 다 소화하기가 어렵다. 결국 소극장 공연은 가수들에게 흥행을 걱정하지 않고 공연에 집중할 수 있게 해준다. 소극장 공연은 장기 공연이 가능해 인지도 높은 가수에게는 매력적이다. 보통 대형 공연은 공연장 대관료가 비싸 장기 공연을 하지 못한다. 인기 가수는 티켓 판매율에서 안정성을 확보하기 때문에 장기 공연을 통해 수익을 높일 수 있다. 보통 공연에서 유료 티켓 판매율이 90% 정도라면 기획사 측의 수입은 티켓 판매량의 30% 정도로 알려져 있다. 소극장 공연은 스타에게 자신을 충전하는 시간이자 이미지를 높일 수 있는 기회이고, 초심으로 돌아가는 시간이 되기도 한다. – [문화] "'필'이 꽉꽉 소극장 공연 딱이지!", 「주간동아」, 2011년 4월 25일자 참조.

3 콘서트는 공연이 이루어지는 공간을 확보하는 것이 핵심이다. 사실 좋은 공간을 확보할수록 좋은 공연을 보여줄 수 있고, 많은 수익도 올릴 수 있다. 하지만 그동안 한국의 음악 공연은 좌석 확보를 위해 주로 체육관 공연을 했는데, 이는 전용공연장이 없었던 이유가 크다. 2011년 11월 4일 국내 최대 규모의 뮤지컬 대중음악 전용 공연장 '블루스퀘어'가 용산구 한남동에 개관했다. 민자 투자로 만들어진 시설인데, 뮤지컬 공연장 1,761석과 대중음악 공연장 1,400석(스탠딩 3,000여 명 수용) 2동으로 지어졌다. 2009년 4월에 착공해 2011년 8월에 완공됐다. 블루스퀘어는 6호선 한강진역 인근에 있다.

또한 2013년 2월 문화체육관광부는 케이팝(K-pop) 공연장 건립 대상 부지로 한류월드(경기도 고양시 일산동구 장항동 한류월드 T1 부지)가 선정됐다고 밝혔다. 2016년 말에 완공될 아레나 공연장은 1만 8,000석 규모의 주공연장과 2,000석 정도의 중규모 공연장, 대중음악계의 숙원사업인 대중음악박물관과 명예의 전당, 그리고 대중음악과 관련된 교육시설 등으로 구성된다. 2016년까지 국고 250억 원, 민간 투자금 1,750억 원 등 총 2,000억 원을 투입한다.

06 콘서트 제작 진행과 기획자의 역할

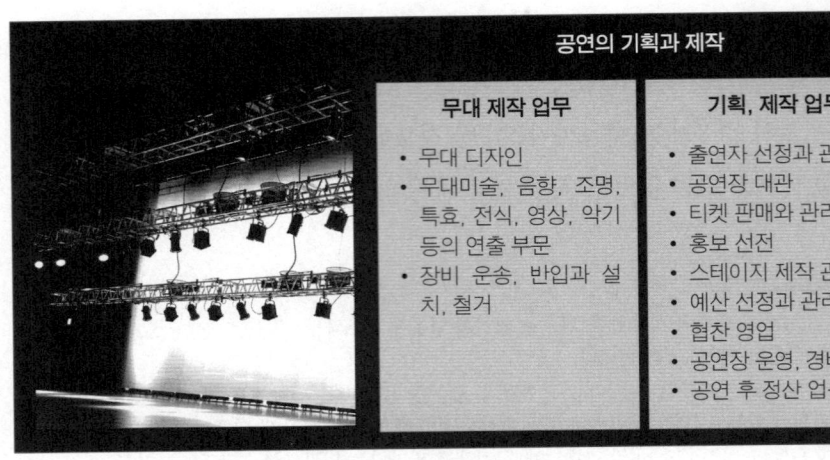

공연의 기획과 제작	
무대 제작 업무	**기획, 제작 업무**
• 무대 디자인 • 무대미술, 음향, 조명, 특효, 전시, 영상, 악기 등의 연출 부문 • 장비 운송, 반입과 설치, 철거	• 출연자 선정과 관리 • 공연장 대관 • 티켓 판매와 관리 • 홍보 선전 • 스테이지 제작 관리 • 예산 선정과 관리 • 협찬 영업 • 공연장 운영, 경비 업무 • 공연 후 정산 업무

〈그림 2-8〉 공연 기획과 제작의 구분

가예약을 넣게 된다.

극장 가예약 상황에서 B팀의 담당 매니저와 스케줄 확보와 구체적인 개런티 협상에 들어간 S씨는 개런티와 보장할 수 있는 하드웨어에 관한 설명, 그리고 콘서트의 선전에 관한 부분을 어필하여 구두 합의를 받게 되었다. 계약서를 해당 구두 합의 내용에 맞춰 작성하고, 소속사에 메일로 전송한 상황에서 스테이지 제작팀과 미팅을 하게 된다.

우선, 스테이지 제작 스태프 전체를 관리해줄 무대감독을 선정한다. S씨의 경우에는 7년째 같은 무대감독과 일을 해오고 있다.

모든 연출자와 감독들은 각기 다른 제작방법이 있고, 새로운 스태프와 호흡을 맞추는 것은 서로에게 매우 복잡한 적응 기간을 필요로 한다. 공연은 매번 다른 무대에서 매번 다른 연출로 진행되나, 기본적인 제작 흐름을 파악하고 있는 상대와 만들어가는 것이 안전하기 때문에 S씨의 경우에는 한번 마음에 드는 스태프를 발견하면 꽤 오랜 기간 동안 함께 일하는 것이 대부분이다. 단, 이때 잊지 말아야 할 부분이 서로에 대한 익숙함이 안일함으로 이어지지 않도록 해야 한다.

B팀의 소속사로부터 간인間印된 계약서가 도착하였다. 이제부터 본격적인 콘

서트 준비에 들어간다.

(3) 공연 제작의 준비 단계

S씨: 여러분, 바쁘신데 모여주셔서 감사합니다. 전화상으로 말씀 드린 대로 5인조 신인 밴드의 여름 콘서트를 준비하게 되었습니다. 잘 부탁 드리고요, 먼저 무대 시안을 만들어보고 싶습니다. 티켓 판매를 위한 사석 검토도 함께 부탁드리고, 여름이니만큼 콘셉트를 바다로 잡아보고 싶습니다.

무대감독: 바다 콘셉트보다는 아예 빙산 등 차가움이 느껴지면서 사이버틱하고 모던한 무대는 어떨까요?

S씨: 그거 괜찮겠네요. LED 스크린을 설치하여 영상으로 바다 그림도 적절히 섞어주고요. 조명을 받으면 좋은 분위기를 낼 수 있는 리깅 오

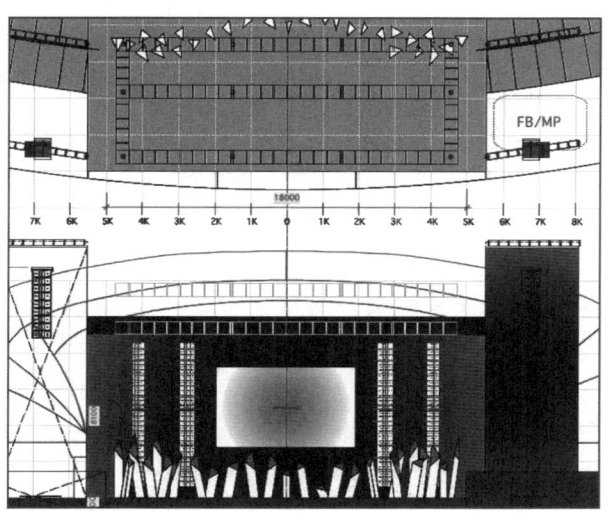

〈그림 2-9〉 도면(평면/정면)

〈그림 2-10〉 예상 조감도

브제도 몇 개 걸어 터치로 느낌을 살려도 좋을 것 같습니다. 어떠세요? 영상, 조명감독님.

영상감독: 얼마 전에 매우 고화질의 저작권이 완료된 파도 영상이 입수되었습니다. 사용할 수 있을 것으로 보이는데요.

Tip	공연 제작자는 저작권에 대해 항상 신경을 써야 한다. 자료 화면으로 가져온 영상이 어느 누군가의 저작권 보호를 받는 영상일 수 있다. 인터넷에서 캡처한 일반인의 사진이 나중에 초상권 침해로 문제가 생길 수도 있다. 공연에 사용하는 음악, 영상 등은 저작권 관리를 받는 콘텐츠일 가능성이 있으며, 영상 팀에서 사용하는 각종 패턴 영상 등도 각 감독들이 제작을 하거나 저작권이 완료된 영상을 돈을 주고 구매하여 사용한다. 음악 사용도 실연곡 리스트를 만들어 신고해야 하고, 티켓 가격의 일부(현재 약 3% 적용)를 저작권협회에 지불해야 한다. 출연 가수의 곡이라 하더라도 예외 없이 저작권협회에 저작권료를 지불하게 된다. 프로그램 제작자가 되려면 저작권에 대한 기본적인 규정은 반드시 숙지하고 있어야 한다.

조명감독: 예, 리깅 오브제에 조명으로 터치를 줘서 분위기도 대략 비슷하게

낼 수 있어 보입니다.

S씨:　참, 이번 공연은 전날 설치하여 리허설이 가능한 일정입니다. 따라서 오브제 설치에도 시간은 충분하니 걱정하지 않으셔도 됩니다.

무대감독:　이번엔 2층 무대를 제작할 생각인가요? 밴드 콘셉트이니 움직임이 크진 않을 것 같은데요.

S씨:　예, 2층 무대는 필요 없을 것 같군요. 밴드가 올라서서 연주할 이동식 라이저가 준비되면 연출적인 용도로 사용 가능해 보입니다. 라이저를 준비해주세요. 드럼하고 베이스만 이동식 라이저를 사용해보죠.

Tip	이동식 라이저는 통상 바퀴가 달린 단을 말한다. 그리 두껍지 않은 패널에 바퀴를 달아 그 위에 악기 등을 설치하여 밴드와 밴드 사이의 전환 시간을 단축할 수 있는 이점이 있고, 최근엔 라지콘 기능으로 무선 조정이 가능한 라이저들도 개발되어 연출 등 목적에 사용되기도 한다.

무대감독:　예, 알겠습니다.

디자이너:　그럼, 센터에 중계와 패턴 사용이 가능한 대형 LED를 설치하고 양 윙으로 오브제를 늘어뜨려보겠습니다. 빙산 느낌이 나는 제작물도 몇 개 준비해보겠습니다. 그리고 라이저 두 대는 이동식으로 준비하겠습니다. 도면이 완성되는 대로 보내드릴게요. 각 파트 팀장님들께서는 문제가 없는지 확인해주세요. 그 뒤에 사석을 계산해보겠습니다.

S씨:　특효는 뭐가 좋을까요?

특효감독:　여름이니 물 계열이 괜찮지 않을까요? 워터캐넌 같은 거요.

S씨:　좋긴 한데, 야외 공연이 아니라서요. 의자가 젖는 건 아마도 극장 측이 허가해주지 않을 것 같네요.

특효감독:　그럼, 에어 샷 계열하고 밴드음악이니 여름이지만 토치 계열의 불도

괜찮지 않나 싶네요.

S씨:　　　예, 알겠습니다. 일단 아직 출연자 쪽에서 셋 리스트가 넘어오지 않
　　　　　았으니 특효는 음원이 확보되면 다시 상의하시죠.

(4) 제작회의

이런 방식의 제작회의가 공연 전까지 몇 차례 이뤄진다. 파트별로 대략의 장
비와 위치를 정하고 구조물을 확정 지으면, 그에 따라 객석으로부터의 사석이 계
산된다. 사석 계산 후, 티켓 회사와 판매 수수료를 흥정하고 티켓을 판매하게 되
는데, 티켓 오픈 시 가장 중요한 것이 출연자의 소속사와 연계한 홍보이다. 충분
한 사전 공지와 홍보 기간을 거쳐 팬들의 구매욕을 극대화한 상태에서의 티켓 오
픈이 가장 효율적이다. 공연 공지와 선전 기간을 충분히 확보하는 것이 좋고, 티
켓 판매 기간은 최대한 길게 갖는 것이 좋다.

공연의 선전이 언제 팬의 귀에 들어가게 될지 모르므로 티켓 판매 기간을 길
게 잡으면 잡을수록 판매율은 높아진다. 가까운 일본의 경우에는 대략 5~6개월
전에 티켓을 판매하기 시작하며, 클래식 콘서트의 경우에는 1년여 전부터 티켓
을 판매하는 경우도 있다.

셋 리스트실연곡 리스트가 넘어오게 되면 구체적인 연출 플랜을 짜게 되는데, 이
때 가장 중요한 것 중의 하나가 오프닝 연출이다. 첫 등장 시 관객을 흥분시켜야
그 느낌이 공연 중반까지 이어지게 되며, 단순한 음악 이외의 여러 부문을 오프
닝에 집중시켜 최대의 효과를 거둬야 한다.

이번 공연에는 영상과 효과음, 아티스트 곡을 믹스한 음악 연출로 오프닝을
구성하기로 했다. 오프닝 연출은 너무 길어도 역효과가 날 가능성이 높다.

스타의 등장을 기다리는 팬들에게 1~2분 이상의 영상과 음악만을 이용한 연
출은 관객을 자칫 지루하게 만들 수도 있다. 물론 연출 플랜에 따라 다르지만, 본

공연에서는 40초가량의 효과음과 영상으로 아티스트 등장 전 오프닝 연출을 짜기로 했다.

아티스트는 영상이 끝난 후 효과음에 맞춰 특수효과 팀에서 준비한 연기 속에서 깜짝 등장하기로 소속사와 합의한다.

연기의 농도와 없어지는 시간 등은 모두 특효팀 창고에서 확인해본다. 테스트 결과 연기를 뿌리는 시간과 아티스트의 등장 타이밍만 잘 맞추면 문제없어 보이는 것으로 결론지었다.

(5) 리허설

콘서트 공연에 참가하는 뮤지션 아티스트의 연습이 어느 정도 끝난 뒤 각 하드웨어 담당 오퍼레이터들이 모인 상태에서 공연 리허설을 갖게 된다.

공연 기획은 흥행 비즈니스이며, 해당 공연의 규모에 따라 리허설에 들일 시간과 비용이 결정된다. 많은 비용을 들인 대형 공연일수록 더 많은 시간과 비용을 들여 리허설을 하게 된다.

만일, 월드 투어 급의 공연일 경우에는 커다란 체육관을 빌려 한두 달 동안 모든 컨디션을 실제 공연과 같이 준비해두고 꼼꼼히 한 곡 한 곡 리허설을 하는 경우도 있고, 이 과정에서 많은 연출 플랜을 구체화하기도 한다.

가까운 일본의 경우에는 돔 투어가 가장 큰 투어 규모가 되며, 대부분 체육관 사이즈의 공연장을 빌려 열흘가량 공연과 같은 컨디션에서 리허설을 실시한다.

각 하드웨어는 공연과 같은 장비를 설치하고, 아티스트도 실제 공연과 같은 의상과 움직임으로 리허설을 갖게 된다.

국내의 경우에는 실제 투어와 같은 장비를 설치해두고 리허설을 갖는 경우는 흔치 않다. 이 또한 비즈니스 논리로 시장 자체가 그렇게 크지 않기 때문인데, 최소한 음향과 조명, 그리고 영상감독이 아티스트의 리허설을 관람하며, 곡마다 연출 플랜에 대해 사전에 체크하고 조명기기의 시뮬레이션을 확인하는 정도의 리허설이 통상의 사례이다.

(6) 큐시트

리허설을 진행하며 큐시트cue sheet를 작성한다. 큐시트는 음악회나 라디오, 텔레비전 프로그램의 제작에서 연주자, 연기자, 카메라맨, 기술자들이 해야 할 동작이나 진행순서를 기입한 일람표를 말한다.[4] 음향 믹싱mixing을 효과적으로 할 수 있도록 각 트랙의 음향 정보와 믹스 시 요구 사항 등을 기록한 신호지, 트랙별로 사용해야 할 음향 위치를 필름 피트 수로 기록하여 알려주는 한편 음향을 컷

	No	항목		시간	소요시간	TIME	LAP/Min	Title	내용	MC	영상	조명	음향	악기	소도구	특효
								K-POP concert @STAGE-S 00/00(金) BOYS BAND 1ST STAGE								
		Stand by		14:00˝	30분				BGM							
		Stand by	STAFF 출연지						안내방송 (5분전)							
	1	openning		14:30˝	1분30초			영상/효과음 등장		하수버	●					바이퍼 스모그
						14:32:00	3'47	song: ABC			●	RED			●	
						14:36:00	3'00˝	멘트			●					
						14:39:00	3'28	song: DEF			●	Blue			●	torch
						14:43:00	2'30	멘트			●					
	3	BOYS BAND	LIVE		30분	14:46:00	2'57	song: GHI			●				●	
						14:49:00	5'25	song: JKL			●					
						14:55:00	3'00	멘트		●	●					
						14:58:00	3'52	song: MNO			●					

〈그림 2-11〉 큐시트 샘플

---

4   『매스컴대사전』, 한국언론연구원, 1993. 12.

으로 연결할 것인지, 디졸브로 연결할 것인지 따위의 작업 지시와 트랙들 간의 음량 차이 등을 기록한다.

공연 진행 중에는 기본적으로 인터컴을 착용하여 스태프 사이의 커뮤니케이션을 꾀하나, 모든 스태프들이 인터컴을 착용할 수 있는 것은 아닌 게 현실이다. 본 큐시트를 토대로 각자 움직이게 되는데, 꼼꼼히 명기된 큐시트는 조명의 인 아웃과 색깔, 암전 타이밍 등 많은 정보를 표기하게 된다.

큐시트는 특별히 정해진 포맷은 없다. 단 모든 스태프들이 한눈에 알기 쉽도록 작성하고, 구체적인 내용을 많이 담아 현장 진행에 도움이 되도록 해야 하지만, 가능한 한 장수는 줄여 휴대하기 편하게 하는 것이 좋다.

(7) 공연 전 최종 점검

이제까지 준비해온 모든 것을 최종적으로 점검한다. 극장 구조에 맞춰 도면이 제대로 그려져 있는지, 조명과 음향의 필요 전원은 충분히 공급될 수 있는지, 영상 작업은 제대로 마무리되어 있는지, 아티스트의 극장 리허설 시간은 소속사 측과 정확하게 확인되어 있는지 등 수많은 부분에 대한 최종 점검이 필요하다.

〈그림 2-12〉 무대 장비 이동

이벤트의 경우, 관객 수에 따라 큰 행사와 작은 행사로 나눌 수 있을지 몰라도 체크 항목 자체는 크고 작은 행사에 차이가 없다. 모두 조명과 음향 장비를 쓰고, 출연자가 있고, 무대를 크건 작건 세워야 하며, 그에 필요한 스태프가 필요하기 때문이다. 따라서 행사의 규모에 관계없이 공연 전에 체크해야 할 항목은 항상 똑같기 때문에 긴장을 늦출 수 없다.

본 공연 직전의 시뮬레이션은 매우 중요하다. 한 가지라도 빠뜨린 부분이 있다면 3시간 뒤 공연의 막을 올릴 수 없기 때문이다.

공연을 그냥 올릴 수는 있어도 고생하여 준비한 만큼 퀄리티가 나오지 않을 수 있다. 그래서 공연 전 모든 스태프를 소집하여 큐시트를 읽어 내려가며, 하나하나 파트별로 준비에 문제가 없는지 확인하는 과정은 매우 중요하다.

(8) 막을 올리며: 공연 시작

콘서트를 포함하여 어떤 공연도 아티스트의 힘으로만 만들어지는 것은 절대 아니며, 그렇다고 제작 연출자의 힘만으로 만들어지는 것 또한 아니다. 아무리 유명한 연출자라도 호흡이 맞는 무대감독이 필요하고, 연출자의 생각을 읽어낼 줄 아는 조명감독이 필요하다. 또한, 공연을 제대로 즐길 줄 아는 관객이 반드시 필요하다. 이는 모든 참여자들의 협업이 필요하다는 점을 말하는 것이다. 이른바 팀워크가 중요하다.

스태프들 간의 팀워크는 연출자의 일방적인 지시로만 이뤄지지는 않는다. 공연 기획 제작자는 스태프들과 함께 밤을 새워가며 연출 안을 고민해내야 하고, 스태프와 의견 충돌이 있어도 가장 명확한 결정을 빨리 낼 줄 아는 감각이 필요하다. 조명 스태프보다 조명에 대해 더 잘 알거나 음향감독보다 음향에 대해 더 잘 아는 연출자는 흔치 않기 때문이다.

따라서 무엇보다 콘서트 기획 제작은 팀워크가 매우 중요한 부분이라고 할 수

〈그림 2-13〉무대 공연

있다. 공연이 끝난 후 귀가하는 관객의 행복한 표정을 보며 보람을 느끼고 밤새
워 철수하는 스태프들을 다독이며, 힘들지만 또 다음 공연을 준비하게 된다. 그
게 공연 기획 제작자다.

05

연예 엔터테인먼트 홍보의 원칙과 사례

최희영

제2부 실무 현장론

1. 연예 엔터테인먼트와 홍보의 역할

한 명의 스타가 탄생하기까지 얼마나 많은 사람들이 어떤 노력을 하고 있을까? 화려한 스타들의 뒤에는 묵묵하게 자신의 일을 해내는 엔터테인먼트 관계자들이 있다. 무엇보다 잘 갖추어진 연예인이라고 해도 제대로 알려지지 않는다면 수많은 이들의 노력은 물거품이 되기 쉽다. 연예인을 잘 알리는 수단 가운데 대표적인 것이 바로 홍보이다.

홍보는 특정 조직체가 커뮤니케이션을 통해 생각이나 활동, 업적, 상품 등을 알리는 활동이다. 홍보와 비슷한 개념으로 선전이 있다. 선전프로파간다은 주로 위에서 아래로 하는 정보 전달 활동이다. 또한 선전은 그 정보가 과장·왜곡되어 일방적으로 어떤 특정 이미지를 형성하려 한다. 홍보는 정보의 전달 방향이 옆에서 옆이거나 아래에서 위로 향한다. 홍보는 과장과 왜곡보다는 있는 그대로의 사실을 특정 관점에 맞게 부각시켜주는 활동이다. 홍보는 PRpublic relations과 같다. 홍보는 광고와도 다르다. 광고는 매체기관방송국, 신문사 등에서 공간과 시간을 구입하여 비용 범위 내에서 자유로이 연출할 수 있고, 몇 번이고 반복할 수 있다. 이에 비해 홍보는 공간, 시간 할당을 매체기관의 자유재량 판단에 맡긴다. 광고는 여러 번 다룰 수 있지만 홍보 내용은 단 한 번이다. 이때는 뉴스 가치가 있는 홍보자료일수록 좋은 효과를 얻을 수 있다. 예컨대 화제성, 파급성이 있어야 한다. 이런 측면은 연예 엔터테인먼트 영역에서도 마찬가지로 적용된다. 홍보 내용은 단 한 번 다루어지며 그들의 자유재량에 맡겨진다. 그리고 화제성과 파급성이 있어서 그들 매체에도 도움이 되어야 한다. 다만, 요즈음은 인터넷과 스마트 모바일 환경이 이전 매체 홍보와는 다른 점을 제공하기도 한다.

이번 장에서는 한 명의 연예인을 위해 소속사의 홍보담당자가 하는 일을 조명해보고자 한다. 홈페이지 관리부터 언론홍보까지 일련의 과정을 확인해보고 엔터테인먼트산업에 홍보업무가 미치는 영향에 대해 생각해보도록 한다. 여기에서 주로 다루는 홍보 영역은 공식 홈페이지, SNS, 포털사이트, 팬클럽, 언론홍보 등이다.

2. 공식 홈페이지

현재 엔터테인먼트업계에서 소속사의 공식 홈페이지 역할은 시간이 지날수록 축소되고 있는 것이 사실이다. 스마트폰이 보급됨에 따라 모바일이 강세를 이루면서 SNS가 활발해진 2009년 이후부터 공식 홈페이지에 대한 필요성이 점차 축소되고 있다. 이는 해당 연예인에 대한 공식적인 정보를 확인할 수 있는 유일한 장소였던 홈페이지 역할의 많은 부분이 SNS로 분산되었기 때문이기도 하다.

그러나 소속사와 연예인의 공식 홈페이지 유무는 공신력의 차이를 가르는 요소가 되기도 한다. 얼마나 탄탄한 소속사인지, 그 연예인에 대해 어느 정도 관리하고 있는지를 알 수 있는 척도가 될 수 있기 때문이다. 이에 일정 규모 이상의 회사는 대부분 공식 홈페이지를 운영하고, 이와 함께 블로그, 트위터, 페이스북, 미투데이 등을 병행하여 진행함으로써 다각도로 대중과 소통하려 노력하고 있다.

(1) 현재 공식 홈페이지 추세

기존 공식 홈페이지에는 회원가입을 받고 이를 관리하는 소속사가 많았으나, 현재 새로 오픈되는 홈페이지는 회원가입을 없애고, 최대한 간략한 메뉴를 선택하는 경우가 많다.

(2) 공식 홈페이지 구성 메뉴(기본구성)

① 소속사 홈페이지
회사 소개/위치 및 전화번호/사업제휴/아티스트 소개/오디션

② 연예인 홈페이지
프로필/공지 및 스케줄/각종 콘텐츠필모그래피, 음반, 사진, 영상 등

3. SNS

SNS는 정보전달과 대중과의 소통을 동시에 진행할 수 있는 미디어이다. SNS는 일반 홈페이지와 달리 유명인일수록 성공확률이 높다. 누구나 팔로윙을 할 수 있기 때문에 자기 동력이 생기는 SNS는 기하급수적으로 불어난다. 앞서 이야기했듯이 많은 소속사들이 각기 성향에 맞는 공식 SNS를 진행하고 있다. 실시간 소통을 위해 트위터를, 해외 팬들까지 조금 더 깊게 소통할 수 있는 페이스북, 국내 최대 포털사이트 네이버에서 서비스하는 미투데이 등 소속사와 연예인의 성향에 맞춰 사용한다. 또한 트위터와 페이스북이 공식적으로 금지되어 있는 중국시장에서 인기가 있는 한류스타들의 경우, 중국 시나닷컴에서 제공하는 SNS인 웨이보WEIBO를 사용하여 중국 팬들과 교류한다.

(1) 연예인과 SNS의 관계

연예인의 SNS 사용은 양날의 칼과 같다. 대중과 소통하며 친근하고 인간적인 매력을 보여줄 수 있지만, 한순간의 잘못된 언행으로 논란과 더불어 이미지에 심각한 손상을 일으킬 수도 있기 때문이다.[1] 소속사에서는 해당 연예인의 자율적인 SNS 사용을 지켜주되, 모니터 후 반응을 알려주고 피드백해주는 것이 필요하다. 또한 연예인 본인도 SNS 게시물에 대한 책임감을 가져야 한다. SNS는 본인의 일기장이 아니기 때문이다.

---

[1] 이른바 'SNS 파파라치'가 존재한다. 이들은 유명인들의 SNS에 가입하여 특정 이슈가 있을 때는 물론 평소에도 유명인들의 발언을 예의주시한다. 그것이 대중에게 이슈가 될 만한 사안인 경우에는 그 진의와 맥락에 관계없이 유포한다.

(2) 연예인이 사용하는 SNS

연예인들이 주로 사용하는 SNS로는 트위터, 페이스북, 미투데이를 꼽을 수 있다. 트위터는 주로 연예인들이 직접 소통하고 개인적인 이야기를 나누는 공간으로 많이 쓰이고, 페이스북은 공식 홈페이지 형식으로 연예인 본인과 소속사가 함께 진행하는 경우가 많은 편이다. 공식 홈페이지를 페이스북으로 대체하는 경우도 있다. 또한 국내 최대의 포털사이트인 네이버가 서비스하는 미투데이의 경우 드라마, 작품, 음반 등 프로모션의 형태로 진행되는 경우도 있으며, 개인적인 공간으로 사용하는 연예인도 많다.

4. 포털사이트

말 그대로 포털사이트의 시대인 지 오래다. 모든 이슈와 화제는 포털사이트에서 시작되고 끝난다고 해도 과언이 아닌 상황이기 때문이다. 대중이 어떤 연예인에 대해 궁금할 때 가장 먼저 하는 일이 무엇인가? 바로 "포털사이트 검색창에 검색해보는 것"이라는 대답에 이견을 말하는 사람은 많지 않을 것이다. 이에 소속사 홍보 관계자들의 업무 중 가장 먼저, 가장 수시로 해야 할 일이 바로 포털사이트 모니터다. 모니터 후 잘못된 정보가 있다면, 해당 포털사이트의 절차에 따라 수정작업을 진행해야 한다. 그러나 잘못된 정보나 명예훼손 등 확실한 이유로 바로잡을 수 있는 정보의 경우는 수정이 가능하나, 무턱대고 해당 연예인에 대한 정보를 수정·삭제하는 것은 불가능하다.

5. 팬클럽

연예인과 절대 뗄 수 없는 것이 바로 팬클럽이다. 시간이 지날수록 더욱 체계적으로 변해가는 팬덤 문화에 맞춰 소속사에서도 팬들과 지속적인 교류를 해야 한다. 팬들이 어떤 이벤트를 준비하는지제작발표회 화환, 촬영장 간식이나 밥차, 응원 이벤트 등, 팬들이 연예인이나 소속사에 원하는 것이 무엇인지, 함께할 수 있는 이벤트팬미팅, 팬들과 함께하는 봉사활동 등에 대해 협의하는 것 등이 대표적이다. 이런 일들을 함께해 나가며 팬들과 소통하고, 서로 시너지를 발휘할 수 있는 긍정적인 상황을 함께 만들어가는 것이 중요하다.

(1) 팬클럽 활동

주로 인터넷상에서 모임이 이루어진다. 온라인이라고 해도 포털사이트 카페에 있는 팬클럽이 주를 이루는 편이며, 따로 독립적인 팬클럽 홈페이지를 만들어 활동하는 경우도 있다. 또한 디시인사이드의 갤러리를 개설해 조직적인 팬 활동을 하기도 한다. 이런 온라인상의 모임 활동이 오프라인 공간의 활동으로 표출되기도 한다. 이러한 활동에 맞추어 적절하게 관계를 모색하고 그들의 수요를 반영한다.

(2) 팬클럽 활동의 명과 암

자신이 좋아하는 연예인을 위해 뭐든 해주고 싶은 것이 팬들의 마음이라지만 명품, 자동차, 심지어 집까지 선물하는 경우도 있는데, 이런 고가의 선물 경쟁은 다소 과열된 팬들의 사랑을 보여주며 사회적 문제로도 떠올랐다. 이는 이른바

'조공문화'로 불리는 현상이다. 또한 다른 팬클럽과의 갈등을 일으키기도 한다. 사생팬 문제는 스타들의 사생활 등 인권적인 차원의 문제를 간과하고 있다. 그러나 최근에는 이러한 문제점을 자체적으로 정화하는 움직임이 있으며, 팬클럽 회원들이 사회적 활동에 나서기도 한다.

몇 년 전부터 제작발표회 등 공식적인 자리의 화환은 '쌀화환'으로 대체하여 어려운 이웃을 돕는 데 쓰이고 있고, 팬들의 조직적인 봉사활동과 기부도 많아지고 있는 상황이다.

6. 언론홍보

연예인을 홍보할 때 가장 명심해야 할 몇 가지!

연예인을 매체에 홍보하는 경우 몇 가지 알아두어야 할 사항이 있다. 이를 열거하면 다음과 같다.

① 연예인의 모든 것(?)을 알아라!

② 신속·정확한 보도를 진행하라!

③ 트렌드를 읽어라!

④ 콘텐츠를 확보하라!

이를 자세히 분석해보면 다음과 같다.

(1) 연예인의 모든 것(?)을 알아라!

- 홍보를 진행해야 하는 연예인에 대한 모든 것을 알아야 한다?!

물론 모든 사생활을 알 필요는 없다. 그러나 그 연예인에 대해 최대한 많은 것을 알아야 어떤 방향으로 홍보를 진행할지 계획할 수 있다. 대중은 드라마나 영화, CF 속 모습뿐만 아니라 연예인의 일거수일투족을 알고 싶어 한다. 존중받아야 할 사생활도 있겠지만, 팬들에게 일정 부분 공개될 수밖에 없는 사항들이 있기 마련이다.[2] 포털사이트에 넘쳐나는 연예기사만 보더라도 연예인 본인의 개인적인 내용들이 기사화되어 대중의 입에 오르내리는 경우가 허다하다. 오히려 개인적인 내용들이 더 크게 이슈가 되고, 연예인의 이미지를 형성하는 데 더 큰 요인이 되기도 한다.

이에 홍보담당자는 연예인의 기본적인 프로필은 물론이거니와 언어능력, 자격증, 출신학교, 취미, 특기 등 자세한 사항들도 인지하고 있어야 한다. 대중이 알고 싶어 하는 개인적인 부분과 홍보를 접목시키는 센스가 필요하다.

예로 명문대 출신의 연예인이라면 '엄친아', '엄친딸'이라는 수식어를 붙여 지적인 이미지를 강조할 수도 있고, 특이한 자격증이나 경력이 있다면 이를 공개해 화제의 중심에 서게 할 수도 있다.

또한 연예인의 장점과 단점 등을 정확히 파악하고 있어야 한다. 장점은 부각시키고, 단점은 최소화시킬 수 있도록 하는 것이 홍보의 기본이 될 수 있다. 본인이 모르는 것도 홍보담당자는 더 많이 알고 있어야 한다. 더불어 루머, 증권가 정보지일명 찌라시 등 확인되지 않은 사실로 인해 연예인에게 피해가 가지 않도록 언제나 주시하고, 사실과 다른 부분에 대한 직·간접적인 해소가 필요하다.

아울러 포털사이트, 팬클럽, 카페, 연예게시판 등 폭넓은 모니터를 통해 해당 연예인의 인지도와 이미지 등을 수시로 확인해 대중이 원하는 스타의 방향성을 제시해주는 것이 좋다.

---

2   연예인은 공인(公人)이 아니기 때문에 그들의 정보를 모두 공개할 이유가 없다. 본래 공인(公人)은 국민의 세금으로 급료를 받는 공직자들을 가리킨다. 연예인들은 공인이 아니라 유명인이고, 자신의 상품을 통해 생활을 영위한다. 팬들에 대한 배려는 자율적이며 의무사항은 아니다. 또한 알 권리는 본래 공공의 사안에만 해당되며 형법적인 사안이 아니라면 연예인들의 신상을 알릴 의무가 없다.

(2) 신속 · 정확한 보도를 진행하라!
- 보도자료는 적절한 시기와 정확한 내용이 생명이다

아무리 좋은 보도자료라도 시기를 놓치면 무용지물이다. 즉 보도자료는 타이밍이 생명이다. 만약 드라마의 리뷰에 관한 보도자료라면 해당 회차가 방송된 이후 바로 진행해야 한다. 예를 들어 어떤 연기자가 출연 중인 드라마 몇 회에서 소름 끼치는 오열연기를 선보였다고 한다면, 다음 날 오전까지는 해당 보도자료를 전달해야 한다. 또한 프로모션이나 팬 미팅 등과 같은 이벤트를 진행했을 경우, 최대한 현장의 모습을 신속하게 보도하는 것이 중요하다. 더불어 언론매체에 보도자료를 전달할 때, 시기와 내용 등을 정확하게 작성하는 것은 물론 오타 확인도 꼼꼼하게 해야 할 사항이다. 특히, 보도자료를 받은 기자에게서 문의사항이 없도록 최대한 완벽한 보도자료를 전달하는 것이 최소한의 예의다. 불친절한 보도자료는 짜증을 유발한다는 것을 명심하자!

(3) 트렌드를 읽어라!
- 보도자료에도 트렌드가 있다?!

대중이 환호하는 트렌드는 시기에 따라 다르다. 특히 한창 회자되는 개념이나 단어들이 있기 마련이다. 무엇을 하든 '웰빙', '힐링'으로 통하는 시기도 있고, 완소남완전 소중한 남자, 엄친아엄마 친구 아들, 아들바보아들밖에 모르는 바보 등이 유행하는 시기도 있다.

처음에는 생소하던 신조어가 이제는 일상어로 통하기도 한다. 너도 나도 몸짱을 외치기도 하고, 하의실종이 아니면 이슈가 되지 않는 시기도 있었다. 이처럼 보도자료에도 트렌드가 있다. 대중이 흥미로워하는 키워드를 주시하고, 이를 적용한 홍보를 진행하는 것 또한 홍보담당자가 놓치지 말아야 할 일이다. 하지만

한 가지 명심할 것은 잘 맞지 않는 키워드나 지나치게 원색적인 홍보를 진행한다면 역효과가 날 수 있으니 주의해야 한다. 또한 어떤 특정 개념이나 단어가 유행할 것인지, 트렌드가 될 것인지 미리 정확하게 판단하는 능력도 중요하다.

(4) 콘텐츠를 확보하라!

- 홍보의 기본이 되는 콘텐츠로 승부하라!

연예기사의 대부분은 사진이 포함되어 있다. 이유는 바로 이미지의 효과성 때문이다. 기사 내용도 중요하지만, 그에 맞는 이미지도 중요하다. 홍보자료의 내용도 중요하지만 그에 맞는 사진, 이미지가 중요하다는 말이다. 연예인을 대표하는 이미지는 주로 프로필 사진이나 공식석상에서 찍힌 사진들이다. 또한 드라마, 영화, CF 현장에서의 사진들은 중요한 홍보 자료가 된다. 이에 홍보담당자들은 양질의 사진자료를 확보하고, 시기적절하게 사용할 수 있도록 해야 한다. 정식으로 찍은 프로필부터 핸드폰 셀카까지 모든 사진이 중요한 요소가 된다는 것을 명심하자.

6. 연예 엔터테인먼트 홍보 사례: 인터뷰와 보도 자료를 중심으로

(1) 인터뷰

인터뷰는 작품이나 연예인을 홍보하는 과정에서 가장 중요한 부분 중의 하나이다. 다른 상품과는 달리 직접 인터뷰를 수행해야 한다. 신인부터 톱스타까지 어떤 작품을 할 때나 이슈가 있을 때 인터뷰를 진행한다. 요즘은 종합지, 인터넷 매체, 케이블, 종편에 이르기까지 인터뷰를 해야 할 대상이 매우 많아졌기 때문에 이에 대한 매니지먼트가 더욱 필요해졌다.

① 영화

영화 제작 단계에서 인터뷰가 이루어지기도 하지만, 주로 개봉을 앞두고 주연급 배우 위주로 인터뷰를 진행한다. 또한 호프데이, 미디어데이 등의 이벤트를 통해 배우, 감독, 관계자들은 언론매체의 기자들과 만나며, 영화에 대한 것은 물론 다양한 이야기를 나누는 자리를 마련하기도 한다.

② 드라마 및 방송

방송의 경우는 영화 인터뷰 시기와 차이가 있다. 물론 인터뷰 진행에 법칙이 있는 것은 아니다. 영화는 완전히 영화 촬영을 마친 후크랭크업 후반작업 시간을 거쳐 개봉 시기가 결정되지만, 드라마나 방송 프로그램의 경우는 방송이 되면서도 촬영이 계속된다. 그렇기 때문에 방송에 앞서 인터뷰를 진행하는 것은 쉽지 않은 일이다. 특히 촬영분량이 많은 주연급들은 잠시 시간을 내는 것조차 불가능에 가깝다. 그래서 드라마의 경우는 촬영이 끝나고 나서 인터뷰가 진행되는 경우가 대부분이다. 촬영스케줄이 적은 배우일 경우는 방송 시작 전이나 방송 중간에 틈틈이 진행되는 경우도 있다.

인터뷰 방식

ⓐ 일대일 방식
  - 연예인이 언론매체를 직접 방문하여 기자와 일대일로 인터뷰 진행
  - 인터뷰 장소(카페, 레스토랑)로 기자가 방문하여 일대일로 인터뷰 진행

ⓑ 라운딩
  - 인터뷰 장소를 정해 한 타임당 2~10명의 기자들과 연예인이 인터뷰 진행

(2) 보도자료

보도자료는 말 그대로 언론매체에 보도를 요청하는 자료다. "소속사의 연예인이 어떤 일을 하였으니_{할 예정이니} 이 내용을 기사화해주세요."라고 보내는 자료라 할 수 있다. 예를 들어 어떤 배우가 새 작품에 출연하게 되었을 때, '배우 A, 영화 캐스팅'이라는 제목의 보도자료를 작성할 수 있고, 해외 팬들을 대상으로 팬 미팅을 진행할 때 '배우 B, 아시아 8개국 팬들과 팬 미팅', 화보사진으로 보도자료를 낸다면 '배우 C, 하의실종 명품 각선미' 등의 내용으로 진행할 수도 있다. 이처럼 보도자료에는 몇 가지 방식이 있다.

① 스트레이트
스트레이트 기사는 육하원칙에 충실한 사실 중심의 보도 형식이다. 스트레이트성 홍보자료는 영화, 드라마, 방송 캐스팅, 앨범 발표, 광고 계약, 팬 미팅, 홍보대사 위촉 등 사실fact이 중심이 되는 보도자료라고 할 수 있다.

스트레이트 보도자료의 경우, 보도자료 전달 시점과 그 내용을 해당 업체_{영화 제작사, 드라마 제작사, 광고주} 등와 협의하여 진행하는 것이 관례다. 소속사의 일방적인 보도자료 전달은 추후에 잡음을 일으킬 수 있는 여지_{스포일러 유출} 등가 많기 때문에 지양한다.

예시
- 배우 D, 영화 「○○○」 캐스팅! 첫 악역 도전
- 걸 그룹 E, 새 앨범 「○○○」 출시! 이번엔 걸스 힙합
- 개그맨 F, 우울증 예방 캠페인 홍보대사 위촉
- 가수 G, 뮤지컬 「○○○」 캐스팅. 첫 연기 도전
- 한류스타 H, 일본 오리콘 차트 1위 '기염'
- 월드스타 I, 중국 웨이보 TOP 3 진입! 폭발적 인기 화제
- 신예 J, ○○○ 광고모델 발탁! 광고계 샛별 급부상

작품 캐스팅 가상 보도자료의 예

제2부 실무 현장론

톱스타 김철수, KBC「활빈당」캐스팅!
첫 사극 도전, 영웅 홍길동의 일대기 그린다!

– 출생의 아픔을 극복하고 나라를 세우는 영웅 홍길동 역 맡아
– 김철수 "첫 사극 도전이라 떨리는 한편, 설레는 마음"
– 사극불패 신화 고전 감독과 허균 작가, 시청률 보증수표 김철수까지! 최고 기대작
– 드라마「최고의 연인」이후 1년 8개월 만의 안방극장 컴백!

일러스트레이터: 이재형

톱스타 김철수가 첫 사극에 도전한다.

출연하는 드라마마다 높은 시청률을 기록하며 '시청률 보증수표'로 등극한 김철수가 KBC 새 월화드라마「활빈당」(극본: 허균/연출: 고전)에 캐스팅되어 데뷔 이래 첫 사극에 출연하는 것. 이는 2011년 최고의 인기드라마 SBC「최고의 연인」이후 1년 8개월 만의 안방극장 컴백이기도 하다.

「활빈당」은 서자로 태어났지만 누구보다 뛰어난 지략과 도술 실력을 가진 홍길동의 일대기를 그린 작품으로, 사극불패 신화 콤비인 고전 감독과 허균 작가가 다시 한 번 의기투합하며 제작 단계부터 큰 화제를 모아왔다. 이와 더불어 '시청률 보증수표' 김철수까지 가세, 「활빈당」은 올 하반기 최고의 기대작으로 떠오르고 있다.

극중 김철수는 주인공 홍길동 역을 맡아 출생의 아픔을 극복하고 자신만의 나라 율도국을 세우는 영웅의 모습을 그려낼 예정.

김철수는 "첫 사극 도전이라 떨리는 한편, 설레는 마음이다. 또한 훌륭한 감독님, 작가님과 함께하게 되어 영광이다. 기대해주신 만큼 좋은 모습 보여드리기 위해 최선을 다하겠다."고

(계속)

출연 소감을 밝혔다.

　　톱스타 김철수가 출연을 확정한 KBC 새 월화드라마 「활빈당」은 「아버지를 아버지로 부르지 못하고」 후속으로 오는 10월 방송될 예정이다.

*사진 설명: 작품 캐스팅 보도자료는 대부분 촬영이 들어가기 전에 보도된다. 촬영하면서 찍은 사진은 아직 없는 시기이다. 이에 캐스팅 보도자료는 해당 아티스트의 대표 사진인 프로필을 함께 첨부하는 경우가 많다.

광고 계약 가상 보도자료의 예

○○엔터테인먼트　　　　　　　　　　　　　　　　　　　　　　　　2013년 ○○월 ○○일

SBC 「레이디스」 김미영, 아웃도어 브랜드 모델 발탁
아웃도어 브랜드 '내추럴'과 전속계약! 김철수의 그녀 되다?!
톱스타 전유물 아웃도어 브랜드 모델! 대세녀 입증

- 안방극장 신데렐라 김미영, '내추럴'의 새로운 얼굴!
- CF 속 톱스타 김철수와 호흡! 새로운 비주얼 커플 탄생?!
- SBC 「레이디스」 속 사랑스럽고 상큼한 매력의 막내로 뜨거운 사랑 받아

떠오르는 신예 김미영이 아웃도어 브랜드 '내추럴(N+ATURAL)'의 모델로 발탁됐다. 데뷔작인 SBC 수목드라마 「레이디스」(극본: 최명주/연출: 성준하)를 통해 '안방극장의 신데렐라'로 떠오른 김미영이 아웃도어 브랜드 '내추럴'과 전속계약을 맺은 것.

이에 김미영은 톱스타의 전유물이라 불리는 아웃도어 브랜드 광고모델로 전격 발탁되며, 안방극장 '대세녀'임을 입증했다.

(계속)

더불어 김미영은 현재 모델로 활동 중인 톱스타 김철수와 함께 '내추럴'의 새 얼굴로 활발한 활동을 할 예정이다. 특히, 9월 20일 온에어 예정인 TV CF에서 김미영은 김철수와 연인으로 호흡을 맞추며, 새로운 비주얼 커플의 탄생을 예고했다.

'내추럴'의 관계자는 "드라마 「레이디스」를 통해 안방극장의 샛별로 떠오른 김미영과 전속계약을 체결했다. 밝고 건강한 매력을 가진 김미영이 아웃도어 브랜드 '내추럴'의 모델로서 좋은 활동을 보여줄 것으로 기대한다."고 밝혔다.

한편, 김미영은 SBC 수목드라마 「레이디스」를 통해 딸부잣집 막내 은설 역을 맡아 사랑스럽고 상큼한 매력으로 많은 사랑을 받고 있다.

일러스트레이터: 이재형

*사진 설명: 광고모델과 관련한 보도자료는 해당 광고 사진을 함께 첨부하여 보도한다.

② 리뷰

작품 활동 시 드라마, 방송 등 전반적인 내용을 모니터링한 후, 인상적이거나 이슈가 될 포인트가 있는 부분을 보도자료화한다. 이러한 보도자료는 작품이 대중에게 알려지는 시점에서 매우 중요하게 작용한다.

예시

- 드라마 「○○○」의 A, 애절한 눈빛 연기로 여심 흔들다
- 드라마 「○○○」의 B, 로맨틱 완소남 등극! ○○앓이 뜨겁다
- 드라마 「○○○」의 C-D, 3단 키스 화제! 안방극장 핑크빛
- 배우 E, 「○○○」통해 숨겨진 예능감 과시! 예능 신동 탄생
- 영화 「○○○」의 F, 코믹 감초 연기로 신스틸러 등극

가상 리뷰 보도자료의 예

KBC 「활빈당」 김철수, 가슴 시린 오열로 시청자 울리다!
명품 눈물 연기 '길동앓이' 뜨겁다

– 아버지를 아버지로 부르지 못하는 설움을 눈물로 토해내다! 안방극장 '뭉클'

– 밝고 활기찬 홍길동의 숨겨진 아픔?! 명불허전 김철수 찬사 봇물

– 「활빈당」 방송 3회 만에 시청률 30% 뜨거운 인기!

일러스트레이터: 이재형

배우 김철수의 명품 오열 연기가 시청자를 울렸다. 시청률 30%를 돌파하며 뜨거운 인기를 이어가고 있는 KBC 월화드라마 「활빈당」(극본: 허균/연출: 고전)의 주인공 김철수가 자신의 아버지(김영수 분)를 향한 서럽고 가슴 시린 눈물로 안방극장을 뭉클하게 만든 것.

9월 9일(월) 방송된 「활빈당」 5회에서 우연히 아버지를 보게 된 홍길동(김철수 분)은 차마 아버지를 부르지 못하고 돌아서며 서자로 태어난 설움을 처절한 눈물로 토해냈다. 가슴을 부여잡고 오열하며 "내 아버지를 아버지로 부르지 못하는 이 세상. 내 친히 내 손으로 바꾸고 말겠다."고 결의를 다지는 홍길동의 모습은 시청자들에게 깊은 인상을 남겼다.

특히, 그동안 밝고 활기찬 매력을 선보였던 홍길동의 숨겨진 아픔이 여실히 드러난 김철수의 명품 눈물 연기에 찬사가 봇물을 이루고 있다.

이에 시청자들은 "명불허전 김철수. 오열하는 모습에 같이 울었다", "홍길동으로 빙의한 듯한 슬픈 눈물", "김철수가 연기하면 눈물 연기도 다르다", "길동앓이 제대로 시작된 듯", "클래스가 다른 김철수의 오열 연기" 등 호평을 전했다.

KBC 월화드라마 「활빈당」은 새 나라를 만들겠다고 결심한 홍길동이 앞으로 어떤 전개를 이끌어갈지 관심이 집중되고 있다. 월화 9시 55분 방송.

*사진 설명: 눈물 연기가 보도자료의 주제이기 때문에 극중 눈물을 흘리는 모습의 사진이 첨부되어야 한다.

③ 사진 콘텐츠 활용

어떤 현장이든 사진 콘텐츠는 중요한 홍보자료가 된다. 영화 및 드라마 방송 프로그램에는 스틸스틸사진, 스틸 포토그래프[still photograph] 담당자가 있는 것이 보통이며, 주요 장면이나 이슈가 될 만한 상황의 사진으로 홍보를 진행한다. 이에 소속사에서도 직접 촬영장에 나가서 사진 콘텐츠를 확보하는 경우가 많아지고 있다.

매니저나 홍보담당자가 현장에서 찍기도 하고, 일정 규모 이상의 회사들은 내부에 소속 포토그래퍼를 두고 있다. 또한 소속사에서 촬영한 사진은 스포일러 유출을 피하기 위해 해당 작품 측방송사, 제작사, 홍보대행사 등에서 오픈하기 전에는 미리 공개하지 않는 것이 좋다.

예시

- 영화 「○○○」의 A, 피범벅으로 거리를 활보한 이유는?
- 드라마 「○○○」의 B, 대본 삼매경! 수험생 모드 눈길
- 드라마 「○○○」의 C, 비하인드 현장 사진 '상큼발랄' 매력
- 배우 「○○○」, CF 촬영장 속 여신 미모 화제

사진 콘텐츠를 이용한 보도자료의 예

○○엔터테인먼트   2013년 ○○월 ○○일

KBC 「활빈당」 김철수, 홍길동 신드롬 이유는 대본삼매경?! 대본을 손에서 떼지 않아요! 수험생 모드 눈길

- '홍길동 신드롬' 김철수의 열혈 대본사랑이 담긴 현장 사진공개!
- "촬영장의 '성실맨'으로 통해요" 성실하고 열정적인 모습
- 활빈당, 시청률 35% 돌파하며 국민드라마 등극! 김철수 '시청률 보증수표' 입증

(계속)

일러스트레이터: 이재형

톱스타 김철수가 대본 삼매경에 푹 빠졌다.

KBC 월화드라마 「활빈당」(감독: 고전/작가: 허균)의 공식 홈페이지를 통해 김철수의 열혈 대본 사랑이 담긴 현장사진이 공개된 것.

공개된 사진 속 김철수는 마치 시험을 앞둔 수험생 같은 착각이 들 정도로 대본 보기에 푹 빠져 있는 모습이다. 대한민국에 '홍길동 신드롬'을 일으키고 있는 김철수는 언제 어디서나 대본을 손에서 떼지 않는 열정으로 스태프들의 칭찬을 받고 있다고.

「활빈당」 관계자는 "김철수는 촬영장의 '성실맨'으로 통한다. 중요한 시험을 앞둔 학생 같은 느낌이다. 이렇게 성실하게 대본을 탐구하고 노력하는 김철수의 열정이 「활빈당」의 뜨거운 인기를 이끄는 큰 요인이 아닐까 생각한다."고 밝혔다.

한편, KBC 월화드라마 「활빈당」(극본: 허균 / 연출: 고전)은 시청률 35%를 돌파하며 국민드라마로 등극했으며, 김철수는 이 드라마를 통해 다시 한 번 '시청률 보증수표'임을 증명하게 되었다.

*사진 설명: 촬영현장에서 대본 보는 모습을 포착한 사진을 첨부한다.

④ 기획(피처) 보도자료

스트레이트 보도자료와는 다른 느낌의 보도자료. 연예인에 대한 심층적인 이야기를 구성하기도 하고, 화제를 모을 수 있는 다양한 내용을 보도자료화하여 진행한다. 이러한 형식은 주로 스토리텔링 방식을 취하게 된다. 단순사실이라고 해도 이러한 방식에서는 어떤 이야기를 구성해내어 더욱 정감 있게 다가온다.

기획 보도자료의 예 1

○○엔터테인먼트   2013년 ○○월 ○○일

SBC 「레이디스」 김미영, 신(新) 완판녀 등극!
상큼발랄 '은설록' 뜨거운 인기

– '대세녀' 김미영, 패션계의 신데렐라?! 완판녀 대열 합류
– "김미영이 입으면 무조건 '완판'이다"라는 공식까지! 20대의 워너비 패션 등극
– 데뷔작 한 편으로 '2013 가장 주목받는 신인'으로 떠올라

일러스트레이터: 이재형

(계속)

'대세녀' 김미영이 신 완판녀로 등극했다.

SBC 수목드라마 「레이디스」(극본: 최명주/연출: 성준하)를 통해 상큼발랄한 매력으로 '안방극장의 신데렐라'로 떠오른 김미영이 스타일리시한 패션으로 '완판녀' 대열에 합류한 것.

극중 딸부잣집 막내 은설 역을 맡은 김미영은 사랑스럽고 상큼한 패션으로 시선을 사로잡고 있다. 일명 '은설룩'이라고 불리는 김미영의 스타일은 20대 여성들의 워너비 패션으로 뜨거운 사랑을 받고 있다. 극중 김미영이 착용한 많은 아이템들은 '은설 스커트', '은설 구두', '은설 가방' 등으로 불리며 완판을 기록 중이라고.

김미영의 스타일리스트 최명주 실장은 "'김미영이 입으면 무조건 완판이다'라는 공식이 생길 정도로 패션계의 반응이 뜨겁다. 「레이디스」가 방송된 다음 날이면 김미영의 패션에 대한 문의가 쏟아진다. 뜨거운 인기를 몸소 실감하고 있다."고 전하며 "극중 김미영이 맡은 역할이 상큼발랄한 20대 여성이기 때문에 주로 비비드한 색감이 들어간 의상을 많이 입는다. 밝고 화사한 이미지를 위해 밝은 색상의 상의와 심플한 하의를 매치시켜 입는 것이 은설룩의 포인트다."라고 밝혔다.

한편, 김미영은 데뷔작인 드라마 「레이디스」 단 한 편으로 시청자들에게 뜨거운 사랑을 받으며, 2013년 가장 주목받는 신인으로 떠오르고 있다.

---

*사진 설명: 드라마 속 화제를 모은 패션을 모아 보도자료와 함께 첨부한다.

기획 보도자료의 예 2

○○엔터테인먼트   2013년 ○○월 ○○일

배우 김철수, 명실상부 '시청률 보증수표'가 되다!
천재, 건달, 의사에서 홍길동까지! 그에겐 특별한 것이 있다?!

– 드라마 「주말의 명작」부터 「활빈당」까지! 흥행신화 달성!
– 방송관계자 "성실함과 집중력, 좋은 현장 분위기까지 만드는 최고의 배우"

(계속)

일러스트레이터: 이재형

　　배우 김철수가 명실상부 '시청률 보증수표'임을 증명했다. 김철수 주연의 KBC 월화사극 「활빈당」이 높은 시청률로 '국민드라마'로 등극하면서 다시 한 번 흥행불패 신화가 달성된 것. 2009년 김철수는 KBC 주말드라마 「주말의 명작」으로 데뷔, 대한민국 상위 1% 천재의 모습을 선보였다. 여심을 사로잡는 외모와 중저음의 보이스, 신입답지 않은 연기력을 가진 김철수는 말 그대로 안방극장의 혜성처럼 등장했다. 그리 크지 않은 비중에도 '미친 존재감'을 드러내며 이 드라마의 최고의 수혜자로 손꼽혔을 정도. 「주말의 명작」은 평균 시청률 38%를 기록하며 그 해 최고의 인기드라마로 사랑 받았다.

　　데뷔작으로 큰 사랑을 받은 김철수의 다음 행보는 MBS 월화드라마 「건달의 시대」(2010)로, 그는 이 드라마를 통해 확실한 주인공으로 자리매김했다. 「건달의 시대」를 통해 김철수는 누구보다 강하지만 마음은 따뜻한 건달 김태훈 역으로 호평 받았다. 모성본능을 자극하는 눈빛과 화려한 액션으로 여성들의 마음을 사로잡은 건 당연지사. 초반 11%의 시청률로 시작한 이 드라마는 마지막 회에 첫 회의 두 배가 훌쩍 넘는 28%를 기록하는 기염을 토하기도 했다.

　　이어 평균 시청률 30%의 SBC 「최고의 연인」(2011)은 그를 톱스타 반열에 오르게 했다. 사랑을 모르는 냉혈한 의사 이현태로 분한 김철수는 절제된 말투와 차가운 표정의 캐릭터를 탁월하게 표현해내며 시청자들의 눈을 사로잡았다. 특히, 처음 느끼는 사랑이라는 감정에 낯설어하는 어린아이 같은 순수한 모습은 대한민국 여심을 제대로 강타했다. 이런 그가 1년 8개월 만에 차기작으로 선택한 작품은 KBC 월화사극 「활빈당」.

　　첫 사극에 도전한 그는 영웅 '홍길동'의 모습을 재해석하며 전국에 '홍길동 신드롬'을 일으켰다. 첫 회 시청률 18%로 시작한 이 드라마는 방송 3회 만에 30%를 돌파하며 '국민드라마' 반열에 이름을 올렸다. 이런 김철수의 행보에 방송관계자는 "김철수는 특별한 매력의 배우다. 함께 작품을 하면 꼭 다시 같이하고 싶은 배우로 손꼽히곤 한다. 성실함은 물론 놀라운 집중력으로 작품마다 새로운 모습을 선보인다. 타고난 배우이기도 하지만, 그의 노력은 정말 놀라

(계속)

울 정도다. 대본을 통째로 외울 정도로 손에서 떼지 않는 것은 물론, 늘 고민하고 협의해서 가장 좋은 결과를 내곤 한다."며 "또한 현장 분위기를 이끌고 스태프들을 챙기는 것도 최고라고 할 수 있다. 좋은 분위기에서 좋은 결과가 나오는 걸 아는 최고의 배우다."라고 극찬했다. 한편, '시청률 보증수표' 김철수의 신화를 이어가고 있는 KBC 월화사극 「활빈당」은 11월 19일 (화) 대단원의 막을 내린다.

*사진 설명: 김철수가 출연했던 드라마 4편의 사진을 함께 첨부한다. 왼쪽부터 「주말의 명작」, 「건달의 시대」, 「최고의 연인」, 「활빈당」

06

연예 저널리즘의 실제와 미래

안진용

1. 서론: 부각되는 연예 저널리즘의 역할

누구나 살아가면서 한 번쯤은 "잘 논다" 혹은 "놀고 있네"라는 말을 들어보거나 써봤을 것이다. 여기서 '논다'는 건 '쓸데없는 짓을 한다'는 정도로 해석될 수 있다.

어릴 적 인간은 잘 놀아야 칭찬받았다. 잘 놀 수 있도록 장난감을 사주고 어른들은 아이들과 놀아준다. 놀면서 사회성을 익히고 기쁨을 찾으며 기본적인 욕구를 충족시킨다. 그만큼 노는 것은 인간의 원초적이고 당연한 본능이다.

하지만 나이를 먹어감에 따라 노는 것은 금기가 되고 있다. 일하는 것은 선이요, 노는 것은 악이 된다. 산업화 시대에는 특히 그랬다. 새벽별을 보며 일하러 나가 달이 뜨면 귀가했다.

하지만 시대가 바뀌었다. 경제적 안정기에 접어들면서 인간은 여가를 즐기기 시작했다. TV 시청 시간이 늘고 영화, 뮤지컬, 연극을 즐기기 위해 극장을 찾는 횟수가 늘었다.

하지만 놀이의 양이 늘었다고 항상 즐거운 건 아니다. 놀이의 질을 따져야 한다. 무엇이 재미있고, 어떤 부분에서 재미를 느끼며, 왜 재미있는지 알아야 제대로 즐길 수 있다.

축구와 야구 등 모든 스포츠에는 기본 수칙이 있고, 이를 알아야 제대로 보고 듣고 체험할 수 있다. 인간을 즐겁게 하는 연예演藝 역시 마찬가지다. 아는 만큼 보이듯, 아는 만큼 즐길 수 있다. 그리고 연예 언론은 대중에게 기본적인 정보를 제공하고 방향을 잡아주는 나침반 역할을 한다.

연예인을 '딴따라'라고 낮춰 부르던 시절이 있었다. 순수문화는 고급스럽지만 대중문화는 저급하다는 이분법적 편견도 있었다. 하지만 최근 한국의 대중문화는 '한류韓流'라 불리며 한국을 세계에 알리는 존재로 자리매김했다. 그리고 연예 언론은 이제 국내를 넘어 한국의 대표적인 문화상품인 대중문화를 세계에 알리는 첨병 역할을 하고 있다. 막중한 책임을 맡게 된 만큼 연예 언론이 보다 심도 깊고 객관성 있는 보도를 통해 한류가 나아갈 길을 제시하고 역기능을 견제하는 노력이 필요하다.

하지만 인터넷 환경이 보편화되면서 연예 언론이 무분별하게 증가하고 있다. 물론 수요가 있어 공급이 발생했지만, 깊은 고민 없이 우후죽순 격으로 난립하면서 연예 언론 전체가 하향평준화되고 있다는 지적이 이어지고 있다.

물론 연예 언론의 대다수를 차지하는 인터넷 언론사 설립이 허가제가 아닌 신고제이기 때문에 원천적으로 수적 팽창을 막을 방법은 없다. 결국은 기사의 질을 높이려는 자생적 노력과 대중의 보다 능동적인 취사선택을 통해 경쟁력 없는 매체가 자연적으로 도태되는 환경을 만들어가야 한다.

무엇보다 연예 저널리즘은 단순히 언론매체만을 위해 존재하는 것이 아니다. 연예산업경영에도 많은 기여를 할 수 있다. 이러한 긍정적인 영향과 역할이 바로 황색저널리즘과 다른 점이다. 비판적 기능과 대안 모색은 연예 저널리즘의 기본적인 특징이자 시대적 책무로 더욱 부각되고 있는 시점이다.

이런 선순환을 이어가기 위해 대한민국 연예 언론의 역사와 성장과정을 짚어보고 문제점을 진단하며, 발전 방향을 모색하는 과정은 필수적이다.

2. 연예 언론의 역사

사전적으로 볼 때 연예演藝는 "대중 앞에서 음악, 무용, 만담, 마술, 쇼 등을 공연하는 것"을 뜻한다. 전통시대의 연희演戲가 좀 더 예술적으로 변화한 것이 연예이다. 희戲라는 글자가 빠지고 예藝라는 글자가 들어간 이유는 이제 단지 우습고 재미난 범주가 아니라 대중예술의 반열에 오르려 한 지향점을 읽을 수 있다. 그런 의미에서 거슬러 올라가자면 대개 풍류를 즐기는 한민족의 삶은 항상 연예와 함께해왔다고 할 수 있다. 잔칫날에는 항상 풍악이 울렸고 흥을 돋우는 광대가 있었다. 전통사회에서는 이렇게 광대와 같이 노는 이들은 '날라리'라고도 불렸고 근대에는 '딴따라'로 불렸다. 조선 후기부터 전국을 떠돌며 노래와 춤을 비롯해 갖가지 재주를 부렸던 남사당패와 일제 강점기 시절 일본인이 운영하는 서커스단 직원이었던 동춘 박동수에 의해 창단된 대한민국 최초의 서커스단인 동춘서커스단의 구성원 역시 연예인이었다.

이후 라디오와 TV가 보급되고 연예인들이 활동할 수 있는 고정된 영역인 방송국이 생기면서 비로소 극단과 극장이 아닌 대중매체 시대의 '연예계'가 형성되기 시작한다. 1927년 2월 대한민국에 라디오 방송이 시작되고 그해 5월 최초의 라디오 드라마 「인형의 집」이 방송됐다. 당시 라디오 드라마를 이끈 주역들은 극예술연구회와 조선극우회 등에 소속돼 있었다.

1927년 2월에 세워진 경성방송국은 1948년 방송권역을 확대하며 국영방송인 KBS가 출범했다. 이후 1961년 국내 첫 텔레비전 방송인 대한방송전신 KORCAD-TV이 텔레비전 방송권을 정부로 이양하면서 본격적인 TV시대가 열렸다. KBS는

1962년부터 1964년까지 「금요극장」, 「일요극장」, 「연속사극」 등의 드라마를 만들어 방송했다.

방송 시스템 구축과 라디오와 TV 보급 등이 장기간에 걸쳐 진행된 반면, 이보다 먼저 대중에게 다가선 문화는 영화였다. 최초의 한국 영화인 「의리적 구투」는 1919년에 제작됐고, 일제 강점기에는 나운규에 의해 저항정신이 담긴 영화가 다수 만들어졌다.

이런 일련의 과정을 거치며 대중의 인기를 등에 업은 스타가 하나 둘 등장하기 시작했다. 연예인의 이야기와 모습을 담은 가십이 상업적으로 포장될 수 있다는 것을 가장 먼저 떠올린 곳은 서울신문사였다. 서울신문사가 1968년 창간한 「선데이 서울」은 1991년 폐간 때까지 무려 23년간 명맥을 유지하며 대한민국 연예 언론의 출발점이 됐다.

당대 최고 여배우들의 수영복 사진 게재로 화제를 모은 「선데이 서울」은 연예인들의 신변잡기뿐만 아니라 심층적인 연예기획 기사 외에도 각종 사회 현안에 대한 기사를 다뤄 큰 인기를 얻었다. 전성기였던 1970년대 후반에는 매주 20만 부가 넘는 판매고를 올릴 정도였다. 「선데이 서울」 외에 「주간중앙」, 「주간경향」 등이 주도하던 주간지 시장은 스포츠신문이 등장하면서 조금씩 주도권을 빼앗기기 시작했다.

스포츠를 비롯해 연예, 오락, 레저 등을 전문으로 다룬 스포츠신문의 효시는 「일간스포츠」였다. 1969년 「한국일보」의 자매지로 창간된 「일간스포츠」는 2001년 「중앙일보」로 매각된 후 현재까지 명맥을 유지하고 있다. 이후 서울신문사가 1985년 「스포츠서울」을 창간하고 1990년 「조선일보」가 스포츠신문 시장에 뛰어들어 「스포츠조선」을 전면에 내세우면서 본격적인 스포츠지 경쟁시대가 시작된다. 스포츠신문은 1982년 출범한 프로야구의 성공과 더불어 전성시대를 누렸다. 3대 스포츠지가 약 10년간 3분할하던 시장에 1999년 「스포츠투데이」가 가세했고 2001년 「굿데이」가 창간되면서 5대 스포츠지 시장이 열렸다. 이들은 가요, 영화, 방송 등 연예계 전반에 영향력을 미치며 연예 언론을 주도했다. 인터넷 포털사이트를 통한 연예뉴스 공급이 미비했기에 스포츠신문에 실리는 이야기가 곧바로 트렌드가 되던 시절이었다.

하지만 2000년대 들어 인터넷 문화가 발달하면서 스포츠지들의 사세는 하향 곡선을 그리기 시작했다. 2004년 7월, 5대 스포츠지는 기존 포털사이트인 네이버, 다음, 야후코리아, 네이트, 엠파스 등이 "원가 및 적정가 개념조차 없이 터무니없이 낮은 값에 기사를 공급받아왔다."며 권익 보호를 주장하고 나섰다. 결국 이들 매체는 신생 포털사이트인 파란닷컴과 월 1억 원씩 2년 동안 120억 원을 지급받는 콘텐츠 공급계약을 체결했다. 파란닷컴은 스포츠신문 뉴스 패키지를 초기 마케팅 전략 중 하나로 효과적으로 활용해 시장 진입 6개월 만에 포털 랭킹 순위 전체 5위에 오르는 성과를 거두었다.

연예 기사 공급이 끊긴 타 포털사이트들은 발등에 불이 떨어졌다. 하지만 걱정은 오래가지 않았다. 네이버, 다음 등의 수요를 충족시키기 위해 인터넷 뉴스를 기반으로 한 인터넷 연예 매체들이 속속 등장했다. 이 과정에서 기존 스포츠지에 근무하던 연예 전문 기자들이 대거 이직하는 현상이 빚어졌다. 「연합뉴스」는 스포츠신문 기자들을 영입해 연예뉴스를 강화했고 「스타뉴스」, 「마이데일리」, 「조이뉴스24」 등이 신설됐다.

기존 매체들도 온라인 연예 뉴스 전담팀을 꾸렸다. 「국민일보」의 「쿠키뉴스」와 「머니투데이」의 「스타뉴스」 등이 대표적이다. 당시 뉴스 채널인 YTN미디어는 연예뉴스 전문 케이블 채널인 「YTN스타」현재 「Y스타」를 만들기도 했다.

지면보다 인터넷을 통해 뉴스를 접하는 대중이 늘면서 시장 상황은 급격히 변했다. 특히 네이버, 다음 등 포털사이트의 영향력이 급격히 커지면서 파란닷컴에만 연예뉴스를 공급하던 스포츠지들의 입지가 좁아졌다. 결국 「스포츠투데이」와 「굿데이」는 각각 2006년, 2004년에 폐간됐다. 하지만 이후에도 「스포츠칸」, 「스포츠한국」, 「스포츠월드」, 「스포츠동아」 등이 연이어 창간되며 연예 언론 시장에서 스포츠지는 여전히 영향력을 발휘하고 있다.

2002년 「메트로」로 시작된 무가지시장 역시 연예 언론의 한 축을 담당했다.

「포커스」, 「AM7」 등이 연이어 창간했고 「스포츠한국」이 최초로 무료 스포츠지를 표방했다. 「스포츠한국」을 제외한 무가지는 정치, 경제, 사회생활 전반을 다루지만 개봉 영화 광고시장을 싹쓸이하며 연예 언론으로서 입지를 강화했다. 무가지 시장의 확대는 결국 또다시 지면을 기반으로 한 스포츠지의 사세를 위축시키는 결과를 가져왔다.

3. 연예 언론의 의미와 기능

통상 연예 언론 하면 연예인과 관련된 스캔들과 신변잡기적인 가십이 먼저 떠오른다. 하지만 이는 포괄적으로 연예산업 전반에 대한 진단과 분석을 비롯해 영화, 드라마, 음악 등 다양한 콘텐츠에 대한 비평 등을 다룬다. 하나의 아이돌 그룹이 있을 때 그들의 음악 활동과 연기 도전, 해외 진출 및 한류에 미치는 영향을 비롯해 개인적인 이성교제와 결혼 등 모든 것이 연예 언론의 취재 대상이 된다. 나아가 아이돌 그룹이 가지는 사회적 의미나 그들의 활동을 둘러싼 제도에 대해서도 연예 저널리즘은 항상 관심을 가지고 있다.

연예는 넓은 의미에서 대중문화를 의미한다. 전문적인 지식이나 소양 없이도 편하게 접하고 수용할 수 있다는 측면에서 순수문화와는 구분된다. 일각에서는 저급한 문화라고 폄하하지만 전 세계 인구의 대다수를 차지하는 대중이 쉽게 이해하고 즐길 수 있는 문화를 하위문화라 성급히 정의할 수는 없다.

네덜란드의 문화사학자 J. 호이징거는 "인간은 본질적으로 유희를 즐긴다."며 자신의 저서 『호모루덴스: 유희에서의 문화의 기원』(1983)에서 '호모루덴스', 즉 유희하는 인간의 개념을 만들었다. 그는 인간은 원초적으로 유희를 즐기며 유희는 어디에 속하지 않는 자립적 개념이라고 주장했다.

과거 인간들은 치열한 삶에 치여 그동안 이런 본질적인 욕구를 충족시키지 못하고 살아왔다. 하지만 사회 전반의 발달로 물질적 풍요와 시간적 여유가 생긴 인류는 이제 근원적인 욕구로 눈을 돌리기 시작했다. 그들의 욕구를 충족시키는 가장 대중적이고 쉽게 접근할 수 있는 매체는 TV와 라디오 등이었고, 대중은 콘텐츠 자체에 대한 관심을 넘어 그 콘텐츠를 생산하는 주체들에 대해 궁금증을 품기 시작했다.

연예 언론은 이런 욕구를 충족시켜주는 기능을 한다고 볼 수 있다. 자신이 수용할 콘텐츠에 대한 정보를 미리 얻고, 그 의미를 파악하는 동시에 팬의 입장에서 콘텐츠 제작자, 실연자 등의 개인적인 이야기에 대한 목마름을 연예 언론을 통해 해소한다.

연예 언론은 1차적으로 연예계를 움직이는 연예인과 그들의 주변인인 감독, PD, 작곡가, 댄서 등 인물의 이야기를 다룬다. 그들은 '스타'라는 이름으로 통칭된다. 대중에게 이름과 얼굴이 널리 알려진 사람이라면 누구라도 연예 언론의 취재 대상이 된다. 스타들의 사생활을 보도하는 것이 과연 온당한가를 둘러싼 논란은 연예 언론이 과거부터 고민했고 현재는 물론 연예계가 존재하는 한 안고가야 할 숙제이자 숙명이다.

하지만 인간에 대한 관심은 연예계를 넘어 정치, 경제, 사회 등 모든 분야를 아우른다. 모든 사건과 사고에는 주체가 있고 대중은 그 주체의 내면적 동기나 주변 환경, 심지어 성장과정에 주목한다. 세계적으로 아이폰과 아이패드 열풍이 불자 언론은 이를 만든 스티브 잡스를 캐기 시작했고, 이건희 회장의 건강은 개인적인 영역이지만 결과적으로 삼성 계열사들의 주가에 지대한 영향을 미친다. 개인사와 그들이 만들어내는 콘텐츠를 결코 이분법적으로 떼어내 생각할 수 없다는 의미다.

물론 연예인들이 그들과 같은 '공인'의 영역에 포함되느냐의 문제는 답을 찾을 수 없는 지루한 공방이다. 하지만 연예인은 공인은 아닐지언정 유명인이긴 하다. 그들의 언행이 대중에게 지대한 영향을 미칠 수 있기 때문이다. 이런 취지에서라면 그들의 일거수일투족을 알리는 것은 유의미한 동시에 연예 언론의 본령이라

할 수 있다.

연예 언론은 인물 중심의 가십을 넘어서 대중문화콘텐츠 자체의 분석 및 의미 부여에도 기여한다. 연예 언론이 다루는 엔터테인먼트 속성상 '재미'를 최우선 과제로 삼지만 재미를 추구하는 방식은 다양하다. 우스꽝스러운 모습을 앞세운 슬랩스틱부터 정치, 경제 및 사회 전반의 이야기를 소재로 한 다양한 패러디와 풍자가 양산된다. 이렇듯 눈으로 보이는 것 이상의 콘텐츠가 가진 의미를 파악하고 이를 대중에게 쉽게 전달하고 행간의 의미를 일깨우는 것이 연예 언론의 기능이다.

궁극적으로는 대중이 스스로 문화콘텐츠를 비판적 시각으로 대하고 함의를 찾을 수 있도록 만드는 것을 목표로 삼는다. 이를 통해 콘텐츠 생산자들이 더욱 발전적인 방향을 가진 기획에 골몰하고 보다 창의적이고 획기적인 대중문화콘텐츠를 개발하는 선순환이 이뤄지도록 독려하는 것 또한 연예 언론이 가진 역할이라 할 수 있다.

연예 언론의 마지막 기능은 문화의 확산 및 전파다. 지역별로 소통 창구가 부족했던 과거에는 각기 다른 문화가 형성됐다. 아리랑이 경기, 정선, 밀양, 진도 등에서 상이한 모습으로 만들어지고 불린 것 또한 결국은 지역 간 교류가 부족했기 때문이라고 할 수 있다.

하지만 지금의 대중문화는 지역을 넘어 국가 간 경계까지 허물고 있다. 다양한 유통 경로를 통해 지구 반대편의 문화까지 접할 수 있게 되면서 고유한 문화를 만드는 것 못지않게 문화를 전파하는 것도 중요해졌다.

글로벌 문화시장 속에서 연예 언론의 기능은 더욱 중요해졌다. 우리 콘텐츠와 퍼포머들의 우수성을 알려 세계 속에서 주목받게 만들고 그들의 범국가적인 활약상을 국내에 다시 전달함으로써 붐을 일으키는 것이 하나의 공식이 됐다.

일례로 싸이의 「강남스타일」의 경우 지난해 7월 발매 이후 현재2013년 5월 18일 기준까지 약 5만 개의 관련 기사가 보도됐다. 「강남스타일」 발매 초기에는 노래와 퍼포먼스의 독창성과 우수성을 알리던 언론들은 세계적인 붐이 조성된 후에는 싸이의 일거수일투족 및 해외 패러디 사례 등을 시시각각 보도하며 싸이의 신드롬을 기반으로 한 K-pop의 발전상을 알렸다. 싸이의 경우를 제외하더라도 특정 이슈를 널리 알려 대중의 관심을 환기시키고 단순한 가십을 넘어 하나의 문화 현상으로 의미를 부여하는 것 또한 연예 언론의 기능이라 할 수 있다. 글로벌 시대에 맞는 연예 언론 기업들을 만들어가는 것도 과제 가운데 하나다.

4. 연예 저널리즘 바로보기

(1) 연예 언론에서 '특종'이란?

특종特種, 스쿠프은 모든 언론사와 기자가 지향하는 바다. 특종은 보도한 기자만이 아니라 언론사의 이름까지 드높인다. 그렇기 때문에 언론계에 몸담은 이들은 특종을 찾아 헤매고 대중은 특종에 열광한다.

특종을 나누는 명확한 기준은 없다. A신문사는 특종이라고 보도해도 B신문사는 이를 인정하지 않을 수도 있다. 반면 B신문사의 의도치 않은 기사가 엄청난 파장을 일으키며 특종이 돼 A신문사가 후속 취재에 나설 수도 있다. 결국 특종을 가르는 기준은 '사회적 반향'과 '대중의 관심'이라 할 수 있다. 사회와 대중이 움직이지 않는 보도를 특종이라 주장해봐야 자기위안일 뿐이다.

두 가지 기준에서 봤을 때 연예 언론의 특종은 단연 스타의 결혼과 출산 그리고 이혼, 교제, 결별 등 개인사라 할 수 있다. 혹자는 "연예인들의 자극적인 개인적인 이야기가 뭐가 그리 중요하냐?"고 되묻는다. 그 대답은 페이지뷰가 해준다.

스타의 결혼, 교제 등과 관련된 보도는 엄청난 클릭수를 기록한다. 동시에 당사자들의 이름은 유력 포털사이트의 검색어 순위 상위권에 랭크된다. 특히 타 언론사에서 쓸 수 없는 독점 사진과 영상까지 갖췄다면 페이지뷰는 기하급수적으로 늘어난다. 그만큼 스타의 개인사는 항상 대중의 관심사 중심에 자리 잡고 있기 때문이다.

쉽게 생각해보자. 인간사에서 가장 중요한 일이 무엇인가? 대중은 가족과 친구들의 어떤 이야기에 가장 큰 관심을 기울일까? 바로 결혼과 교제, 이혼과 결별이다. 인간사에서 가장 민감하고 중요한 일이 연예계에서도 중요하다. 하물며 대중의 인기와 사랑을 먹고 사는 우상idol의 개인사는 대중의 관심사 깊숙이 자리하고 있을 수밖에 없다. 이 같은 기사가 연예 언론에서 특종으로 분류되는 이유다.

또 다른 특종은 각종 사건사고다. 여기에는 사고로 인한 스타들의 사망과 부상을 비롯해 각종 범법 행위에 연루된 스타들의 사건이 포함된다. 잊힐 만하면 불거지는 연예인 마약 사건을 비롯해 지난해부터 자주 등장하는 프로포폴 투약 및 도박 사건에 휘말린 연예인들의 기사가 여기에 해당된다.

스포트라이트를 받는 스타들은 항상 가장 멋지고 예쁜 모습만 노출돼 긍정적인 이미지가 극대화된다. 그렇기 때문에 그들이 범죄자가 돼 나락으로 떨어지는 모습은 대중에게 엄청난 충격을 주는 동시에 관심을 환기시킨다. 오죽하면 각종 정치적 이슈를 잠재우기 위해 일부러 연예계 사건을 터뜨린다는 이야기가 나오겠는가. 그만큼 연예 뉴스의 파급력이 강하고 대중의 폭발적인 관심을 불러일으킨다는 의미다.

연예 사건에서 특종이 성립되기 위해서는 주어와 서술어 중 하나가 강해야 한다. 사건의 주체가 유명하면 그가 한 행위는 다소 수위가 약해도 특종이 될 수 있다는 의미다. 서태지, 배용준, 이영애 정도의 인지도를 갖춘 스타라면 경미한 부상을 입었다는 소식도 충분히 기사가치가 있다.

반면 주어, 즉 기사 속 주인공의 '인지도'가 다소 떨어진다면 그들 행위의 '임팩트'가 강해야 한다. 큰 인기를 얻지 못하고 있는 조연배우라 할지라도 인륜지대사인 결혼 발표의 경우 대중의 관심을 끌며 검색어 상위권에 이름을 올릴 수 있다.

이 두 가지 요소가 동시에 충족된다면 모두가 인정할 만한 특종이라 할 수 있다. 연예계 최고의 특종으로 손꼽히는 '서태지-이지아 비밀결혼 및 이혼소송',

'장동건-고소영 결혼 발표', '강호동 탈세 의혹', '지드래곤 대마초 흡연' 등이 대한민국을 발칵 뒤집어놓을 만한 연예계 특종이라는 것은 부인할 수 없다.

이외에도 전 세계적으로 한류가 강세를 보이면서 한류스타들의 해외진출 소식 및 현지 활약상을 비롯해 나이 어린 한류스타들의 군 입대와 복귀 소식 등이 연예계 주요 뉴스로 분류되고 있다.

(2) 연예계는 과연 참을 수 없는 가벼운 존재인가?

여전히 연예인을 '딴따라'나 '광대'라 부르는 이들이 있다. 물론 싸이와 박진영을 비롯해 몇몇 연예인들은 스스로 딴따라나 광대임을 자처한다. 하지만 누군가가 연예인을 가리켜 이 표현을 사용할 때는 폄하의 뜻을 포함하고 있는 경우가 많다. 가수들이 밤무대에서 노래를 부르다가 취객이 던진 과일을 맞고 인격 모독적인 발언을 들었다는 이야기를 꺼내는 것은 새삼스럽다. 오랜 유교 사상에 젖어 있는 대한민국에는 여전히 화려한 옷을 입고 대중 앞에 서서 노래를 부르고 웃음을 주는 이들을 얕잡아보는 분위기가 남아 있다. 그 때문에 그들을 취재 대상으로 삼는 연예 언론 역시 다른 영역을 다루는 언론에 비해 낮게 평가되곤 한다.

하지만 실상 연예 언론은 한 나라를 움직이는 권력을 가진 정치인들을 대상으로 한 정치 언론과 많이 닮았다. 물론 정치와 문화를 같은 범주에 넣을 순 없다. 하지만 그것을 다루는 사람들의 이야기에 초점을 맞추고, 그들의 이미지가 중시되며, 그들의 일거수일투족이 기사 소재가 된다는 점에서 일맥상통한다.

홍사덕 전 한나라당 국회의원은 2011년 MBC 라디오에 출연해 당시 엄청난 대중적 지지를 얻고 있던 안철수 의원당시 서울대 융합과학기술대학원장을 프랑스와 필리핀의 배우이면서 정치계에 입문했던 이브 몽탕과 에스트라다에 비유했다. 당시 안 의원의 대중적 인기가 연예인이 인기를 얻는 것과 비슷하다는 것이 이야기의 골자였다.

제2부 실무 현장론

선거를 통해 대통령과 국회의원을 뽑는 민주주의사회에서 정치인의 대중적 인지도는 당락을 가르는 주요 요소다. 인기가 없으면 비례대표 제도를 통해 국회의원이 될 수는 있을지언정 선거를 통해 지역구 국회의원은 될 수 없다. 이는 인기를 먹고사는 연예계와 비슷한 생리다.

무심코 뱉은 발언 하나가 기사화되고 그 발언이 국회의원과 연예인의 생명력을 단숨에 끊어놓을 수 있다는 점도 비슷하다. 전체 발언의 맥락을 놓고 보면 크게 문제되지 않을 수 있는 발언이라도 특정 부분만 떼어놓고 보면 굉장히 자극적으로 비쳐질 때가 있다.

스캔들을 다루는 방식도 양쪽이 비슷하다. 지극히 사적인 스캔들이 특종으로 분류되고 정치인 혹은 연예인을 순식간에 나락으로 떨어뜨릴 수도 있다. 오너 경영을 하는 경제계 거물이 대중적 인기에 연연하지 않고 스캔들에 휘말려도 제자리를 유지하는 것과 분명히 궤를 달리한다.

정치부와 문화부를 모두 경험한 한 중견 기자는 "인물 중심의 취재가 이뤄진다는 측면에서 두 부서의 취재 방식이 비슷하다. 대중적 지지가 생존 기반이 된다는 것 또한 정치계와 연예계가 맞닿은 부분"이라고 말했다.

하지만 연예 언론에 종사하는 기자들은 "연예인들의 뒤만 캐고 다닌다."는 가시 돋친 비난을 받곤 한다. 국민의 삶에 직접 영향을 미치는 정책 입안자들의 일거수일투족을 감시하는 것은 언론의 순기능이지만 연예인들의 행보를 쫓고 그것을 대중에게 알리는 것은 그다지 생산적이지 않은 행위인 동시에 사생활 침해 소지까지 있다는 것이다.

이는 또다시 연예인이 과연 공인이냐, 아니냐를 둘러싼 논란과 맞물린다. 연예인이 공적인 일을 하는 이들은 아니지만, 그들의 행동이 대중에게 지대한 영향을 미친다는 측면에서는 그들 역시 얼마든지 유명인인 동시에 공인[1]의 영역에 포함

---

1 공인(公人)은 공직에 종사하는 이들을 말한다. 공개적으로 알려진 인물을 말하는 것은 아니다. 사회 지도층 인사가 공인을 말하는 게 아닌 것과 같다. 유명하더라도 악명이 높다면 그를 공인이라고 할

될 수 있다. 서태지의 「컴백 홈」을 듣고 수많은 가출 청소년들이 집으로 돌아가고, 걸 그룹 티아라의 멤버 퇴출 논란이 사회적 문제인 왕따와 연관돼 대한민국을 들썩이게 만든 것만 보더라도 유력 연예인들의 행보를 쫓고 알리는 것은 유력 정치인들의 그것을 취재하는 것과는 또 다른 측면에서 언론의 소임을 다하는 것이라 할 수 있다.[2]

게다가 최근에는 전 세계적으로 한류 열풍이 불면서 연예인들은 민간 외교관 역할까지 톡톡히 하고 있다. 한국의 아이돌이 좋아 한국과 한국어를 공부하고 한국에 여행 오는 이들이 적지 않다. 이는 단순히 연예계를 넘어서 한국의 문화관광사업을 활성화시키고 결과적으로 한국의 국가경쟁력을 높이는 결과를 가져온다.

2012년 10월 미국을 방문한 가수 싸이와 만난 반기문 UN 사무총장이 "세계에서 가장 유명한 한국인 자리를 뺏은 싸이가 자랑스럽다."며 "내가 싸이처럼 유명해지려면 2만 년이 걸릴 것"이라고 건넨 농담 속에는 한 명의 연예인이 한국을 대표하는 얼굴이 될 수 있다는 속내가 담겨 있다.

그렇기 때문에 그들의 행보를 취재하고 그들이 선보이는 콘텐츠를 분석·비판하며 새로운 방향을 제시함으로써 연예 언론은 충분히 공적인 영역을 담당할 수 있다.

제2부 실무 현장론

수는 없다. 공인의 강조는 연예인들의 사적 권리들을 과도하게 침해하는 결과를 낳을 수 있다.

2   공적인 사안이나 사회적 가치에 관한 내용에 국한해야 한다.

5. 연예 저널리즘의 위기

(1) 매체 홍수 시대 연예 언론의 길 찾기

숱한 대중이 인터넷 포털사이트를 통해 기사를 접하면서 2000년대 들어 포털사이트를 기반으로 한 인터넷 매체가 대거 출범했다. 그 결과 요즘 대중은 기사 홍수 속에 살아가고 있고, 이는 연예 기사 역시 마찬가지다.

게다가 전체 포털사이트 검색시장에서 73.3%_{문화체육관광방송통신위원회 소속 전병헌} 의원이 2012년 7월 제출한 자료 기준의 점유율을 차지하는 네이버의 영향력은 절대적이다. 그 때문에 기존과 신규 인터넷 연예 매체들은 네이버에 기사를 공급하느냐 여부에 따라 '메이저'와 '마이너'를 가르기도 한다. 취재원 역시 해당 매체를 대할 때 네이버 기사 게재 여부를 따지기 때문에 연예 기사 시장에서 네이버가 갖는 의미는 남다르다.

대부분 유력 연예 매체가 네이버에 기사를 공급하는 것을 감안했을 때 네이버의 기사 공급량을 따져보는 것으로 곧 대한민국 연예 언론의 현 동향을 가늠해볼 수 있다. 2013년 5월 15~16일 양일간 네이버 연예란에 업데이트된 기사는 1만여 건으로 시간당 208개, 분당 3.46개의 기사가 새로 게재된다는 의미다.

하지만 주요 기사가 올라오는 네이버 연예 면에 한 번 노출될 수 있는 기사의 수는 메인 뉴스 및 관련 기사까지 포함해 30여 개. 1시간 단위로 모든 기사가 물갈이된다고 하더라도 하루에 네이버 연예면 주요뉴스로 올라올 수 있는 기사는 산술적으로 720여 개다. 특정 키워드를 검색해서 기사를 찾아보지 않는 네이버 이용자가 24시간 네이버 연예뉴스를 본다고 가정했을 때 접할 수 있는 기사는 전체 게재 기사 중 10% 정도다. 이 중 수면 및 업무 시간을 제외하고 하루 8시간 동안 시간마다 네이버 연예 뉴스를 챙겨본다 해도 볼 수 있는 주요 연예 뉴스의 습득량은 전체 기사의 3%에 불과하다.

하지만 인터넷 이용자들이 하루 동안 생산된 연예 기사 중 실질적으로 인지하는 기사량은 이 수치를 웃돈다. 하루 평균 업데이트되는 약 5,000개의 기사 중 중복되는 기사가 상당수이기 때문이다. 취재원들이 보낸 보도자료는 기사 가치에 따라 많게는 50여 매체를 통해 기사화된다. 한 매체에서 대형 이슈를 특종보도하면 타 매체들은 최초 기사를 인용 혹은 보강 보도하며 비슷한 기사를 대량 생산해낸다. 결국 특정 이슈에 대한 쏠림현상이 심하기 때문에 5,000개의 기사가 나와도 이 중 이야기의 시작점이 되는 주체와 사건 및 새로운 내용을 다룬 기사는 채 10%도 되지 않는다. 5,000개의 기사를 일일이 챙겨보지 않아도 인터넷 유저들이 연예 전반의 이슈를 챙길 수 있다는 의미다.

게다가 대중의 관심을 받는 특별한 이슈가 발생하면 쏠림현상은 더 심해진다. 2013년 5월 15일 오후 3시경 가수 서태지의 소속사가 서태지와 배우 이은성의 결혼 발표 보도자료를 배포한 후 48시간 동안 네이버에 게재된 관련 뉴스는 1,200여 개. 이틀간 게재된 전체 연예 뉴스의 12%가 서태지-이은성 결혼과 관련된 기사였다.

하지만 초반 보도는 서태지의 소속사가 보낸 보도자료 내용을 기사 형식으로 가공한 것이 대부분이었다. 속보성이 강조되면서 취재원이 보낸 보도자료를 비판 없이 그대로 게재하는 경우가 비일비재하다. 그렇기 때문에 보도자료 배포 초기 기사 내용은 보도자료 전문을 한 번 읽으면 알 수 있는 범위에서 거의 벗어나지 않는다.

이는 다른 보도자료의 경우도 마찬가지다. 통상 언론사의 출근 시간에 맞춰 오전 8시부터 보도자료가 쏟아지기 시작한다. 하루 평균 기자들이 받게 되는 보도자료의 수는 평균 100여 개. 연예 이슈를 다루는 매체가 50개 이상임을 감안하면 보도자료만 모두 정리해도 1일 5,000개 이상의 기사가 게재되는 셈이다.

하지만 보도자료가 곧바로 기사화되는 것은 아니다. 기사 가치가 있는 사실fact이나 대중의 눈길을 사로잡을 만한 아이템을 담고 있지 않으면 사장되기 십상이다. 친분이 있는 매체를 통해 기사화되더라도 대중이 주로 연예 뉴스를 접하는 포털사이트 연예란에서 주요뉴스로 배치되지 않는다면 대중과 만날 가능성은 더욱 낮아진다.

게다가 취재원들이 작성한 각종 홍보성 멘트로 점철된 보도자료를 기반으로 한 연예 기사의 범람은 연예 언론의 질을 하락시키는 결과를 초래할 수밖에 없다. 최근 급조된 일부 인터넷 연예매체에서 숙련되지 않은 연예기자들을 대거 양산하며 우려의 목소리가 더욱 커지고 있다.

이는 결국 연예 매체들의 '낚시성 제목 경쟁'을 부추기는 결과를 초래했다. 새로운 사실을 취재하고 깊이 있는 분석으로 새로운 시각을 제시하기보다는 이미 알려진 이야기를 짜깁기하거나 심지어 통째로 인용 보도하며 제목만 바꿔 다는 행태가 자행되고 있다.

결국 각 언론사들의 페이지뷰를 늘리는 방편으로 이 같은 보도 행태가 반복되고 있다. 이는 눈앞의 이익은 낼 수 있으나 장기적으로 볼 때 연예 언론에 대한 대중의 신뢰도를 떨어뜨리고 반감을 갖게 만든다. 그 때문에 보다 발전된 연예 언론을 정립하기 위해 다음 몇 가지 원칙을 제안한다.

① 최초 보도 존중 및 무분별한 반박 지양(止揚)

언론사는 특종에 웃고 낙종에 운다. 그렇기 때문에 주요 이슈의 최초 보도는 의미가 크다. 알려지지 않은 연예계 이야기를 가장 먼저 발굴하고 대중에게 알렸기 때문이다.

최초 보도가 완벽하긴 어렵다. 특종은 민감한 사안인 경우가 많기 때문에 당사자가 부인하거나 취재원을 밝힐 수 없는 경우가 많기 때문이다. 그래서 최초 보도 후 당사자가 타 언론사와 접촉 후 보도된 내용을 인정하거나 부인하는 과정이 뒤따른다.

연예인의 개인사를 다루는 경우가 많은 연예 언론은 이 과정에서 무분별한 '뒤집기'가 발생하는 경우가 많다. 모르쇠로 일관하는 당사자나 소속사 관계자의 주장을 검증하는 과정을 거치지 않고 무조건 반박하고 그들의 주장을 그대로 기사화하곤 한다.

수일에 걸쳐 취재한 기사가 단 10분 만에 뒤집히는 사례도 적지 않다. 보도된 기사의 당사자의 의견을 전하는 것도 중요하지만, 타 언론사의 특종을 오보로 만들기 위해 '사실무근', '확정은 아냐' 등 부정적 문구를 사용해 반박에 급급해하는 모양새는 연예 언론을 바라보는 대중의 시선을 싸늘하게 만들 뿐이다.

따라서 최초 보도를 존중하고, 빠른 대처보다는 다양한 후속 취재를 통해 정확한 대처가 뒷받침돼야 건강한 공방 속에 연예 언론 역시 성장할 수 있다.

② 기계적인 보도자료 정리 지양

포털사이트를 기반으로 한 인터넷 연예 언론의 덩치가 커지면서 연예 언론을 지배하는 가장 큰 키워드 두 가지는 '속도'와 '양'이다. 더 많은 연예 기사를 누구보다 빨리 생산해 인터넷에 띄워 페이지뷰를 올리는 것이 성공의 척도가 돼버렸다.

그렇기 때문에 가장 손쉽게 새로운 기사를 만드는 방법인 보도자료 정리는 인터넷 연예 언론의 가장 중요한 업무 중 하나가 됐다. 대중적으로 이슈가 될 만한 보도자료가 배포된 뒤 기사로 읽히기까지 짧게는 10분도 채 걸리지 않는다. 타 언론사보다 1분, 아니 1초라도 더 빨리 송고해 포털사이트 연예란에 자사 기사가 메인뉴스로 게재되도록 만들기 위함이다.

이 과정에서 기본적인 데스킹작성된 기사를 부서장이 최종적으로 확인 후 승인하는 과정조차 거치지 않고 당직 기자 손에 닿자마자 대중에게 전달되는 경우가 허다하다. 그래서 취재원들의 입맛에 맞게 작성된 보도자료가 그대로 노출되고 사소한 맞춤법마저 체크하지 못해 허점을 드러낸 연예 기사들이 속출하고 있다. 이는 단순히 기사 하나를 넘어 연예 기자와 연예 언론 전반의 자질 문제로 비화될 수 있다는 것을 명심해야 한다.

③ 제목 장사 지양

네이버는 지난 4월 기존의 뉴스캐스트 대신 뉴스스탠드를 새롭게 선보였다.

뉴스스탠드는 포털사이트 첫 화면에 뉴스 대신 언론사 로고를 등장시키는 방식이다. 각 언론사들이 직접 편집한 기사를 노출시킨 뉴스캐스트가 주제 및 사실과 상관없는 자극적이고 선정적인 제목의 뉴스를 전면에 내세워 과도한 경쟁을 벌이는 것을 우려해 네이버가 단행한 조치다. 뉴스스탠드가 시행된 후 각 언론사들의 트래픽이 적게는 20~30%에서 많게는 70% 이상 급감했다. 그동안 호기심을 부추기는 자극적인 제목에 '낚여' 뉴스를 클릭한 네티즌이 적지 않았다는 방증이다.

돌려 생각하면 적잖은 뉴스 이용자들이 제목에 이끌려 뉴스를 클릭하는 경우도 많다는 의미다. 이를 잘 알고 있는 각 언론사들은 보다 자극적이고 대중의 구미를 당기게 하는 제목을 짓기 위해 노력한다. 하지만 제목으로 흥미를 끄는 '낚시 기사'가 많아질수록 대중은 연예 언론에 등을 돌릴 수밖에 없다. 흥미 위주로 연예 기사를 챙겨볼지언정 더 이상 신뢰하진 않는다는 의미다. 언론이 반드시 갖춰야 할 덕목 중 하나인 신뢰성을 잃어버린다면 연예 언론은 더 이상 언론으로서 기능할 수 없는 상황에 처할 수도 있다.

(2) 연예 언론의 제살 깎아먹기

인터넷 환경을 기반으로 한 연예 매체가 급격히 늘면서 강조되는 것은 '양'과 '속도'다. 스포츠지가 연예 언론을 주도할 때는 신문에 반영될 수 있는 기사 수는 한정적이었다. 하지만 무궁무진한 영역을 가진 인터넷은 포화 상태를 모른다. 그렇기 때문에 하나의 기사라도 더 노출될 수 있도록 각 연예 매체들은 기사 수를 늘리는 데 혈안이 돼 있다. 이는 기존 매체 역시 마찬가지다. 종합지조차 인터넷 연예 팀을 따로 꾸려 이슈가 되는 아이템 위주로 베껴 쓰는 기사를 양산하고 있다. 결국 내실은 없고 외형만 비슷한 껍데기 기사들이 난무할 수밖에 없다.

연예 언론의 질을 떨어뜨리는 가장 대표적인 건 'TV모니터'다. 방송사별로 담

06 연예 저널리즘의 실제와 미래

당을 정해놓고 실시간으로 인기 프로그램을 보면서 출연진들의 이야기나 행동을 캡처 화면과 함께 전달하는 식이다. 여기에는 기사가 갖춰야 하는 최소한의 가치 판단이나 비평도 포함되지 않는다. 오직 TV 속 내용을 가공해 '기사'라고 억지 춘향 식으로 명명하고 있다. 이런 유형의 기사가 대거 양산되는 것을 보며 대중은 "아무나 기자 한다."고 꼬집곤 한다.

날선 비판이 존재한다는 것을 알면서도 연예 언론이 TV모니터를 포기하지 못하는 이유는 간단하다. 대중의 시선을 끌어 클릭률을 높이는 데 안성맞춤이기 때문이다.

특별한 연예 이슈가 없는 경우 오전 시간대 포털사이트 연예란을 차지하는 주요기사는 전날 방송된 드라마나 예능 리뷰일 때가 많다. 이 중에는 각 콘텐츠가 가진 의미를 분석하고 비평하는 기사도 있지만 드라마나 예능 속 대사를 그대로 옮겨놓거나 장면을 설명하는 모니터 기사가 대다수다.

TV모니터 기사는 네티즌 입장에서는 '욕하면서 보는 기사'라 할 수 있다. 그 때문에 페이지뷰를 산출해 매체의 영향력을 과시하고 배너 광고를 끌어와야 매체가 존립할 수 있는 것을 감안하면 클릭률이 높은 TV모니터는 포기할 수 없는 부분인 셈이다.

속도전速度戰 역시 현존하는 연예 언론의 가장 큰 특징이자 폐해다. 스타들이 등장하는 기자간담회장에 가면 노트북을 켠 기자들이 즐비하게 앉아 있다. 간담회가 진행될 때도 질문을 하는 몇몇 기자를 제외하면 대부분의 눈은 노트북 모니터를 향해 있고 타자 소리가 요란하다.

간담회가 끝나지 않아도 기사 작성은 시작된다. 이미 기사 가안假案을 작성해 놓은 기자들은 이슈가 될 만한 발언이 나오면 재빨리 기사를 완성해 전송한다. 이런 방식으로 간담회가 진행되는 동안에도 실시간으로 기사가 각종 포털사이트 연예란을 장식한다.

같은 간담회를 두고 기자들이 동시다발적으로 기사를 작성하기 때문에 내용은 대동소이하다. 이때 클릭률이 가장 높은 메인 화면에 올라오는 기사는 통상 포털사이트에 가장 빨리 전송된 기사다. 결국 각 언론사와 담당 기자들은 단 몇 초라도 남들보다 먼저 기사를 올리기 위해 치열한 속도 경쟁을 벌일 수밖에 없다.

이런 방식으로 작성되는 기사에서 깊이는 찾을 수 없다. 좀 더 자극적이고 선정적인 제목을 달아 네티즌의 눈길을 사로잡는 것이 우선 과제다. 그렇다 보니 진부한 표현과 오타가 난무하고 퇴고를 거치지 않아 맞춤법이 틀린 글자가 그대로 노출된다. 이를 보는 대중에게 연예 언론에 대한 신뢰를 기대하는 건 무리일 것이다.

연예 언론을 멍들게 하는 또 다른 요소는 '단독 경쟁'이다. 연예 기사 중 제목 앞에 '단독'이라는 표현을 붙인 경우를 어렵지 않게 볼 수 있다. 이는 해당 매체의 단독 보도, 즉 특종이라는 의미다. 물론 특종을 구분 짓는 정확한 기준은 없지만 최근에는 기사 가치를 따지지 않고 '단독'이라는 표현이 남용되고 있다.

요즘은 '단독'이라는 단어가 최초 보도를 뜻하는 표현으로 의미가 바뀌는 모양새다. 한 매체에서 스타의 결혼, 교제 등 큰 반향을 불러일으킬 만한 보도가 나온 후 후속 기사가 나오기까지 채 30분이 걸리지 않을 때도 많다. 때때로 첫 보도 내용을 인용한 타 매체의 기사가 유력 포털사이트 메인 화면에 걸려 최초 보도 매체 및 기자가 가려지는 경우가 발생할 때가 있다. 이런 상황에서 기사 앞에 '단독'을 명시하는 것은 최초 보도 매체임을 자연스럽게 알리는 방법이 되곤 한다.

하지만 이 표현이 무분별하게 쓰여 대중의 눈총을 사는 경우가 빈번하다. '단독'이 붙은 기사는 암묵적으로 '주요 기사'임을 뜻한다. 하지만 드라마와 영화 캐스팅이나 톱스타라 분류할 수 없는 연예인들의 일거수일투족을 보도하며, 단독 보도라 강조하는 경우가 자주 발생하고 있다. 업계를 넘어 대중도 중요한 내용이라고 인정하지 못하는 기사에 스스로 '단독'이라는 표현을 붙여봤자 비루한 자기 위안에 그치고 만다.

6. 연예 언론의 미래와 나아갈 방향

(1) 달라진 연예 환경 이해

가수 싸이나 박진영은 스스로 '딴따라'라 칭한다. 대중은 그들의 이런 자기인식에 열광한다. 하지만 정작 '딴따라'라는 단어 속에는 연예인을 낮춰보는 인식이 도사리고 있다. 연예계를 포함하는 대중문화 역시 전문적 지식을 갖춰야 마음껏 향유할 수 있는 순수문화에 비해 저급하다는 편협한 사고가 여전히 존재한다.

지극히 소비적이고 일시적인 자극을 충족시키는 데 익숙한 대중문화가 가진 굴레라는 것은 부인할 수 없다. 하지만 대중문화의 발달은 양적 팽창뿐만 아니라 질적 향상까지 동반했다. 단순히 즐기고 놀기 위한 수단을 넘어 다양한 의미를 담은 콘텐츠를 생산해내면서 국내 시장을 넘어 세계시장에서도 통하기 시작했다.

1960년대 초반 열여섯 살 어린 나이에 미 8군에서 루이 암스트롱 흉내를 기막히게 낸 윤복희가 루이 암스트롱에게 발탁돼 미국 워커힐 극장에서 함께 무대에 오른 것은 한류의 시작이라 할 만하다.[3] 이후 코리안 키튼스를 결성해 해외 공연을 돌던 윤복희는 1967년 일주일의 말미를 얻어 귀국했다. 야간 통행금지가 있던 당시 새벽에 한국 땅을 밟은 윤복희를 반긴 건 하얀 눈발뿐이었다.

하지만 지난해 「강남스타일」을 통해 스타덤에 오른 싸이는 출국 게이트를 나서자마자 100여 명의 취재진에 둘러싸였다. 이곳에는 연예 매체 담당 기자뿐만 아니라 지상파 보도국과 종합지 문화부 기자를 넘어 한국에 상주하는 해외 유수의 매체 주재기자들이 합류했다. 대중문화가 한국을 세계에 알리는 첨병으로서 제 평가를 받기 시작했다는 의미다.

---

3 광대 제도와 시스템을 생각한다면, 케이팝이나 한류는 미 8군에서 기원을 찾을 수 없다. 케이팝과 한류의 미 8군설은 문화체육관광부의 공식입장으로 공표되고 있다.

한류가 발생시키는 경제 효과는 상상을 뛰어넘는 수준이다. 지난 2005년 한국 무역협회 무역연구소가 내놓은 「한류의 경제적 효과 분석」 보고서에 따르면 2004 년 한류효과로 인해 벌어들인 외화는 18억 7,000만 달러약 2조 1,440억 원로 추산된 다. 같은 기간 국내에서 한류를 기반으로 거둔 한류의 경제적 효과는 1조 4,339억 원으로, 2004년 한 해에만 3조가 넘는 수익을 창출했다는 의미다. 당시 배우 배용 준의 「겨울연가」와 배우 이영애의 「대장금」이 한류를 쌍끌이하고 있었다.

한국의 입맛에 맞게 산출한 결과라고 생각하면 오산이다. 일본 다이이치第一생명 경제연구소는 지난 2005년 배용준이 한국과 일본에서 파급시킨 경제적 효과가 2,300억 엔약 2조 5,000억 원에 이를 것으로 내다봤다. 「대장금」이 이영애를 통해 한국의 음식과 의료를 비롯해 한국 여성의 미를 세계에 알렸다면 「겨울연가」의 배용준은 한국 남성을 바라보는 세계의 시선을 바꿨다 해도 과언이 아니다.

이렇듯 연예인들은 단순히 대중의 인기를 먹고 사는 유명인이라는 이미지를 넘어 한국의 이미지를 세계에 알리는 문화외교관 역할을 톡톡히 하고 있다. 최근 독도의 영유권을 두고 우리와 외교 마찰을 빚고 있는 일본이 한류스타들의 독도 발언에 민감하게 반응하는 것 역시 그들의 일거수일투족이 양국의 대중에게 미칠 수 있는 영향력을 잘 알고 있기 때문이라고 할 수 있다.

결과적으로 이들을 취재원으로 대하는 연예 언론 역시 이러한 환경 변화에 발맞춘 의식 전환과 성장이 필요하다. 연예인들의 사생활 들추기에 열광하는 대중의 속성상 가십을 다루는 것은 포기할 수 없을 것이다. 이는 대중문화의 역사와 전통이 긴 미국에서도 여전히 황색저널리즘이 성행하고 있고 파파라치문화가 발달한 것만 봐도 알 수 있다. 게다가 불과 3, 4년 전 국내에 처음 등장한 파파라치식 보도 행태를 가진 언론이 대중의 호응을 이끌어내고 있는 터라 사생활 보호 차원에서 연예인들의 결혼과 열애, 이혼과 결별 및 각종 사건사고의 취재 자제를 기대하긴 어려울 것으로 보인다.

하지만 사생활 캐기 일변도로 흐르는 것은 지양해야 한다. 그것은 연예 저널리즘의 본령이 아니라는 점은 주지의 사실이다. 단순히 대중의 호기심을 충족시키는 가십 취재에서 눈을 돌려 그들이 만들어내는 문화콘텐츠 자체에 초점을 맞춘 취재에 무게를 실어야 함에는 지나침이 없다. 건강한 비판과 전문적 분석을 통해 발전적 방향을 제시함과 동시에 이런 언론 기사를 접하는 대중이 비판적 수용능력을 기를 수 있도록 나침반 역할을 해야 한다.

대중이 더욱 다양한 문화를 접할 수 있도록 널리 알리는 것 또한 연예 언론의 몫이다. 한국의 대중문화가 여전히 편협하다는 지적을 받는 가장 큰 이유 중 하나는 쏠림현상이 강하기 때문이다. 지난 10년간 가요계는 아이돌들이 접수했다고 해도 과언이 아니다. 몇 년 사이 '보는 음악'에서 '듣는 음악'으로 회귀하자는 움직임이 있었지만 아이돌은 여전히 가요계에서 주류다.

이런 과정에서 인디음악이나 록, 헤비메탈 등은 비주류로 분류된다. 이는 영화시장도 마찬가지다. 대규모 자본이 투입된 상업영화시장이 커지면서 2012년 한국 영화 관객 1억 명 시대를 연 데 반해 독립영화 시장은 여전히 척박하다. 「지슬」, 「똥파리」와 같이 해외 유수의 영화제에서 잇따라 낭보를 전하며 국내에서도 기대 이상의 흥행을 거둔 경우는 전체 독립영화 시장의 1%에도 미치지 못한다. 몇몇 독립영화는 숱한 수상 소식을 전해도 공허한 메아리에 불과할 뿐 현재 배급 구조에서는 관객과 만날 길조차 찾기 어렵다.[4]

이런 환경에 대한 비판의 목소리를 내는 것 또한 연예 언론의 역할임을 간과해서는 안 된다. 물론 이를 지적하는 문제의식을 담은 기사는 끊임없이 나오고 있다. 하지만 시장에 반영되는 경우는 드물다. 상업성이 부족해 수익을 낼 수 없다는 판단 때문에 누구 하나 섣불리 나서지 못하고 있는 모양새다.

하지만 문이 열리지 않는다고 문 앞에 서서 기다리고 있을 수만은 없다. 문이

---

4   그렇다고 해서 독립영화가 대중적인 주목을 크게 받을 수는 없다. 독립영화 자체는 매우 가치지향이거나 진보적·실험적인 내용을 더 많이 담고 있기 때문이다. 대중적 흥행과 작품의 의미와는 별개다. 다만 시장의 논리에 따라 대형 멀티플렉스에 집중되는 지배력을 어떻게 제도적으로 견제할 것인가가 화두로 남는다.

열릴 때까지 끊임없이 두드릴 누군가가 필요하다. 그리고 그 주인공은 콘텐츠를 둘러싼 직접적 이해관계를 떠나 대중을 향해 가장 큰 목소리를 낼 수 있는 언론이 돼야 한다. 이렇듯 균형적인 시각을 갖고 접근한다면 대중문화시장에서 연예 언론이 이바지할 수 있는 부분은 더욱 커질 것이다.

(2) 연예 언론에 대한 대중의 인식 변화

인간의 감정을 자극하는 사건사고 및 성추문 등을 과도하게 취재해 경쟁적으로 보도하는 경향을 '황색저널리즘'이라 한다. 언론의 본령인 사실 전달과 공정보도보다는 부수 확장 및 인지도 제고를 위해 선정적인 이야기에만 초점을 맞추는 언론 보도를 비판하는 표현이다. 이런 언론 행태를 보며 '황색저널리즘'이라 규정짓고 저급하다고 말하는 것도 무리는 아니다. 특히 연예인 개개인의 이야기에 비중을 두는 연예 언론이 황색저널리즘의 표본처럼 비쳐지는 것 또한 피할 수 없는 숙명이라 할 수 있다.

"왜 연예 언론을 저급하다고 보는가?"라는 필자의 질문에 적잖은 이들이 "몰라도 사는 데 지장이 없는 선정적인 이야기이기 때문"이라고 말했다. 일견 맞는 말이다. 서태지가 이지아와 비밀결혼 후 이혼소송 중이라는 사실을 몰라도, 싸이가 「강남스타일」로 세계 전역에서 폭발적인 인기를 얻고 있다는 사실을 몰라도 살아가는 데 아무 지장이 없다.

하지만 달리 비유하자면 좋아하는 음악을 듣지 않아도, 좋아하는 배우가 나오는 영화를 챙겨보지 않아도 삶을 유지하는 데 아무런 문제가 되지 않는다.

그렇지만 많은 이들이 평소 즐겨듣는 뮤지션의 신곡 발표를 손꼽아 기다리고, 남들보다 먼저 기대작을 보기 위해 영화표를 예매한다. 이는 앞서 언급했던 인간의 본성인 '호모루덴스'와 연관된다. 인간은 태생적으로 유희를 즐기는 존재이기 때문에 자신에게 가장 큰 재미를 줄 수 있는 무언가를 찾아 나선다. 그리고 모든 콘텐츠를 선택해 향유할 수 없기 때문에 기회비용을 따지는 선택의 과정을 거친다. 이 과정에서 연예 언론은 그들의 효율적인 선택을 도울 수 있는 정보와 기준을 제시한다. 아울러 대중이 콘텐츠를 소비하며 미처 깨닫지 못했던 부분에 대한 전문적인 분석과 정보를 통해 그들이 선택한 콘텐츠를 100% 즐길 수 있도록 일종의 사용설명서를 제시한다.

연예 언론을 대하는 대중의 수용 태도 역시 바뀔 필요가 있다. 요즘 인터넷 연예란을 가장 많이 장식하지만 가장 기사답지 않은 기사로 손꼽히는 기사는 방송 모니터다. 방송 내용을 그대로 옮겨놓는 모니터 기사가 끊임없이 재생산되는 이유는 클릭률이 높기 때문이다.

언론사의 수익과 직결되는 클릭률을 높이기 위해 '낚는 기사'들의 '제목 장사'가 지능화되는 만큼 낚이지 않기 위한 대중의 능동적인 취사선택도 필요하다.

언론이 발전하고 있다고 말할 수 있는 가장 큰 근거 중 하나는 쌍방향 커뮤니케이션이다. 언론 매체의 보도를 일방적으로 받아들이던 시대는 지났다. 대중은 각종 SNS와 블로그 등을 통해 자신의 의견을 마음껏 개진하며 언론 보도의 수용자이자 감시자의 역할을 동시에 수행하고 있다. 이는 대중문화에도 그대로 적용돼야 한다. '대중문화'라는 단어에서 알 수 있듯 주체는 대중이어야 한다. 의식 있는 대중이 보다 날카롭게 비판하고 채찍질한다면 연예 언론 역시 '황색저널리즘' 이상의 순기능을 갖게 될 것이다.

07

연예기획사와 매니지먼트 시스템
- 케이팝을 중심으로

김헌식 · 심희철

1. 연예기획사와 매니지먼트 시스템의 변화

　연예기획사는 크게 음반기획사,[1] 영화기획사, 연예 매니지먼트사로 나뉜다. 1990년대 들어 시장규모가 급팽창해온 한국 연예산업에 따라 이들 분야도 확장 일로에 있었다. 1990년대 들어서면서 국내에서도 본격적으로 연예 매니지먼트 사업이 자리를 잡기 시작했다. 이른바 연예기획사에 여러 연예인들이 전속으로 소

---

[1]　음반기획사가 생겨난 것은 1990년대 초반 도레미미디어의 박남성 사장이 시초로 꼽힌다. 이전까지 음반사가 총괄하던 음반 제작 관련 업무 중 가수 발굴 및 음반기획, 홍보와 매니지먼트가 분리됐다. 자금과 조직망이 필요한 음반 유통사에게 맡기고, 대신 음반 제작비를 선급금(일명 마이킹) 형태로 받는 관행이 자리를 잡기 시작했다. 아이디어와 가수만 있으면 누구나 음반기획사를 차릴 수 있게 되었다. 90년대 중반 이후 음반산업 팽창과 벤처 붐을 타고 음반기획사의 수는 급속하게 늘었다. 몇 몇 기획사들이 큰돈을 모으게 되면서 기업화하기 시작했고 유통이나 케이블TV, 영화 등으로 영역을 확장했다. - [연예기획사 현황, 실태] "선급금 관행에 '빚더미'",「한국일보」, 2002년 7월 30일자.

속되어 활동하는 시스템이었다. 이후 2000년대 들어서면서 대형자본이 유입되어 고액의 전속계약금을 받으며 소속사로 모이게 됐다.[2] 하지만 2010년대 들어서면서 대형 한류스타의 탄생과 맞물려 현실적인 자금의 유동성 문제는 이러한 시스템의 변동이 일어나게 하고 있다. 대표적인 것이 스타들의 1인 기획사 시스템이다.

그럼에도 "1인 소형 매니지먼트에서 수십 명에 이르는 군단을 거느린 대형 매니지먼트까지 연예기획이란 따지고 보면 한정 상품이든 대량 상품이든 특정 디자이너의 수작업을 거쳐 생산되는 정성이 담긴 명품"[3]이라는 지적은 연예기획의 성격을 말해주고 있다. 이는 공장에서 기계로 찍어내는 산업형 상품모델과는 다른 측면이 있음을 말하는 것이다. 어찌되었든 인간의 손과 마음으로 빚어내야 한다. 빚어내는 마음이 느껴질수록 명품으로 각광받게 되는 것이 바로 연예산업의 서비스다. 이는 스타시스템으로 구축되어 있으며 다른 분야에 영향을 주고 있다. 스타시스템은 스타를 만들어내고 유지·관리하는 체계적이고 조직적인 시스템이다. 스타시스템은 대형화·구조화·전문화된 인적 자원과 조직력, 네트워크를 바탕으로 이익을 창출하는 플랫폼이다. 이젠 한 분야가 아니라 문화산업 전반에 강력하고도 폭넓게 영향을 미치는 메커니즘으로 성장했다. 이는 다른 분야에도 벤치마킹의 대상이 되고 있다. 2013년 7월 과학기술정책연구원STEPI은 한국형 창업기획을 제안한 보고서 「창업한류 촉진을 위한 창업기획사 활성화 방안」에서 창업교육 및 멘토링과 투자가 연계된 창업기획 방식을 새로운 성공모델로 보고, 한류를 이끈 연예기획사의 성공요인을 벤치마킹해 현 창업 시스템의 문제를 극복할 수 있다고 분석하고 있다.

그러나 현실적으로 한국의 매니지먼트 시스템은 많은 과제를 안고 있다. 현재

제2부 실무 현장론

---

2 [O2플러스/장규수 박사의 '스타시스템'] ⑦ "스타들이 1인 기획사를 설립하는 이유", 「동아일보」, 2011년 6월 22일자.

3 [이호규 연예칼럼] "스타시스템, 대중에게 기회 주는 평등구조로 탈바꿈돼야", 「헤럴드경제」, 2011년 12월 28일자.

보다는 앞으로 더 나아가야 할 단계가 많이 남아 있다. 그렇다면 현재의 상황을 진단하는 것은 더 나은 발전을 위한 디딤돌이 될 것이다. 여기에서는 각 나라의 연예기획 매니지먼트 시스템을 살펴보고 한국의 상황을 진단해보고자 한다. 한국의 시스템과 경영은 음악-가수 매니지먼트사를 중심으로 살피고자 한다.

2. 각 나라의 연예기획 매니지먼트 시스템의 일반적 비교[4]

(1) 미국

1910년대 이후부터 1940년대까지 미국은 스튜디오 중심의 기획사 체제를 갖추고 있었다. 1940년대 중반 반독점법에 따라 스튜디오 체제는 에이전시와 에이전시 시스템으로 바뀌게 된다. 처음에는 혼란을 겪어 1960년대부터 1970년대까지는 정착하지 못하다가 1980년대 들어서서 체계가 온전히 자리 잡기 시작한다. 에이전트는 탤런트의 고용을 알선하려면 노동위원회로부터 면허를 취득해야 한다. 에이전시는 예능인이나 배우와 계약을 맺고 제작자와 이뤄지는 다양한 업무들을 처리한다. 에이전시는 계약을 맺은 연예인들이 출연한 영화와 텔레비전 프로그램을 모니터하고 수시로 대중적인 호감도 등을 파악하며 홍보마케팅을 담당한다. 미국 역시 전속금 제도가 없고 이를 보완할 수 있는 수수료 제도가 활성화되어 있으며, 연예인을 철저하게 고객으로 간주해 여러 업무와 서비스에 따른 수익을 제공하고는 그에 따른 수수료만 매니지먼트회사나 에이전트사가 취한다.[5]

---

4   김헌식, "한국의 연예기획사 팽창과 확산", 월간 「방송작가」, 2013년 1월호 참조.

5   예컨대 미국의 경우 에이전시는 연예인에게 전속금 없이 수익의 10%선에서 수수료를 받으며, 연예인은 스스로 연기수업 등을 받은 뒤 에이전시와 계약을 체결한다.

마음에 안 들면 연예인이 에이전트를 해고한다. 그러나 매니저는 출연계약 같은 직접 협상들은 하지 못하게 법으로 금지하고 있다. 중요한 것은 제작사가 매니지먼트와 에이전시 역할을 하지 못하게 법으로 규정하고 있는 점이다. 캘리포니아주를 중심으로 한 탤런트 에이전시법Talent Agency Act은 '매니저'와 '에이전시'를 구별하는 것뿐만 아니라 소속연예인을 동원해 영화나 TV물을 제작하는 사업은 금지된다. 에이전시가 자체 제작을 한다면, 회사의 이익을 위하여 결국은 연예인이 희생되는 결과가 생길 수 있다는 우려 때문이다. 이런 에이전시로는 CAACreative Artists Agency, UTAUnited Talent Agency, ICMInternational Creative Management, WMAWilliam Morris Agency, TAATriad Artists Agency 등이 있다. 중요한 것은 이들이 처음부터 스타들을 인위적으로 키워내는 시스템이 아니라는 것이다. 이들은 인기의 반열에 막 올라가는 이들과 계약을 추구하여 그들을 톱클래스로 올리는 역할을 한다. 미국 에이전시는 연예인과 스포츠스타, 유명작가, 심지어 정치인까지 관리하고 있는 점이 우리와 다르다.

(2) 일본

일본은 철저하게 프로덕션 시스템이다. 사실상 한국의 연예기획사는 일본의 모델을 벤치마킹한 것이다. 일본에서는 방송사가 가수와 배우를 직접 발굴하고 육성하지 않으므로 이런 프로덕션이 인적 자원을 공급 · 관리 · 홍보한다. 무엇보다 특징적인 것은 월급제가 적용된다는 점이다. 1950년대 중반에 설립된 와타나베프로덕션은 혁명적이라고 할 수 있는 소속연예인에 대한 월급제를 만들었다. 일본 연예기획사 시스템의 근간이 된 이 제도는 인기 여부와 관계없이 경력과 평가에 따라 월급이 주어지며, 이는 노년에도 유지된다. 이는 일본의 평생고용제와 비슷한 측면을 가지고 있다. 그렇기 때문에 자신의 분야에서 노년까지 활동할 수 있다. 기획사에 높은 수익을 안겨줬을지라도 소속연예인은 일정액만 받는다. 연예인들은 대신 '평생직장'에서 창작활동에만 매달린 채 질 높은 대중문화콘텐츠 생산에 골몰한다. 60, 70대 연예인이 맹활약할 정도로 일본 연예인의 생명력은 길다. 1945년 설립된 '일본연예사'가 최초의 연예프로덕션이며 이후 도호쿠예능, 쇼지쿠예능 등의 연예프로덕션과 라이징, 자니스, 요시모토흥업吉本興業, 호리프로 등이 있는데, 약간의 차별성도 있다. 연기자 중심의 어뮤즈, 주로 인기가수들이 소속된 비잉프로덕션 등이다. 극단 사계의 경우에는 연기자 육성과 극장사업을 같이한다. 요시모토흥업 등 대형 연예프로덕션들은 우리나라와 같이 신인 발굴에서 연예인 매니지먼트, 콘서트기획, 영화, 드라마, 프로그램, 음반 제작 이벤트, 극장경영 등을 한다. 일본의 출연료는 인기와 흥행성, 경력, 제작 규모 등 다양한 요인을 과학적으로 분석하여 프로덕션협회의 규정에 따라 이루어진다. 하지만 막강한 영향력의 행사는 문제가 되기도 한다. 다만 한국에서 많이 문제가 되는 제작사와 벌이는 각개격파식의 출연료 협상은 일본에서 메인이 아니다. 제작비에서부터 스타의 몸값, 출연 배우 결정 등은 철저히 방송사협회와 프로덕션협회가 정한 규정에 따라 이뤄지기 때문에 현재 우리나라에서 초래되고 있는 스타 및 연예기획사의 권력화로 인한 병폐는 좀처럼 발생하지 않는다.

(3) 한국

한국의 연예 매니지먼트는 일본과 비슷하지만, 평생직장 개념과는 다르며 협회의 힘이 그렇게 막강하게 영향을 미치고 있는 것은 아니다. 미국식 에이전트 구조로 이동해야 한다는 지적이 있기도 하다. 현재 아이돌 스타[6]로 대표되는 한

---

6 "지금 이 시대는 하나의 신화를 먹고살아간다. 그것은 자신도 TV에 나오는 누군가처럼 성공할 수 있다는 신화다. 그 밑바탕에는 '나도 성공하고 싶다'는 욕망이 짙게 깔려 있다. 그리고 현재 그 욕망을 표상하고 있는 것은 '아이돌 그룹'이다." - 권경우, 『아이돌』, 이매진, 2011, p. 312.

국형 스타시스템은 대자본을 바탕으로 한 연예기획사를 중심으로 매니저가 에이전트의 역할을 함께 담당하며, 발굴과 교육 등 직접적인 투자를 지원한다.[7]

이에 대해 다음과 같은 지적들이 있다. 양질의 방송콘텐츠를 위해 캘리포니아 주처럼 기획과 제작, 유통은 독점적 지배를 방지하기 위해 분리되어야 하며 방송 생태계를 위해서는 기획과 매니지먼트 대형화보다는 전문 군소화가 바람직하다. 일본처럼 전속금 제도를 폐지하고 안정적인 활동을 보장하면서 영입 전쟁을 없애야 한다. 미국 방식대로 스타 개인들 위에 군림하는 것이 아니라 동반자적 계약관계로 거듭나야 한다.

3. 국내 각 시스템의 비교

1990년대까지 한국 아이돌 팝 시장은 SM과 DSP가 경쟁구도를 이루고 있었다. 1990년대 말 아이돌 팝 시장에 뛰어든 대표적인 제작사가 바로 JYP엔터테인먼트 이하 JYP와 YG엔터테인먼트이하 YG로 SM과 대결구도를 벌이기 시작했다. 이들 기획 제작사들은 나름대로 특색[8]을 가지고 있었다.[9] 특히 박진영과 양현석은 당대

제2부 실무 현장론

---

7 연예제작사 수익구조의 최종 지점은 연예제작을 통한 순매출을 토대로 안정적인 기업으로 인정을 받아 코스닥에 상장하는 것이다. 아이돌 스타들의 인지도는 코스닥 상장을 위해 적절한 기회요인이 되고, 이들의 인지도를 바탕으로 투자자를 구해 주식의 가치를 높이는 전략은 아이돌 팝의 연예제작과 주식자본이 결합하는 전형적인 형태다. - 이동연, [이동연의 케이팝 오디세이] "케이팝 커넥션: 주식에서 방송까지", 2012년 1월 25일자.

8 그 특색에 대해 다음과 같은 지적이 있다. "SM은 철저한 교육의 사관학교, YG는 개개인의 개성을 살리는 대안학교, JYP는 박진영 마음대로 가르치는 홈스쿨링" "이수만은 마복림 할머니, 양현석은 신메뉴로 인기를 끌고 있는 프랜차이즈, 박진영은 손님에게 공기 반, 떡 반을 강조하는 떡볶이 장인" - "이수만은 마복림, 양현석, 박진영은…" 연예기획사 비교, 「중앙일보」, 2013년 3월 26일자.

9 대형기획사 직원 월급은 과연 얼마나 될까? 대형 연예기획사, 소위 3대 연예기획사라고 불리는 SM엔터테인먼트(이하 SM), YG엔터테인먼트(이하 YG), JYP엔터테인먼트(이하 JYP) 직원 월급이 공

최고의 인기 가수이자 뮤지션이었다. 메이저 제작사들 외에도 50여 개가 넘는 중소형 제작사들이 있다. 비스트와 에이 핑크가 소속된 큐브엔터테인먼트, 티아라의 코어콘텐츠미디어, 애프터스쿨과 오렌지 카라멜의 플레디스엔터테인먼트, 제국의 아이들과 시스타의 스타제국엔터테인먼트 등이 대표적이다.

(1) SM의 일반적인 경영관리

① SM엔터테인먼트는 아이돌형 가수와 그룹을 가장 먼저 제작한 연예기획사다. 1995년 2월에 설립한 SM엔터테인먼트SM Entertainment는 설립자 이수만이 자

개된 바 있다. 2012년 상반기 각 대형기획사들이 발표한 지난해 사업보고서(2011년 12월 31일 기준)를 살펴보면 직원 현황과 1인 평균 급여액을 확인할 수 있다. 우선 SM은 남자 직원 평균연봉이 2,999만 3,000원, 여자 직원 평균 연봉이 2,239만 7,000원으로 나타났다. 12개월 기준 남녀 각각 249만 9,000원, 186만 6,000원의 평균월급을 받는 셈이다. SM 남자 직원은 정규직 82명에 계약직 22명, 기타 2명으로 합계 106명이며 평균 근속연수는 3년 8개월이다. 여자 직원은 정규직 49명에 계약직 32명, 기타 6명으로 합계 87명이며 평균 근속연수는 3년 4개월이다. 계약직 등을 포함한 전체 직원 수는 193명에 달하며 전체 직원 평균급여액은 2,656만 9,000원이다. 역시 12개월 기준 평균월급은 221만 4,000원가량이다. YG는 남자 직원 평균연봉이 2,612만 7,000원, 여자 직원 평균 연봉이 2,416만 8,000원으로 나타났다. 12개월 기준 남녀 각각 217만 7,000원, 201만 4,000원의 평균월급을 받는 셈이다. YG 남자 직원은 정규직 49명에 계약직 13명으로 합계 62명이며 평균 근속연수는 2년 9개월이다. 여자 직원은 정규직 39명에 계약직 12명으로 합계 51명이며 평균 근속연수는 2년 1개월이다. 계약직 등 포함 전체 직원 수는 113명에 달하며 전체 직원 평균 급여액은 2,524만 3,000원이다. 역시 12개월 기준 평균월급은 210만 3,000원가량이다. JYP의 경우 사업보고서상 JYP 남자 직원 평균연봉이 2,261만 원, 여자 직원 평균연봉이 1,075만 원으로 나타났다. 그러나 평균 근속연수가 각각 7개월, 6개월로 나타나 있어 1인 평균급여액은 남자 직원이 237만 5,000원, 여자 직원이 175만 7,000원으로 나타났다. JYP 남자 직원은 정규직 9명이며 여자 직원은 정규직 12명으로, 직원 21명 모두가 정규직이다. 12개월 기준 평균월급은 209만 8,000원이다. 전체 남녀 직원 평균월급은 SM이 가장 높고 근소한 차이로 YG가 JYP에 앞선다. 그러나 남자 직원의 경우 SM이 가장 높고 오히려 JYP가 YG에 비해 훨씬 높다. 여자 직원의 경우 YG가 가장 높고 그다음으로 SM, JYP 순이다. 대형기획사 평균월급은 분기마다 사업보고서를 통해 나타난다. 대형기획사뿐 아니라 상장한 연예기획사들이 사업보고서에 직원 및 임원 급여 등을 기재한다. 장기근속자와 신입직원 평균월급이므로 참고 수준에서 보아야 한다.

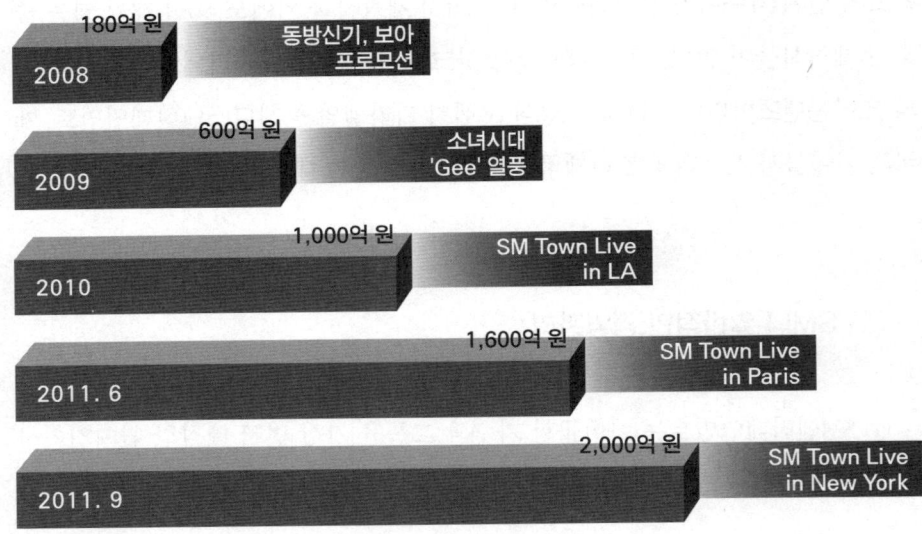

<그림 2-11> SM의 프로모션 전략과 주식가치 변동

출처: 프레시안 자료

신의 영어 이니셜 이름인 SM을 회사 이름으로 사용했다. 'Star Museum'의 약자로 칭해지기도 한다. SM은 H.O.T.를 비롯해서 S.E.S., 신화, Fly to the Sky, 보아, 동방신기, 슈퍼주니어, 소녀시대, 샤이니, f(x) 등 많은 아이돌 그룹들을 육성했다.

② SM은 설립 초기에는 연예 매니지먼트사업으로 시작했지만, 2000년 초에 음원 유통, 공연장, 영화 제작, 스타 아카데미 등의 영역으로 사업을 확장했고, 소속 뮤지션의 해외 진출을 위해 에스엠 재팬SM JAPAN, 에스엠 아시아SM ASIA, 에스엠 미국SM USA 같은 해외 법인도 있다.

③ 해외 활동은 주로 현지에 일임하는데, 일본도 마찬가지다. 일본 최대 규모의 음반기획사인 AVEX와 라이선스 협정을 체결하여 소속 뮤지션의 일본 진출 매니지먼트를 위임하고 있다. AVEX를 통해 보아를 비롯한 신화, 동방신기, 슈퍼주니어, 소녀시대가 음반발매와 공연기획, 방송활동을 했거나 하고 있다.

④ SM은 초기에는 주로 작곡가 유영진을 중심으로 국내 창작곡을 반영했지만,

동방신기 데뷔 이후 외국 작곡가들의 곡을 많이 런칭하고 있다. 특히 소녀시대 이후에는 국내외 유명 다국적 작곡가들이 만든 수천 곡의 데이터베이스를 보유했다.[10] 글로벌 연예제작사를 지향하는 차원이다.

⑤ SM은 음악적 특징이 뚜렷하지는 않다. 제작 스타일은 특정한 장르의 음악을 강하게 드러내기보다는 그룹들의 외형적인 트렌드나 콘셉트를 중요하게 생각한다. 이는 SM의 탄생배경과도 맞물려 있다.

(2) SM과 기획형 아이돌 그룹 모델

① 1980년대까지 대중음악인들은 주로 음반사, 즉 레이블에 소속되어 활동했다. 지구레코드, 서라벌레코드, 동아기획, 대영AV, 서울음반 등이 1980년대의 대표적인 음반 레이블이었고, 가수들은 이들 레이블사와 전속 계약을 맺고 음반을 발매했다. 당시 가수들의 연예 활동 중심은 당연히 음반 제작이었기 때문에 이런 레이블은 막강한 힘을 가지고 있었다. 이때 뮤지션들은 오랜 무명생활을 견디며 이런 레이블의 눈에 띄어 전속계약을 맺은 후 음반을 내고 방송에 출연하는 것이 정해진 절차였다. 하지만 이러한 방식은 90년대에 들어서면서 깨지기 시작한다. 90년대 이후 오디션을 통해 선발된 멤버들이 발굴 · 기획 · 육성되는 방식이 일반화되기 시작했다. 서태지와 아이들 이후 그 본격적인 시작은 바로 SM이었다.

② SM의 공헌은 아이돌 그룹을 한국에 본격적으로 체계화했다는 점이다. SM

---

10 SM 소속 멤버들에게 곡을 써준 작곡가들은 국내외를 통틀어 20여 명이 넘는다. 국내에는 원년 멤버 유영진을 비롯해 김영후, 켄지, 황성제, 박창현, 윤상, E-Tribe 등이 있고, 외국 작곡가로는 최근 소녀시대의 「더 보이즈(The Boys)」를 작곡한 테디 라일리(Teddy Riley)를 비롯해 「런 데빌 런」을 작곡한 다국적 작곡가, 부스비(Busbee), 알렉스 제임스(Alex James), 칼레 잉스트롬(Kalle Engstrom) 등이 있다. 다국적 작곡가 그룹으로는 엑스페리멘탈 뮤직(Xperimantal Music)과 북유럽 작곡가 그룹인 오슬로 레코딩스(Oslo Recordings) 등이다.

아이돌 팝은 원래 미국 모델에서 벤치마킹한 것이다. 1980년대 말 미국 음악시장이 불황을 타개할 목적으로 런칭한 프로젝트가 기획형 아이돌 그룹이었다. 1986년에 데뷔한 '뉴 키즈 온 더 블록New Kids on the Block: NKOTB'이 대표적이다. 90년대 초반 한국에서도 선풍적인 인기를 끌었던 뉴 키즈 온 더 블록은 음반 제작자인 모리스 스타Maurice Starr와 그의 사업 동반자인 메리 앨퍼드Mary Alford가 발굴해낸 백인 아이돌 그룹이었다. 모리스 스타와 메리 앨퍼드는 보스턴에서 수백 명의 10대 가수 지망생을 대상으로 오디션을 실시했고, 이때 춤과 랩을 겸비한 열다섯 살의 도니 홀베르그Donnie Wahlberg를 뽑았다. 그 뒤에 그의 주변 친구들을 결집해 뉴 키즈 온 더 블록을 만들었다.

90년대 초반 서태지 열풍을 통해 이미 10대 청소년 음악시장이 확인되었다.[11] SM은 모리스 스타처럼 한국과 미국에서 10대들을 대상으로 오디션을 해 재능 있는 친구들을 선발했고, 그렇게 만든 아이돌 그룹이 바로 H.O.T.였다. 이른바 아이돌 팝 제작 시스템의 탄생이었다. H.O.T.는 크게 성공한 그룹이 되었고, 한류 붐을 일으키기도 했다.[12]

③ 이러한 시스템에서는 대중의 잠재적 욕구를 적극적으로 수용하여 적극적으로 세일즈하는 측면이 강하다. 여기에 다변화된 수익모델이 특징이다. 가수는 노래만 부르는 것이 아니라 방송, 행사, CF, MC, 연기 등에서 활발한 활동을 한다. 초기 투자비용은 연예기획사가 담당하지만 그 전속 권리도 기획사에게 있다. 이

---

11 그룹 시나위에서 탈퇴한 뒤 서태지는 팀을 결성해 가수로 데뷔하려고 나머지 멤버들을 물색하고 다녔다. 나이트며 춤 잘 춘다는 사람들이 모여 있는 곳에 가서 실력 있는 이들에게 제안을 했다. 서태지가 같이 팀을 결성해보지 않겠냐는 제의를 우습게 보고 거절했던 이들은 나중에 땅을 치고 후회했다. 1992년 당시 서태지는 양현석과 이주노를 영입해 '서태지와 아이들'이라는 댄스그룹을 결성한다. 서태지는 혼자 작사, 작곡, 편곡, 노래를 했지만 춤은 잘 추지 못했다. 서태지는 양현석에게 25만 원 주고 춤을 배우기 시작했다.

12 대중음악평론가 차우진, 최지선 씨는 1996년부터 2010년까지 한국 아이돌 그룹의 역사를 살펴보며 H.O.T., 젝스키스, S.E.S., 핑클, 신화, GOD 등을 1세대 아이돌로, 동방신기, 슈퍼주니어, 소녀시대, 원더걸스, 빅뱅 등을 2세대 아이돌로 나누었다.

제2부 실무 현장론

과정에서 초기 투자비용과 실패에 대한 위험에 대한 비용으로 기획사에 유리한 계약이 이루어진다. 이 가운데 불거지는 것이 노예계약 논란이다.[13] 동방신기 멤버들이 공식적으로 소송을 걸고 JYJ를 결성한 것은 대표적이다. 어쨌든 이런 모델에는 과거 레이블처럼 음반에만 관여하는 것이 아니라 엔터테인먼트 전반에 걸쳐 관여하게 된다.

(3) DSP미디어(DSP Media: 이하 DSP)의 일반적인 경영관리

① 1990년대까지 한국 아이돌 팝 시장은 SM과 DSP로 양분되지만 DSP가 SM보다 먼저 한국적 아이돌 그룹 제작에 나섰다. 1991년에 '대성기획'이라는 이름으로 설립된 DSP는 SM보다 앞서 댄스그룹 제작에 나섰다. DSP는 서태지와 아이들이 데뷔하기 전에 댄스 열풍을 일으켰던 그룹 소방차와 1990년대 초 아이돌 그룹 잼ZAM을 만들었다.

② DSP는 초기에는 아이돌 중심의 매니지먼트와 음반 제작에 집중했지만, 2005년부터는 방송, 영상 분야에까지 사업 영역을 넓혔다. DSP가 제작한 아이돌 그룹으로는 젝스키스, 핑클, Click B, SS501, 카라, 레인보우 등이 있다. 또한 드라마로 「마이걸」, 「연개소문」, 「외과의사 봉달희」, 예능 프로그램 「경제비타민」, 「좋은나라 운동본부」를 제작했다.

---

13 이러한 방식은 오래전부터 지적되어왔다. "SM엔터테인먼트 소속 가수인 전 H.O.T. 멤버 문희준과 플라이 투 더 스카이의 황윤석 등에게 회사에 불이익을 끼쳤을 경우 계약금의 5배, 음반 제작비를 포함한 총 투자액의 5배, 잔여계약기간 예상이익금의 3배에 별도로 1억 원이라는 엄청난 배상금을 물도록 했다. 반면 조성모와 김종국이 소속된 혜성미디어를 비롯한 많은 기획사는 가수와의 계약을 일방적으로 양도 또는 해지할 수 있도록 해놓았다. 신인이 처음 계약할 때는 불공정이 더욱 심각하다. 계약금은 평균 500만 원 이하이고, 인세는 아예 없거나 극히 적은 경우가 대부분이다. 계약은 보통 3~5년의 장기로 한다. 두 번째 음반이 성공하면 비공식적인 보너스를 지급하지만, 계약 자체는 바뀌지 않는다." - [연예기획사] "무엇이 문제인가", 「한국일보」, 2002년 7월 30일자.

③ SMS과 DSP는 경쟁구도에 있었고 아이돌 그룹도 마찬가지였다. SM에는 H.O.T.와 S.E.S.가 있었고, DSP에는 젝스키스와 핑클이 있었다. 2000년대 초 신화와 클릭비 Click B의 대결도 마찬가지였다. 이러한 경쟁구도는 팬들의 경쟁은 물론 대중적 관심을 끄는 데 효과를 발휘했다.

④ DSP도 SM과 마찬가지로 연습생을 발굴하고 이들을 훈련시켜 데뷔시키는 모델을 가지고 있었다. 하지만 DSP는 SM과 같이 대대적인 시스템과 적극적인 공략 시스템을 갖추고 있지는 않았다.

(4) DSP미디어의 토착형 경영

① SM이 해외 활동에 집중했던 것과는 달리 DSP는 국내에 집중하는 전략을 보였다. SM이 수십억 원이나 들여 보아를 발굴·훈련해 일본으로 진출시킨 것과 비교하면 이 같은 사실이 여실히 드러난다. 2010년부터 일본 팝 시장에서 큰 인기를 끌고 있는 카라를 제외하면 크게 눈에 띄는 그룹은 거의 없다. 카라는 2011년 일본 음악시장에서 총 732억 원의 매출을 기록해 일본 가수 전체 매출 순위에서 4위를 차지했다.

② 메이저 연예기획사 중에서 가장 한국적인 댄스 팝을 추구했다. 멜로디가 아주 친숙하고, 리듬도 간결하다. 힙합 리듬이나 래핑이 거의 없는 것도 두드러진 특징이다. 작곡가들은 토종들이다. DSP 소속 가수들은 친근한 일상형 캐릭터들이다. 이는 SM이 우월하고 선망의 대상인 이미지 구사와는 다른 점이다. 핑클이나 카라의 이미지가 친근함이 더 강하다면 소녀시대의 경우에는 강남도시형 스타일이다.[14]

제2부 실무 현장론

---

14 [이동연의 케이팝 오디세이] 글로벌 SM과 토착형 DSP ①, "케이팝을 움직이는 손, '대형기획사'", 「프레시안」, 2012년 2월 1일자.

③ DSP도 발굴·기획한 소속형 가수들이 많아서 불공정 계약을 하고 있었고 이 때문에 젝스키스, 핑클, SS501 같은 그룹들은 오래가지 못했다. 특히 투명한 공개와 수익 분배의 공정성이 문제였다. 2011년 1월 DSP의 간판 아이돌 그룹인 카라의 멤버 일부가 계약해지를 통보한 것도 이 같은 맥락에서였다. 표면적으로는 일본 활동의 매출과 정산에 대한 투명한 공개가 부족했다는 것이다.

(5) JYP의 일반 경영관리

JYP는 1997년에 '태흥기획'이라는 이름으로 시작했다. 국민 아이돌 그룹 GOD 와 여성 솔로 가수 박지윤을 육성했다. 2001년에 대표인 박진영의 이니셜을 사용해 JYP라는 이름을 갖게 되었다. JYP가 과거에 제작했던 뮤지션으로는 비, 별, 노을, 케이윌, 현아 등이 있다. JYP는 원더걸스, Miss A, 2PM, 2AM, G Soul 등의 뮤지션을 보유하고 있다. JYP는 주력 콘텐츠였던 비가 2007년 제이튠엔터테인먼트로 소속사를 옮기면서 어려움을 겪었다. 이후에 아이돌 그룹 원더걸스, 2PM 등의 성공으로 SM, YG와 함께 3대 케이팝 제작사가 되었다.[15]

(6) JYP의 개성과 해외 전략

초기와 달리 JYP의 전략은 해외에 치중해 있었고, 특히 미국을 겨냥했다. JYP는 2000년대 초반 비를 월드스타로 만들기 위해 한국에서 아시아, 아시아에서

---

15 JYP는 코스닥 상장을 위해 비의 소속사인 제이튠엔터테인먼트의 주식을 대량 확보해 최대 주주가 되어 코스닥에 상장했고, 그 뒤 박진영과 Miss A가 제이튠으로 소속을 옮겨 회사 이름을 JYP엔터테 인먼트로 바꾸었다.

다시 미국으로 그 영역을 넓히려 했다. 더불어 2009년에는 원더걸스가 미국에 진출해 미국의 빌보드 '핫 차트' 100위 안에 진입했다. 2012년 싸이의 진출 이전까지 한국가수 출신으로서는 최고의 순위였다. 이러한 점은 박진영이 미국에서 활동했고, 그로 인한 인맥이 주효하게 작용한 결과였다.

JYP는 색깔이 분명하다. 그 색깔은 박진영 색깔이다. 박진영이 작곡과 안무, 코디네이션, 프로모션에 모두 관여한다. JYP는 소울, 디스코, 펑크funk로 대표되는 복고적인 흑인음악을 추구하고 복고음악을 하나의 차별화된 장르로 소구하려 했다. 원더걸스의 이미지는 바로 레트로음악에 대한 정확한 파악으로 성공할수 있었던 예이다. 몸을 드러내는 데 주저하지 않는다. 이는 남성들의 경우에 더욱 개성적인 것이다. 남성들의 몸을 드러내는 콘셉트와 패션이 자주 활용되었다. 2PM은 데뷔 즉시 '짐승돌' 신드롬을 일으켰다. 스타일과 마찬가지로 기업의 운영이 박진영에게 쏠려 있는 측면이 있다. 이는 거꾸로 그것을 박진영이 감내하지 못하면 무너진다는 의미를 내포하고 있다.

(7) YG엔터테인먼트의 일반 경영관리

YG는 서태지와 아이들의 멤버였던 양현석이 그룹 해체 후 창립한 연예기획사다. 양현석은 '현기획'이라는 레이블을 설립해 킵식스라는 그룹을 데뷔시켰지만, 크게 성공하지 못했다. 반면 이주노의 기획사에서는 '영턱스 클럽'이 크게 성공을 거두고 있었다.

그러나 이후 양현석이 제작한 지누션과 1TYM이 크게 성공하면서 자리매김을 하기 시작했다. 휘성, 거미, 빅마마, 세븐, 빅뱅, 2NE1은 물론 가수 싸이의 성공은 그의 기획사를 명실상부한 국내 3대 메이저로 만들었다.

2005년 빅뱅의 데뷔 이후에 손익분기점을 넘어 확실히 자리매김을 하였다. 2004년과 2005년에는 동방신기, 빅뱅 등의 아이돌 그룹들이 데뷔했다. 빅뱅을 통해 큰 상업적인 성공을 거두고, 2009년 2NE1을 통해 가장 개성 있는 엔터테인먼트기획사로서의 입지를 굳혔다.

(8) YG엔터테인먼트의 개성 전략

① 음악적 공동체성

YG는 다른 기획사처럼 전문적으로 아이돌 그룹을 만들어 세일즈하는 기업이 아니었다. 흑인음악, 즉 힙합 크루crew와 소울, 알앤비음악 커뮤니티를 형성하는 것이 목표였다. YG는 뽕필 댄스가 유행하던 1990년에도 흑인음악을 고수했다. YG는 2000년대 들어 알앤비 전문 레이블인 엠보트M-boat와 제휴해 빅마마, 휘성, 거미 등을 잇달아 성공시켜 흑인음악의 인기를 몰아갔다. YG는 1999년에 소속사 멤버들이 참여하는 'YG패밀리'라는 프로젝트 팀을 만들어 정기적으로 공연 활동을 해왔는데, YG패밀리는 힙합음악을 지향하는 YG의 커뮤니티 성격을 그대로 드러낸다. 이는 거꾸로 음악성을 제일 중요하게 간주하는 것과 맥락이 닿는다. 비주얼이 좋은 것보다는 이러한 음악적 재능과 열정이 중요하게 작용한다.[16]

YG는 2005년 빅뱅 이후 본격적으로 아이돌 팝에 집중하게 된다. 2NE1의 성공은 이러한 행보를 더욱 촉진하는 계기가 되었다. 그러나 빅뱅이나 2NE1은 멋지고 귀족적인 이미지가 아니라 자기만의 개성을 가지고 있는 그룹이었다. 가수 싸이가 YG에 소속된 것이나, 악동 뮤지션에 대해서 주목한 것도 개성을 중시하는 성격 때문에 가능한 것이었다. 커뮤니티의 성격은 기존의 연예기획사가 수익 창출의 논리를 우선하는 것과 일정하게 거리를 두고 있다.

---

16 그렇다고 해서 YG가 정통 흑인음악을 추구하고 있는 것은 아니다. 그것에 바탕을 두고 있지만 새로운 형식으로 변형을 가하고 있다. 이는 팝 컬처의 속성상 당연한 일이다.

② 자율과 수평

YG의 아이돌 팝 제작 특성은 JYP와 다르다. JYP는 전반적인 과정에 박진영이 개입하는 경향성이 강하다. 이 때문에 박진영 키드를 만들어낸다는 말도 있었다. 하지만 YG에서는 양현석의 개입을 최소화하는 전략을 추구하고 있다. 각 그룹의 멤버들이 자생적으로 활동할 수 있는 여력을 많이 열어준다. 빅뱅의 리더인 지드래곤G Dragon이 작곡과 작사를 하고[17] TOP은 랩을, 태양은 보컬을 맡아 멤버들 각자가 개성을 살리고 차별화된 솔로 음반제작과 개별 활동에 나서게 했다. 이러한 점은 수평적인 공동체성을 지향하는 것으로 멤버들 간의 자율적인 협력을 통해 최대한 창조성과 개성을 배가하는 전략이라고 할 수 있다.

그 같은 이유는 아무래도 양현석이 그룹 활동을 해보았기 때문에 각 멤버들의 자율적인 활동이 중요하고 필요하다는 점을 인식하고 있었을 것으로 보인다. 이는 저항성과 개성을 중요시하는 가치관을 의미하기도 한다. 이러한 점 때문에 SM보다는 좀 더 민주적인 운영시스템을 가지고 있는 것으로 평가된다. 2NE1은 기존의 여성 걸 그룹이 하나같이 만들어진 인형과 같은 이미지에서 벗어나 있다. 각자 자신의 개성을 잘 살리고 있고 나아가 기존의 사회문화에 대한 저항적이고 문제의식을 가지고 있는 캐릭터를 구축하고 있다. 캐릭터만이 아니라 패션스타일 자체가 자유로움과 혁신을 콘셉트로 삼고 있다. YG는 SM, JYP, DSP와 비교했을 때 그룹 멤버들과 큰 갈등이 없다.

---

17 다만, 표절 사건에서 알 수 있듯이 완전한 오리지널리티를 확보하고 있는지에 대해서는 이견이 있을 수 있다. 중요한 것은 스스로 자생적인 뮤지션이 되도록 풍토를 조성하고 있다는 것이 중요할 것이다.

〈표 2-6〉 주요 케이팝 기획제작사

기획사	설립연도	특징	소속 연예인	매출/순익	자회사
SM	1995	아이돌 팝 중심의 음반기획, 매니지먼트, 음악콘텐츠 사업	동방신기, 슈퍼주니어, 샤이니, 소녀시대, f(x)	864억/ 218억 (2010)	SM Japan SM Asia SM USA
DSP	1991	댄스음악 중심의 음반 기획 제작, 매니지먼트, 스타 메이킹, 영상프로덕션	카라, 선하, 레인보우	250억 원 추산 (2010)	DSP Japan
JYP	1997	흑인음악 중심의 글로벌한 음반기획, 제작, 유통, 매니지먼트	2PM, 2AM, 원더걸스, Miss A	217억/ 10억 (2010)	JYP USA JYP China JYP Japan
YG	1996	힙합음악 중심의 음반기획 및 매니지먼트, 연기 매니지먼트	빅뱅, 2NE1, 세븐, 거미, 타블로, 싸이	447억 /97억 (2010)	YG Japan

출처: 이동연, [이동연의 케이팝 오디세이] 박진영의 JYP와 양현석의 YG · ②

4. 연예기획 매니지먼트 경영의 과제

음악의 경우, SM을 반드시 언급하지 않더라도 한국의 연예기획사에서는 음악성, 창작성, 혁신성, 실험성을 가진 뮤지션들이 성장할 수 있는 토대가 없다. 초기에 들어간 비용을 뽑아내기 위해 이들은 TV 음악 프로그램 출연은 물론 오락 프로그램, 드라마, 영화, 뮤지컬에도 나서고 각종 행사, CF와 홍보 이벤트 등 닥치는 대로 일해야 한다. 이러한 면은 원 소스 멀티 유스의 측면이 있지만, 이는 아티스트 차원의 원 소스 멀티 유스가 아니라 상품화 차원의 이용에 불과한 측면이 있다. 이러한 측면은 끊임없이 소속사 분쟁과 갈등을 유발하는 기제가 될 수밖에 없다. 이러한 측면에서 많은 전문가들이 YG 모델을 주목하고 있으며, 이는 싸이의 세계적 흥행을 통해 심증이 굳어지게 했다.

글로벌 수준에서 음반 제작과 유통이 원활하게 이루어지지 않고 있다. 케이팝 아이돌 그룹들의 음반이 정상적으로 팔려 수익이 창출되는 곳은 아직까지는 한국과 일본이다. 그렇기 때문에 일본에 대한 집중 현상이 여전하다. 미국과 영국의 거의 대부분 뮤지션들은 음반 제작과 월드투어 공연으로 수익을 만든다. 미국이나 유럽시장으로 본격 진출하는 것은 요원한 일이다. 이를 가수 싸이가 충족시켜주고 있지만 안정적인 음악적 유통을 통한 것이 아니라 유튜브라는 공간을 통해 이루어졌다. 이러한 점은 국내 대형 메이저의 전략을 수정하도록 했다. 가수 싸이의 코드는 결국 '개성'이었다. 이는 콘텐츠의 차별성을 의미한다.

또한 중요한 것은 콘텐츠를 제작하는 것뿐만 아니라 그것을 어떻게 유통·판매할 것인가의 문제이다. 이 점을 뚫어내는 것이 국내 기획 매니지먼트사의 관건이다. JYP는 옛날 방식의 유통망 구축을 위해 너무 많은 가용자원을 소모했다. 전통적인 방식을 벗어난 싸이조차 실제 라디오 음악 수준에서는 배제되고 있다. 다른 케이팝은 더 말할 것도 없다. 아무리 일본이나 아시아에서 인기를 끌고 있는 SM의 가수들이라고 해도 유럽에서 실제 유통되는 음악은 그렇게 많지 않다. 아직은 홍보를 위한 알림이 수준에 머물고 있다. 일본에서는 현지 기업들이 아니면 활동을 제대로 펼치기 어렵다. 때에 따라서는 부당한 계약조건을 맺게 된다. 중국에서는 정확한 유통 수익 회전이 보장되지 않고 있다. 이는 비단 한 개인이나 기획제작사의 힘으로 성취되기에는 한계가 있다. 따라서 이러한 유통과 배급의 수월함을 위해 정부의 정책적 노력이 투입되어야 한다.

앞으로는 미국처럼 매니저와 에이전트가 분리되는 경향이 있을 것이다. 이러한 시스템은 스타의 주변인물들이 매니저, 즉 관리업무를 담당하고, 홍보나 출연섭외는 전문가, 즉 에이전트와 별도의 계약을 체결하여 연예활동을 한다. 김태희는 루아엔터테인먼트를 설립하고 전 소속사인 나무엑터스와도 에이전시 계약을 맺고 관계를 유지했다. 미국의 에이전시 시스템처럼 김태희는 나무엑터스에 영화, 드라마, 광고 등의 출연섭외와 홍보를 위임하고, 자신의 개인적인 매니지먼트는 가족 또는 고용한 사람들과 해결했다. 이러한 점은 비단 배우에게만 한정되지 않고 다른 분야에 영향을 줄 가능성이 있다. 다만 대형 스타에게만 한정될 것인지는 좀 더 시간적 추이가 필요할 것이다.

상당 기간 매니지먼트 시스템의 구조는 강점은 살리고 약점은 없애거나 보완해야 한다. 한국의 연예기획사의 초기모델에서는 한 사람의 대표가 전권을 행사했다. 사실상 매니저와 대표가 분리되지 않았다. 이러한 형태는 아직도 한국 연예기획사의 대부분을 이룬다. 하지만 최근 이런 구조에서 벗어나기 시작했다. 싸이더스나 SM은 이런 통합적·수직적인 면보다는 분업화·전문화가 이루어졌다. 하지만 의사결정구조가 완벽하게 수평적이거나 분산되어 있지는 않았다. 무엇보다 한국은 미국과 달리 에이전트-대리인 개념이 아니라 소유자 개념이 강했다. 특히 대형화·전문화되어 있을수록 투입되는 돈은 비례하고, 돈을 투자받아 스타로 만드는 것은 본격적인 수익 회수를 위한 바탕이다. 이 때문에 분쟁과 갈등이 일어난다. 이를 방지하기 위해 국회에 여러 법안이 제출되었다. 한국이 미국의 에이전트 개념으로 이동할 수 있을지는 미지수다. 하지만 한국식 모델로 한류 현상을 일으킬 수 있었던 것은 바로 에이전트 개념이 아니라 소속재산 개념이었다. 커넥터나 대리자가 아니라 소유주 개념이 강했다.

집합적 기획제작은 그 나름의 장점과 단점이 있다. 그것이 통하는 시장이 있고 그렇지 않은 시장이 있다. 만약 통하는 시장이 멈추고, 새로운 시장이 확장되지 않으면 홍콩영화 같은 트렌드 운명을 맞게 된다. 많은 돈을 들이고도 원하는 수익이 나오지 않고 표준계약이 준수된다면 오히려 투자자본은 위축될 수 있다.

기획·제작된 음악이 아니라 독자적인 콘텐츠를 연결해주는 21세기 새로운 거간꾼 개념의 기획사 모델이 나올 수 있을지 지켜볼 일이다. 그러려면 많은 재능둥이들이 스스로 대중에게 선을 보일 수 있는 기회와 공간이 많아야 한다. 그렇게 해야 자신의 개성을 키워 독자적인 자생적 콘텐츠가 될 수 있기 때문이다. 그것이 없는 상황은 여전히 몇몇을 통하지 않고는 대중과 접점을 가질 수 없는 비극을 반복하며 불공정을 만들어낼 것이다. 그런 상황에서는 뛰어난 창조결과물이 나올 수 없다. "자식에 대한 집착을 버려라. 그들은 소유물이 아니다." 과도

한 애정과 투입도 옛날이야기가 된다. 의리와 신의, 은혜와 보은은 전근대적 개념으로 사라질 것이다.

시스템과 구조적인 모순 때문에 연예스타들의 자체 기획사 설립은 계속 이어질 것으로 보인다.[18] 자신의 이미지와 인지도를 확고히 굳힌 톱스타들은 경제적으로 안정되어 돈 욕심보다는 자신이 원하는 일만 주체적으로 결정하고 싶어 한다.[19] 이는 모든 매니지먼트사가 겪게 될 운명이다. 이는 한편으로 기존의 기획사에 위기를 전해주기도 하지만, 만만치 않은 현실 때문에 쉽게 시스템을 위협하지 못한다는 지적도 있다. H.O.T. 출신 가수 이재원은 중국에서 음반 제작 등을 위한 엔터테인먼트회사를 만들었다. 윤은혜, 원빈, 이영애, 류시원, 장근석, 최지우, 김태희, 소지섭, 정우성, 송승헌, 장나라, 장서희, 김윤진, 서인영, 고현정, 박신양, 이병헌도 독자 기획사를 만들었고, 자체 기획사를 만든 연예인들은 BOF의 배용준을 모델로 삼고 있다. 배용준은 드라마 「겨울연가」로 얻은 폭발적인 인기를 발판 삼아 2004년 1인 기획사 '키이스트'를 차렸고 일본을 중심으로 하여 아시아를 상대로 본격적으로 사업을 펼쳐나갔다. 배용준은 이후 소지섭, 이나영 등을 차례로 영입하며 중대형 기획사 규모로 확장시켜 나갔고, 본격 매니지먼트를 시작했다. 배용준은 실질적인 '경영자' 혹은 '결정권자'였다. 류시원도 1인 기획사의 대표적인 성공 사례다. 일본에서 가수 활동으로 연 100억 원 이상의 고정 매출을

18 최근 정상급 연기자들이 줄줄이 1인 기획사를 설립하는 이유는 뭘까?
"가장 큰 이유는 경제논리다. 예전에는 대형기획사에서 톱스타를 데려올 때 거액의 계약금을 줬다. 코스닥 상장회사의 경우 톱스타 영입만으로도 지불한 계약금의 10배를 튀길 수 있었다. 그런데 지금은 엔터테인먼트 주의 인기가 예전 같지 않아 그런 '대박'을 기대하기 어렵다. 그러니 대형기획사에서도 요즘은 계약금을 안 주는 추세다. 그런 지가 벌써 1~2년 됐다. 톱스타 입장에서는 큰 장점이 없는데 굳이 대형기획사를 고집할 이유가 없어진 거다. 그렇다 보니 마음 잘 맞고 믿고 일할 수 있는 매니저나 가족을 대표로 세워 1인 기획사를 설립하는 일이 많아진 것이다. 앞으로 1인 기획사가 더 많아질 것이다." - 심층취재 [톱스타 '1인 기획사' 설립 붐 ②] "1인 기획사 성공모델 '알스컴퍼니' 류시관 대표", 「신동아」, 2011년 5월호.

19 [O2플러스/장규수 박사의 '스타시스템'] ⑦ "스타들이 1인 기획사를 설립하는 이유", 「동아일보」, 2011년 6월 22일자.

올리며 자신의 회사 알스컴퍼니를 통해 류시원이라는 브랜드를 체계적으로 관리해나가며 각종 사업을 벌여왔다.[20]

　독자적인 연예기획사를 유지하려면 배우를 기준으로 연간 수입이 최소 25억원은 되어야 수지가 맞는다. 사업 다각화와 다양한 콘텐츠 개발을 통한 수익 모델을 찾는 것도 과제다. 또 자체 기획사를 영속성 있는 회사로 키우려면 스타가 가져가는 금액 비중을 낮춰야 한다. "연예인 오너가 수입의 80% 이상을 가져간다면 그 회사의 성장 가능성은 낮다."며 "회사를 키우기 위해서는 오너 몫을 절반 이하로 낮추고 그것도 회사에 재투자해야 한다."[21] 실패 사례도 있다. 2012년 9월 장동건은 자신이 운영해오던 AM엔터테인먼트를 접고 SM엔터테인먼트의 계열사인 SM C&C로 들어갔다. SM C&C가 장동건의 회사를 흡수·합병하는 형식이었다. 정진영도 다시 소속사로 들어갔다.

　예능인 중에도 유재석, 정준하, 서경석, 노홍철, 정형돈 등이 개인 스태프 1~2명과 함께 '1인 기획사' 형태로 활동하고 있다. 스케줄을 결정하고 출연은 물론 제작진과 프로그램 관련 협의까지 해야 하니 정신적·육체적으로 부담이 크다. 프로그램의 기획 단계부터 제작진과 직접적으로 접촉해 기획사라는 조직의 논리를 배제하고 전체적인 콘셉트와 그 안에서 자신의 역할에 대한 공감대를 형성할 수 있다. 요즘 예능에서는 연출자와 출연자가 평소 얼마나 밀접하게 논의하고 소통하는지도 완성도에 중요한 요소가 되고 있는데, 1인 기획사 연예인들이 수월한 점이 있다. 하지만 대인관계 때문에 맺고 끊는 것을 잘하지 못하고 여기저기 많이 출연할 경우 자신의 희소성을 관리하지 못해 해가 된다는 사실을 인식해야 한다.[22]

　어쨌든 연예기획 제작사는 최고의 가치창조기업으로 성장해야 한다. 연예산

20　"강지환까지… 연예인 1인 기획사 명암", 「연합뉴스」, 2013년 1월 18일자.

21　"연예스타들 자체 기획사 설립 '붐'", 「한국경제」, 2008년 11월 18일자.

22　"예능 新 풍속도 "대형 기획사 난립 속 '독립군'이 뜬다!", 「이데일리」, 2013년 7월 3일자.

업과 관련 콘텐츠로 무에서 유를 창조해나가는 작업을 해야 한다. 그간 팬과의 관계에서 경험과 노하우를 바탕으로 새로운 수익모델을 창출해 연예인의 가치를 극대화하는 작업을 확장해야 한다. 중요한 것은 상장이 아니라 기업의 정체성을 만들어가는 것이다.[23]

---

23 심층취재 [톱스타 '1인 기획사' 설립 붐 ②] "1인 기획사 성공모델 '알스컴퍼니' 류시관 대표", 「신동아」, 2011년 5월호.

경영 실무론

01

국내 음반 · 가수 매니지먼트와 매니저

김수환

1. 음반 · 가수 매니지먼트의 화두

국내외적인 환경은 이전과는 다른 방식의 가수 매니지먼트를 요구하고 있다. 예컨대 한류와 음원시장의 팽창은 대표적인 도전이면서 한 차례 더 발전할 수 있는 기회를 제공하고 있다. 새로운 변화와 함께 혁신을 추구하면서도 지켜야 할 원칙과 가치가 있다. 음반 · 가수 매니지먼트에서 생각해야 할 것은 다음과 같은 내용들이다.

- 연예 매니지먼트와 음반 · 가수 매니지먼트는 다른 특징이 있는가?
- 연예 매니지먼트에 대한 사회적 시선과 분위기
- 연예 매니지먼트의 철학, 원칙, 이념
- 캐스팅과 매니지먼트의 성공 사례

- 위기상황 & 극복 대처 사례
- 조직운영 노하우
- 한국 매니지먼트의 과제와 개선점
- 매니지먼트의 전망
- 성공적 매니지먼트의 요건

2. 음반·가수 매니지먼트의 개념

연예 매니지먼트는 캐스팅하고 프로듀싱, 데뷔까지 가는 과정이다. 음반·가수 매니지먼트도 마찬가지인데, 예전에는 콘텐츠 비즈니스를 이어갔지만, 최근에는 한류에 초점이 맞춰진 콘텐츠 위주로 음반이 생산되는 형태이다. 더구나 예전에는 단순히 음악이 좋다는 차원이었지만, 이제는 기획과 전략이 핵심이다.

최근 아이돌이 상승한 이유는 기획을 해서 10대를 전략적으로 공략한 것이다. 그들에 대한 연구와 탐색이 체계적으로 이루어졌다. 예컨대 10대는 자기가 먹고 싶은 것을 꼭 먹어야 하고, 보고 싶은 것은 꼭 봐야 하는 심리적 특징이 있다. 그래서 SM의 전략은 10대를 겨냥한 것이었다. SM에 몸담고 있을 당시에 주기적으로 강의를 들어 이러한 측면의 감각과 전문적 노하우를 기르려고 노력했다. 내부 30~40명 정도의 교육이 있었고, 10대와 함께 어우러질 수 있는 콘텐츠를 생산해야 한다는 것에 초점이 맞춰져 있었다. 뜻 자체가 관리, 경영이다. 하지만 꼭 경영적인 관점에서만 볼 필요는 없다. 예술 계통의 학생들을 모아서 해야 하는데, 그 이유는 듣는 귀와 감각이 있어야 하기 때문이다.

엔터테인먼트는 어떤 회사든지 주력 콘텐츠를 만드는 것이 중요하며, 그것이 일련의 과정이다. 콘텐츠는 바로 연예인이다. 괜찮은 원석을 찾아서 잘 다듬고 깎아서 다이아몬드를 만드는 과정이다.

3. 음반 · 가수 매니지먼트의 변화

예전에는 단순히 음반을 내고 국내에 치중된 엔터테인먼트산업이 이제는 한류산업에 맞춰서 생산되는 매니지먼트다. 이제는 예전의 국내에 한정된 시선을 넘어서 글로벌시장을 타깃으로 그룹 메이킹도 글로벌해지는 양상이다. 당연히 세계 현지를 돌아다니면서 캐스팅하는 범위가 넓어졌다.

대형기획사의 경우는 해외 공연을 가면 항상 캐스팅 디렉터가 따라간다. 어느 나라를 가도 한인 학교들이 다 있다. 그곳을 집중적으로 방문하고 원석들을 찾는다. 외국생활에 익숙한 괜찮은 원석들이 몰려 있다. 그런 곳에서 자체적으로 오디션을 진행한다. 매니지먼트나 데뷔 전략도 정보가 중요하다. 기본적으로 시스템 운영에서는 그 지역의 가장 유명한 학생이 누가 있는지, 어떤 원석이 있는지 찾는다. 대형기획사에서는 개인적 접촉보다는 자체적으로 지역 오디션을 진행한다. 오디션으로 괜찮은 원석을 발굴하기도 하지만, 자회사를 홍보하는 수단이기도 하다. 사실상 그런 부분이 크다. S모 사의 경우는 매년 오디션을 진행하지만 발굴되는 숫자는 적다. 기획사들을 보면 미디어에서 진행되는 오디션을 통해 발굴하는 경우가 있다. 오디션에서 나온 콘텐츠는 사실 소수이고, SM은 디렉터만 20명이 넘는다. 직접 현장에서 정보를 입수해서 스카우트해오는 경우가 대부분이다.

한편 방송과 동반하여 해외에서도 활동한다. 어쨌든 엔터테인먼트와 방송국은 한 배를 탄 운명이다. 해외에서 둘은 하나이다. 이 분야의 비즈니스는 준 것이 있으면 돌려받는 시스템이 생활화되어 있다. SM에서 슈퍼주니어를 방송국에 내보내준다면 방송국에서는 방송에서 나온 괜찮은 인재를 SM에 소개해주는 식이 되고 있다. 물론 매니지먼트가 더 우대받으면 좋다. 이모 대표는 엔터테인먼트를 갑으로 만들겠다고 공언했다. 그래서 현재 자체 제작도 하고 있는데, 그것도 일환이다.

4. 배우 매니지먼트와 음반 · 가수 매니지먼트의 차이점

배우의 경우는 드라마 안에서의 캐스팅인데, 음반에서는 일단 괜찮은 음악적 인재를 뽑는 것이 중요하다. 하나의 작품에서만 활동하는 사람이 아니라 지속적으로 음악활동을 할 수 있는 이들을 발굴하고 그들을 기획하여 좀 더 좋은 뮤지션과 음악콘텐츠로 만들어낸다.

규모 면으로 봤을 때는 가수의 경우가 시스템적으로 체계화되어 있고, 좀 더 전문화되어 있다. 최근에 연기자들도 한류를 형성하고 있기 때문에 가수 매니지먼트가 더 크다고 할 수만은 없다.

음반 매니지먼트와 가수 매니지먼트를 따로 생각할 수는 없다. 가수 매니지먼트는 콘텐츠를 생산하는 것이고, 음반 매니지먼트는 음반을 유통하는 과정이 크다. 하지만 이제는 통합적으로 움직인다.

5. 디지털 음원 시대와 음반 · 가수 매니지먼트의 전략 변동

디지털 음원 시대가 되면서 매니지먼트의 변동이 있었다. 일단은 큰 교훈을 얻은 것이 얼마 전 지상파인 KBS 「뮤직뱅크」에서 14년 만에 힙합 그룹인 다이나믹 듀오가 1위를 했다. 2013년 7월 다이나믹 듀오는 정규 7집 「LUCKYNUMBERS럭키넘버스」 타이틀 곡 'BAAAM뱀'으로 각종 음원차트와 음악방송을 휩쓸었다. 다이나믹 듀오는 7월 13일 MBC 「쇼 음악중심」에서도 1위를 했고, 12일 방송된 KBS 「뮤직뱅크」에서도 1위를 차지했다.

이것을 보면 이제 대중은 실력과 음악성을 추구할 수 있고, 공연문화에서 중추적으로 자리를 잡고 있는 가수나 음악을 잘 만드는 경우에 초점을 맞춘다는 점을 생각하게 된다. 비디오형보다 오디오형 가수로 변형되는 시점인 것이다. 이전에는 음원에 맞춰서 힙합은 그냥 언더라고 생각했는데, 이제는 언더에서 올라오는 시기다. 대중의 귀나 시선도 한 단계 업그레이드되었다. 음원에 맞춰져 있기 때문에 가수 매니지먼트가 더욱 성공할 수 있는 발판이 넓어졌다.

그것에 맞춰 전략도 변했다. 이전에는 돈을 벌기 위해서는 제작사에서 콘텐츠를 생산하여 성공 확률이 높은 것을 따져서 골랐다. 그래서 아이돌, 특히 여성 아이돌은 빨리 키울 수 있고 성공할 확률이 높다고 보고 집중적으로 생산하게 되었다. 당시 남성 아이돌은 워낙 많았기 때문에 변별력이 없었다. 여성 아이돌은 비주얼과 춤만 받쳐주면 일단 주목받을 수 있기 때문에 많이 선택했다.

이제는 다시 음원 시대가 되면서 가창력이 있는 오디오형 가수가 주목받는다. 그래서 트레이닝 시스템이 바뀌었다. 비주얼만 되고 춤만 잘 추는 아이돌은 제외된다. 이제는 작곡도 배우고 곡을 직접 쓰기도 한다. 그런 작업은 작곡가에게 트레이닝을 맡긴다. 장차 곡을 직접 써서 음악을 낼 수 있도록 하기 위해서다. 말하자면 스스로 음악을 만들 줄 아는 가수로 성장시키는 그런 시대가 왔다.

음원 시대가 그것을 만들었다. 음반만 찍어내고 팔기에 급급했던 시대에서 이제 스스로 음악을 만드는 등 수준이 많이 상향되었다.

음원 시대가 되다 보니 곡 선택이 중요하다. 작곡가들도 비즈니스와 PR을 해야 하는 시대가 왔다. 어떤 작곡가가 만들었는가에 따라 성공 여부와 확률이 어느 정도 정해진다. 어떤 작곡가가 곡을 썼느냐에 따라 전략, 기획이 바뀐다. 어떤 스타일의 어떤 색으로 곡을 입힐까를 고민한다.

음원은 주기가 굉장히 짧다. 몇 주 확 올라가서 치고 내려오기 때문에 거기에 따라 공연이 움직여야 한다. 짧은 시간 내에 모든 것을 다 소화해야 하는 전략으로 많이 바뀌었다. 몰입도가 강해진 것 같다. 따라서 미디어를 잘 활용해야 한다. 어느 정도 톱클래스 급으로 올라가는 상황이다. 힙합도 메이저로 들어올 수 있는 시대다. 다이나믹 듀오도 행사나 공연만 하는 가수가 아니라 한류시장에 동참할 수 있는 계기를 만들어야 한다.

요즘에는 여러 가지 구설수가 많다. 음원이나 음반을 사재기하는 것 때문이다.

사실 그렇게 하는 목적은 방송에서 1위를 차지하기 위한 과정이다. 방송 시스템을 보면 K모 사의 경우는 방송에 몇 회 노출되었는지에 따라 방송 점수가 있다. 순위가 집계되어 순위를 매긴다. 따라서 1위를 받기 위한 작업들이 분주하게 이루어진다.

6. 음반 · 가수 매니지먼트 교육의 방향성

교육에서 연예 매니지먼트는 실제적인 내용실무을 다루어야 한다. 하지만 현실에서는 캐스팅과정도 거의 다루지 않는다. 캐스팅 단계에서 가장 중요한 것은 학교 캐스팅과 로드 캐스팅이 있다. 캐스팅에서는 대담성과 자신감이 중요하다. 그 이유는 보통 신인을 개발하는 일을 할 때 남자 디렉터가 여자에게 시도할 경우, 여자 디렉터가 남자에게 시도할 경우는 자칫 작업이라도 하는 것으로 오해받기 쉽다. 캐스팅을 할 때 회사에 대한 자신감과 애사심이 있어야 그 사람을 보고 그 회사에 들어오는 것이다. 따라서 자기를 적극적으로 PR할 줄 알아야 한다.

그런 과정에 대한 준비가 없으면 캐스팅 과정에서 봉변이나 난처한 경우를 당할 수도 있다.

20대 초반에 여자상업고등학교에 캐스팅을 하러 갔다. 처음에 일진 아이들이 나온다. 그런데 오히려 그 일진 아이들이 정보를 많이 가지고 있다. 그렇게 접촉해서 정보를 얻어낼 수 있었다. 만약 일진 학생들이 온다고 해도 그들을 활용해 좋은 정보를 알 수 있다면 해야 한다. 그런 상황에서 봉변을 당한 적이 있다. 가장 크게 봉변당한 것이 미스코리아 선발대회 현장이었다. 현장 관계자가 아니라서 못 들어간다는 말을 들었다. 그래서 기자라고 거짓말을 했다. 공교롭게도 그 언론사 기자가 현장에 있었다. 결국 쫓겨났는데, 임기응변에 능해야 한다는 점을 깨달았다. 특히 학교에서는 자칫 유괴범으로 몰릴 수도 있다. 학교에 문이 몇 개 있는지도 체크해야 할 부분일 수 있다. 학생들과 같이 놀아주기도 했다. 같이 농구를 하기도 하고 게임도 하면서 원석에 대해 묻는다. 예술고등학교의 경우는 자주 가게 되면 자연스럽게 그렇게 된다.

7. 캐스팅 노하우

일일이 다 밝힐 수는 없지만 캐스팅에 얽힌 야화가 많다. 슈퍼주니어의 강인과 동방신기의 윤호를 캐스팅했다. 그들에 대한 정확한 정보를 입수해야 하고 그 정보들이 중요하다. 학교 축제, 경연대회 등을 잘 알아야 한다. 장소는 한정하지 않고 어디든 간다. 지역 행사 주최지도 거의 알고 있다. 그들을 도와줌으로써 그 사람들이 포상을 받기도 한다. 캐스팅 매니저들에게도 포상이 있다. 1인의 가치가 1억이 될 수도, 100억이 될 수도 있다. 받는 금액은 기획사별로 차이가 있지만 300만 원 선이다.

해외의 경우는 직접 오디션을 보고 학교장에게 접촉하여 정보를 얻는다. 개인적으로 강점이 있다면 어르신들을 상대로 말을 잘하는 편이다. 그래서 어르신들이 나를 믿고 정보를 준다. 어르신들이나 학교장과 거래할 수 있는 능력이 있어야 한다. 캐스팅 매니저는 엔터테인먼트에서 가장 중요한 존재다. 언제나 캐스팅을 하고 있는데, 그러다 보면 자연스럽게 네트워크가 형성된다. 우리 회사에 맞지 않다고 해서 저버리는 것이 아니라 인연이라고 생각한다. 그 네트워크를 통해 다른 곳으로 연결시키기도 한다.

어떤 한 사람을 괜찮다고 생각하면 인생을 책임지는 것이 캐스팅 매니저가 할 일이다. 캐스팅 매니저의 말에 따라 그 사람의 인생이 바뀐다. 어마어마하게 중요한 일이다. 인생을 완전히 버려놓을 수도 있고 살릴 수도 있다. 그래서 안 될 것 같은 경우는 과감하게 내치기도 한다.

보통 한 매니저가 어느 정도의 사람과 관계를 맺고 있을까? 나는 이 일을 한 지 13년 되었는데, 모든 음반사의 연습생들이 어디로 이동하고 어디로 나왔는지 네트워크를 통해 즉시 연락이 온다. 그 정도로 네트워크를 형성해놓았다. 그렇게 된 시점은 경력 7~8년쯤이었다. 시간적인 것은 중요하지 않다. 빠르면 1~2년 안에도 충분히 가능하다고 본다. 한 달에 1,200만 원을 번 경우도 있다.

8. 매니저의 단계적 경험

캐스팅 매니저를 하다가 딜레마가 찾아오는 때가 있다. 1~2년 하다 보면 '내가 학교 앞에서 대체 뭘 하고 있나?' 하는 생각도 들고 성공할 수 있을 것인가에 대해 고민도 하게 된다. 정점에 올랐을 때 다음 단계인 프로듀싱 단계로 넘어갔다. 인정을 받았고 꿈과 목적에 대해 명확하게 PR을 해서 넘어가게 되었다.

파트를 나누기보다는 엔터테인먼트 디렉터라는 비중 있는 역할을 했다. 엔터테인먼트는 한 가지만 집중하면 안 된다. 두루두루 경험해보고 나중에 제작이나 기획을 할 것이라면 모든 시스템적인 것을 경험해보아야 한다. 다른 매니저와 달랐던 것이 프로듀싱, 캐스팅, 매니저, 트레이닝까지 경험해보았다. 자신 있게 첫 단계부터 준비하고 말할 수 있다. 실무적인 부분에서 더욱 그러하다. 음반이나 가수와 관련한 매니저이므로 보는 눈과 음악적인 듣는 귀도 있어야 하고 마스크에 맞는 패션 감각도 있어야 한다.

9. 캐스팅 원칙

흔히 캐스팅에서는 선구안이 중요하다. 선구안이란 무엇일까? 일반인이 보기에 비주얼은 좋은데 상품성이 없는 경우가 있고, 그저 그렇지만 가능성이 있다고 보이는 경우가 있는데, 그것을 보는 관점이 다르기 때문이다. 즉 매니저가 보는 상품성 관점과 선구안은 다른 것이다.

개인적으로 웃는 것을 중요하게 본다. 가장 기쁠 때 나오는 미소를 지어보라고 한다. 대중의 입장에서 볼 때 그 미소는 자신의 기분이 좋아지면 된 것이다. 웃음을 통해 자연스러운 매력에 정확히 초점을 맞춰본다.

억지로 웃음을 짓는 것과는 다른 것일까? 가수는 카리스마도 있어야 하지만, 예능과 밀접해 있기 때문에 항상 웃어야 한다. 어떤 표정을 지었을 때 가장 멋있고 매력 있는지를 알아야 한다. 가장 자연스럽게 배어나올 때 연예인으로서의 자질이 나온다. 만났을 때 대화를 통해서도 어느 정도 알아볼 수 있다.

말하는 것에서는 위트가 있어야 하는 것일까? 일단 목소리 톤과 말주변에서 다가오는 느낌이 있다. 거기에 더해 위트와 센스가 있어야 한다.

물론 다르게 접근되는 경우도 있다. 연습 과정에서도 데뷔 콘셉트가 바뀐다. 힘들게 고생해온 유노윤호 같은 경우는 다르다. 유노윤호는 춤을 굉장히 잘 추었다. 예능이나 연기도 이러한 콘셉트에 맞추어야 했다.

가장 중요한 것이 트렌드이다. 캐스팅할 때는 단순히 좋은 아이를 찾는 것이 아니라 트레이닝 리서치를 한다. 아이돌의 경우는 "너희가 좋아하는 가수가 누구냐? 가장 설레는 연예인이 누구냐?"고 묻는다. 그것을 다 체크해놓고 캐릭터 분석을 한다. 왜 좋아하는지에 대해 집중한다. 통계를 조사하고, 전문화시켜서 초점을 맞춘다. 다른 질문은 하지 않는다. 진짜 설레느냐고 묻는다. 설레는 것이 매우 중요하다. 그냥 매력 있는 정도가 아니라 가슴이 뛸 정도로 사랑해야 한다. 캐스팅 디렉터의 작업 중 트렌드 리서치가 가장 중요한 단계이다. 대중이 원하는 콘텐츠가 어떤 것인지 정확히 알아야 한다. 그래야 성공적인 캐스팅이 가능해진다.

트레이닝 단계에서는 연습을 시키는 과정에서 심리교육도 이루어진다. 심리상담도 행해지는데 자체적으로 진행한다. 지금 심리 상태가 어떻고 어떻게 해결해주어야 연예인으로 시너지가 나고 연습에도 지장이 없는지 등등. 그런 트레이닝 과정에서는 심리교육이 가장 중요하다.

그래서 인성과 심리교육을 가장 중요하게 본다. 인성은 기본적으로 예의를 말한다. 학생의 본분을 벗어나지 않는 차원에서 연습을 시킨다. 부모의 걱정도 그런 부분이다. 그 부분에서 중추적으로 흔들리지 않게 한다. 학업성적이 우수한 아이들은 더 이끌어주고, 연예인병에 걸리거나 몰상식한 마인드를 가진 경우는 내친다. 그런 면에서 인성, 정신, 심리교육을 중요시하고 중점을 둔다. 또한 대화를 잘해야 한다. 시스템적으로는 그 외에도 아는 것이 많아야 한다.

10. 매니저의 원칙과 가치

진심이 가장 중요하다. 진심어린 마음은 얼굴에 나타난다. 스타니슬라프스키의 진실과 신뢰의 법칙과도 맞닿아 있다. 그러한 진심을 담아 표현했을 때, 상대방도 느낄 수 있다. 그런데 이 부분에서 딜레마가 많다. 맺고 끊는 것을 잘하지 못할 경우 위기가 찾아온다. 믿음은 기대감을 더 크게 하기 때문에 그것을 적절하게 조율하지 못하면 문제가 생길 수 있다.

가수 매니저 중에서 술을 못 마시는 사람은 나 혼자여서 불리한 점이 많이 있는데, 술이 아닌 다른 방식으로 완전히 내 사람을 만들어버린다.

남들이 다 똑같이 움직이는 시기에는 가지 않는다. 남들이 가지 않을 때 간다. 가장 힘들어할 때를 알고 간다. 그래서 정점에 있는 사람에게는 잘 가지 않는다. 마인드가 좀 다르다. 오히려 고생하고 힘들어할 때 찾아간다. 이를 통해 평소에 신뢰를 쌓아둔다. 이러한 것이 바탕이 되어 나중에 힘을 발휘하게 된다.

스스로 매니저라기보다는 디렉터라고 칭한다. 모든 것을 알아야 하고 알기 때문이며, 멘토와 코치의 역할도 할 수 있어야 하기 때문이다. 어느 관점으로 보면 매니저는 인식이 좋지 않다. 이 시점에서 매니저들도 업그레이드되어야 할 필요가 있다. 모든 매니저는 디렉터가 되어야 한다. 단순히 인맥으로 캐스팅하는 것이 아니라 기초적인 관계부터 해나가야 한다. 엔터테인먼트는 모든 영역에 걸친 일을 다 해야 한다. 그래야 기획이나 제작을 할 수 있고 엔터테이너 디렉터로서 자리매김할 수 있다.

개인적으로 김치찌개 이론을 적용하고 있다. 철수와 영희에게 동시에 김치찌개를 해오라고 시킨다. 철수는 편의점에서 만들어놓는 것을 냄비에 올려서 가져오고, 영희는 "신김치여야 맛있고 돼지고기보다는 참치가 맛있다. 파를 넣으면 더 맛있을 것이다."라고 분석하고 묵은지까지 찾아서 끓여온다. 이처럼 수동적인 것과 능동적인 것의 두 부류로 나눈다. 나는 학생들에게 영희처럼 해야 한다고 강조한다. 그것이 애사심과 직결된다. 그렇게 해야 성공할 수 있다고 말해준다. 그 회사의 경영자가 되어 경영자 마인드를 가지고 해야 한다. 오버페이스가 아니라 회사의 주인이라 생각하고 해야 대표의 눈에 띈다. 이것이 성공할 수 있는 발판과 계기를 더 빠르게 만들 수 있는 비결이다.

11. 위기관리

언젠가 매니저로서 PR에 위기가 찾아왔다. 어느 정도 진실한 마음을 표현했으나 그다음 문제가 생겼다. PD가 '이 사람은 내 사람'이라고 생각하고 난 다음에 관리 차원에서의 문제가 발생했다. 지원 부분에 있어서 PD가 원하는 것은 이만큼인데 내가 움직일 수 있는 영역은 작아서 한계에 직면하게 된 상황이었다. 그것을 이겨낼 수 있는 것은 한계가 있어 몇 번 그런 위기에 직면한 적이 있다. 회사 여건이 받쳐주지 못할 경우에 외부 입장과의 딜레마가 있다.

그런 경우에는 진실한 태도로 가야 할까, 아니면 다른 방안이 있는 것일까? 진실에도 약점이 있다. 이 방식은 성공할 수 있었던 사례 중 하나이다. 하지만 수많은 방식이 있기 때문애 이것만이 성공할 수 있을 것이라고 단정할 수는 없다. 각자 자신의 방식과 노하우가 있기에 이 방식대로 가라고 하지는 못한다.

자신의 것을 고수하다가 실패할 수도 있다. 나는 가끔 밤에 편집실에 가곤 했다. 거의 새벽까지 힘들게 일하는 PD들에게 커피 한 잔씩 가져다주었다. 이때 깨달은 것이 커피 한 잔이 1억이 될 수도 있다는 것이다. 그럴 때 진솔한 얘기가 나오기도 한다. 그야말로 오픈 마인드가 된다. 그런데 그것이 소문이 나버려서 다들 하는 매뉴얼이 되어버렸다. 더 이상 그것을 할 수 없었고, 몇몇 매니저들은 내게 비난의 화살을 돌리기도 했다. 그러나 그것에 의존해서도 안 되고 다른 이들을 비난해서도 안 된다.

매니저도 반反공인이기 때문에 말을 조심해야 한다. 함구할 것은 함구하되 해야 할 때는 과감히 말해야 한다. 선의의 거짓말은 할 수 있다고 본다. 하지만 설화 舌禍에 시달릴 수 있음을 항상 기억해야 한다.

이직을 많이 하게 되는데 어려움이나 위기가 올 수도 있다. 나는 계약직으로 9년 정도 되었는데, 앨범 단위로 계약을 한다. 월급쟁이지만 이제는 대표와 대화할 때 수익 셰어에 대해 의논할 수 있는 수준이 되었다.

본인에 대한 셀프 매니지먼트가 있어야 한다. 그래서 나는 방송계 사람들을 많이 활용한다. 감독들이 대표에게 말하도록 만든다. 직접적 PR이 아니라 감독들이 대표를 만났을 때 말이 나오게끔 만든다. 바로 전의 일로 영입전쟁이 벌어졌다. 여기저기서 스카우트 제의가 많이 온다. 그러나 이럴 경우에도 처신을 잘해야 한다. 위치는 자유롭지만 성과가 중요하다. 내 능력으로 얼마나 할 수 있는가? 신인을 방송에 8주를 돌린 적도 있는데, 그것이 증명해주었다. 무엇보다 PD한테 무엇을 해주고 받느냐가 아니라 얼마만큼 동반자로 만드느냐가 중요하다.

12. 네트워크 구축 관리의 비결

누구나 그래야 하지만 매니저는 잘 웃어야 한다. 잘 웃는 것에도 기술이 있다. 그냥 의례적이거나 가식적으로 웃는 것과는 다르다.

또 다른 점이 공감대 형성이다. 메인 PD와 함께 자전거를 타거나 골프를 치는 등 공감대 형성이 중요하다. 관심사, 기호, 취미에 맞추는 것이다. 때로는 나의 생각과 행동이 그 사람이 되어야 한다.

엔터테인먼트 디렉터는 다재다능해야 한다. 매니저도 엔터테이너나 탤런트가 되어야 한다. 탤런트가 다재다능한 사람을 일컫는다는 것을 잘 알고 있다. 이때의 탤런트는 작품 속이 아니라 일상생활과 실제 사람들 속에서의 탤런트이다.

13. 한국 매니지먼트의 향후 과제

이제는 우리나라 수준도 굉장히 높아졌다. 다른 나라와 비교해도 손색이 없을 정도다. 그래서 디렉터들도 자기 눈에만 차는 것이 아니라 마케터나 디렉터로서 대중이 원하는 것을 정확히 알아야 한다. 그것을 꿰뚫고 있어야 콘텐츠를 생산하더라도 대중에게 맞출 수 있다. 엔터테인먼트라고 하면 사회의 부정적 인식이 있다. 그것을 탈피하기 위해 나는 전문화에 찬성하는 입장이다. 전문성과 교육이 중요하다. 건달 같은 사람들이 와서 하는 엔터테인먼트가 아니라 주인정신을 가진 대표가 되어야 정신교육이나 관리를 제대로 할 수 있다. 자격증을 발급하거나 시험을 보게 해서라도 엔터테인먼트 디렉터를 제대로 키워야 한다. 한 명을 키우더라도 정확히 보고 확실하게 키워낼 수 있도록 해야 한다.

숱한 엔터테인먼트 과정을 체득하고 현장으로 갈 수 있도록 학교와 협회의 교류도 이어져야 한다. 어느 정도 엔터테인먼트가 전문화되어 제2의 장자연 사태나 사건이 일어나지 않도록 전문화가 필요하다. S모 사의 경우도 4년제 출신이 아니면 뽑지 않는다. 이제는 부족하다면 공부를 더 해야 하고 자기계발을 하고 스킬을 길러야 하는 시대이다. 그래서 엔터테인먼트 분야에 들어왔을 때 자신감 있게 일할 수 있도록 자격증화 시대가 빨리 왔으면 좋겠다.

해외와 비교해서 국내의 수준은 비교할 수 없다. 미국의 경우 매니지먼트는 스포츠와도 교류가 있기 때문에 수준이 높다. 그래서 미국에 가서 매니저를 해볼까 생각하기도 했다. 우리나라 매니저 실태와는 비교가 되지 않는다. 원래 내 꿈이 유명한 가수들과 함께 음반을 내고 어린아이들도 돕고, PR을 해서 성공하는 것이었다. 하나로 화합되는 엔터테인먼트가 되었으면 좋겠다. 말로만 친할 뿐 실질적으로 서로 적이다. 가수의 순위제나 음원시장도 그렇고, 신경전을 벌이거나 내부에서도 싸움이 많이 일어난다. 하나로 화합되어 환경 콘서트도 같이하고, 좋은 취지의 공연도 하고, 컴필레이션도 나오면 좋겠다.

또한 자회사보다 전체 파이를 키워가야 한다. 연예인 성상납 사건이 터져 평판이 바닥을 치고 있다. 사회적으로 엔터테인먼트가 더 다가가야 하지 않을까 생각한다.

14. 한국의 엔터테인먼트 전망

SM의 경우는 3D사업에 관심을 두고 있다. 이는 소녀시대 공연에서도 활용되었다. 앞으로는 최첨단 엔터테인먼트가 될 것이다. 또한 최첨단 미디어 시대 속의 엔터테인먼트가 열릴 것이다. 스마트폰도 연결되어 최첨단 비즈니스가 발생할 것으로 전망한다. 단순히 아이돌 시장이 아니라 언더에서도 순위권으로 진입하는 시대이다. 어떻게 기획하느냐에 따라 시장은 열려 있다. 대형기획사에서도 언더로 눈을 돌리는 것이 중요한데, 아직은 아이돌 시장에 집중하는 추세이다.

15. 엔터테인먼트 입문자들에게 한마디

　연예인의 화려함만 보고 뛰어들면 아무것도 안 된다. 모든 것을 성실하고 꼼꼼하게 할 생각으로 들어와야 한다. 엔터테인먼트 일은 열 가지 일 중에 아홉 가지를 잘하고 나머지 한 가지만 못해도 열 가지 모두 못한 것으로 보이는 직업이다. 그래서 항상 정신을 똑바로 차리고 열 가지 전부 잘할 수 있어야 한다.

　학력보다는 성품을 많이 본다. 일을 하더라도 어떻게 해오는지 능동성과 디테일을 본다. 처음에는 많은 일에 관여할 수 없겠지만, 스킬을 키워서 오라고 한다. 그래야 미래를 내다봤을 때 전문화될 수 있다. 전문화되어 온다면 엔터테인먼트 전체가 더욱 발전할 수 있지 않을까?

02

연예오락 매니지먼트의 실제

이동열 · 김다령

1. 연예 매니지먼트의 개념

상품이 아닌 사람을 파는 것, 다듬어지지 않은 원석을 가지고 잘 가공하여 다이아몬드를 만드는 것이 우리의 일이다.

연예 매니지먼트는 인생 서포터즈다. 서포터즈의 종류는 여러 가지가 있지만, 연예인은 보통 사람이 아닌 마치 외계인 같다. 외계인과의 대화는 말 자체가 다르다. 그에 맞추어 우리는 서포터즈를 해야 한다.

2. 경영학 매니지먼트와의 차이점

매니저만큼 다양한 현장 경험이 밑바탕이 되는 직업도 없는 것 같다. 경영적인 틀이나 이론에서는 1 + 1 = 2가 되는데, 다른 직업에 비해 현장 경험이 몇 배나 많아야 하는 직업이다. 노하우가 있어도 실패하는 직업인데 노하우가 없으면 말할 것도 없다.

경영 일반 이론을 가지고 할 수도 있지만 홍콩이나 일본, 중국의 이론을 전달해도 현장 경험이 없으면 무의미하다. 따라서 아무리 공부해도 현장에서 16, 17년 경험한 사람들과는 비교가 되지 않는다.

변화의 폭도 심하고 감각적인 요소가 많이 필요하기 때문에 매니저의 기본은 '센스'이다. 쉽게 말하면 눈치가 빨라야 한다. 매니저는 경험이 많아지면 많아질수록 잘한다. 눈칫밥을 먹어야 성공하는 영역이다. 연예 매니지먼트는 센스와 생활의 달인이다.

유통은 상품을 찍어야 할 수 있는 것인데 매니지먼트는 찍는 것은 차후 문제이고, 먼저 그 사람과 친해져야 할 수 있는 부분이다. 상품을 찍어내는 것이 아니라 연예인이 어디에 사는지, 성격이 어떤지도 알아서 맞춰야 한다. 즉 연예인의 모든 것을 알고 그것을 더욱 부각시키거나 그에 맞추어 상품성을 드러내주어 부가가치를 창출하는 노력들이 중요하다.

3. 신문방송학, 미디어 이론들과 현실

사실 기존의 미디어영상학과에서는 연예산업이나 연예기획에 대해서 잘 다루지도 않았고 중요하게 취급하지도 않았다. 또한 주로 부정적인 영역에 한정되어 다루는 경우가 많았다. 예를 들면 신문방송, 영상미디어에서는 연예인 자체를 부정적으로 다루거나 매니지먼트도 좋지 않게 다룬다. 성상납, 상품화 문제 등을 주로 논한다. 연예기획사가 신문과 방송 지상에 오르내리는 것은 이런 부정적인 내용이 있을 때뿐이다.

연예 매니지먼트를 하고 있어서가 아니라 대중이 좋아할 수 있는 가수나 MC, 드라마나 영화를 하는 사람들을 발굴해서 TV 매체나 언론에 등장시켜 즐거움을 주는 것은 의미가 있다고 생각한다. 그런데 본인들도 이를 즐기면서 좋지 않은 이야기만 하는 것은 문제가 있다.

4. 연예오락 매니지먼트의 저평가 현상

대개 연예오락은 상을 못 받는다. 즐겁고 웃음을 많이 주면 줄수록 상과는 멀어지는 현상을 보여준다. 오락, 예능에 대한 저평가가 있는 상황에서 매니지먼트를 해야 한다.

우리 나라는 영화배우, 드라마를 하는 연기자에 대한 평가는 높다. 하지만 예능을 하는 사람들에 대한 평가는 낮은 것이 사실이다. 일본의 요시모토흥업吉本興業 같은 사례를 보면 개그맨들이 높은 위치에 있다. 사람들에게 기쁨과 즐거움을 주는 사람들을 낮게 평가하는 한국의 인식 자체에 대한 문제제기가 필요하다.

아직까지 우리 나라 사람들은 예능인이나 개그맨 매니저보다 연기자 매니저를 더 높게 본다. 사람들의 인식 자체가 바뀌지 않는 한 앞으로도 그대로 유지될 것 같다.

한국은 아직도 외모지상주의가 득세하고 있기에 그것도 한 몫을 하고 있다. 장동건을 보면 "우와~" 하고 감탄사를 연발하지만, 「무한도전」을 보면 나보다 못한 사람들이 나오니까 웃는다. 대중의 심리는 나보다 잘나면 즐거워하지 않는다. 외모지상주의가 맞는 것 같다. 장동건, 이병헌을 보면 "우와~" 하는데 예능인들이 이병헌처럼 행동하면 바로 밉상이다. 결국 인식의 차이가 그렇게 만들고 있다. 그런 한편으로 예능인들을 만나면 같이 사진 찍어 달라, 사인해 달라고 하는데, 장동건 같은 배우를 보면 멀리서 바라만 볼 뿐 쉽게 그런 주문을 하지 못한다.

5. 예능 매니지먼트와 타 매니지먼트의 차이점

예능인의 특징이나 캐스팅에서는 보는 점이 다르다. 예능 하는 사람들은 외모보다는 끼를 먼저 본다. 말하자면 사람을 즐겁게 해줄 수 있는 가능성을 보는 것이다. 가수의 경우는 앞서 말한 끼보다 음악이나 춤을 먼저 보고 거기에 플러스되는 것을 추가로 보는데, 우리는 사람을 웃길 수 있는, 즐겁게 해줄 수 있는 끼가 있는 친구들을 먼저 본다. 그것이 예능인의 다른 점이다.

오히려 외모가 마이너스가 될 수 있지 않는지 궁금해하는데, 그런 경우는 많지 않다. 춤이나 다른 요소들은 있으면 좋지만 우선시되지는 않는다. 우리가 예능인을 찾는 방법은 약간 국한되어 있다. 끼가 있어야 한다고 할 때 끼가 무엇인지 정의를 내릴 수 있을까? 끼는 '자신감'이다. 어디서도 보여줄 수 있는 자신만의 능력이다. 누가 무엇이라고 해도 자신 있게 자신을 보이는 것 자체가 중요하다.

6. 매니지먼트에 대한 철학

돈이 필요한 것은 맞겠지만, 돈을 좇지는 않는다. 매니지먼트에서는 휴머니즘이 철학이다. 매니지먼트를 하면서 느낀 것은 연예인의 디테일한 것부터 경제적인 것까지 모두 알 수 있는 것이 매니저이다. 매니저는 제2의 분신이나 마찬가지이다. 매니지먼트의 기본은 휴머니즘인데 돈을 좇지는 않는다. 그러면 연예인과 깊은 곳까지 갈 수 있다. 돈은 신뢰에 대한 부분이고 일은 능력에 대한 부분이다. 능력이 있으면 돈이 따라온다.

사람과의 '관계'가 우선이고 그것이 앞서야 한다. 예능 하는 사람들은 방송 구조상 3사 PD, 종편 PD, 케이블, 신문사 등을 다 알아야 한다. 그래서 깊이가 있다. 인간적인 관계가 형성되면 잘못을 하거나 일이 틀어져도 용서가 된다. 휴먼이 돈을 이긴다. 또한 계약금을 이긴다. 가수와 예능인을 키워내는 것은 다르지만, 내부의 인력은 마찬가지로 돌아간다. 하지만 영화와 드라마는 구조가 다르다.

7. 성과와 사례

발굴부터 혹은 저평가되었다가 나중에 계약해서 이루어낸 성과들이 있다. 남들한테 저평가되던 친구를 스타까지는 아니지만 데뷔시킨 경우가 있었다. 코맹맹이 소리 등이 걸림돌이었다. 남들이 비호감이라고 하는 평가가 100명 중 99명이다. 좋은 목소리는 아니었지만 트렌드가 변화되면서 익숙해진 경우이다.

무엇을 보고 될 것이라고 판단했는지 궁금해하는 사람들이 있다. 우연한 자리에서 보게 되었는데 너무 재미있었다. 목소리도 그랬지만 대화할 때 순간적으로 나오는 애드립이 유쾌했다. 그래서 예능을 하면 여자 MC도 될 수 있겠다 싶었다. 처음에는 예능 PD들이 전부 거부했다. 목소리 때문에 망한다는 말까지 했다. 그래도 6개월 동안 열심히 시도했다. 그 이후에도 섭외가 안 들어오자 매니저를 그만두라고 했다. 그러다가 「브레인 서바이벌」이라는 프로그램에서 터졌다. 그 이후로 「섹션TV 연예통신」의 여자 MC로 발탁되고 드라마 등에도 출연하기 시작했다. 코믹 연기를 할 수 있는 주연급 연기자는 다섯 명도 안 된다. 그녀가 그중 1등이 되었으면 좋겠다고 했다. 그녀는 그런 연기를 할 수 있다는 것이 큰 장점이다.

아직까지도 바뀌지 않는 생각은 우리나라에서 메인 MC가 되려면 키가 작으면 안 된다. 메인 MC들을 보면 유재석, 이휘재, 김용만, 남희석 등은 모두 작은 키가 아니다. 메인이 안 되는 김제동 같은 경우 올림픽 전야제 등에는 내보내지 않는다. 그야말로 허우대가 멀쩡해야 큰 무대에 설 수 있다.

유세윤과 함께한 세월은 「개그콘서트」에 공채되기 전부터이다. 개그맨을 하기 위한 준비를 했고, 본인도 같이하자고 했는데 개그는 못 배운 애들이나 하는 것이라며 빠졌다. 그러다가 유세윤이 '옹달샘'이라는 브랜드로 공연을 하자고 했다. 대학로에서 200석짜리 조그마한 극장에서 시작했는데, 그때부터 조금씩 알려지기 시작했다. 아무것도 모르는 상태에서 브랜드를 알리기 시작했다. 그러면서 「개그콘서트」에도 출연하고 광고도 찍었다. 그전에 「컬투」가 유명했지만 그들과 비교해도 뒤떨어지지 않는다고 생각했다.

유세윤의 경우는 연기를 잘한다. 그리고 천재적인 면이 있다. 장동민은 재치가 뛰어나다. 콩트 연기 같은 것도 잘한다. 유상무는 허우대가 멀쩡하고 MC를 잘 본다. 콩트와 개그를 함께할 수 있는 사람이 거의 없다. 잘하는 주 종목이 있는데 그것을 잡아주는 것이 매니저의 역할이자 의무이다.

8. 위기관리의 사례와 방법

슬럼프에 빠졌을 때 항상 하던 말이 "패턴은 다시 돌아온다."였다. 슬럼프에 빠지면 답이 없다. 신동엽의 경우가 아주 좋은 예이다. 신동엽은 야외 버라이어티는 못하지만 잘하는 부분이 있다. 리얼 버라이어티가 대세로 기울면서 거기에 맞지 않을 경우 살아남을 방법이 필요했다. 그러나 리얼 버라이어티가 대세라고 해도 그것이 영원히 지속되는 것은 아니다. 그것도 결국에는 곧 인기를 다하게 된다. 그리고 다시 장르가 되돌아오게 되어 있다. 토크나 개그 형식은 언제나 수용자들, 시청자가 원하는 콘텐츠이기 때문이다. 시간의 흐름 차이이다. 이때 매니저의 역할은 격려이다. 어디 한 군데 잘된다고 여기저기 기웃거리면 결국 다 놓친다. 잘하는 것을 두고 흥행하는 것에 끼워 맞추는 것은 아니다. 자신이 잘하는 분야와 그에 맞는 능력을 항상 준비하고 있으면 다시 되돌아온다는 사실을 인식해야 한다.

9. 홍보 전략과 예능인

이러한 점도 배우와 차이가 나기 때문에 고려해야 한다. 연기자와 배우의 경우 보통 사랑이나 연애에 대한 부분은 왜곡되는 경향이 있다. 배우가 하면 깊이가 있어 보이는데 예능인이 하면 희석되고 만다. 열애설이 터져도 배우들의 것은 홍보가 잘된다.

그러면서도 장점은 있다. 예능인의 실수와 배우들의 실수는 다르다. 실수했을 경우는 예능인에게는 조금 관대하다. 예능인의 실수는 조금 관대할 수 있고, 진지함은 희석될 수 있다. 그런 점 때문에 유연하게 넘어갈 수도 있겠지만, 사회적으로 크게 물의를 일으키면 더욱 많은 비난을 받게 된다. 더구나 개그맨의 경우는 열렬한 팬 층이 확보되지 않아 결정적인 상황에서 개그맨 스타를 옹호해주는 그룹을 확보하기가 쉽지 않다.

10. 매니지먼트의 단계

이미지에 맞는 프로그램을 조율해주어야 하는데 이때 잘 판단해줘야 한다. 그 사람의 이미지와 프로그램에 대한 판단이 일치되어야 한다. 스타를 만드는 것이 좋은 매니저가 아니라 얼마나 길게 가져갈 수 있는지, 대중에게 얼마나 길게 사랑받을 수 있는지가 관건이다.

3단계로 볼 수 있다. 초기에는 알리기 위해 인지도의 상승이 목표가 된다. 그다음은 잘할 수 있는 것에 대한 서포터즈다. 마지막 3단계는 조율해나가는 부분이다. 이미지에 대해 롱런할 수 있는 판단을 잘해주어야 한다.

10년째 하고 있으면 오래했다고 생각하는데, 방송이 무엇인가를 떠나서 방송에 대해 지칠 때 좋아하거나 행복해하는 것을 추천해주거나 만들어줄 수 있는 역할을 매니저가 해주어야 한다.

11. 성공적인 연예 매니지먼트의 요건과 매니저의 소양

기본적으로 가져야 할 것은 끈기, 센스이다. 일을 하다 보면 노하우는 저절로 생긴다. 매니저들이 갖춰야 할 것은 끈기와 센스에 더하여 인간미가 있어야 한다. 이 세 가지는 반드시 갖춰야 한다. 이 세 가지가 있으면 다른 직업보다 돈을 많이 벌 수도 있다. 사람 대 사람이 하는 일이고, 사람을 키우는 직업이기에 성취감이 크다.

또한 솔직함거짓말을 하지 않는 것을 꼽을 수 있다. 내가 이 분야에 오래 있을 수 있는 이유도 거짓말을 하지 않는 데 있다. 거꾸로 거짓말하는 사람이 너무 많다.

연예인들은 챙김을 받는 입장이고 매니저는 챙겨야 하기 때문에 자신을 버려야 하는 희생이 훨씬 크다. 함께하려면 희로애락을 나눠야 한다. 화려함만 좇으면 언젠가는 떠나갈 수밖에 없는 곳이다. 그래서 그런 것만 보고 온 사람들은 떠나간다.

정적이거나 휴머니즘만 강조했을 때 논란의 여지가 생길 수 있다. 자신이 매니지먼트를 하는 연예인을 비호하여 자신이 다 뒤집어쓰려고 하기도 한다. 그러다 보니 오해를 받는 부분이 있다.

수익 배분에서 문제가 되기도 하기 때문에 잘 조율해야 한다. 앞에서 언급한 것처럼 연예인과 매니저가 싸우는 경우는 두 가지뿐이다. 능력과 돈이다. 그것만 잘 조율하면 싸울 일은 없다.

12. 매니지먼트사의 정체성

매니지먼트사의 정체성은 색깔이다. SM은 SM의 색깔이 있고 YG는 YG의 색깔이 있는 것처럼 좋은 기획사는 자신의 색깔이 있다. 그것은 자신의 전문 분야, 특화된 영역을 말한다. 스스로도 포괄적으로 하고 싶은 마음은 없고 예능만 하고 싶다. 딱히 이유는 없지만 한 군데에서 1등을 해보고 싶기 때문이다.

사무실에 있는 연예인들이 없으면 방송이 안 되게 해보고 싶은 마음이 들기도 한다. 대한민국의 예능은 100명이 한다. 개그 프로그램을 빼고 대한민국 예능은 100명으로 충분히 돌아간다고 보면 된다. 개그맨은 한류가 없다. 하지만 개그맨이 한류를 일으키는 것도 해보고 싶다. 그날이 반드시 오리라고 생각한다.

13. 기획사 운영의 조직적 노하우

제일 큰 문제가 무엇인가 하면 사람이 많으면 개인이 아무리 일에 만족하려해도 하나의 소모품이라고 생각한다는 점이다. 자신이 소속사 안에서 소모품이라고 생각하는 부분을 만들지 않는 것이 중요하다. 그렇게만 해도 불협화음이 없다. 재계약을 생각하는 것은 관심도에 있다.

소속사는 기회에 대한 부분들을 공평하게 주려고 한다. 내부의 안정화, 불만이 없게 만드는 것이 필요하다. 나의 경영 철학은 "내부 사람들이 절대 나가게 되는 상황을 만들지 말자"이다.

연예인을 제외한 나머지 직원들에 대한 운영도 중요하다. 우리 회사에서는 직원들 사이에도 갈등이 있어본 적이 없다. 파트를 나눠주며 공평한 기회를 주려고 한다. 다른 회사는 어떤지 잘 모르겠지만, 우리 사무실은 화목한 상황이다.

또 불협화음이 없으려면 윗사람에게 배울 점이 있어야 한다. 그것은 경험에서 나오는 것이다. 나는 나갈 때 나가더라도 인정받을 때 나가라고 한다. PD라도 10명 더 알고 나가라고 한다. 그래야 나가서 대우를 받는다고 말한다. 1%라도 앞서 있어야 한다. 그게 키포인트이다.

14. 한국 매니지먼트의 과제

이것은 개선해야 할 장애물이고, 개선에 대한 방안들을 모색하는 것도 필요할 것이다.

외국과는 분명히 환경의 차이가 있다. 한국은 체계보다는 주먹구구식이다. 불만이 터져 나온 것이 외국은 12시간, 8시간 근무 등 체계적인 환경을 조성하고 있다. 한 가지 경험을 말하자면, 10년 전에 요시모토에 갔다 왔는데 그곳에는 개인 대기실이 다 있었다. 우리나라로서는 상상도 못할 여건이었다.

또한 수평적 관계가 유지되어야 한다. 이 직업에 종사하고 있는 사람을 인정해줘야 하는데 우리나라는 인지도와 인기에 따라 사람매니저, 연예인이나 능력을 평가한다. 외국에서는 직업 자체를 봐주는 반면 우리는 그렇지 않다. 어딘가 먹이 사슬 같은 느낌이다. 갑을병정 관계다. 여기서는 누가 갑이냐가 중요할 뿐이다.

발전과정에서 종합적이고 균형적이며 객관적인 편성이 잘 안 되어 있다. 외국은 조합이 잘되어 있다. 우리는 협회가 있어도 활성화되지 못해서 권익 보장, 예를 들면 PD와의 관계가 평등해지려면 종합적인 편성이 해결되어야 한다. 앞으로 나설 뭔가가 없다. 지금은 방송국 쪽이 갑의 입장이다. 이런 부분에서 협회에서 해야 할 일이 많다.

매니저 자격증, 등록제 같은 것도 생각해야 할 대목이다. 둘 다 통과될 경우에는 많은 발전이 있을 것이다. 학교의 경우도 졸업하면 매니저자격증을 주어 업계에 나설 수 있게 해야 한다. 전문화되는 것에 대해서는 찬성이다.

또한 인성 부분을 보아야 한다고 생각한다. 기본적으로 뽑는 것보다 인성 부분을 강조하고 싶다. 그것이 성공적인 매니저의 삶, 그리고 훌륭한 매니지먼트의 요건이라고 생각한다.

15. 예능 매니지먼트의 전망

한류 영역에서는 예능이 뻗어나갈 수 없는 부분이 있기에 시장에 대해 판단하기는 어렵다. 하지만 한국 안에서 배우만 놓고 봤을 때, 보통 쉬는 기간이 6개월~1년이다. 종편 생성 후 매체의 다양화가 긍정적으로 작용하고 있다. 프로그램이 많아지고 있다는 사실은 예능인들에게도 청신호다. 케이블만 있을 때는 거기에 출연하기 위해서 싸움을 많이 했는데 조금 여유로워졌다. 앞으로도 매체가 더 생기면 예능인들의 활동 공간은 더욱 많아질 것이라고 판단된다.

예능은 일주일 내내 돌아가야 하기 때문에 한류에 대한 부분은 언어 문제만 해결되면 가능할 것 같다. 사람을 웃긴다는 것은 쉽지 않다. 사람의 어떤 부분을 끄집어내어 울고 웃길 수 있는 것인지 항상 고민해야 한다. 일본에 진출했던 조혜련의 경우는 해외를 개척해나간 입장으로 볼 수 있다. 앞으로 해외 개척활동이 더욱 많아질 것이라고 생각한다.

16. 매니지먼트에 입문하는 이들에게

매니지먼트를 주도하는 이들에게 필요한 것은 끈기이다. 연예 매니지먼트를 하려면 모든 것을 참아낼 수 있는 끈기가 있어야 한다. 자신을 버려야 한다. 그렇지 않으면 절대 할 수 없는 직업이다. 사람을 움직여야 하기 때문에 다른 직업에 비해 몇 배나 힘들다.

유통업처럼 사람 대 사람을 다루는 직업이고, 연예인은 보통사람보다 감수성도 훨씬 예민하다. 남들 앞에 보여야 하는 직업이기 때문에 속으로 아픔도 많은 광대 같은 입장이다. 이를 모두 헤아리고 포용할 수 있어야 한다. 그리고 인내가 필요하다. 그 인내는 당장의 결과를 내놓지 않을 수 있다. 최소한 기본적으로 가지고 있어야 하는 것은 '휴먼'이다. 그것이 있을 때 성공적인 활동을 할 수 있을 것이다.

03

뮤지션 서포트 매니지먼트의 실무

홍원근

1. 음원 시대의 경험적 통찰과 음악 매니지먼트

첫 직장에서 한 일은 패션쇼를 제작, 연출하는 회사의 뮤직 디렉터였다. 1년에 패션쇼를 크고 작게 100회 이상 하는데, 디자이너들이 옷을 만들어서 쇼를 올릴 때 모델, 조명 등이 중요한 구성의 하나이지만 또 하나 중요한 것은 음악이다. 뮤직 디렉터의 역할은 패션디자이너의 콘셉트에 기존의 음악을 골라 혼합하거나 재구성하고 때론 작곡가와 음악을 제작하는 것인데, 디자이너는 다른 옷 디자이너가 쓴 곡을 쓰고 싶어 하지도 않고 써서도 안 된다. 98년 당시 인터넷을 통한 디지털 음원 파일이 주목을 받기 시작했다. 수십만 장의 CD가 있었는데 파일화는 물론 색인 작업도 되어 있지 않았다.

한 번 쇼에 쓴 곡은 묻혀버리고 만다. 쇼에 사용된 음악은 장르를 구분하여 데이터베이스로 구축하는 작업을 했다. 인터넷을 통해 많은 사람들이 들었으면 좋겠다는 순수한 생각에 그 작업을 했다. 처음에는 저작권이나 방송권 같은 개념 없이 시작했다. 음악을 라이브러리화해서 들려줘야겠다는 생각에서 출발했다.

그러면서 디지털 음원 유통을 리드했고, 기획사 투자를 주도했으며, 음반사 가수 매니지먼트를 해왔다. 잊지 못할 일은 처음 디지털 음원시장이 열렸을 때였다. 그 당시 한창 유행하던 아바타와 미니홈피에 배경 음악을 설정하는 서비스를 개발하여 제공하고 그에 음원을 공급하면서 그 가능성을 누구보다 먼저 보았다. 그 이후 통신회사에 인수되면서 더 이상 음원 유통사업을 하지 못하게 되었다. 이후 홍대에서 음악 매니지먼트 기획사 일을 하기 시작했다.

처음에 디지털 음원 수집 작업을 한 것이 음악 매니지먼트와 인연을 맺게 했다. 뮤직 비즈니스를 하는 대부분 사람들은 음악을 좋아해서, 또는 뮤지션을 꿈꾸다가 그 경험을 바탕으로 일한다. 그 안에는 공통적으로 음악이라는 것이 있다. 물론 지금은 산업화 · 기업화 · 대형화하면서 비즈니스 매니지먼트를 공부한 사람들이 상당수 들어오고, 경영 · 재무를 전공한 사람들도 오고 있지만, 공통점은 음악을 좋아하는 사람들이다.

2. 연예 매니지먼트의 정의

교과서적으로 매니지먼트를 정의하면 아티스트의 A부터 Z까지 관리해주는 것이다. 밥 먹는 것부터 시작해서 세금, 이성 문제, SNS, 나아가 퍼스널 마케팅과 제작까지 한다. 에이전트와 프로모터, 프로듀서 역할들을 한다.

한국은 외국의 경우처럼 에이전트, 개인 매니저와 같이 세분화된 것이 아니라 통틀어서 하는 구조가 일반적이다. 여러 나라의 방식을 조합하기도 했고, 매니지먼트의 흐름이 개인 고용 매니저에서 시작해서 산업화되고 점점 커진 개념이다. 우리가 생각하는 것은 프로듀서나 마케팅을 해줄 수 있는 마케팅 컴퍼니를 지향한다. 규모가 작으면 공연을 기획해서 올리는 공연 프로모터의 역할도 해야 하고, CF 촬영이 있을 경우는 에이전트 역할까지 할 수밖에 없다.

아티스트는 외로운 사람들이다. 그래서 방송이 끝나고 나서 같이 술 마시고 고민 들어주는 친구 역할까지 하는 것이 매니저이기도 하다. 이제는 점점 전문가의 도움을 많이 받고 있는 추세이다.

최근 1인 기획사 형태가 많이 보인다. 하지만 그것이 성공할 것이라고 생각하지는 않는다. 분명히 자본의 힘이나 조직 형태에서 나오는 효율이 있기 때문이다. 마케팅을 중심으로 아티스트와 상호 이익을 도모하는 것을 지향한다.

3. 배우·예능 매니지먼트와 다른 특징: 가수 매니지먼트의 차별성

아티스트를 기획형 아티스트와 창작형 아티스트로 구분할 수 있다. 아이돌같이 뽑아서 하는 기획형 아티스트와 싱어송라이터 같은 것을 창작형으로 구분하는 것이다. 분류를 어떻게 하는가에 따라 다르기는 한데, 지원사업에서는 작곡비를 지원하느냐 여부의 문제로 편의상 구분한 것이지만 틀린 것은 아니다. 대형기획사와 다른 점이 있다면 인디 시스템이냐 아니냐의 차이다.

인디 가수는 아티스트 또는 뮤지션이 음악을 제작하면 거기에 따른 비즈니스나 마케팅, 부가적인 사업을 회사에서 해주는 것으로 정의한다. 100% 그렇지는 않지만, 창작형 가수 매니지먼트는 아티스트가 먼저 창작물을 내면, 그것을 대중에게 전달하고 의도한 바를 명확히 부각해서 부가적인 이익을 창출하거나 효과적 전파 방안을 찾아내는 서포트 개념이 크다.

기획형 아티스트흔히 아이돌의 경우는 어느 정도 성장하고 나면 작곡 참여, 솔로 독립 등이 이슈가 되는 것처럼 차이점이 있다.

하지만 이제 그런 구분은 모호해지는 것이 현실이다. 만약 아티스트가 3집을 내놨을 때, 데모가 나오면 같이 의견을 내고 방향을 잡아주는 것이 좋다. 기업화 또는 여럿이 모여서 할수록 일방향보다는 쌍방향적이 되는데, 그게 훨씬 효율적이다. 이때 수위를 조절하는 것들이 있다.

분업의 정도에서 봤을 때 대형기획사는 세세하게 분업화되어 있다. 그런 구조와 운영은 장단점이 있다. 그렇게 하고 싶어서가 아니라 규모 면에서 관리해야 하는 양이 있어서다. 처음에 매니저가 일일이 작업 과정에 대해 질문하면 다양한 경험이나 해박한 지식들을 가져야 한다고 배우기도 하는 것 같다. 필연적으로 어느 직종을 막론하고 같다고 본다.

만약에 자동차를 판매한다고 하면 자동차에 대한 이해도 있어야 하지만 타깃들에게 맞는 디자인이나 라이프스타일 등 여러 식견들을 조합해서 판매해야 잘파는 사람이다. 큰 기획사의 대표가 작은 기획사를 거쳐서 올라간 사람일 경우, 보도자료나 계약서를 직접 쓰는 경우도 있다. 이와 같이 규모가 작을 때는 계약의 경우라면 계약 변수들을 고려해서 상상력을 펼쳐서 해야 한다. 모든 것을 해보아야 세분화되었을 때 조정·조율하는 것이 가능해지기 때문에 어떤 면에서는 이런 부분들이 꼭 필요하다고 본다.

실패하는 이유는 세분화된 것을 잘 모르면서 전체 형태만 알고 해서 그런 것이다. 안다는 것은 감각에 의존해서 하는 것도 있을 수 있다. 대형기획사나 투자자 측에서는 1집, 2집의 레퍼런스, 앨범 판매량 등 적용이 될지 안 될지는 모르지만 그에 관련한 지표들을 가지고 미루어 판단한다. 1집 때 몇 장 팔렸으면 2집 때 얼마나 팔릴 것이라는 분석이 나오기도 한다. 아티스트와 붙어 지내면 열정이 있는지, 더 좋은 곡을 만들 수 있을지에 대한 가능성 등을 볼 수 있는데, 이 부분을 놓치고 지나가는 경우도 있다. 의사결정을 하는 헤드 급은 방송, 광고, 음반 같은 다양한 분야를 잘 알고 있고, 그 분야를 바탕으로 인소싱과 아웃소싱할 것을 구분한다. 감각 또는 아이디어가 있다고 해도 전문적인 팀들과 협업을 한다. 그런 부분에서는 아웃소싱이 필요하다. 하지만 외부의 방송사나 광고제작사, 영상제작사들과 일하게 되면 의도가 왜곡되기도 한다.

4. 매니지먼트의 철학과 원칙들

학생들에게 가수 매니지먼트 강의를 하면서 몇 번 질문을 한 적이 있다. "매니지먼트를 왜 하고 싶은가?"라고 물어봤을 때 크게 두 가지 대답이 나왔다.

"돈을 많이 벌 수 있을 것 같아서", 아니면 "좋아하는 아티스트가 성공할 때 함께 보람을 느낄 수 있을 것 같아서"라고 말한다. 그런 대답을 들었을 때 진짜 그럴 수 있냐고 되묻는다. "너는 아무도 알아주지 않고 그 가수만 잘되면 평생 같이 간다는 보장도 없어 현실적으로 쉽지 않을 텐데 과연 할 수 있는가?"라는 부분에 공감을 많이 한다.

기본적으로 매니지먼트 일을 하면서 단순히 매니지먼트를 한 부분에 국한시키지 못하는 것을 이전까지는 '열정'이 부족해서라고 생각했다. 열정만 가지고 계속 갈 수는 없을 것 같기 때문이다. 열정을 가지고 공연을 잘 마쳤는데, 공연이 끝나고 조명이 꺼지면 만족감 뒤에 허탈과 후회하는 마음이 들 수도 있다. 그러면 열정 다음에 뭘까 생각해보면 열정은 열정인데 '진지한 열정'이어야 함을 깨달았다.

모든 일을 진지하게 대하는 진지한 열정이 필요한 것 같다. 그 결과로 금전적인 보상이나 명성이 따라올지는 잘 모르겠지만, 그것에 연연해하지 않는 것이 바로 진지한 열정이다. 흔히들 "돈을 좇으면 안 된다"는 말을 굳이 표현하고 싶지는 않지만 비슷한 뉘앙스이다.

보이지 않는 여러 가지 이로운 것들이 따라온다는 느낌이 들어서 진지함이라는 것은 매우 중요하다.

아티스트가 신인이건, 전성기를 달리고 있건, 쇠퇴기를 맞이하고 있건 간에 어떻게든 행사를 돌려서 돈을 벌 수는 있겠지만, 지속적인 발전이 없을 수도 있다. 그것은 각자의 철학에 따라 다르긴 하겠지만, 잘나갈 때 많이 벌어놓아야 한다는 생각을 가진 제작자도 있고 반대로 자기가 하고 싶은 것을 계속 찾아가는 경우도 있다. 하지만 궁극적으로 무엇을 하고 싶은지를 생각해야 한다. 진지한 열정이 중요하다.

상품에 사람의 수명주기를 빗대 제품수명주기product life cycle를 구분하여 마케팅을 하기도 한다. 당연한 이야기지만 연예 매니지먼트는 사람을 매니지먼트 하는 것이기 때문에 매우 신중해야 한다고 생각한다. 한 사람의 인생과 생명을 결정하는 일이기 때문이다. 신인일 경우에는 특히 더하다. 신인을 계약하는 것은 3년이건 5년이건 간에 잠시 반짝하는 가수일 수도 있고, 오래가는 아티스트일 수도 있기 때문에 매니지먼트가 더 진지해야 한다. 그냥 노래를 잘 부르니까 키운다고 생각하면 불협화음이 생길 수도 있다. 무리한 스케줄, 노예계약, 계약해지 등과 같은 문제가 발생하는 것은 진지함의 차이다. 하지만 지혜롭게 결정하는 것이 정말 어렵다.

5. 대학 관련 교육의 방향성

매니지먼트를 하는 입장에서는 단순히 연예산업 분야이므로 경영이나 마케팅, 부가 사항들이 저절로 나온다고 생각한다. 하지만 최근에 이런 생각을 했다. 자동차를 잘 파는 사람이면 핸드폰도 잘 팔 확률이 높다는 것이다. 그런 의미에서 전문적으로 경영학이나 언론, 마케팅을 중점적으로 공부하는 사람들 중에서 이 분야에 관심이 있는 사람 또는 기본적으로 관심이 있으면서 두루 섭렵하는 이들을 보면 한 분야를 집중적으로 공부하고 이 분야로 들어오는 것이 어떤 면에서는 경쟁력이 있다.

실무 중심은 경험을 하는 선에서 이루어졌으면 좋겠다. 경영이든 마케팅이든 공부를 할 수 있는 시간은 학생 시기가 가장 많다. 그럴 때 지식을 더 갖췄으면 좋겠다.

물론 연예산업에서 저작권이나 기타 내용은 지금 공부하는 것도 나쁘진 않다.

하지만 어떤 분야를 집중적으로 공부해서 그것을 기반으로 활동할 수 있는 사례가 앞으로 더 많아지지 않을까 한다. 자신이 일할 궁극적인 분야를 연예산업에 둔다고 하면 그 안에서 세부적으로 공부할 시간이 대학 시기다. 또한 궁극적으로 조금 더 세분화해서 공부해야 한다는 입장이다.

기존 관련학과들의 교육을 보면 연계성이 떨어져 3학년 수업에 들어가서 강의해도 1학년 때의 내용을 또 가르치기도 한다. 과정별 연계성이 중요하다. 이것은 학과가 아니라 학교의 문제인 것 같다. 외래교수나 시간강사를 유입하는데, 심지어 강사들은 서로 무엇을 가르치는지도 모른다. 가수 매니지먼트와 음반을 유통에 중점을 둘 것인지를 정해야 하는데, 이런 기준이 없으니 중복될 소지가 있다. 대학교육이라는 구도를 잘 몰라서 그럴 수도 있지만, 결론은 사회에서 경쟁하려면 좀 더 세분화·전문화할 필요가 있다.

6. 매니지먼트의 사례들

기존의 방식과 다르게 하려고 시도한 것들이 성공할 확률이 높다. 차별화 요소들을 찾는 것이다. 우리는 아무것도 없이 일을 시작했기 때문에 큰 회사들이 할 수 없는 것들을 찾을 수밖에 없는데, 틈새시장이라고 하면 많이 오해한다. 단순히 큰 건물 사이에 있는 빈틈이라고 생각하는데, 그게 아니라 그 빈틈이 채워진 것보다 커질 수 있는 잠재성도 중요하다.

차별화를 말하지만 이미 경쟁이 심화될 대로 심화된 상황이고, 이는 가수나 연기, 다른 분야도 마찬가지이다. 최근에는 다 잘생기고 춤도 잘 추고 노래도 잘 부르는 사람들 사이에서 무엇을 해야 하느냐는 질문이 제기된다. 우리는 음반 유통을 새롭게 하고 싶어서 인터넷이라는 것을 이용했다.

기존 시장의 견제도 많이 받았다. 어떻게 뚫고 나갈 것인가? 그때는 끈기보다는 열정을 가지고 버텼던 것 같다. 사실 두려웠다. 실제로 일하시던 분들이 저작권법으로 기소되어 경찰서도 많이 드나들고, 무력을 행사하는 사람들과 싸워야 할 상황에 처하기도 했다. 사실 열정이라기보다 이 방향이 맞고 전체적 추세가 그렇게 변화될 것이라는 확신이 들었다. 지금 같은 경우에 회사에서 비슷한 일들을 했다면 같이하지 않았을 것 같다. 가수들은 차별화된 음악을 하면서도 대중성을 갖고 있다.

독특한 가사와 음악으로 주목받고 있는 '장기하와 얼굴들'은 인디신에서 10여 년 이상 내공을 쌓아왔고 다른 밴드나 가수들과는 다른 매력을 통해 차별화전략이 있었다고 생각한다. 독특하고 재미있으면서도 대중이 공감할 만한 내용들이 많아 신선했고 그래서 사랑을 받았다. 3집을 준비하면서 다양한 시도와 연기에도 도전하려고 한다. 꾸미지 않은 아티스트의 모습 그대로를 대중이 좋아해주는 것은 경쟁력 중 최고가 아닐까 한다.

7. 위기관리

처음에는 인디, 언더, 마이너, 메이저 음반사의 노하우를 결합하면 인디 메이저가 될 수 있지 않을까 생각했다. 물론 쉽지는 않은 일이다. 그러면 그 원인이 어디 있을까 생각해보았다.

이유가 많겠지만 기본적으로는 기획사를 관리하는 실무들을 잘 모르고 내부 사정을 인지하거나 경험이 풍부한 사람들이 거의 없었다. 투자를 했던 팀이어서 회사 규모, 자본 등이 중요한데 그걸 몰라서 실패했다.

최근 인디 신에서 몇 년 만에 실무를 접해보니 기획사에 가수가 한 명밖에 없어도 치열하게 일한다. 규모가 작다고 대충 하지 않는다. 작은 기획사에서 시작하여 회사를 크게 키운 분들도 많다. 그런 분들은 나름의 탄탄한 기술이나 기본기들이 있다. 만약 유통으로 진출한다고 하면 뮤직 비즈니스 영역이지만, 세분화된 것들을 보면 또 다른 사업 분야들이 있다. 치밀한 전략이나 준비 없이 섣불리 도전해서 성공한 사례는 거의 없다.

위기 상황, 슬럼프에 빠지는 경우도 있을 수밖에 없다. 일을 그만두고 싶을 때가 분명히 있다. 얼마 전 지인에게 들은 이야기인데, 사업도 그렇고 인생도 그렇고 올라갈 때가 있으면 내려갈 때도 있다는 말을 한다. 보통 올라갈 때는 전략이 있지만, 내려갈 때는 전략이 없어서 한순간에 내리막을 타게 되는 것 같다.

시장이 좋지 않고 사업이 안 풀릴 때는 내려가는 전략을 잘 짜서 대처하는 것이 중요하다. 다시 올라올 수 있을 것이기 때문이다. 그런 얘기를 들으면서 '나도 그랬으면 좋았을 걸' 하는 생각이 든다.

개인들도 경력을 쌓아가면서 발전을 꿈꾸지만 쉬어가야 할 타이밍을 잘 잡지 못하는 것 같다. 어려울 때 지푸라기라도 잡으려는 심정에 무리하는 경우는 딛고 일어설 기반까지 잃는 경우가 허다하다.

모험을 하되 벼랑 끝에는 서지 말라는 말을 들은 적이 있다. 벼랑 끝에서는 무리수를 둬서 돌부리라도 잡지 않으면 떨어지게 된다.

분명히 힘들 때는 너무 많다. 그럴 때는 한 템포 쉬어가면서 자기를 돌아보고, 왜 안 되는지를 생각해보고 수정하는 시간을 갖는 것이 좋을 것 같다는 생각이 든다.

매니지먼트에는 곳곳에 도사리고 있는 위험이 있다. 무엇보다 합법적인 사채가 존재하는 것 같다. 선급금 같은 것의 이자율을 보면 엄청나다. 분명히 투자와 대여는 완전히 다른 개념인데, 음반에 투자한다고 계약서를 쓰지만 실제 내용은 대여이다. 그러면서 수익금을 분배하기도 하고 담보를 내세워서 원금 보장도 한다. 투자자는 원금 분실의 위험을 안고 하는 것이 상식인데, 많은 경우 고이율을 추구하고 원금까지 회수하려 한다.

누구나 잘될 거라는 확신 없이는 제작하지 않는다. 그런 시스템이 나쁜 것만은 아니지만 마음대로 안 되는 경우가 있다. 최근 음반사의 오너가 바뀌면서 재무건전성 확보를 위해 채무에 대한 상환을 요구하면서 악순환이 되고 담보를 뺏기는 일까지 생긴다.

그러면 그것을 어떻게 해결해야 할까? 갑과 을은 서로의 니즈가 다르기 때문에 그런 일들이 벌어진다. 무형의 생산물을 가지고 담보를 하다 보니 발생하는 일이다. 문제가 될 만한 소재가 있다. 그런데도 정책 차원에서의 논의가 활발하지 않다. 개선할 여지는 분명히 있다. 그것들을 법이나 제도에서 해결할 수도 있겠지만, 반대급부에서 새로운 시도들을 하는 것이 필요하다.

8. 성공적인 매니지먼트를 위한 요건과 매니저의 소양

현실적으로 보면 매니지먼트를 하려는 사람들은 정말 다방면에 지식이 있어야 할 것 같다. 그런데 일을 처음 하면서 일시에 다방면을 다 파악하기란 불가능하다. 그러나 알고자 하는 의지와 열정은 필수다. 의도적으로 호기심을 가져야 한다고 생각해서 생기는 것이 아니라 실무 경험을 통해 흡수하여 자기 것으로 만드는 단계가 필요하다. 말하자면 마음이 열려 있어야 한다. 해외여행을 다니면서 해본 경험들은 많은 도움이 되는 것 같다. 여행을 다닐 수 있다는 것은 그만큼 여유가 있다는 말이다. 그것은 경제적 여유가 아니라 새로운 것들을 접하고 배우는 것에 대한 여유로움이다.

그리고 자기만의 기술이 한 가지씩은 있었으면 한다. 그것은 자기가 하고 싶은 일에 따라 다르다. 요즘은 어학도 중요하다. 다른 나라의 말을 할 수 있다는 것은 큰 강점이다. 이제는 기본이 되어 가는 것 같다.

그리고 음악에 대한 지식이나 감각, 그리고 남들과 다른 자신만의 전문적인 것들을 가지려고 노력하면 분명히 어디선가 활약할 수 있지 않을까 한다.

9. 뮤지션 매니지먼트의 과제

일단 수익 배분 측면에서 현재 다양하게 논의되고 있고 보완해 나가고 있기는 한데, 문제가 있다. 제작자들에게 돌아가는 비용이 매우 적다. 특히 디지털에서는 스트리밍 한 번에 0.6원 등의 얘기가 나온다. 문제가 있는 것은 사실이다.

어떤 면에서는 상당 부분을 감각에 의존해야 하는 분야이므로 하이 리스크와 하이 리턴이 적용되는 부분도 있지만, 지금 하이 리스크를 져야 하나 하는 생각이 든다. 하이 리스크, 하이 리턴 사업이지만 예전에 비해 제작비가 많이 줄었고, 홍보할 수 있는 채널이 다양화되면서 상황에 맞게 노력할 수 있는 아이디어나 마케팅 기술을 가지고 성공하는 사람들이 존재한다.

현재 전략 같은 것들이 구체화되고 치밀해져야 하는데, 해외 진출이나 한류에서 정작 해외에서 보여줄 수 있는 콘텐츠를 가진 사람들이 많지 않다. 그런 부분이 어렵다. 국제시장에 오픈했을 때 자신감 있게 경쟁할 수 있는 콘텐츠가 부족한 상황이다.

그러면 어떻게 타개할 수 있을까? 통합 마케팅을 해야 하는가? 아니면 협회 차원에서 해결해야 하는가?

지금도 협회는 많다. 매니저들이 새로 시작하는 부분에서 역량, 기술, 관련 지식, 전문성 등을 축적하면 좋아질 것 같다. 지금 단계에서는 한국을 외국에서도 좋아해주고 각자의 특징들 – 한국적 정서, 세계적 공감, 위트 등 – 을 가지고 다른 문화권의 공감까지 얻는 것은 어렵다. 해외 아티스트와 어떻게 작업해야 할지에 대해 계속 시도하고 있다. 교과서에 나온 대로 현지화하고 있는데 이런 것들은 쉽지 않다. 작은 조직에서는 더더욱 쉽지 않다. 그래서 여러 회사와 협업을 하고 힌트들을 얻고 있다. 따라서 아직 답을 논할 단계는 아닌 것 같다.

10. 매니지먼트의 전망과 미래

실질적으로 음악을 소비하는 방식이 많이 바뀌었다. 그런 상황을 반영하듯이 공연이나 페스티벌도 대기업 자본을 끌어들인다. 그러나 보통은 비관적인 시각이 많다. 어차피 한 번은 순환될 것 같다. 공연을 소비하는 문화나 음원, 음반최근 LP까지 다시 등장하는 추세을 보면 비관적으로 보던 것과 달리 다시 그 문화가 자리를 잡아가려는 경향이 보인다.

소비하는 형태도 바뀌고 음악을 창작하는 데 있어 진입장벽도 과거에 비해 상당 부분 낮아져서 경쟁이 심해졌다. 상대적으로 부작용은 없는 것 같다. 그만큼 전체적으로 양질의 음악이 나오고 음악 풀이 많아지는 측면 등을 보자면 희망이 있다.

다만 제작을 포함해서 유통, 홍보 등은 새로운 부분에 잘 적응하고 활용하는 사람들이 잘해나갈 수 있지 않을까 한다. 유통 구조와 분배에서도 개선이 필요한 것은 분명하다.

11. 처음 입문하는 사람들에게 강조하고 싶은 내용

최근 우리 업계에 관심이 많아서 많이 알려지기도 했는데, 어떤 산업이든 뒤에서 활약하는 사람들은 결코 화려하지 않다. 그만큼 고되고 알아주는 사람도 적기 때문에 이 일을 해서 행복할 수 있는지도 고민이 필요하다. 지금은 많이 줄어든 것 같은데, 연예인과 다니면서 남들에게 보이는 것을 중요시하는 사람들은 회사에서 절대 매니저로 뽑으려 하지 않는다. "내가 누구 매니저다." 하며 허세를 부리면 큰일 나는 세상이 되었다. 처음에는 일이 고되고 힘들지만 기초지식이나 기반을 닦는다고 생각하고 많이 배울 수 있는 회사에서 시작하는 것이 좋다. 업계 특성상 대우가 매우 열악하다는 점은 각오해야 한다.

열악하기 때문에 대형기획사로 몰리는 특성이 있다. 그러나 그곳도 편하지는 않다. 오히려 그에 맞는 혹독한 프로세스가 기다리고 있다. 잘 조절해서 해야 하고 점차 개선되어야 할 것이다. 우리 사회에는 열정을 악용해서 착취하는 곳이 너무 많다. 매니저뿐만 아니라 도제식으로 이루어지거나 입문과정이 명확하지 않을수록 더하다.

그래서 착취를 당하는 것은 아닌 것 같다. 보상은 분명히 금전 이외의 것도 있을 수 있고 체득할 만한 것들이 많이 있으므로 본인이 현명하게 판단했으면 좋겠다. 대형기획사에서 더 체계적으로 일을 배울 수 있는 자리라면 누가 나쁘게 볼 것인가? 규모가 작은 곳에서 직접적으로 부딪히는 것도 나쁘지 않기 때문에 각각 장단점이 있다고 본다. 그래서 섣불리 어느 쪽이 좋다 나쁘다고 말할 수 있는 것은 아닌 것 같다.

곧잘 "젊은 사람들에게 이 분야에 뛰어들라고 말할 것이냐?"는 질문을 받는다. 뛰어들라는 것은 엔터테인먼트사업이 전망이 밝으니까, 혹은 겉으로 보이는 모습이나 금전, 명예 차원의 이익이 클 것 같으니까 시도해보라는 의미인 것 같다. 그것보다 연예산업과 관련된 일을 하면서 행복할 확신이 있으면 당연히 뛰어들어야 한다고 생각한다. 최근 매니저들을 만나 보니 로드매니저, 변호사, 마케터 출신 등 갈수록 다양화되고 있다.

기획을 했다고 끝까지 기획 쪽에서 일하는 것도 아니다. 엔터테인먼트산업 분야에도 다양한 직종이 있다. 그래서 매니저로 시작한 사람도 반드시 제작을 해야겠다고 생각해서가 아니라 관심을 열어두고 보면 자신이 생각하지 못했던 측면에서 더욱더 발전하지 않을까 한다.

04

연기자 매니지먼트의 실무와 현실

이은영

1. 연예 매니지먼트의 정의와 개념

개인적으로 생각하는 매니지먼트는 연애와 결혼이라고 생각한다. 처음에 만나서 연애를 하다가 결혼을 해서 인생을 책임져 나가는 관계와 같다. 결혼이라는 것은 개인의 만남이 아니라 집안과 집안의 만남이고 부양해야 하는 가족 등 책임감이 따른다. 이러한 결혼생활을 잘 유지하려면 서로 간에 신뢰가 가장 중요한 덕목이다. 유홍준 교수의 글 중에 "사랑하면 알게 되고, 알게 되면 보이나니, 그때 보이는 것은 전과 같지 않으리라"는 것이 있다. 사랑하면 남들이 모르는 더 많은 것을 볼 수 있다는 말이다. 사랑으로 시작해서 신뢰의 과정을 거치는 관계가 매니지먼트의 과정이라고 생각한다.

2. 연기자 매니지먼트의 차이점

2001년에 매니지먼트를 처음 시작해서 올해로 13년째다. 원래는 콘서트 분야의 일을 하다가 연기자 매니지먼트로 이동했다. 가수와 연기자는 너무 다르다. 가수의 경우는 매니저가 기획을 해서 그 기획에 맞는 가수를 캐스팅해 트레이닝시키고 이미지를 구축한다. 즉, 기획대로 아티스트를 데뷔시키는 것이다.

연기자의 경우는 마음에 드는 연기자를 만나서 그 연기자에게 맞는 작품을 찾아가는 것이기에 출발이 다르다. 연기자 매니지먼트는 가수 매니지먼트와 비교했을 때, 만나는 사람도 다르고, 방송 프로그램도 다르다. 가수는 아티스트 자체가 작품이다. 다른 말로 하면 콘텐츠다. 그러나 연기자는 작품 속에서 아티스트의 면모나 콘텐츠 가치를 발휘해야 한다.

3. 매니지먼트 교육과 현장

연예인과 연예 매니지먼트 그리고 연예산업은 대중문화 영역인데, 이에 대한 편견이나 왜곡된 인식들이 존재한다. 신문방송학, 문화연구에 관련된 학과에서는 매니지먼트를 가르치지 않고 있다. 일부 연예 현상을 단편적으로 다루고는 있으나 깊이 있는 분석은 아직 미비하다고 볼 수 있다. 아직 연예 매니지먼트의 역사가 길지는 않아서 더 많은 시간과 과정이 있어야 학문으로 자리를 잡을 수 있을 것이라 생각한다. 연예 매니지먼트 관련 학과가 현재 존재하기는 하나 강의용으로 적합한 교재가 거의 없다. 그리고 현업에서 노하우를 쌓으신 분들 중에는 아직 현업에서의 일이 많기 때문에 강의에 시간을 할애할 여유가 없다.

4. 연기자 매니지먼트의 원칙과 소신

　가치 추구, 소명의식이라고 하면 거창할 수 있다. 처음에 매니저를 하겠다고 마음먹은 이유는 우리나라의 미래를 책임지는 인물은 청소년이라는 생각 때문이었다. 청소년들이 예전엔 이순신, 부모님 등이 존경하는 인물이었는데, 이제는 존경하는 인물에 대한 질문 자체가 없어졌고 좋아하는 연예인에 관한 질문이 대신하게 되었다. 나라의 미래를 책임질 청소년에게 가장 영향력이 큰 연예인. 그 연예인에게 가장 영향력이 큰 사람은 매니저라고 생각한다. 거창하게 표현하자면 매니저가 바로 서야 연예인이 바로 서고, 연예인이 바로 서야 청소년이 바로 서며, 청소년이 바로 서야 나라의 미래가 밝다고 생각한다. 필자도 어렸을 때 가수 이선희 씨를 좋아하던 팬이었다. 부모님과 학교 선생님의 공부하라는 말보다 이선희 씨가 "나는 가수니까 노래를 열심히 하고, 너희는 학생이니 공부를 열심히 해라"라는 말에 더 자극을 받아서 공부를 열심히 한 기억이 있다. 소속 연기자들에게 항상 이야기한다. "우리 조카가 존경할 수 있는 연예인이 되어줘."

　우리 기획사는 NGO단체인 기아대책과 함께 사회봉사 활동을 진행하고 있다. 연예인이라는 직업은 내가 알지 못하는 많은 대중의 사랑을 받고 있는 직업이다. 나를 사랑해주는 대중에게 항상 감사하고 사랑을 환원하려는 마음을 가지고 있어야 한다.

　하지만 사회에 영향력이 있는 연예인이 되려면 우선 인지도가 높아야 한다. 인기가 있어야 그에게서 나오는 말이 파급력이 있을 수 있다.

5. 성공 여건

　겸손하고 성실한 국민 MC 유재석을 봐도 그렇다. 트렌드에 편승하여 한순간 유명해지는 연예인들은 겸손함과 성실함이 있어야만 오래간다. 그리고 정상의 자리를 유지하는 기간이 길어지면서 그 위치에서 독보적인 존재가 된다. 하지만 한순간 어떠한 행운으로 인해서 유명하게 되더라도 인격이 그에 따르지 못한다면 일시적으로는 관계자들이 그 연예인과 작업을 할 수밖에 없지만[1] 트렌드가 바뀌어서 그 인기가 시들해진다면 어떠한 관계자들도 그와 함께 작업하기를 원하지 않는다. 그러면 그 연예인은 대중에게서 잊혀지는 수순을 밟게 된다. 하지만 인격이 뒷받침되는 연예인이라면 인기가 잠시 시들해지더라도 주위의 관계자들이 한 번 더 기회를 주려고 하는 경우가 많다. 그래서 그 인기의 하강속도를 조금 늦춰주기도 하고, 어떠한 불미스러운 사건으로 구설수에 오르게 되더라도 어느 정도 시간이 지나서 그를 호의적으로 본 관계자들에 의해 재기하기도 한다.

　　매니지먼트사는 연예 매니지먼트라는 본질에 충실해야 성공한다. 매니지먼트를 하기 위해서 사업을 하는 것이 매니지먼트인 것이지, 사업을 하기 위해 매니지먼트를 이용하는 것이 아니다. 대형화를 꿈꾸다가 실패한 과거의 회사들을 보면 외부에 보이는 매니지먼트의 규모를 확장하기 위해 연예인의 영입을 늘리고 그 효과로 투자자를 모집하여 연예 매니지먼트와 상관없는 사업[2]을 추진하는 경우가 많았다. 하지만 연예 매니지먼트 자체가 발전하지 못하면 계약기간을 채운 연예인들은 재계약을 하지 않고 소속사를 떠나게 된다. 그러면 그 소속연예인으로 인해 발생되었던 외부투자는 연예인의 이탈로 인해 끊어지게 된다. 그리하여 자금이 부족해진 매니지먼트사는 문을 닫게 된다.

　　연기자 매니지먼트를 하는 이들은 장대에 접시를 얹고 돌리는 광대와 같다. 하나를 잘 돌린다고 수십, 수백 개를 한꺼번에 잘 돌릴 수는 없다. 그리고 도자기

제3부 경영 실무론

1　핫이슈가 되는 연예인은 그의 인격 고저를 떠나서 많은 관계자들이 같이 작업을 하고자 한다. 대중의 눈과 귀가 그 당시는 그 연예인에게 몰려 있기 때문이다.

2　연예 매니지먼트가 회사의 매출을 늘려서 주식 상장을 하거나, 연예인을 홍보수단으로 이용한 원전 사업, 아카데미 사업, 여행 사업 등을 하는 경우가 있다.

를 빚는 도공과 같다. 시장에서 판매되는 장독대와 같은 대량생산시스템으로는 국보급의 고려청자, 조선백자 등을 만들 수는 없다. 산업화-대량생산화 시스템을 만들기는 아직 어려움이 많은 것 같다. 지식화·체계화하기에는 시간과 상황에 따른 변수factor들이 너무 많다.

매니지먼트는 각자의 시기와 상황에 맞게 개성을 살리고 숙성시키며 연예인들이 찬란한 빛을 다할 수 있도록 성심을 다하여야 한다. 그들이 작품마다 각자에게 맞는 매력과 잠재력을 발휘하여 대중에게 매력적으로 다가갈 수 있도록 연구하는 것이 매니지먼트의 기본요건이다.

6. 사례

작년에 데뷔해서 급성장한 연기자가 한 명 있다. 재작년에 신인연기자 영입을 위해서 알아보고 다녔는데, 우연히 한 명이 떠올랐다. 십여 년 전 매니저를 처음 시작했을 때 같은 소속사였던 어린 연기자였다. 보관 중이던 그 당시 수첩을 찾아서 그곳에 적혀 있는 연락처로 연락을 해서 다시 만났다. 가장 중요하게 여기는 인성이 좋았다. 트레이닝 과정을 거치고 관계자들을 만나서 편안하게 미팅을 하고 오디션을 보게 되었다. 예전에 다른 연기자의 현장 매니저로서 같이 작품을 했던 감독님의 작품에 오디션을 보면서 좀 더 편안한 위치에서 진행할 수 있었다. 기록과 보관의 중요성과 인적 네트워크의 중요성을 다시 한 번 깨달은 순간이었다.

지금은 만나는 사람이 많아서 그 사람에 대한 기록을 명함에 간략하게 해두지만 매니저 초창기에는 수첩에 만났던 사람에 대한 내용을 자세히 기록했다.

어디에서 누구를 만나더라도 그들을 기록하고 기억하는 것, 그것은 매니지먼트의 성공을 위한 매우 중요한 습관이다.

7. 성공적인 매니지먼트를 위한 원칙

신인 매니저를 채용할 때 시간 약속을 잘 지키는가와 묵묵히 일을 해낼 수 있는 성향인지를 가장 중요하게 본다. 연기자와 함께 작품을 진행함에 있어서 시간 약속을 지키고, 이러니저러니 말이 많은 현장에서 묵묵히 일을 해나가는 성실함이 가장 중요하다. 하지만 임원의 위치가 되면 기획력이 중요하다. 연기자 매니지먼트는 다 비슷비슷하다. 하지만 그곳에서 다른 연기자와 차별화된 독특한 점과 강점으로 내세울 것이 무엇이 있을까 고민하고 대중에게 어필할 수 있는 구체적인 방안을 찾아낼 수 있는 것이 바로 기획력이다. 모든 작품의 오디션에 통일된 프로필 사진을 사용하는 것이 아니라 각 작품에 맞게 프로필과 영상을 만들어서 오디션에 임한다면 이것이 바로 연기자 매니지먼트의 경영관리라고 할 수 있다.

8. 여성과 매니지먼트

여성이라는 특징이 연기자 매니지먼트에 유리한 요인도 있다. 여성 매니저의 비중은 전체의 10% 정도이다. 요즘은 감독이나 PD 중에도 여성들이 많이 있다. 연예산업은 여성의 섬세한 감성과 잘 맞다. 주로 남성 매니저는 사업적인 측면을 중요시하는 반면, 여성 매니저는 작품 자체를 중요하게 생각하는 것 같다. 그리고 연기자들도 여성 매니저의 섬세함과 배려심을 선호한다.

9. 위기상황과 대처 방안

작품의 뜻하지 않은 흥행 저조로 연기자의 인지도 하락이 발생하기도 하고, 잘못 나온 사진 한 장으로 대중의 비난에 휩싸이기도 하고, 매니저나 스태프의 잘못된 행동으로 연기자가 곤란한 상황에 처하는 등 예상을 벗어난 다양한 변수들이 발생한다. 그럴 때마다 그 상황에 맞는 최대한의 대안을 찾으려고 노력한다.

하지만 회사 내부에서 발생한 위기상황은 충분히 예측이 가능하고 대처할 수가 있다. 일단 첫 번째 중요한 사항이 돈 문제이다. 아무리 가족 같은 인간적인 관계라고 하더라도 출연료의 정산과 같은 금전적인 문제가 깔끔하지 못하면 파국을 면하지 못한다. 절대적으로 금전적인 문제는 약속을 지켜야 하고 깔끔하고 투명하게 진행되어야 한다. 그리고 그다음은 연기자에 대한 처우의 문제가 중요하다. 어리거나 신인이라 하더라도 연기자로서 촬영장에 있을 때는 존중하며 대해야 한다. 그리고 신인일 때는 하대를 했더라도 그 연기자의 위치가 높아질 때는 그에 맞는 존칭을 사용해주어야 한다. 중요한 사항은 내부에서 우리 연기자를 존중해야 외부 스태프들도 우리 연기자를 존중한다는 것이다.

요즘은 인터넷 등의 활성화로 스마트한 환경이 되면서 SNS에 대한 관리가 매우 중요해졌다. 팬 서비스와 홍보를 위해서는 이보다 더 확실한 것이 없지만, 양날의 검이라는 것을 잊지 말아야 한다. 한 번 뱉은 말을 주워 담을 수 없는 것처럼 한 번 올린 트윗은 지울 수 없다.

10. 한국 매니지먼트의 추후 과제

시스템의 확립이 중요해지고 있다. 연기자의 경우, 상위 5% 연기자가 아니고서야 작품은 쇄도하지 않는다. 나머지 연기자의 매니저들은 작품을 찾아다녀야 한다. 어느 제작사의 어떤 작품이 현실적으로 제작에 들어가는지,[3] 그리고 그 작품에 우리 연기자에게 맞는 캐릭터가 있는지도 모르면서 관계자들을 만나러 다닌다. 이러한 과정을 매니저 A1 · A2 · A3 등이 제작사 B1 · B2 · B3 등에 다니면서 작품 C1 · C2 · C3[4] 등을 위해 관계자 D1 · D2 · D3 등을 만나러 다닌다. 매니저 A1의 연기자에게 맞는 작품이 제작사 B2에 작품 C3이라면 매니저 A1은 D3만 만남으로써 줄어든 시간을 작품 C3를 위해 투자할 수 있을 것이다. 헛된 곳에 들이는 시간을 절약하여 소속 연기자의 작품에 투자할 수 있다는 말이다. 허망한 경우는 관계자와 친분을 쌓고 작품을 준비 중이었는데 뒤늦게 알고 보니[5] 소속 연기자와 나이대나 이미지에 맞는 캐릭터가 없는 작품인 경우, 또는 편성이나 투자가 어려워져서 제작에 들어가지 못하는 경우이다.[6]

독일의 경우는 국가 차원에서 간략하게 작품의 제작상황을 공지한다고 알고 있다. 문화상품이기에 모든 내용을 밝히는 것은 어려우나 대략적인 내용과 상황을 공신력 있는 기관에서 공지한다면 각자의 매니저가 일차원적인 자료조사단계에 쏟아 붓는 많은 시간을 보다 고차원적인 매니지먼트에 할애할 수 있을 것이라 생각된다.

---

3 많은 제작사에서 준비하고 있는 많은 작품 중에서 극히 일부만 방송국에 편성되어 드라마 제작이 들어가고, 투자가 결정되어 영화화한다.

4 제작사 B1에게도 작품 B1C1 · B1C2 · B1C3 등이 있고, 제작자 B2에게도 작품 B2C1 · B2C2 · B2C3 등이 있으니 매니저들이 만나야 할 준비 중인 작품은 그 수가 엄청나다.

5 관계자들은 보안상의 이유로 본인들이 준비하는 작품의 내용을 쉽게 공개하지 않는다. 본인들이 캐스팅을 하고자 하는 연기자 측이나 친분이 있는 사람에게만 공개한다.

6 많은 관계자들을 모두 만나는 것은 좋은 일임에 틀림없다. 하지만 사람에게는 누구나 하루 24시간만이 주어질 뿐이다.

11. 매니지먼트의 미래

전체적으로 시장이 넓어지고 있다. 한국에서 아시아를 넘어 세계로 나아가고 있다.

해외 진출에 있어서 해외 제작사와의 신뢰도가 중요하다. 그들이 보내온 자료 만으로는 같이 작업을 해도 괜찮은 곳인지 판단하기 어렵다. 그래서 신뢰도를 확 인해줄 수 있는 국가기관의 도움이 필요하다. 이는 일개 회사 차원에서 해결할 수 있는 문제가 아니다.

예컨대, 중국에 있는 연예기획사나 제작사들이 믿을 만한지 알 수가 없다. 접 촉도 개별적으로 해야 하기 때문에 시간과 비용이 많이 들 뿐만 아니라 이러한 과정을 거쳐 접촉하게 되는 업체들이 신뢰할 수 있는 회사인지 알기가 쉽지 않 다. 이러한 업체들에 대한 공신력 있는 정보망이 매우 절실하다. 그것이 한류 진 출과 성장을 위해서 필요한 일이라고 생각한다.

연기자가 좋고 작품이 좋아도 이런 작업들이 원활하지 않다면 우리 대중문화 가 해외로 진출하는 데 어려움이 있을 수밖에 없다.

12. 미래에 진출할 이들을 위한 TIP

한국의 연예 매니지먼트는 확장일로에 있는 것만은 분명한 사실이다. 싸이의 사례를 통해서도 충분히 보았듯이 대중문화산업은 세계시장으로 넓어지고 있고 국격을 상승시키는 역할을 하고 있다. 이른바 대중문화 브랜드 이미지의 상승이 개인이나 조직, 기업 그리고 국가적인 차원에서 이루어지고 있는 것이다. 대중문 화의 핵심이 연예인이며 그 핵심을 꽃피우는 산업이 연예 매니지먼트산업이다.

연예 매니지먼트의 가장 큰 매력은 예측 불가능하고, 정답이 없는 점이라고 생각한다. 정답이 없기 때문에 각자의 노력과 창조적인 활동들이 좋은 결과를 낳을 수 있다. 누구도 이루어보지 못한 일을 달성할 수 있다는 점에서 성취감을 느낄 수 있다.

그러나 일회일비할 수 없을 정도로 한 치 앞을 가늠할 수 없는 영역이기도 하다.

역사가 짧은 만큼 아직은 미지의 영역이며 그만큼 도전에 대한 보답이 큰 분야이기도 하다. 열정과 대중을 사로잡을 매력적인 아이디어만 있다면 누구든지 도전할 수 있는 미래지향적인 산업이 연예 매니지먼트산업이다.

05

연예인 OSMU 전략

권지안

1. 새로운 원 소스 멀티 유스 전략

원 소스 멀티 유스OSMU: One Source Multi-Use는 하나의 소스를 갖고 여러 분야에 사용하는 것을 말한다. 2000년대 이후 문화콘텐츠 개념이 확장하면서 널리 쓰이게 된 개념이다. 하나의 소스source, 즉 하나의 콘텐츠contents로 여러 상품 유형을 만들어낸다는 뜻이다. 영화는 한 편의 작품이지만 극장 상영뿐만 아니라 비디오, TV 방송권, 케이블 TV 방송권, DVD, 소설, 게임, 캐릭터 상품 등 다양한 관련 상품을 파생시킨다. 콘텐츠 하나가 영화, 게임, 음반, 애니메이션, 캐릭터 상품, 장난감, 출판, 관광산업 등으로 확장된다.[1] 요즘에는 처음부터 원 소스 멀티 유스를

---

1 이 개념을 확대시킨 계기가 된 영화는 1977년 조지 루카스(George Lucas) 감독의 「스타워즈(Star Wars)」인데 극장 수입(4억 6천만 달러) 외에 캐릭터 상품 등 머천다이징 판매 수익으로 26억 달러

기본적인 전략으로 삼고 있다.

　OSMU로 성공한 대표적인 기업은 디즈니사다. 월트 디즈니는 1930년 거부감이 드는 생쥐를 캐릭터로 만든 「미키마우스」 애니메이션을 선보여 흥행에 크게 성공하였다. 그 후 애니메이션은 물론, 캐릭터를 이용한 다양한 문구류와 캐릭터가 가득 차 있는 디즈니 테마파크까지 열면서 캐릭터 분야의 대표적인 OSMU 사례가 되었다. 일본에서는 미디어 믹스Media Mix라는 말이 사용되고 있다. 미디어 믹스는 하나의 상품 또는 미디어 소스를 여러 미디어 형태로 확장하여 판매 및 판촉하는 것을 일컫는 일본식 영어 조어다. 미디어 믹스는 본래 광고업계의 용어인데, 상품을 광고하기 위해 여러 매체미디어를 조합하여 각 매체의 약점을 보완하는 기법을 말하는 것이었다. 하나의 매체에서 다룰 수 없는 것들을 소설, 만화, 애니메이션, 게임, 음악 CD, TV 드라마, 영화, 스타, 캐릭터 상품 판매 등의 다양한 방면으로 전개하는 것을 말한다. 한국에서는 콘텐츠 차원의 강조라면 일본에서는 미디어 차원의 접근이라고 할 수 있다. 여러 계열의 회사가 하나의 콘텐츠에 공동으로 투자하기 때문에 제작비의 부담과 홍보효과를 극대화할 수 있다.[2]

　이러한 전략들은 모두 기업이나 제작자, 창작자의 입장이라고 할 수 있다. 연예산업의 특성상 연예인이나 스타는 살아 있는 원 소스라고 할 수 있다. 따라서 다양한 콘텐츠나 미디어로 자신을 파생시킬 수 있는 특징이 있다. 따라서 다양한 방식으로 여러 분야에 자신을 파생시킬 수 있는 전략들이 필요하다. 이는 이미 대형기획사에서는 발굴 단계부터 다양한 영역으로 진출하는 엔터테이너를 상정하여 움직이고 있다.[3] 이는 기획사나 매니지먼트사 차원의 전략일 수도 있지만

제3부 경영 실무론

　이상의 수입을 올렸다.

2　창조적인 콘텐츠를 새로이 개발하기보다는 잘 팔리는 하나의 작품을 포장만 달리하여 계속 우려먹는다는 비판이 있다. 또한 새로운 작품에 대한 기획과 발굴에 보수적인 태도를 보인다는 것이다.

3　이러한 점은 단지 아이돌 그룹이 대중문화계를 지배하고 있다는 식으로 평가되고 있다. 하지만 그것은 경영관리 차원에서 볼 때 매우 전략적인 것이다. 다만 그것이 미치는 역작용에 대해서는 항상 주의해야 한다. 시장지배적인 모습은 대중정서상 약자 위에 군림하는 강자로 비치기 때문이다. 대중스

스스로 그러한 개념을 인식하고 활동을 모색하는 것도 중요하리라 생각한다. 여기에서는 경험담을 중심으로 어떻게 연예인 스스로 자기 파생화할 수 있는지 생각해보도록 하겠다. 논의의 전개는 다음과 같은 순서로 이루어진다.

- 멀티활동을 어떻게 시작하게 되었는가?
- 현재 멀티플한 연예인으로 활동하면서 어떤 점들을 느끼고 있는가?
- 연예인들의 멀티적인 활동이 미치는 영향은 무엇인가?
- 앞으로 연예인의 OSMU의 발전방향에 대해 어떻게 생각하는가?

2. 연예인의 OSMU: 상황적 측면

내가 처음 데뷔한 2006년만 하더라도 지금처럼 연예인의 활동이 다양하지 않았다. 가수는 음반을 내고 노래활동을 했으며, 연기자는 연기를 했다. 자신들의 영역이 지금보다 훨씬 분명했고, 한 분야만 잘하면 되었다.[4] 가수들에게는 대중과 만날 수 있는 기회가 많지 않았다. 음악 프로그램이 매일 있는 것도 아니고 매주 만날 수 있는 것도 아니었다. 긴 기간 동안 활동을 하는 것도 아니고, 많은 노래를 들려주기보다는 12~13곡이 든 음반에서 타이틀 곡 하나만 들려줄 수 있었다. 그러나 나는 그렇게 활동의 한계를 만들고 싶지 않았다. 방송은 목마름을 가중시키는 것이었으니 대중적인 인지도를 높이는 방법을 연구할 수밖에 없었다.

타들은 강자의 편이 아니라 약자의 편이어야 한다. 왜냐하면 대부분 일반 사람들은 사회적 약자이기 때문이다.

4 대형기획사에서는 본인들의 의사와 관계없이 다양한 분야에 대한 기회를 마련해주었다. 이는 수익 창출 모델 차원에서 이미 정해진 것이었다. 아티스트 관점의 주체성은 덜한 것으로 평가되었다.

그런 시기가 조금 이어지고 나서는 시스템의 변화가 찾아왔다.

우리나라의 시스템에서 가수는 예능을 해야 한다는 마인드가 강해졌고, 예능이 연예인에게 주는 시너지 효과도 점차 커져갔다. 이런 과정을 통해 자연스럽게 가수들이 예능 영역으로 활동을 넓히기 시작했다. 내가 활동하던 시기가 바로 이 영역이 확장되던 시기였다. 덕분에 나도 예능을 통해 인지도를 높일 수 있었고, '솔비'라는 사람의 새로운 이미지를 만들어 갈 수 있었다. 원래 시작했던 분야인 가수라는 원형을 예능인이라는 원형으로 확대시킨 것이다.

지금 생각해보면 나는 예능을 통해 인지도를 얻는 대신 이미지를 잃었다는 생각이 든다. 내 성격과 개성이 도드라졌을지도 모르지만 가수의 이미지는 잊힌 부분도 있다. 실제로 나는 많은 노래를 발표했다. 정규앨범 3개, 솔로앨범 2개, 디지털 싱글 등까지 합하면 거의 18개의 앨범을 냈는데, 그 사실을 알고 있는 대중은 많지 않다. 이런 부분이 가수의 이미지를 잃었다고 생각하는 부분이다.

연예인들은 연예계 생활을 하면서 딱 한 가지를 우선적으로 생각한다. 바로 "어떻게 하면 나를 알릴 수 있을까?"라는 생각이다. 대중의 인지 또는 인기에 따라 연예인인 나의 가치가 정해지기 때문이다. 그래서 도전이나 새로운 방향으로의 발전이라기보다는 인지를 위한 활동의 한 방법일 뿐이었다. 그래서 '왜 나를 예능 활동만 많이 시킬까?'에 대한 불만도 많았다. 그러다가 어느 순간 이런 생각이 들었다. 나를 찾아주는 곳이 예능이라는 이유는 '내가 잘하는 것도 예능인 게 아닐까?' 하고 생각을 바꾸니 내 자세도 달라졌다. 잘할 수 있는 분야인 예능에서 시청자들에게 웃음을 주고, 나라는 사람의 모습을 솔직하게 보여주는 것이 즐거워졌다. 그리고 노래만큼이나 예능도 나에게 맞는 옷이라는 생각을 조금씩 하게 됐다. 물론 솔직하고 사실적인 내 모습에 대한 부정적 인식도 있었다는 것이 아쉬운 점이긴 하다. 그러나 노래만 하는 가수 솔비는 쉽게 잊혔을 수도 있지만, 예능에 나와 보여줬던 솔직한 내 모습은 오랜 시간 대중의 기억에 남아 지금의 나를 만들어준 것 같다. 잃은 만큼 얻는 것도 있었다고 생각한다. 그리고 '만약 가수 솔비로만 있었다면?'이라는 생각을 해보면 잘 상상이 되지 않는다. 그러면 아마

연예인 솔비의 지금은 없을 수도 있었다는 생각도 더불어 든다.

　그렇게 가수와 예능을 병행하면서 내 분야를 점차 넓혀가기 시작했다. 이후에는 한 번 틀을 깨고 나니 새로움에 대한 도전 또는 분야의 확장이 두렵거나 걱정되지 않았다. 그래서 뮤지컬, 연극, 연기, 그림 그리는 사람, 작가, 강의 등 내 전문 분야 이외의 분야들로 관심을 넓히고 경험을 늘려나갔다. 한 번 틀을 깨니 하고 싶은 것도, 할 수 있는 것도 점점 늘어났다. 또한 내가 가진 나라는 존재에 내재된 콘텐츠가 새롭게 포장되고 변형되면서 만들어가는 또 다른 결과물들에 스스로도 만족하고 즐거웠다.

　연예인이라는 직업은 개인의 능력을 대중에게 보여줌으로써 인정받거나 새로운 콘텐츠를 만들어가는 존재이다. 결국 무형의 OSMU의 가장 발전한 형태가 아닐까. 어떤 한 곳에 머물러 있는 것이 아니라 꾸준히 움직이면서도 새로운 콘텐츠를 만들어낼 수 있고, 한 번 만들어진 콘텐츠를 지속해서 발전시키고 새롭게 만들 수 있다는 것도 장점이다. 여기서 끝이 아니다. 연예인이라는 사람 자체도 OSMU의 기본이 될 수 있는 존재이지만, 연예인 개개인을 통해 만들어지는 콘텐츠 역시 OSMU의 기본 원형의 역할을 할 수 있다. 노래는 새로운 노래, 발전된 노래, 리메이크 등을 통해 여러 콘텐츠로 나뉠 수 있다. 연기도 그렇고 연기가 완전하게 담긴 작품도 그렇다. 무형의 OSMU의 한 사람으로 유형의 OSMU의 기본을 생산해내는 존재가 연예인이라고 생각된다. 그렇기에 연예인이라는 직업의 영향력도 점점 커질 수 있는 것이고, 문화적인 파급효과와 대중에게 미치는 효과 역시 점점 높아지고 있다. 이런 수많은 도전 속에서, 혹은 분야의 탈피 속에서 나 개인이 가진 콘텐츠도 풍부해질 뿐 아니라 플랫폼을 어떤 형태로 만나느냐에 따라 새로운 수많은 콘텐츠를 양산해낼 수 있는 것 같다. 그 과정의 첫 출발은 내 호기심에서 시작됐고, 무엇보다 두려워하거나 피하기보다는 하고 싶은 것은 해보는 마인드, 또는 완벽하거나 좋지 않아도 일단 나에게 주어진 역할에 도전해보려는 마인드였다. 개인이 만들어갈 수 있는 OSMU의 처음 역시 호기심과 도전, 열린 마인드라 생각한다.

3. 멀티플 활동의 효과: OSMU의 영향과 필요성

최근의 문화적인 변화 형태를 살펴보면 점차 개인의 영향력이 증폭될 수 있는 플랫폼 구조가 만들어져 가고 있다고 생각한다. 예전 같으면, 혹은 10년 전만 해도 우리나라 가수의 노래가 세계인들의 귀에 들릴 수 있는 길은 거의 없었다. 기적에 가까운 일이라고 생각할 수 있다. 그런데 지금은 어떤가? 우리나라 가수의 신곡이 동시에 전 세계인들에게 소개되고, 마음만 먹으면 어떤 콘텐츠도 세계적으로 공유할 수 있는 환경이 만들어졌다. 이런 환경에서 연예인들 역시 OSMU의 마인드를 만들어가면서 콘텐츠의 질과 양이 동시에 상승하는 결과를 만들었다고 생각한다.

한정된 이들에 의해 한정된 방향으로 만들어지는 콘텐츠가 아니라, 다양한 이들에 의해 다양한 분야, 다양한 주제의 콘텐츠를 지속적으로 만들어낼 수 있는 바탕이 만들어졌다. '한 명이 만들 수 있는 양질의 콘텐츠는 하나'라는 공식에서 벗어나자 배우가 감독이 되기도 하고, 감독이 배우가 되기도 하는 다양한 도전이 가능한 바탕이 마련됐다. 그러면서 연예인 모두에게 일종의 분야적인 경계가 허물어졌다. 원래 잘하는 분야이지만 내 전문영역이 아니기에 포기했던 일도 시도해볼 수 있고, 하고 싶었지만 할 수 없었던 영역에도 도전할 수 있게 됐다.

이런 연예계의 변화가 물론 순기능만 가져온 것은 아니다. 오히려 빈익빈 부익부를 더 강화했다는 이야기도 한편으로는 해볼 수 있다. 연기자로 인기를 얻고 좋은 이미지를 가지고 있는 연예인은 예능은 물론 음반까지 낼 수 있고, 인기가 많은 아이돌들은 당연하게 연기까지 영역을 넓게 되었다. 이는 양질의 콘텐츠를 만드는 초반의 의미에서 좀 퇴색한 결과를 만들어내기도 한다. 연기를 할 수 있는 역량이 안 되는 이들이 주연배우를 하거나, 작품의 흥행으로 연기자가 반짝 음원 인기를 얻거나 하는 일들은 점차 콘텐츠에 대한 대중의 실망을 불러오기도 한다. 많은 부분에서 실망하고 있는 것도 사실일 것이다.

이런 면은 다른 OSMU 전략의 한계를 그대로 드러내는 것과 같다. 좋은 작품이 있다면 자동적으로 OSMU 전략은 작동하게 된다. 하지만 주객이 전도되어 대중에게 좋은 작품으로 선호 받지 못했음에도 OSMU 전략을 사용하는 예가 많다. 기계적으로 적용하는 것은 결국에는 만족할 만한 결과를 낳지 못한다. 오히려 관객이나 시청자, 팬들에게 원성을 들을 수 있다. 특히 유명한 스타들의 경우에는 자칫 기획제작사의 수익 논리에 자신의 이미지를 훼손당할 수도 있다. 특히 연예인들은 소속사와의 계약에 따라 일정이나 활동을 소화할 수밖에 없기 때문에 전체적인 전략 구도가 어떻게 흘러가는지 가늠할 수 없는 경우도 있다.

그러나 나는 이 부분을 '관심환기'라는 의미로 해석해보고 싶다. 관심환기는 자신만의 정체성을 확실하게 가지고 있어야 가능하다. 그것이 바로 원 소스이다. 여기에서 원 소스는 확실한 무엇, 즉 킬러 콘텐츠가 있다. 이것이 없으면 다른 유스uses들은 하지 않은 것만 못 할 수 있다. 점차 짧아지는 콘텐츠의 생명력을 높임과 동시에 연예인 개개인의 생명력 또한 높일 수 있는 해결책이 될 수 있다. 언제든 원하면 찾아볼 수 있는 콘텐츠이기에 굳이 정해진 시간에 정해진 플랫폼을 통해 콘텐츠 소비를 하지 않는다. 그러나 내가 좋아하고 관심을 가진 연예인의 출연은 그 시간 그 콘텐츠에 대한 호감을 만들고, 꼭 보아야겠다는 의지를 만든다. 또한 한 분야에서 오래 자신의 색을 유지하면서 활동을 지속하는 이들도 물론 있겠지만, 다양한 분야의 도전을 통해 대중에게 자신의 이미지를 새롭게 각인시키고, 새로운 분야의 새로운 인물로서 자신을 한 번 더 각인시키는 기회를 만들 수도 있다. 이는 쉽게 대체될 수 없는 개인을 만들 수 있다는 점에서 OSMU의 순기능이라 볼 수 있다.

물론 준비는 필요하다. 다른 이들에게, 혹은 콘텐츠를 소비하는 이들에게 피해를 주거나 거부감을 주지 않는 능력을 갈고 닦는 것이 먼저 이뤄져야 하는 것은 당연하다. 그러나 자신의 노력으로 준비만 된다면 새로운 분야에 끊임없이 도전하는 용기를 가져야 한다. 나 역시 만약 가수만 했다면 언제까지 연예 활동을 할 수 있었을지도 알 수 없는 일이다.

그런데 예능으로 진짜 나와 대중이 바라보는 내가 다르다는 사실을 깨닫고 슬럼프를 겪지 않았다면 소통의 중요성을 깨닫지 못했을 것이다. 한 사람을 이해시키기 위해, 혹은 한 사람의 감정을 공감하고 공유하기 위해 어떤 노력이 필요한지 알 수 없었을 것이다. 영역의 확대는 단순히 활동 영역의 확대만을 의미하는 것이 아니다.

동물들이 자신의 영역을 넓혀 힘을 보여주는 1차원적인 확대가 아닌, 영향력과 더불어 자신의 생각과 관심, 지식과 지혜의 폭을 넓히는 2차원적 확대까지 생각할 수 있다.

연예인뿐만 아니라 일반인들에게도 당연히 해당되는 이야기이다. 회사에서 내가 아니면 안 되는 사람이 되기 위해서는 OSMU의 기능을 수행할 수 있어야 한다. 내가 아니어도 누구나 할 수 있는, 혹은 단 한 가지만 한다면 언제든 대체될 수 있는 것이 현대사회이다. 그만큼 사회는 빠르게 돌아가고 능력의 평준화 역시 빠른 속도로 이뤄지고 있으니 말이다. 그래서 더욱 OSMU의 본질에 대한 이해가 필요하다. 이를 제대로 체득할 때 자신의 발전을 위한 밑거름이 될 수 있다. 나는 연예계 활동을 통해 몸으로 느낀 부분이지만, 원 소스, 즉 자신의 킬러 콘텐츠를 만드는 대중적인 방법에 대해 이론적으로 공부하고 실제로 더 높은 지식적 이해를 이룬다면, 더 넓은 영역에 대한 고민과 공부를 할 수 있을 것 같다. 그것이 자신을 유용하고 생명력이 긴 무형의 콘텐츠로 만들어나갈 수 있는 지름길이며, 자신의 관심을 넓히고 일의 범위를 키울 수 있는 바탕이 될 수 있다.

4. 멀티플 활동의 고충과 성과

이런 맥락에서 멀티 유스에 해당하는 멀티플 활동을 지속했다. 마음을 다르게 먹으니 예능도 재미있었고, 처음에는 새로운 환경에 적응하면서 새로움을 한껏 즐겼다. 그러나 모든 것이 그리 쉽지는 않았다. 혼자서 여러 분야를 하기 위해서 우선 제일 먼저 부딪치는 부분은 체력적 한계이다. 하루에 7~8개의 스케줄을 소화하기에 내 체력은 한없이 부족했다. 더불어 개인시간도, 휴식시간도, 밥 먹는 시간도, 심지어 잠잘 시간도 없는 매일의 연속이었다. 그러다 보니 스트레스는 계속 쌓이고 풀지 못하는 나날이 이어졌다. 사람이라면 먹고 자는 생리적인 현상의 만족 위에 고차원적인 생각과 만족을 꿈꾼다. 그러나 당시 나는 그런 1차원적인 욕구도 해결되지 않는 것이 현실이었다. 그렇다고 불평도 할 수 없었다. 나를 위한 일이라고 했으니까. 그런 시간들이 한동안 지속됐다. 아이러니하게도 개인적으로는 OSMU의 활동을 가장 이상적으로 했던 시기가 바로 이때였다. 가장 인지도도 높았고, 다양한 분야에서 끝없이 캐스팅 제의가 들어왔다. 만약 내 몸이 하나가 아니었다면 나는 더 많은 분야에서 더 많은 활동을 했을 것이다.

체력적 한계를 다른 것으로 채우기에는 역부족이었다. 그렇게 2년이 지나자 나는 완전히 지쳐버렸다. 콘텐츠를 만들어내기는커녕, 새로운 생각을 하기는커녕 매일이 지옥 같다고 느꼈다. 그렇게 꽤 오랜 시간 동안 슬럼프를 겪었다. 활동도 할 수 없었다. 내 자신이 통제되거나 이해되지 않았다. 그렇게 또 2년의 시간이 흘렀다. 그러자 조금 주변을 둘러보고, 나 자신을 둘러볼 여유가 생겼다. 그리고 연예인이 아닌 솔비가 보였다. 이때 갑자기 이전에는 생각하지 못했던 것들이 보였다. 가수로서 활동을 넘어서 다른 영역을 넘나들었다고 생각했지만, 그것은 결국 방송활동에 국한되어 있었다.

OSMU는 단순히 연예인으로서의 활동에만 국한되는 것이 아니었다. 관심의 영역 혹은 활동의 영역 안에 있는 모든 일이 내가 만들어가는 OSMU의 영역이라고 생각되기 시작했다. 그리고 나는 연예인이라는 축복받은 직업 덕분에 취미도 하나의 콘텐츠로 만들어갈 수 있는 길을 알게 되었다.

나를 좀 더 이해하고 내 마음을 달래주고자 시작한 것이 '그림'이었다. 그런데 어느 순간 그림으로 새로운 콘텐츠를 만들고, 그림으로 어려운 이들을 돕고, 그림으로 상품을 만들어내고 있었다. 내가 그린 하나의 그림은 상품이 되었고, 그 상품이 판매됨으로써 '유기견'을 구하거나 어려운 환경에 처한 사람들을 도울 수 있었다. 많은 사람들에게 사회적으로 도움을 줄 수 있다는 것은 마음을 충만하게 했다. 다른 사람을 향한 행동들이 다시 나에게 돌아와 내 마음을 살려주었다. 이런 선순환이야말로 내가 경험하게 된 진정한 OSMU의 모습이 아닐까 생각한다. 오직 콘텐츠만이 OSMU의 전부는 아니다. 하나의 콘텐츠가 하나의 사이클을 만들어가는 것도 OSMU의 다른 모습이며, 그 사이클을 가능하게 하는 것이 연예인인 솔비라는 생각이 들었다. 이후로 이런 영역을 넓히기 위해 노력했다.

다음에 도전한 분야는 책이었다. 내가 평생 해온 다이어트를 주제로 나와 같은 고민을 하고, 나와 같은 고통을 겪는 이들과 공유할 수 있는 책을 출간했다. 내가 쓴 한 줄의 글로 그들이 새로운 콘텐츠를 만들어내는 한 명의 OSMU의 시작점이 될 수 있다면 이 역시 긍정적 사이클의 시작일 것이다.

그다음은 강의였다. 강의는 나 자신에 대한 이야기일 수도 있었고, 나와 세상 그리고 사람에 대한 이야기일 수도 있었다. 반드시 웃기거나 재미를 위한 강의는 아니었다. 오히려 삶의 진실과 깨달음이 우선이었기 때문에 방송 출연에서 보여야 했던 유희적인 모습과 거리를 두었다. 때로는 강의를 통해서 비슷한 상황에 있는 이들과 같이 힐링을 추구하기도 했다.

이렇게 연예인 솔비로 할 수 있는 역할을 하나씩 늘리다 보니 나에게서 뻗어나간 수많은 줄기를 만들 수 있었다. 그 줄기들이 결국 OSMU의 다른 형태로 새롭고 발전된 콘텐츠를 만들어 나가고 있다. 그 줄기는 지금도 전혀 생각하지 못했던 분야로 뻗어가고 있다.

이를 경험하면서 느낀 점은 개인이 가진 영향력의 무한성이다. 그 영향력이란 것은, 혹은 개인이 만들 수 있는 콘텐츠의 범위라는 것은 결국 자신이 만들어가는 것이다. 나는 무엇이든 할 수 있고 무엇이든 만들 수 있는 존재이다. 이러한 인식의 전환과 자신감이 중요했다.

처음 시작은 단순한 콘텐츠의 한 구성요소였다. 음악이라는 콘텐츠 가운데 노래를 부르는 가수가 나의 첫 역할이었다. 그다음은 하나의 프로그램 속에서 역할을 하는 사람이었다. 큰 콘텐츠를 만들어 나가는 구성인 중 한 명이었던 셈이다.

대부분의 연예인들이 이 역할을 하고 있다. 그러나 스스로 생각을 넓히니 또 다른 영역이 보였다. 그림은 한 작품이 온전히 하나의 콘텐츠이다. 내가 보는 세상, 내가 느끼는 사람 또는 사물에 대한 생각이 온전히 투영되어 결과물로 나온 콘텐츠이다. 이 온전한 콘텐츠를 이용해 제2, 제3의 콘텐츠를 만들어낼 수 있다. 책도 이와 다르지 않다. 그런데 여기서 한 가지 생각해야 할 것은 그림을 그리고 책을 쓸 수 있었던 것은 그전에 내가 방송을 하고 연예인으로 활동하면서 콘텐츠의 한 구성원으로 몸에 익힌 경험치 때문이었다. 더 아름다운 모습을 얻기 위해 뷰티와 관련된 새로운 정보를 찾았기에 할 말이 있었다. 늘 새로운 상황을 만나고 새로운 사람들을 만나면서 사물과 사람을 다르게 보기 위해 노력했던 것이 그림이라는 형태로 표현된 것이다. 그 이전의 어떤 경험치가 없었다면 나는 기회가 생겼어도 어떤 콘텐츠도 만들어내지 못했을 것이다. 그리고 지금 이 모든 것이 내 안에 쌓여서 강의를 할 수 있는 것이다. 내가 직접 아파봤기에, 고민했기에, 겪어봤기에 이야기를 할 수 있는 것이다. 결국 OSMU를 나 스스로 완성하고 있는 셈이다.

5. 연예인 OSMU의 발전 방향

앞서 이야기했던 나의 모든 경험과 노력을 바탕으로 나는 더 다양한 OSMU를 만들어가는 원 소스가 되고 싶다. 이제는 단순히 콘텐츠의 OSMU를 넘어 한 개인도 OSMU의 시작점이 될 수 있을 만큼 OSMU의 범위도 확장됐고, 영역도 넓어졌다. 만화 속 캐릭터만 이야기하던 OSMU를 벗어나 산업 간, 분야 간, 미디어 간 멀티 유스가 가능해진 것이다. 그리고 연예인의 OSMU는 점점 더 발전해 나갈 것이다. 끝없이 새로운 이슈, 콘텐츠, 방향을 만들어내는 존재들이기 때문이다. 만약 진정으로 많은 사람들에게 사랑을 받는 존재라면 그의 캐릭터 자체가 많은 콘텐츠로 파생될 것이다.

한 예로 마릴린 먼로가 세상을 떠난 지 50년이 다 되었지만, 마치 지금도 우리 곁에 있는 느낌을 준다. 그녀가 출연한 영화, 그녀가 했던 제스처까지 여전히 하나의 상품이 되고 있는 상황이다. 마릴린 먼로의 자서전, 사진, 이미지로 만든 가방, 옷, 컵, 마릴린 먼로에 대해 쓴 책, 그녀의 이야기를 바탕으로 한 소설이나 영화까지. 여기서 끝이 아니다. 마릴린 먼로가 가진 대표 콘셉트인 섹시를 표현할 때 수많은 브랜드와 잡지 화보에서는 마치 그녀를 연상시키는 이미지를 모방하곤 한다. 이는 그녀라는 한 사람이 주는 영향력의 범위가 어느 만큼인지 보여주는 단적인 예시이다. 그녀가 OSMU의 스테디셀러적인 존재가 될 수 있었던 것은 그녀가 가진 힘이다. 다양성과 대표성, 대중성을 모두 가진 그녀였기에 긴 시간 동안 대중에게 영원히 죽지 않는 콘텐츠가 될 수 있었던 것이다. 그녀에게는 원 소스가 바로 킬러 콘텐츠였기 때문이다. 앞서서 섹시라는 단어는 바로 마릴린 먼로의 정체성이자 독보적인 콘텐츠 자체를 의미한다. 그것은 그녀가 평생 이루어 놓은 것이다,

오늘날의 연예인들도 다르지 않다. 나처럼 스스로를 활용해 다양한 분야의 기초 콘텐츠를 만들어 나갈 수도 있지만, 자신이 가진 대표성을 극대화해 새로운 멀티 유스의 소스가 되는 사례도 다양하다. 마이클 잭슨이 그렇고, 오드리 헵번이 그렇다. 우리나라에도 이런 연예인들이 점차 늘어나고 있다. 이는 세계적인 한류바람과도 무관하지 않다. 배용준, 이병헌 등 이미 멀티 유스의 좋은 사례를 보여주는 이들이 있다. 자신들의 대표성과 스스로 새로운 분야의 기초 콘텐츠를 창출하려는 노력이 동시에 이뤄지고 있기에 더 오래, 더 다양하게 보여주는 OSMU의 사례가 된 것이라 생각한다.

이제 활동을 시작하는 아이돌이나 신인 연예인들도 이런 점을 배워야 한다. 자신을 표현할 수 있는 절대적인 이미지를 만들고, 그 이미지를 단순히 추상적 이미지로 멈추게 하지 않을 콘텐츠 개발을 동시에 해야 한다. 어떤 형태로, 어떤 분야의 콘텐츠를 만들 수 있는지, 스스로 어떤 방식을 통해 원 소스로 거듭날 수

있는지 고민해야 한다. 다행인 것은 이미 그 움직임이 시작되고 있다는 점이다. 분야의 경계를 허물고 활동의 다양성을 추구하며, 하나가 아닌 다양한 자신의 이미지 확립을 시도하고 있는 연예인들이 많다.[5] 더불어 영향력을 바탕으로 다른 산업 혹은 취미 활동을 통해 새로운 콘텐츠의 생성을 위해 노력한다. 연예인들의 도서 출판이나 특강도 이런 이유로 점차 활성화되고 있다.

만화 캐릭터가 유한하거나 혹은 이미 예측 가능한 발전을 하는 원 소스라면, 연예인은 예측 불가능하고 한계가 정해지지 않은 원 소스가 될 수 있다. 한 작품 속에서 연예인이 보여준 역할 하나가 원 소스가 될 수 있으니 그 가능성이나 영역은 무한할 수밖에 없다. 살아 있는 존재이기에 스스로 만들어내는 2차, 3차 콘텐츠들 역시 원 소스가 될 수 있는 가능성이 높다. 여기에 대중적인 영향력이나 문화적 이해도 역시 이미 준비되어 있는 이들이다. 따라서 개인의 노력이 조금만 선행된다면 OSMU의 영역을 가장 발전시킬 수 있는 원 소스가 될 것이다.

잊지 말자. 원 소스 멀티 유스라 하여 다양한 활동에 집착하기보다는 자신만의 확실한 무엇을 구축하고, 그것을 파생시키는 것이 중요하다는 점을 말이다. 그렇지 않고 여기저기 활동의 폭만 넓히는 것은 장기적으로 자신은 물론 주변 사람들 그리고 기업, 나아가 팬들에게도 좋지 않은 영향을 미칠 수 있다는 것을 스스로 인지하고 그것을 주변에 설득시켜야 한다. 이제는 스스로 셀프 매니지먼트를 할 수 있어야 하기 때문이다.

05 연예인 OSMU 전략

5   H.O.T.의 경우 1996년 결성돼 2000년 해체된 이후 문희준은 예능과 가수활동을 병행하고 있으며, 강타는 SM엔터테인먼트 이사, 그리고 토니안은 예능과 외식사업, 장우혁은 가수와 연기, 이재원은 활동을 하지 않고 있다. H.O.T.와 라이벌 구도를 형성하며 인기를 끌었던 젝스키스는 1997년 등장해 2000년에 해체된 이후 멤버 은지원만 예능활동을 활발히 할 뿐 장수원, 고지용, 김재덕, 이재진은 활동이 뜸하고 강성훈은 사기죄로 구속된 상황이다. 걸 그룹의 원조로 폭발적 관심을 받은 S.E.S.의 바다는 뮤지컬배우와 가수로, 그리고 유진은 연기자로 활동하고 있고, 슈는 결혼과 함께 활동을 거의 하지 않는 상황이다. S.E.S.와 쌍벽을 이룬 핑클의 이효리는 방송과 가수활동을, 성유리와 이진은 연기자로, 그리고 옥주현은 뮤지컬배우로 각각 연예활동을 이어가고 있다. [아이돌 1세대 현주소] "20세기 아이돌⋯ '핫젝갓 알지?'", 「이투데이」, 2013년 5월 24일자.

또한 다양한 분야에 진출했을 때 그 분야가 자신의 이미지와 맞는지, 그리고 구체적인 행위들이 어떻게 대중에게 받아들여질지 고민해야 한다. 이는 기초적인 학습은 물론 이론적인 탐구가 있어야 한다. 예컨대 영화화된 웹툰의 경우 웹툰 자체로는 크게 인기가 있었지만 영화로 제작되기만 하면 실패한 사례들이 있다. 이는 인터넷 만화와 영화의 매체적인 차이를 인식하지 못했기 때문에 벌어진 일이다. 영화 「아바타」가 극장에서는 크게 흥행했지만 게임에서는 참패했던 것도 마찬가지다. 아이돌 가수 멤버들이 다양하게 활동 영역을 넓히지만 처음에만 반짝 하는 경우가 많은 것은 이런 멀티 활동에 대한 강박관념 때문이다. 자칫 수익 다변화의 논리에 이런 강박관념으로 활동이 장기적으로 위축되는 일이 없도록 헤징hedging을 할 수 있어야 한다.

06

대중문화예술산업의 현황과 미래

김길호

1. 왜 대중문화예술산업인가?

(사)대중문화예술산업총연합회문산연의 처음 이름은 '문화산업단체연합'이었다. 그런데 사단법인화하는 과정에서 이름을 바꿨다. 연예라는 단어 자체의 의미가 너무 포괄적이고 이해하기 어려워 연예라는 말을 넣는 것은 조심스러웠다. 그러던 와중에 공정거래위원회에서 발표한 '표준전속계약서'에 대중문화예술이라는 단어가 있었고, 그 단어가 적절하다고 판단되어 사용하게 되었다.

대중문화예술산업에서 주목해야 하는 것은 대중문화이다. 일반 대중이 가장 좋아하고 쉽게 접근하는 문화이기 때문에 대중문화라는 이름이 맞았다. 여기에 예술을 지향하는 것은 당연한 것이고, 연예계가 아니라 산업적인 차원에서 접근해야 할 시점이라고 생각하여 예술산업이라는 명칭을 사용하게 되었다.

현재 대한민국은 산업으로의 진입과정이라고 생각한다. 당연히 산업계는 상생을 위하여 결집해야 하는 상황이며 기본적으로는 공공 영역에서는 산업정책의 지원이 매우 필요한 시점이다.

엔터테인먼트의 선진국인 일본과 미국의 시스템은 한국의 시스템과 사뭇 차이점이 있다. 미국의 엔터테인먼트 시장에 대해서 언급하기에는 너무나 다른 환경을 지니고 있기에 일본의 예만 들어보려 한다.

일본은 사업자의 힘이 막대하다. 사업자의 힘이 워낙 강하다 보니 실연자가 성장하기에 다소 한계가 있는 경우도 있다. 사실 스타의 성장과 존재는 사업자의 논리로서, 경제적인 측면만 고려할 경우 배치되는 경우가 종종 발생하기 때문에 다소 의견의 차이도 발생하곤 한다. 따라서 일본은 글로벌한 엔터테인먼트 비즈니스를 할 경우 스타의 존재감보다는 자본을 통한 비즈니스 형태를 통해 스타 존재의 부족을 채우고 있다.

안타깝게도 우리나라의 엔터테인먼트 시장은 다른 엔터테인먼트 선진국에 비하여 매우 적은 편이다. 이러한 열악한 시장에서 아시아는 물론 전 세계로 우리나라의 스타들이 뻗어 나가는 것 자체는 말 그대로 경이로울 뿐이다. 기본적으로 엔터테인먼트산업은 자본의 확대가 있어야만 발전이 용이하며, 건전한 자본의 유입을 통해 더욱더 발전을 이룰 수 있을 것이다. 위에 예로 든 일본의 엔터테인먼트산업 모델은 우리에게도 시사하는 바가 있다.

2. 대중문화예술산업의 발전과 저작권법

대중문화산업의 발전을 위한 정책이 필요한 시점이다. 특히 퍼블리시티법은 가장 시급하다. 왜 퍼블리시티권법이 중요한가?

'퍼블리시티법'은 '초상권'과 '성명권'을 재산으로 인정하는 법안으로서 우리나라의 초상권에 인지되어 있는 인격권 수준과는 차이가 있다. 현재 우리나라 저작권법 상 인격권초상권은 양도가 안 된다. 다시 말해서 재산은 아니라는 이야기다. 따라서 누군가가 초상권을 침해할 경우 고소·고발을 통한 피해를 입어 손해배상을 산정할 경우 아주 적은 배상만으로 결말이 지어진다. 이는 산업적으로 매우 불리한 법안으로 산업적 기반을 흔드는 좋지 않은 정책이다.

이러한 미비한 정책 때문에 초상권 침해 사건이 발생할 경우 현장에서는 시간과 법률 비용의 부담으로 문제가 생겨도 적극적인 단속을 하지 못하고 있는 실정이다. 현재 임시방편으로 협회 차원에서 시스템을 구축하고 있다. 협회에서는 단속과 진흥 사업을 함께 진행하고 있다. 단속 부분은 로펌을 지정해서 불법 단속과 더불어 금지 작업을 위탁하고 손해배상을 청구하고 있다.

사업적인 부분으로는 드라마에 나오는 장면에 대한 저작권대부분 방송사 소유과 실연자들의 초상권대부분 소속사와 실연자 공동 소유을 이용한 초상권의 상업화 사업을 진행 중이다. 즉, 배우가 드라마에 출연할 경우 PPL을 통하여 착용한 옷이나 패션 소품들을 사업적인 부분과 결합하여 양성화하여 판매를 촉진하는 것이다. 물론 그러한 드라마의 장면들을 이용하는 것에 대한 합법화 방안도 함께 진행 중이다. 현재 이러한 내용의 불법적인 부분은 온라인상에서 여전히 양산되고 있다. 하지만 앞으로는 단속을 통해 우리의 엔터테인먼트산업을 보호할 계획이다.

3. 관련 교육의 방향

기존의 대학이건 타 교육기관이건 간에 연예 매니지먼트 교육에 대해서 업계와 좀 더 활발하게 커뮤니케이션이 되었으면 좋겠다. 교수들이 보편적으로 미래의 성장 가능성에 대한 교육을 한다면 현장에서의 경험자들은 과거 본인이 경험한 내용을 바탕으로 교육한다고 생각한다. 이 두 가지 상호 커뮤니케이션을 통한 교육이 나올 경우 최상의 교육이 될 것으로 생각한다.

이러한 교육을 위해서는 기초적인 자료와 데이터베이스를 잘 정비하여야 할 것이며, 이를 통하여 전공 서적과 실무 및 연구서적들이 더 많이 나와야 한다고 생각한다. 아마도 협회에서 발간한『2012 배우 도감』은 그러한 데이터베이스 중 하나가 될 것이다.

연매협에서는 현장에서 일하는 실무적인 차원의 교육이 필요하다고 판단하여 문화체육관광부의 지원으로 연 1회 협회 회원을 대상으로 교육을 하고 있다. 기본적으로 5년 이상의 현장 경험자들을 대상으로 실시하고 있다. 커리큘럼으로는 주로 법률적 지식, 사이버 대응, 해외 에이전시, 자살예방 등을 교육하고 있다. 본 교육을 이수한 사람들에게 협회에서 연예매니저 자격증을 주고 있다.

연매협에서 실시하는 교육과는 별도로 기존 대학과의 산학협력이 절실한 상황이다. 최근 많은 대학들에 방송연예, 대중문화예술산업 관련학과들이 많이 생기는 것으로 알고 있다. 업계에서는 매우 반기고 있는 추세이긴 하나 무분별한 엔터테인먼트 관련학과의 우후죽순 식의 발생은 자칫 내용 없는 껍데기 교육이 될 수도 있기 때문에 현장과의 교류를 통한 내실 있는 교육을 만들 수 있도록 산학협력이 필요할 것으로 생각한다.

4. 현장과 정책적 과제

문화예술이 선진화하기 위해서는 정부 관련 부처의 조직화와 정책 강화가 필요하다. 문화부에 바라는 것은 재정적 지원이 아니라 인프라, 정책, 기반을 만들어 달라는 것이다.

지금 대중문화팀의 사무관 두 명으로는 대중문화예술산업 업무를 진행하기에 너무도 부족한 인력 조직인 것 같다. 문화부 내에서 대중문화팀은 한류 등으로 인하여 아마도 가장 분주한 부처일 것이다. 앞으로 규모도 더 커질 텐데 조직 증

편이 절실한 상황이다.

현장은 정책적 지원을 끌어내기 위하여 정부에 꾸준히 업계의 의견을 전달하고 있다. 최근 정부에 전달한 정책적 지원 요청은 아래와 같다.

(1) 보편적 문화복지를 위한 문화 이용권 확대와 문화 소득공제 신설, (2) 문화융합산업 전담 부처 신설, (3) 문화융합산업 진흥 재원, 국가 예산 2% 수준 확보, (4) 아동 출연자 야간 촬영 금지 및 권익 보장, (5) 독점적 유통사업자에 의한 불공정거래 규제, (6) 대중문화산업 매니지먼트 제도화, (7) 대중문화산업 종사자 공적 재교육 확대 등이다.

① 대중문화산업 관련 부처가 분산되어 통합적이고 체계적인 대중문화산업의 진흥 및 규제 정책이 실행되고 있지 못하다. 대중문화산업 관련 부처가 대중문화 창작물contents을 담당하는 문화체육관광부, 방송 및 통신 같은 대중문화 창작물 유통platform, network을 담당하는 방송통신위원회device, 대중문화 창작물 유통기기를 담당하는 지식경제부, 청소년 매체물 규제를 담당하는 여성가족부 등으로 분산되어 있다.

대중문화 창작물의 제작·유통·소비를 연계하는 CPND contents, platform, network, device 체계를 서로 다른 부처가 각각의 요소를 분리하여 관리해 대중문화산업의 체계적인 진흥에 걸림돌이 되고 있다. 정부 부처의 조직 이기주의로 인해 대기업 중심의 유통사업자가 개인사업자 및 중소기업 중심의 대중문화 창작 제작자를 지배하여 산업 불균형이 심화되고 있다. 유통 단계별로 심의를 받는 일이 벌어지고 있다. 또한 여성가족부와 같이 대중문화 창작물에 대한 전문성이 없는 부처가 대중문화산업 규제에 나서고 있다. 문화적 가치에 바탕을 둔 대중문화 창작물 중심의 산업 생태계를 조성해야 한다.

대중문화산업을 진흥하기 위한 기획 기능 일원화, 대중문화 다양성에 기반을 둔 실행 역량 전문화가 필요하다. 대중문화산업 진흥 일원화 및 관련 규제 제도 관리 기능을 통합해야 한다. 대중문화 영역별 특성에 따른 진흥 기관의 분화가 필요하다. 대중문화 창작물 심의기구 통폐합과 검열 성격의 규제를 폐지해야 한다. 대중문화의 다양성에 기반하여 전문적 실행이 가능한 진흥 전담기구로 재편되어야 한다. 대중문화산업 관련 진흥기관을 영역별 전문성 중심으로 재구성하고 이것이 배제된 한국콘텐츠진흥원은 해체해야 한다.

② 예산증액은 필수다. 대중문화산업은 2011년 기준 매출 82조 4천억 원에 수출액 4조 8천억 원을 달성하였으며, 종사자는 59만 명으로 총 고용인구의 2.4%에 해당하지만, 국가 예산 중 대중문화 창작물 분야 예산은 5천억 원으로 전체 예산의 0.15%에 불과하다. 2012년 관련 예산은 1조 8천억 원으로 향후 5년간 3배 규모인 5조 5천억 원으로 확대해야 한다. 이 예산에는 문화복지 예산 증액분6천억 원, 문화비 소득공제 및 문화산업 부가가치세 면세를 통한 세제지원1조 4천억 원이 포함되어 있다. 프랑스는 2010년 기준으로 대중문화산업 세계시장 점유율 4.7%로 6위에 해당한다. 국가 예산은 12조 9천억 원으로 전체 예산의 2.32%2008년 기준이다.

대부분 중소기업과 개인사업자로 구성되어 있는 대중문화산업구조의 맹점으로 지속적인 성장 가능성을 확신하기 어렵다. 대중문화산업은 열정 산업으로 청년 일자리 창출에 직접적인 효과가 크며, 실제 제조업과 비교하여 2배의 일자리 창출 효과를 발생시킴에도 정부의 지원이 미약하다. 문화융합산업 진흥 재원을 향후 5년간 국가 예산 대비 2% 규모로 확대해야 한다. 총 고용인구의 2.4%애 해당하므로 2% 수준은 되어야 한다고 생각한다.

대중문화산업의 지속 가능한 발전과 대중문화 창작을 위해 대중문화 창작물 유통사업자에게 일정한 부과금을 징수하여 이를 기반으로 대중문화산업 발전기금을 조성해야 한다. 이 부과금은 이익자 부담금의 성격이다. 대중문화 창작물 유통사업자가 부담하는 대중문화 창작물에 대한 부가가치세가 면세되면, 이를 판매하는 유통사업자에게 10%의 부담이 없어지므로 이 중 5%는 부담금으로 전환하고 나머지 5%는 대중문화 창작물 가격에 반영하여 문화소비를 확대한다. 대중문화 창작물 유통사업자에 대한 부담금을 통해 연간 2,500억 원의 대중문화산업 발전기금이 조성될 것으로 보인다.

③ 독점적 유통사업자에 대한 불공정거래 규제가 필요하다. 방송 프로그램 제작에 관한 계약서 실례를 보면 다음과 같다.

> 외주제작사가 납품한 프로그램(촬영 원본 소재자료 포함)에 대해 다음의 사항을 포함한 공중송신권(방송권, 전송권, 디지털음성송신권 등), 복제권, 배포권, 공연권, 전시권, 2차 저작물 및 편집 저작물의 작성권 등 모든 저작 재산권은 본 계약을 체결함으로써 방송사에 귀속된다.

2009년 KBS에서 방영한 드라마 「아이리스」는 정식 계약을 하지도 않은 채 첫 방송 일정을 편성하고 총 제작비 200억 원 중 고작 15%인 30억 원의 비용만 지급하면서 5년간 해외 판권 수익의 25%를 요구하는 등 방송 편성권을 이유로 외주 제작사를 압박하는 월권을 행사했다.

이렇게 방송사, 통신사 등 독점적 대중문화 창작물 유통사업자들이 불공정거래를 많이 하고 있다. 특히 방송사의 우월적 지위 남용으로 외주제작사에 대한 권리 귀속과 수익배분이 현저하게 불공정한 구조로 나타나고 있다.

일방적인 가격결정과 왜곡된 배분 구조를 통해 사실상 수익을 모두 독점하고 있는 양태다. 영화관 입장권 통합전산망 같은 정보 공유 시스템을 통해 대중문화 창작물 유통사업자의 매출정보가 공유되어야 한다.

우월적 유통사업자의 지위 남용 규제를 통한 저작권 양도 관행 개선이 필요하다. 대중문화 창작물 유통사업자의 불공정거래 행위에 대한 정기적 산업실태 조사 및 규제 강화가 있어야 한다. 방송 프로그램의 외주제작 유형 표준분류제도 도입과 다양한 형태의 저작권 권리 귀속 및 이에 상응하는 공정한 수익 배분 제도가 구축되어야 한다. 온 · 오프라인을 망라한 대중문화산업 매출정보관리 시스템이 구축되어야 한다.

④ 대중문화산업의 특성상 단기 고용과 실업이 반복되며 이로 인해 저임금 고용이 당연시되고 있다. 대중문화산업 환경 변호 하에 부응하는 내실 있는 재교육

기관과 프로그램의 부재로 재고용의 기회가 감소하고 있다. 단기 실업 기간 중 지원정책의 부재로 경험 있는 인력이 산업 외부로 유출됨에 따라 산업 기반이 약화되고 있다.

대중문화산업의 변화된 환경을 반영한 국가 차원의 공적 재교육 프로그램이 확대되어야 한다. 최소한의 실업부조 기능을 할 수 있는 재교육 인센티브제도가 필요하다. 현장 기반 융합형 재교육 프로그램이 운영되어야 한다. 재교육 프로그램 수강생들에게 최소한의 재교육 인센티브가 지급되어야 한다.

⑤ 대중문화산업 부가가치세 면세가 이루어져야 한다. 프랑스는 시청각 관련 제품 판매에 따른 부가가치세율이 정상 세율인 19.6%가 적용되나 도서와 이의 임대, 영화관 등의 용역, 공중파 및 케이블을 통한 용역의 제공, 문화 및 문화 전시에 대한 입장 수입 등은 6.5% 감면세율을 적용하고, 극장에서 드라마, 오페라, 뮤지컬, 무용 등의 공연에 대해서는 2.1% 세율을 적용하고 있다.

독일의 경우, 신문, 잡지, 도서, 예술품 등 지적 재산권의 보호를 받는 상품 및 활동에 대한 보수, 박물관이나 동물원 등의 소장품에는 기본적으로 7%의 경감세율이 적용된다. 공공문화재단 등 문화창조산업의 연매출이 일정 금액 미만인 경우 부가가치세가 면세되는데, 여기에는 뮤지컬 오케스트라, 합창단 등이 포함된다.

대중문화산업의 수평적·수직적 불균형이 발생하고 있다. 현행 부가가치세법은 면세대상을 미술/음악/사진창작물/도서/신문/잡지 및 저술가, 작곡가 등 인적 용역으로 한정하고 있다. 이는 문화산업 무분 간의 형평성 문제를 초래한다.

현행 부가가치세 구조는 대기업인 대중문화 창작물 유통사업자에게 유리하고 중소기업이 대부분인 제작사에게는 불리하다. 대중문화 창작물에 제공된 인적 용역은 부가가치세 면세 대상인 반면, 문화상품은 10%의 부가가치세가 과세된다. 대중문화 창작물 제작사들과 거래하는 대규모 유통사업자들은 과세사업자로 부가가치세를 환급받는다. 하지만 대중문화 창작물 제작사들은 과세사업자들임에도 문화 관련 인적 용역의 면세로 부가가치세를 환급받을 수 없다.

영세한 대중문화 창작 제작사가 오히려 불리한 위치에 있다. 도서 등과의 조세 형평성 차원에서 연극, 뮤지컬, 음반 등 지적 재산권의 보호를 받는 상품은 부가가치세 면세 대상에 포함해야 한다. 대중문화 창작물을 부가가치세 면제 대상으로 하는 것은 부가가치세법 제12조에서 규정하고 그 범위는 시행령에서 규정한다.

부가가치세 면세 대상이 되는 대중문화 창작물의 범주에는 매출 대비 일자리 창출 효과가 높은 분야를 선정한다. 음악, 만화, 에듀테인먼트, 애니메이션, 게임, 영화 등을 부가가치세법 시행령의 문화산업 범주에 포함해야 한다. 대중문화산업 부가가치세 면세 대상에는 대기업인 대중문화 창작물 유통사업자도 해당되어 대기업에 더 큰 혜택을 줄 수 있어 이들에게 대중문화산업 발전기금을 부과하여 조세부담의 형평성을 도모해야 한다.

음반을 부가가치세 면세 대상으로 하기 위한 법 개정 사항은 다음과 같다. 부가가치세법 제12조 제1항 제8호 본문을 개정하여 음반을 도서 등과 같이 부가가치세 면세 대상으로 한다. 음반 등을 부가가치세 면세 대상에서 제외하고 있는 부가가치세법 시행규칙 제11조 단서 조항은 삭제해야 한다.

대중문화 창작물을 부가가치세 면세 대상으로 하기 위한 법 개정 사항을 보면 다음과 같다. 부가가치세법 제12조 제1항 제15호 본문의 '예술창작품' 이외에 '대중문화 창작물'이 포함되도록 개정하고 '대중문화 창작물'의 정의에 대해서도 부가가치세법 시행령 제36조 제1항에서 규정한다. 부가가치세법 시행령 제36조 제1항을 "법 제12조 제1항 제15호에 규정하는 대중문화 창작물은 음악공연을 포함, 뮤지컬, 만화, 에듀테인먼트, 애니메이션, 게임 또는 영화 등으로 한다."고 개정해야 한다.[1]

---

1 (사)한국대중문화예술산업총연합, 『문화 융합 시대에 문화복지 국가를 바란다: 18대 대통령선거 대중문화산업 정책 제안』, 2012. 12, pp. 6-70.

5. 대중문화예술산업계의 협력 강화의 필요성

한국대중문화예술산업총연합문산연은 대중문화산업 관련 현 단체의 실무진사무국장들의 모임으로 시작하였으며 추후 비영리법인사단법인으로 설립되었다. 설립 후 대중문화산업 관련 단체 중 가장 대표적인 연합단체가 되었다. 처음 설립단계에는 8개 단체로 시작하였으나 지금은 13개 단체로 이루어져 있다.

문산연의 설립 배경으로는 힘 없는 대중문화산업 관계자들이 모여서 힘을 키우자는 의미가 강하다. 지금까지 대중문화 관련 관계자들은 보편적으로 정책과는 거리가 먼 사람이 많았다. 따라서 지금까지의 정책적 지원은 너무나도 미비하였던 것이 사실이다. 하지만 이제는 정책적 지원이 있어야만 산업으로 발전할 수 있다는 공감대가 형성되면서 구심점이 될 수 있는 연합단체의 필요성이 대두되어 설립되었다.

문산연은 설립된 지 약 4년이 되었다. 처음에는 주로 산업군의 협회단체로 이루어졌으나 지금은 실연자 단체도 점차 늘고 있는 추세이다.

현재 문산연은 영화 · 외주 드라마 제작, 가수, 배우, 연예기획사배우 부문, 가수 부문, 뮤지컬, 애니메이션, 게임, 광고 에이전시, 메이크업분장 등 다양한 대중문화 관련 협회단체가 속해 있다. 현재 스포츠댄스 분야도 문산연에 가입하려고 하는 중이다.

6. 해외 진출 지속화를 위한 과제

현재의 한류는 과거의 전통예술이 그 밑바탕에 있다고 생각한다. 즉 가무를 좋아하던 국민 성향이 지금의 한류 발생의 배경인 것 같다. 한류는 정부의 정책적 지원이 전혀 없는 상태에서 업계 관계자들이 스스로 자신들의 자본으로 어렵게 만든 콘텐츠이다. 이를 더욱 발전시키려면 정책적 지원이 절실한 상황이다. 아직 정책적 지원이 없기는 하지만 다행히도 한류를 통한 학습효과로 해외 진출에 대한 시행착오가 점점 줄어들거나 개선되고 있다. 반反한류나 혐嫌한류는 오래 가지 않을 것이라고 본다. 일본에서 일어나고 있는 반한류 혹은 혐한류는 일시적인 현상이라고 생각한다.[2]

우리는 배우와 가수를 콘텐츠라 생각한다. 노래와 가무를 좋아하는 국민적 성향으로 인하여 재능과 소질이 여느 타 국가와는 다른 수준 높은 인재들이다. 이러한 바탕 위에 앞으로도 수준 높은 대중문화를 개발하여 전 세계가 좋아하는 대한민국 대중문화를 만들어 나갈 것이다.

순수예술은 해외 진출 시 지원이 있지만 우리 대중문화예술계는 없다. 우리는 특별대우를 바라는 것이 아니라 최소한의 제도 개선을 바란다. 중국 진출 시 출연료를 받을 경우 중국에서 30%를 세금으로 납부하고, 국내에 와서 또 39.6%를 세금으로 납부한다. 즉 이중과세이다. 그런데 우리나라의 제조업 같은 경우 이중납세는 기본적으로 면제하여주고 있는 것으로 알고 있다. 특히 해외에서의 매출은 세금 혜택도 주어지는 것으로 알고 있다. 그러나 대중문화산업계는 다른 제조업에도 못 미치는 수준이다. 이러한 제도의 개선을 위해서는 전문 학자들과의 산학협력을 통한 개선이 필요하다. 단적인 예를 들어보았으나 이외에도 많은 정책적 보완 및 지원이 시급하다.

---

2   야스다 고이치는 자신의 책 『거리로 나온 넷 우익』(2012)에서 반한류나 혐한류는 인터넷상의 우익, 시민좌익 등으로 지칭되는 재일 특권을 허용하지 않는 시민의 모임 '재특회'가 주도하는 것이라 보고 있다. 이들은 중국인과 한국인을 싫어하고 중국인과 한국인이 없으면 모둔 문제가 해결될 것이라고 여기는데, 모임 회원은 2013년 현재 약 1만 3,000명이다.

07

한류 전략경영 전략 모색

김헌식 · 성준하

1. 한류 전략의 범주

한류 전략에 대해서는 많은 논의가 있어왔고 지금도 모색되고 있다. 한류의 개념 정의만큼이나 그 실행방안도 다양하고 편차가 넓은 것도 사실이다. 그렇기 때문에 일률적으로 말하는 것이 버거운 게 현실이기도 하다. 한류를 대중문화 그리고 팝 컬처의 소산이라고 할 때 여기에서는 몇 가지 사례들을 묶어서 한류 전략에 필요한 지침들을 도출해보고자 한다. 차별화된 경쟁력을 위해서는 역시 기획력이 중요하다는 점을 들 수 있다. 이는 제조업에서 기술력을 의미한다. 창조적인 작업에서 제일 중요한 것이 기획력이라는 점을 상기할 수 있다. 이를 기획 드라마 시스템의 사례를 통해 살펴본다. 그다음은 싸이의 사례를 통해 그동안 케이팝이 간과하고 있던 점들을 지적하고자 한다. 이는 향후에 지속적인 전략을 도출하고자 하려는 시도이다. 또한 기존의 케이팝 기획사들이 어떻게 해외 진출 전략을 추구했는지 보고자 한다. 이는 SM의 버추얼 네이션 전략이고, 다른 하나는 JYP의 현지 4단계 진출전략이다. 이는 싸이 이전의 전략들이며, 모두 함의점을 주고 있다. SM의 전략은 역설적이게도 콘텐츠와 방송 미디어의 연계성이 아직도 중요한 역할을 하고 있으며, 대중문화콘텐츠도 사회적 메시지와 주제의식이 있을 때 폭발적인 트리거의 수혜를 받는다는 점을 함의하고 있다. 한국의 경쟁력을 위해서는 핵심 조건과 요소, 역량에 집중해야 한다. 그리고 그러한 요건들이 성숙하고 있는지 보아야 한다. 그렇다면 집중적인 투여가 필요할 수도 있다. 이러한 점을 마이클 포터의 '다이아몬드 모델'을 적용하여 살펴본다. 마지막으로는 한류 확산 혹은 진전의 정도에 따라 한류 마케팅이자 정책이 취해야 할 점을 살펴도록 하겠다.

2. 차별화된 경쟁력의 기획 시스템: 기획드라마를 중심으로

(주)크리에이티브리더스그룹에이트는 SBS 「명랑소녀성공기」, KBS 「보디가드」, MBC 「앞집여자」, KBS 「미안하다 사랑한다」, MBC 「궁」, 「환상의 커플」, 「궁S」, 「탐나는도다」 등의 화제작을 선보인 국내 외주제작 독립 프로덕션이다. 「궁」은 뮤지컬로도 제작되었다. 2012년 9월 아이돌 그룹 '초신성'의 성모가 주연을 맡은 뮤지컬 「궁」의 일본 첫 공연은 전석 매진을 기록했다. 2009년 상반기에는 드라마 「꽃보다 남자」로 신드롬을 일으켰고, 이례적으로 제작사가 이슈가 되었다. 「꽃남」을 '그룹에이트의 기획드라마'라고 부르게 됐다. 한국 드라마 업계에서는 드물게 기획사가 주체가 된 작품이었다.

(주)크리에이티브리더스그룹에이트 대표 송병준은 "정형화된 소재와 거대 한류스타에 의존하는 관행에 머물기보다는 다양한 방면에서 확보된 경쟁력으로 다양한 콘텐츠와 스타를 양성할 필요가 있다."며 "차별화된 경쟁력으로 한류 열풍

을 주도적으로 이끌어나가겠다."고 밝혔다.

그룹에이트의 기획 중심 드라마들은 스토리 발굴 및 개발부터 촬영에 들어가기까지 평균 2년여의 사전제작 단계를 거치는데, 이때 세분화된 전문 인력들의 기획에 의해 작품의 콘셉트가 입혀지고 캐스팅이나 스토리 등에 있어 지향점이 구체화된다. 이와 같이 제작, 홍보, 해외진출 등의 전 과정이 기획을 구심점 삼아 유기적으로 진행된다.

기존의 업계가 천편일률적 스토리와 거대자본 혹은 배우 · 감독 · 작가의 네임밸류에 좌우되는 편이라면, 그룹에이트 드라마는 차별화된 스토리를 바탕으로 한 콘텐츠가 경쟁력이다. 국내 최초로 기획전문팀을 구성하고 마케팅, 홍보, 배급, 제작파트 등 관련 제반 인력 전체를 세분화 · 전문화하는 데 오래 공을 들여왔다.

또한, 매년 전 세계 230여 개 업체, 약 6,000여 명의 참가자를 대상으로 하는 국제방송영상물견본시BCWW 운영을 통해 공격적인 해외 마케팅을 전개함으로써 국내에 머물지 않고 해외시장으로의 활발한 진출과 네트워크 확보에도 주력하고 있다. 그룹에이트의 이와 같은 시스템은 대한민국 디지털경영혁신 중소기업청장상, 매일경제 우수벤처기업대상, 문화부장관상 수상을 이끌어내며 업계의 새로운 대안으로 인정받고 있다.[3]

(주)크리에이티브리더스그룹에이트는 철저하게 기획성 드라마를 제작한다. 이는 똑같은 스토리로 우려먹는 드라마 콘텐츠와 차별화된 점이다. 기획 콘셉트가 있기 때문에 캐릭터 캐스팅이 적절하게 이루어질 수 있다. 기획 콘셉트는 제작만이 아니라 홍보, 해외 진출에도 일관성 있게 유지된다. 전체 인력이 세분화 · 전문화되어 있음에도 유기적으로 돌아갈 수 있는 것은 바로 이러한 기획 콘셉트가 일관된다는 점이다.

3   [기업 & CEO] "한류열풍의 새로운 대안 제시해", 「헤럴드경제」, 2009년 11월 26일.

또한 한 작품을 다양하게 파생시켜 미디어 믹스나 원 소스 멀티 유스로 삼고 있다. 자신들만의 기획력으로 다른 나라의 작품을 한국의 현실에 맞게 각색하거나 차별화하는 작업들을 하고 있다. 이는 대중문화콘텐츠 영역의 특징이 퓨전과 혼종성이라는 점을 잘 보여주었다. 해외 네트워크로 뻗어나가는 것은 우리나라 작품만이 아니라 다른 나라의 작품을 리메이크하여 나갈 수도 있는 것이며, 이러한 점은 다른 기획력이 특화된 기업체에게 반드시 필요한 능력과 요건이다.

3. 펀 페이소스 콘텐츠: 케이팝 싸이를 중심으로

싸이의 사례는 콘텐츠만이 아니라 콘텐츠를 탑재한 미디어 환경을 분석하여야 적절한 함의점이 나올 수 있을 것이다. 하지만 미디어는 디지털 SNS만을 의미하는 것도 아니며 콘텐츠는 콘텐츠 자체만이 아니라 그것을 통해 사람들의 참여를 어떻게 이끌어갔는지가 중요하다. 즉 콘텐츠 자체로 그냥 머물러 있었던 것이 아니라 콘텐츠가 계속 진화했다, 이러한 점을 나누어서 설명하기로 한다.

(1) 재미의 가치

「강남스타일」은 재미있다. 이것은 그동안 케이팝이 잘 보지 못했던 부분이다. 우월한, 즉 멋있고 예쁘고 섹시한 콘셉트로 폼을 많이 잡았다는 것을 싸이를 통해 알 수 있게 했다. 인터넷을 지배하는 중요한 코드는 바로 재미 그리고 유희코드라는 점을 그는 충분히 보여주었다. 그러나 다른 점을 생각하면 싸이의 성공을 잊을 수도 있었다. 싸이답게 대놓고 재미를 추구하는데 고급 재미는 아니다. 여기에서 재미는 개그코드다. 개그코드는 슬랩스틱 코미디다. 이는 말보다는 몸짓이나 행동으로 움직이는 몸개그다. 이른바 화장실 개그코드인데, 이를 낮춰 'B급 코드'라고 한다. B급 코드에는 반드시 성적 코드가 있기 마련이다. 이는 문화 할인율을 높인다.

(2) 음악의 보편성과 댄스의 차별성

음악 측면에서는 마카로니 음악에 반복적 후크송을 결합시키고 있다. 테크토닉 음률까지 결합시켜서 트렌드와 부합하지만 복고적인 코드를 지향하고 있다. 댄스 면에서 볼 때 무엇보다 강점은 혼자 추는 게 아니라는 점이다. 수용자들은 열린 공간에서 얼마든지 집단 군무를 시도할 수 있다. 이는 젊은이들의 집단적인 반응을 이끌어낼 수 있다. 이는 강남스타일의 말춤을 모방하는 동영상들에서 확인할 수 있다. 국악원과 싸이가 함께 만든 응원가에는 이런 집단 군무를 시도할 댄스가 없다.

(3) 노래의 사회적 가치성

이 노래는 나름대로 사회문화적 맥락을 가지고 있다. 「강남스타일」은 한국에서 강남의 사회학을 배경으로 하고 있기 때문이다. 강남스타일을 강조하고 있지만 사실 '강남스타일'과는 관련이 없다. 다만 싸이가 강남 토종이며, 자주 강남코드를 자신의 활동토대로 삼았을 뿐이다. 강남코드를 연상할 수 있지만 싸이는 강남코드를 비틀고 있다. 왜냐하면 강남코드가 아님에도 '강남스타일'이라고 허세를 부리고 있기 때문이다. 강남스타일이라고 주장하는 근거는 본능에 충실한 남성성을 강조할 뿐이다. 강한 수컷 본능을 강조하는 것은 마초적이기 때문에 스스로 오히려 희화화의 대상이 된다. 강한 수컷 본능의 분출은 말춤과 같은 독특한 안무로 대변된다. 안무와 이미지는 성적인 연상을 강화한다. 강남은 항상 선망의 대상이지만 언제든지 희화화의 대상이 되기 쉽다.

스타일이 강조되는 점에 주목할 필요도 있다. 자신이 어떤 스타일이라고 강조하는 것은 자아의 표현욕구가 매우 강한 현대인들의 심리를 대변한다. 강남스타일을 강변하는 싸이의 태도는 자신의 스타일에 자신만만하고 싶은 현대인, 특히 세계 젊은이들의 개성 표출이라고 볼 수 있다.

이런 사회문화적 맥락이 과연 다른 나라 사람들에게 얼마나 전달될까? 그런 점에서 문화 할인율의 벽이 여전히 존재한다. 이는 강남스타일에 쏟아지고 있는 시선이 갖고 있는 근본적인 한계를 의미한다.

유수의 언론이 다룬 이유는 노래의 구체적인 내용이 아니다. 겉으로 드러난 두 가지 측면 때문이다. 단순 반복적인 음과 안무 그리고 뮤직비디오의 영상 때문이다. 그것을 관통하는 것은 코믹한 성적 코드다. 언론의 주목은 많은 이들이 클릭했고 따라하며 패러디한다는 사실 자체일 뿐 음악성이나 음악이 담고 있는 문화적 맥락은 주목의 대상이 아니다. 그렇기 때문에 한류의 모범적인 모델로 평가되는 것은 무리가 있을 것이다. 이런 콘텐츠는 금방 소모되어버리는 경향이 있기 때문이다.

(4) 캐릭터

「강남스타일」은 캐릭터가 차별화되었다. 그것은 싸이의 캐릭터가 그러했고, 뮤직비디오 안에 많은 캐릭터가 등장한다. 이들은 모두 인간적인 호감을 이끌어내기에 충분했다. 말이라는 동물 캐릭터도 주효했다. 싸이의 「강남스타일」은 음악 자체가 아니라 말춤에 더 초점이 맞추어진다. 만약 말춤이 없었다면 세계적으로 화제가 되지 않았을 것이다. 이는 공통적인 문화코드, 동물이면서 친숙한 말이다. 해외의 많은 방송 출연에서 진행자들은 싸이의 말춤을 따라하곤 했다. 할

리우드 스타들도 마찬가지다. 쉽게 눈길을 끌 수 있는 독특한 댄스가 싸이에 대한 주목을 낳았다. 싸이의 말이 파워와 유희성을 적절하게 형상화했다. 여기에서 순수예술은 정신의 부여이지만 싸이의 말에는 정신보다는 육체, 이성보다는 본능에 충실한 포지션을 갖는다. 현실에서의 말은 전투용이 아니라 즐거움과 행복감을 위한 존재로 바뀌어간다. 그렇다면 라디오 방송으로 「강남스타일」은 적합하지 않다. 한슬리크가 말했듯이 음악은 음악이며 이는 문화적 배경이나 시각적 효과를 제외하면 더욱 부각되는 점이다. 「강남스타일」이 강남문화를 비틀어주어 의미가 있다는 것은 음악 자체와는 거리가 있다. 말춤이나 뮤직비디오는 더욱 그러하다.

(5) 마이너 정서

대중문화는 강자의 것이 아니라 무릇 약자의 것이다. 심리학적으로 싸이Psy의 「강남스타일」에는 일정한 약자의 한이 해원되는 측면이 있다. 그러나 그것은 비극적 형태로 남아 있지 않다. 재미와 유희로 긴장과 이완을 적절하게 이루어내고 있다. 일종의 장자의 경지라고 할 수 있다. 아내가 죽었는데 북치며 노래를 부르고 있는 장자를 보면 「강남스타일」 뮤직비디오가 겹쳐질 것이다. 뮤직비디오의 경우에는 처음부터 끝까지 못생기고 매력 없는, 찌질하고 가난한 청년의 속풀이가 말춤으로 해원되고 있으며 그러한 이들의 속풀이의 클라이맥스가 분명히 존재한다. 말춤을 추며 자신의 상황을 우회적으로 전하는 경지는 거의 인생달관의 선승과 같아 보인다. 「강남스타일」은 강남 밖의 수많은 아웃사이더들의 심리를 반영했다. 「강남스타일」은 강남의 허영의식과 위선을 비튼 측면이 있었다.

(6) 해외 미디어 트리거

해외의 주목 때문에 국내 언론들은 이에 대한 평가기사를 내쏟았다. 그 핵심에는 CNN의 신뢰와 권위가 있었다. 외신은 국내의 어떤 기준과 가치보다 우월성을 갖는다. 더구나 다른 군소매체도 아니고 CNN에 직접 소개되었다. 그것은 결정적인 윈도 효과였다. 이 대목에서 아무리 인터넷 시대라고 하지만 방송의 위력을 여전히 실감하지 않을 수 없다. 특히 글로벌 미디어는 인터넷보다 단기간 순간적 영향력을 폭발적으로 방출하는 창구 역할을 한다. 해외 외신들은 애초에 싸이의 뮤직비디오를 유흥을 위한 유희의 관점에서 다루었고, 다만 사회적 메시지가 있다는 논파에 비판의 칼날을 무장해제 당했다. 여기에 대중적 선호도가 가해졌기 때문에 거의 브레이크가 풀려버렸다.

싸이의 「강남스타일」이 주목을 받았던 것은 외신의 힘이 컸고, 그렇지 않았다면 싸이의 「강남스타일」은 그저 마니아의 수준에 머물고 말았을 것이다. 중요한 것은 작은 마니아라고 해도 전 세계를 털어서 모으면 매우 많다는 것이다. 전 세계에는 몇억 명의 마니아가 존재한다. 그러한 이들의 선호를 받는다는 것은 어쨌든 대단한 일이다. 하지만 그들이 세계의 문화적 취향과 선호를 모두 대변하지는 않는다. 싸이가 한국 대중음악의 대표주자라고 생각하는 이들은 거의 없었다.

우려되는 것은 승자의 욕심이다. 아니 그것은 시골 머슴 서울 상경기가 가져오는 전형적인 결말로 가는 듯하다. 물론 그러면 안 된다. 예술은 자신감과 자연스러움이 핵심이다. 싸이의 싱글 「강남스타일」은 용감했다. 강남을 세계 사람들이 알건 말건 그걸 계속 후렴구로 사용했다. 과감한 싸이가 눈치를 보기 시작했다. 싸이 팬만이 아니라 한류를 미는 이들도 그렇다. 예술에서 남의 눈치를 보기 시작하면 작품이 흔들리는 법이다. 「강남스타일」이 히트한 것은 남의 눈치 보지 않고 자연스럽게 그리고 가볍게 터치했기 때문이다. 많은 매체들은 「강남스타일」을 B급 콘텐츠가 호응 받은 사례라고 언급했다. 이 말이 맞는다면, 지금 싸이는 A급이 되고자 하는 셈이다.

4. 온라인과 오프라인 마케팅 전략론: 버추얼 네이션(SM) VS 단계전략론(JYP)

(1) 버추얼 네이션(SM)

SNS를 비롯한 디지털 공간은 대중문화예술에서 세계적으로 후발주자인 한국에게 좋은 수단으로 보인다. 일단 해외에 유통 배급 라인이 마땅하지 않은 측면은 콘텐츠 제작 내지 창작자들에게는 불리한 점이 있다. 아무리 고급예술이라고 해도 나름의 공급 소비라인이 있는 터에 대중을 상대로 한 콘텐츠가 유통 배급 매장이 없다는 것은 치명적일 수밖에 없다. 하지만 디지털 공간은 이러한 유통 배급 소비에 관한 고민을 한 번에 해결해주는 것으로 생각할 수 있었다. 디지털 공간에서 크게 덕을 본 것은 싸이와 싸이의 소속사 YG였지만, 먼저 준비를 해온 곳은 바로 SM이었다. SM은 일찍부터 버추얼 네이션virtual nation, 가상국가론을 말해왔다.

버추얼 네이션이란 '문화 기술cultural technology'에 인터넷과 소셜미디어 발전이 더해지면서 시간과 공간을 초월해 문화콘텐츠를 공유하고 동질감을 느끼는 글로벌 가상 공동체의 개념이다.[4] 2012년 6월 '에너지와 문화콘텐츠 융합을 통한 지역 발전전략 대토론회' 기조연설에서 다음과 같이 말했다.

> "미래에는 누구나 두 개의 시민권을 갖고 태어납니다. 하나는 아날로그적 출생국의 시민권이며 다른 하나는 '버추얼 네이션virtual nation'이라는 가상국가의 시민권입니다. 버추얼 네이션 중 가장 먼저 떠오르는 게 SM타운입니다. 지난해 파리에서 한 공연도 그곳에 사는 'SM타운 국민'을 위로하기 위한 것이었습니다.

---

4 "이수만 SM, '소녀시대, 유튜브 타고…'", 「ZDNet Korea」, 2011년 11월 23일자.

아프리카, 남미, 아랍에도 SM타운 국민이 살고 있습니다. 한국은 5,000만 명이 아니라 수십억 명의 인구를 가진 대국일 수 있습니다."[5]

이러한 점은 물리적 공간을 넘어서는 새로운 세계가 디지털 공간에 형성되고 있음을 전제하고 그것을 'SM타운 국민'이라는 단어로 표현하고 있다. 2011년 10월 11일, 제12회 세계지식포럼에서 이수만 SM엔터테인먼트 프로듀서 겸 회장은 세계지식포럼 특별강연을 통해 문화콘텐츠가 페이스북과 유튜브 등 뉴미디어를 통해 전 세계적으로 빠르게 전파되는 현실을 지목하면서 문화로 동질감을 느끼는 그들만의 문화공동체가 나타날 것이라고 말했다. 그는 "경제적 여건이 허락된다면 버추얼 네이션의 중심인 한국으로 세계 각국 국민을 초청해 시민권을 주고 국가 선포식을 하고 싶다."고 했다.

2011년 8월 경영학회 통합학술대회에서 그는 "전통적 개념의 국가와는 다른 가상국가가 급부상하고 있다. 그것이 바로 버추얼 네이션, 즉 가상국가"라고 말했다. 그는 "가상국가에는 국적도 피부색도 상관이 없으며 한류가 한국을 버추얼 네이션 중심으로 만들 것"이라고 말했다. "유튜브와 페이스북을 통해 SM 콘텐츠를 시청하는 세계 각지 팬들이 SM 국민"이고 "파리 SM 공연에 열광했던 프랑스 팬은 물리적으로는 프랑스 국민이지만 사이버 세상에서는 SM 국민이 되는 셈"이라고 말했다. 이러한 면은 새로운 세대들이 이러한 인터넷 디지털의 주력 세대이고, 케이팝은 바로 이들이 주도하고 있기 때문에 이러한 콘셉트를 부각하고 있었다. 이수만 회장은 "물리적인 국가 개념이 희박해지고 문화로 동질감을 느끼는 글로벌 세대가 부상하면서 이 같은 현상이 가속되고 있다."며 "멀리는 남아프리카공화국에서 가까이는 중국에 이르기까지 SM이 만든 콘텐츠를 시청하는 팬들은 전 세계에 걸쳐 있다."고 했다.

---

5 "세계 첫 가상국가 'SM타운' 건설…각국 팬들에게 시민권 나눠줄 것", 「한국경제」, 2012년 7월 1일자 12면 TOP.

또한 그는 특정한 나라나 지역, 민족, 인종을 넘어서 SM을 통해 하나의 공동체를 만들어나가겠다고 말했다. 변화될 디지털 환경과 디지털 테크놀로지 그리고 디바이스에 따라 이러한 하나의 공동체가 긍정적으로 가능할 것이라고 밝히고 있는 것이다. "SM은 전 세계 국민을 묶어 새로운 가상국가를 만들고 있다. 특히 소셜네트워크와 클라우드 환경이 가상국가 건설에 기폭제가 되고 있으며, 이를 바탕으로 한류가 확산되는 현상을 '신한류'"라고 했다. 제12회 세계지식포럼에서는 "미래에는 IT산업에 이어 한류를 바탕으로 한 CT_{Culture Technology}산업이 한국 경제를 이끄는 성장동력이 될 것"이라며 "문화산업이 경제를 이끄는 시대가 분명히 올 것"으로 전망했다.

SN은 미국보다는 중국의 미래에 더 주목하고 있다. 2011년 10월 11일, 제12회 세계지식포럼에서 한국이 가상세계의 중심지로 급부상하고 있다면 중국은 현실적인 엔터테인먼트 시장으로 주목받을 것으로 내다봤다. 자본주의사회에서는 시장이 클수록 대형 스타가 배출되고 있는데 중국은 시장성이 무척 크다고 했다.

그는 한류에는 3단계가 있다고 했는데, 1차 한류는 콘텐츠 수출이다. 한국에서 돈을 들이고 한국에서 곡을 만들어 한국 가수가 부른 노래를 수출하는 것이다. 2차 한류는 합작이다. 중국이나 동남아시아 가수를 뽑아서 키우는 단계다. 3차 한류는 합자다. 중국 가수에게 중국 작곡가가 만든 중국 노래를 부르게 하고 한국은 자본만 투자해 돈을 버는 단계다. 앞으로 이 단계로 가는 게 SM의 목표라고 밝혔다.

미국 진출 계획에 대한 질문에는 이렇게 대답하기도 했다.

"질문 자체가 잘못됐다. 가장 큰 시장에서 가장 큰 스타가 나온다. 미래의 최대 시장은 중국이다. 미국에 진출할 필요가 없다. 일본도 중국에서 인정받으려고 간다. SM의 타깃은 중국이다. 앞으로 중국은 동양의 할리우드가 될 것이다. 아날로그적인 의미에서다. 한국은 가상세계의 할리우드다. 한국은 버추얼 네이션으론 최고가 될 것이다."[6]

JYP나 싸이의 경우 미국시장에 많은 가치를 두는 것과는 좀 대조적이라고 할 수 있다. 일찍부터 동방신기 등을 통해 중화권을 공략해온 측면은 SM의 전략을 일찍부터 드러낸 것이기는 하다. SM은 슈퍼주니어 M을 중국에 데뷔시켰고, 6명의 멤버로 구성된 M1과 M2를 별도로 결성해 조만간 등장시킬 예정이라고 밝혔다. 중국과 한국에 같은 음악으로 같은 날 데뷔해 똑같이 히트하는 '쌍끌이 전략'을 구사하는 것이다. 한국에서 활동하는 팀은 한국어로, 중국에서 활동하는 팀은 중국어로 부르게 되는 전략 방안을 취했다.

SM의 이수만 회장은 앞으로 동양의 한류 시스템은 할리우드 규모보다 훨씬 더 커질 것이라고 말한 바 있다.

"지금까지 한국은 하드웨어로 먹고살았지만 앞으로 가장 큰 회사는 문화콘텐츠 기업 중에서 나올 것이다. 그러면 어떤 경영기법을 써야 할지가 관건이다. 기존 경영기법이 동기식synchronization이었다면 문화산업은 비동기식desynchronization 기법이 적용돼야 한다."고 밝혔다. 또한 "엔터테인먼트에선 인적 요소가 매우 중요하다. 보아 같은 스타 한 명 한 명에 따라 SM의 경영이 좌우될 수 있다. 엔터테인먼트산업에 적합한 경영기법을 발굴해 성공할 수 있다면 미국과 유럽도 SM에 제작과 유통을 맡기게 될 것이다. 한국의 경영학자들이 미국 하버드대 교수들보다 더 빨리 새로운 경영기법을 만들어주길 기대한다."고 말했다.

요컨대 SM이 생각하는 것은 한국이 중심이 되는 것이고, 그 중심을 위한 수단은 디지털이라고 할 수 있다. 더 이상 해외에서 발에 땀나도록 뛰어다니는 것은 가치가 적다는 말로 보인다. 이 같은 뜻이 담긴 말은 다음에서도 확인할 수 있다.

---

6 "이수만 '중국은 동양의 할리우드… 미국 진출 집착 않겠다'", 「매일경제」, 2011년 8월 17일자 A3면 TOP.

"우리 문화를 해외에 나가서 보여주는 시대는 끝나가고 있습니다. 유튜브 등 뉴미디어를 통해 안방에서도 우리가 만든 콘텐츠를 전 세계로 전달할 수 있게 됐습니다. 외국인들이 우리 문화를 직접 보기 위해 한국으로 몰려오고 있습니다. 이제 한국은 최고의 관광지가 되고 있습니다. 해외로 진출하는 것보다 얼마나 좋은 콘텐츠를 만드느냐가 더 중요해졌습니다."[7]

(2) 현지 진출과 4단계 전략론

90년대 이수만에게서 오디션 탈락을 맛본 박진영은 2000년대 들어서 어느덧 3대 기획사 JYP의 수장이 되어 있었다. 그는 항상 미국에 진출하는 것이 꿈이었다. 하지만 위임하지 않고 자신이 직접 현지에서 자리를 잡고 가수를 출시하겠다는 야심 찬 포부를 가지고 있었다. 실제로 그는 다음과 같이 밝혔다.

"일본과 중국의 톱 가수들이 번번이 실패하는 걸 지켜보면서 '미국의 프로듀서들과 미국의 음반사에게만 가수를 맡겨서는 위험하다'는 생각을 하게 됐다. 가수를 데뷔시키기 전에 (자신이) 먼저 프로듀서로 미국에 진출해 자리를 잡은 후 가수를 출시해야겠다는 생각을 하게 됐다. 다행히 운이 많이 따라 미국 톱 가수들의 앨범에 내 곡들을 수록하면서 작곡가로 조금씩 자리 잡을 수 있었고, 그걸 기반으로 뉴욕에 지사를 오픈하게 되었다."[8]

2009년 10월 23일, JYP의 박진영 대표는 원더걸스의 미국 진출 성공의 4단계

7 "세계 첫 가상국가 'SM타운' 건설… 각국 팬들에게 시민권 나눠줄 것", 「한국경제」, 2012년 7월 1일자 2면 TOP.
8 "박진영 새 앨범 타이틀곡은 3년 전 쓴 「니가 사는 그 집」", 「세계일보」, 2007년 10월 22일자.

전략을 공개했다. 미국에서 성공하기 위해서는 네 가지의 단계를 밟아야 한다는 것이었다. 그는 "미국에서는 하향식 프로모션이 절대 통하지 않는다.", "국내처럼 방송사나 누구누구의 제작이라는 타이틀을 걸고 프로모션을 하면 반감만 살 뿐이다."라고 했다. 원더걸스는 2009년부터 미국에서 머물며 인지도를 높이고 노래를 알리는 활동을 해왔다.

박진영 대표는 1단계로 "가장 먼저 일대일로 직접 팬들을 만나고 팬들을 만들어야 한다."고 했다. 이는 발로, 얼굴 대 얼굴로 마케팅을 하겠다는 의미였다. 박진영 대표는 "공연 시작 전 2시간, 공연 끝나고 2시간을 공연장 밖에서 사람들을 직접 만나고, 사진도 찍어주며 홍보를 했다."고 밝혔다. 실제로 원더걸스는 약 두 달 동안 조나스 브라더스의 공연 오프닝 무대에 50회가량 올랐다. 또한 다음과 같이 밝혔다. "공연이 일주일에 한 번 있는 것이 아니라 거의 매일 있다. 조나스 브라더스는 공연이 끝나면 전용기를 타고 다음 장소로 이동하지만 우리는 낡은 버스의 침대박스 안에서 잠을 자며 이동한다. 멤버들의 소원이 흔들리지 않는 침대에서 자는 것이었다."

두 번째 단계는 이렇게 만든 100명, 200명의 팬들을 온라인상에 집결시키는 것이었다.

세 번째는 이들이 라디오 방송국에 신청곡을 넣게 되는 단계다. 박진영 대표는 "우리는 이제 거기까지 왔다."고 밝혔다. 당시 원더걸스의 「노바디Nobody」는 미국 미디어베이스에서 집계한 라디오 방송 횟수 분석차트에서 주간 65회 이상 방송됐으며, 순위가 전주 123위에서 107위10월 12~18일로 16계단 올랐다.

네 번째 단계는 "이제 TV에 출연하고 매체들과 인터뷰를 통해 보다 높이 올라갈 수 있게 되는 것"이다. JYP는 "미국에서 시청률 톱 5 안에 드는 프로그램에 출연 섭외를 받았다."고 했다. 미국에서 발표한 원더걸스의 「노바디」는 미국 빌보드 싱글 차트인 '핫 100'에서 76위에 올랐다. 국내 프로듀서박진영가 만들고 국내 가수가 부른 곡이 빌보드 메인 차트에 이름을 올린 것은 처음 있는 일이었다. 「노바디」는 3만여 장이 판매돼 같은 주 집계된 빌보드의 '톱 싱글스' 차트에서는 1위에 올랐다.

그러나 2013년 국내 3대 기획사 중 하나로 꼽히는 JYP엔터테인먼트는 공들였던 미국시장에서 철수했다. 2011년 11월 미국 진출 확대를 위해 120만 달러약 13억 9천만 원을 투자해 설립한 JYP크리에이티브는 수익 악화를 이유로 1년 만에 문을 닫았다. JYP엔터테인먼트는 경영 실적 악화와 적자 폭이 커지자 난처했다. 무리한 미국 진출은 JYP엔터테인먼트의 결정적 오류였다. JYP크리에이티브는 2012년에만 17억 8천만 원의 적자를 내고 폐업했다. JYP USA는 3년간 103억 원의 적자를 기록했다. 약 11억 원을 투자해 설립한 JYP푸드도 2012년 14억 6천만 원의 적자를 기록했다. 미국에 진출한 원더걸스는 3년 만에 국내로 돌아왔고, 미국에서 데뷔한다던 민과 임정희는 한국에서 활동했다.

2012년 JYP엔터테인먼트는 영업손실 36억 6,800만 원을 기록했다. 경쟁사인 SM엔터테인먼트는 2012년 순이익만 605억 원매출액 2,400억 원을 기록했고, YG엔터테인먼트 또한 순이익이 214억 원매출액 1,065억 원에 달한다. 주가는 JYP엔터테인먼트의 10배가 넘는다.[9]

박진영의 '영원한 꿈'인 미국 진출 또한 지금은 시기상조이고, 지금까지 쌓아올린 기반을 모두 무너뜨릴 만큼 미국시장이 큰 의미가 있는지는 확신하기 어려

---

9   그러나 JYP의 모든 활동이 실패인 것은 아니다. 2013년 6월 자료에 따르면 JYP는 미국의 유명 프로듀서인 마크 버넷과 손잡고 리얼리티 쇼 「더 월드 이즈 워칭(The World is Watching)」을 제작, 방영한다. '리얼리티 쇼의 개척자'라는 명성을 누리고 있는 마크 버넷은 「서바이벌스(Surviviors)」, 「더 어프렌티스(The Apprentice)」, 「더 보이스(The Voice)」로 국내에도 잘 알려진 스타 프로듀서이다. 이번에 박진영과 손을 잡고 세계 5개 대륙에서 선발된 수상자들로 그룹을 만드는 프로젝트를 진행하기로 했다. 영국의 스카이넷(Skynet), 미국의 CBS 등과 편성에 관한 논의를 진행하고 있다. 이것이 잘된다면 박진영은 세계적인 프로듀서로 이름을 얻을 수도 있으며, JYP Ent 측은 콘텐츠 제작사로 명성을 얻을 수 있다. 한국 엔터테인먼트산업의 새로운 길을 열어줄, 획기적인 프로젝트라 할 수 있다. 더욱이 이 초특급 프로그램엔 국내에서 삼성전자까지 가세한다. JYP는 주요사항 보고서를 통해 "삼성전자가 디바이스와 플랫폼 파트너가 되어 함께 진행할 예정이다."라고 공개했다. 또한 음향회사인 몬스터사와 제휴를 맺고 출시된 '다이아몬드 티어스'는 몬스터사가 현재 라이선스 권리를 받아 JYP에게 7%의 로열티와 2%의 마케팅비를 분배하며 전 세계 유통권을 갖고 있다. 몬스터사와 계약이 만료되는 2015년 이후에는 상품의 소유와 판매에 대한 권리가 전부 JYP로 넘어오게 되어 있다.

우며, 국외 진출을 위한 음악을 하지 말고 국내 팬을 위한 음악이 필요하다[10]는 지적이 나왔다.

　SM이 미국시장에 연연해하지 않는 상황에서 JYP는 미국 진출에 많은 공을 들였다. 상대적으로 JYP는 중국권 시장에는 관심이 없다. 아무래도 팝 음악의 본고장에 진출하고자 하는 전략적 의욕이 앞서고 있기 때문에 벌어진 일들이었다. 새로운 후발 주자가 미국에 뚫고 들어가는 데는 상당한 가용자원이 들어갈 수밖에 없었다. 물론 박진영의 네트워크들이 일정 정도 작용할 수도 있었지만, 오프라인 공간에서는 절대적인 비용과 시간이 들어가야 가능한 일이다. 더구나 미국은 물리적인 거리도 매우 떨어져 있는 공간이다. 이러한 면에서 보았을 때 현실적으로 물리적 공간을 통해서 발로 뛰어다니는 마케팅이 한국의 핵심역량이나 가용자원 차원에서 경쟁력이 있는가 하는 근본적인 의문점을 낳기도 했다. 기획사의 핵심역량과 가용자원을 최대한 활용할 수 있는 방안이 중요하다. 여기에는 기존의 시장이나 토대가 아니라 새로운 시장진입을 위한 전략을 갖추어야 하는 것이었다. 미국 현지 진출과 4단계 공략론은 이미 예전 방식이라는 지적도 나올 만했다.

　YG의 싸이는 일단 재미있는 특화 콘텐츠를 통해 인터넷의 유튜브를 통해 현실적인 수단과 기획제작사의 특장점을 잘 살린 것으로 평가된다. 더구나 싸이는 YG가 길러낸 것이 아니라 스스로 성장한 가수로, YG는 에이전트 모델로 이동하는 중간 과정에 있는 것으로 여겨지기도 했다.

10　"위기의 JYP, 이제는 내실을 다져야 할 때", 「오마이뉴스」, 2013년 3월 30일자.

5. 한류 경쟁력 전략: 다이아몬드 모델의 적용

(1) 일반적인 개요

한류는 경쟁력을 갖추어야 한다. 이를 위해 시도된 것이 다이아몬드 모델 Diamond Model의 적용이었다. 다이아몬드 모델은 '현대 전략 분야의 아버지'라 불리는 마이클 유진 포터Michael Eugene Porter(1947~) 미국 하버드대 경영대학원 교수가 1990년 개발한 국가경쟁력 분석 이론이다. 생산 조건, 수요 조건, 관련 산업, 경영 여건이라는 네 가지 요소가 국가경쟁력을 좌우한다는 것이 핵심 내용이다. 이 모델은 국가 차원뿐만 아니라 개인과 기업, 산업 등 다양한 분야에서 널리 활용되고 있다. 이 이론이 나오게 된 계기는 한 국가의 경쟁우위를 설명하기 위해서였다. 한국에서 왜 조선산업이 특히 발전했고, 일본에서는 왜 전자산업이 발전했는가라는 화두를 풀기 위해 나왔다.[11]

① 생산 조건은 해당 산업이나 기업이 생산하는 데 필요한 요소가 얼마나 풍부한가이다. 자동차산업이 해당 국가에서 발전하려면 철강 등 원재료의 조달도 중요하지만 제조에 필요한 기술력도 중요하다. 많은 사례조사를 통해 마이클 포터 교수는 기초 요소인 천연자원보다 고급 요소인 기술력 등이 더 중요하다고 했다. 일본이나 한국이 천연자원은 부족하지만 전자제품을 만들고 스마트폰을 생산한다.

② 수요 조건은 제품 혹은 서비스에 대해 수요자들이 얼마나 민감한가이다. 즉 수요 조건의 질이 높을수록 해당 산업이 발전할 가능성이 크다. 예를 들면 스위스의 시계산업 발전 계기는 스위스 사람들의 시계 기호가 까다롭기 때문이다. 일본의 전자제품도 소비자의 지식수준이 높기 때문에 발전했다. 독일인들은 자

제3부 경영 실무론

11 마이클 포터, 『마이클 포터 경쟁론』, 김경묵 외 1명 옮김, 21세기북스, 2011.

동차 수요 조건이 높기에 여러 명품 자동차업체가 탄생했다.

③ 관련 산업은 해당 산업과 관련된 산업이 얼마나 발전되어 있는지 하는 것이다. 예를 들어 최근 전자산업의 경쟁력 확보는 정보통신산업까지 확장하여 봐야 한다. 이는 디지털 테크놀로지의 가속화로 더욱 급속하게 진전되고 있다.

④ 경영 여건은 전략, 구조, 경쟁을 의미한다. 해당 산업의 경쟁이 치열한지 하는 것이다. 산업이 발전하려면 경쟁이 치열할수록 좋다. 스위스의 제약산업, 스웨덴의 자동차 · 트럭산업 등에서는 무수히 많은 경쟁자들이 있어 제품과 서비스가 좋다. 미국의 소프트웨어산업도 마찬가지다. 경쟁에서 살아남기 위해 다양한 전략들이 도출되고 경쟁력으로 연결되기 때문이다.

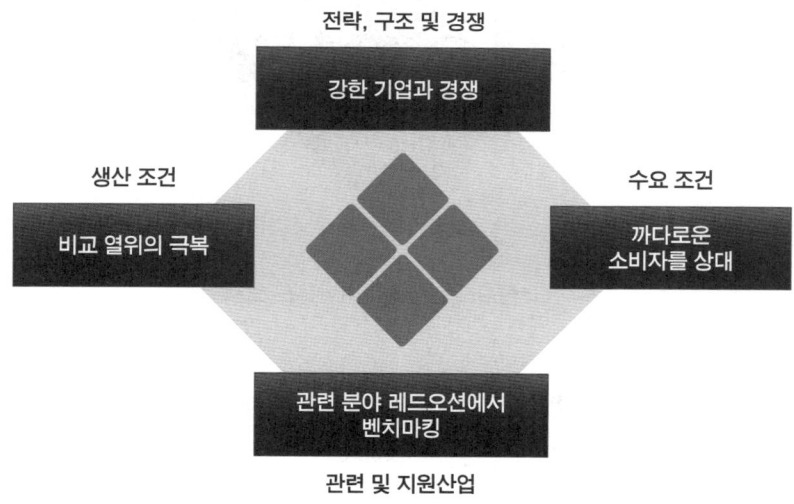

〈그림 3-1〉 국가경쟁력 4요소

(2) 한류 적용

여기에서는 시험적으로 적용해 하나의 연구 결과를 바탕으로 재구성한다. 마이클 포터 미국 하버드대 교수의 다이아몬드 모델로 한류의 경쟁력을 분석하니 한류가 경쟁력과 지속성을 지니고 있음을 알 수 있다[12]는 것이다. 이 결과를 요약하면 다음과 같다.

〈그림 3-2〉 한류 다이아몬드 모델

① 생산 조건: 배우들의 외모와 연기력

우선 외모를 보면, 「뉴욕타임스」 등 많은 해외 언론은 한류의 경쟁력이 배우들의 외모라고 평가했다. 한 · 중 · 일 학생을 무작위로 선택해 그들에게 각국에서 제일 유명하다고 생각하는 남자배우들의 이름을 5명씩 적으라고 했다. 적은 배우들의 사진, 나이, 키를 비교한 결과 해외 언론의 언급처럼 실제 한국 배우들이 상대적으로 잘생기고 키도 컸다. 그다음은 연기력이다. 배우들의 연기력이 뛰어

---

12 문휘창, "다이아몬드 모델로 분석한 한류의 경쟁력", 『DBR』 제82호(2011. 6. 1).

나면 국제영화제의 주요 상을 받을 가능성이 높다. 한류가 부상하던 2002년부터 가장 최근인 2010년까지 세계 4대 영화제인 프랑스 칸, 독일 베를린, 이탈리아 베니스, 러시아 모스크바영화제에서 주요 부문을 수상한 한·중·일의 영화를 비교했다. 그 결과 지금까지 한국은 11개의 상을 받았다. 중국 8개, 일본 3개보다 훨씬 많았다.

② 수요 조건: 시장의 크기

한 달도 채 안 되는 짧은 기간에 총 인구의 5분의 1에 해당하는 사람이 특정 영화를 보는 것은 흔하지 않다. 하지만 한국에서는 1,000만 명 이상의 관객을 동원하는 영화가 곧잘 나온다. 2012년 한국영화 점유율은 60%, 한국영화는 사상 최다 관객인 1억 9천여만 명을 달성했다. 월간 최대 관객 수 1,701만 명: 8월, 월간 관객 수 천만 명 돌파 개월 수 6개월: 7~12월, 천만 이상 관객 동원 영화 수 2편, 4백만 이상 관객 동원 영화 수 9편, 백만 이상 관객 동원 영화 수 32편 등이다.

콘텐츠의 상대적인 시장규모를 보자. 한국의 영화 및 드라마시장은 미국에 이어 세계 2위의 연예·오락산업국인 일본과 비교해도 크게 뒤지지 않는다. 일본은 한국보다 인구가 많지만 1인당 영화관 방문 횟수는 연평균 1.30회로 한국 3.22회보다 적다. 최대 수익을 올린 영화 「아바타 Avatar」를 보면, 한국은 1억 500만 달러로 세계 8위였다. 한국보다 상위에 있는 나라인 프랑스 3위, 영국 5위, 러시아 6위는 모두 주변 국가를 포함한 수익이다 프랑스는 알제리, 모로코 및 튀니지, 영국은 아일랜드와 몰타, 러시아는 옛 소련 연방국가를 포함했다. 단독 국가의 개념으로 비교해보면 한국 영화시장은 매우 크다.

③ 관련 산업 및 분야: 뛰어난 특수효과와 투자비

한국의 컴퓨터그래픽 CG, Computer Graphic 회사들은 세계 최대 영화시장인 미국 할리우드의 CG시장에 진출해 상당한 성과를 냈다. 2009년 기준 한국 CG 회사는 미국시장의 10%를 점유하고 있다. 막대한 자금을 투자한 블록버스터형 드라마도 많이 생겨나고 있다. 연예·오락산업의 대국인 일본과 비교해도 뒤지지 않는 수준이다. 「추노」에는 150억 원, 「아이리스」에는 무려 200억 원이 투입됐다.

④ 경영 여건: 치열한 내부 경쟁

한국 드라마시장의 경쟁은 그야말로 치열하다. 시청률이 낮으면 조기에 종영되기도 하고 곧 새로운 드라마로 대체된다. 해외로 수출되기 전 내수시장에서 치열한 검증을 거치므로 경쟁력을 지닌다. 한국에서는 한 달에 평균 64편의 드라마가 방영된다. 일본의 60편보다 많다. 한국과 일본의 프로그램 시청률에서 1위부터 10위까지의 프로그램을 비교해봐도 그렇다. 한국에서는 시청률 톱 10 프로그램 중 드라마가 무려 7개인 반면 일본은 겨우 2개다.

한국의 시청률 1위 드라마는 무려 31.8%의 시청률을 기록하고, 아직도 40%에 육박하는 드라마가 있다. 2013년 1월 드라마 「내 딸 서영이」는 전국기준 45.6%를 기록했다. 2012년 「넝쿨째 굴러온 당신」의 최고 시청률은 49.2%였다. 일본의 1위 드라마는 겨우 19.8%다. 한국의 시청률 10위 드라마의 17.8%보다 조금 높은 수준이다.

예로 든 사례가 정확하게 맞아떨어지는가에 대해서는 여러 가지 이견이 있을 수 있다. 예컨대 수요 조건이나 관련 산업에 대해서는 좀 더 면밀하게 적용할 여지가 있을 것이다. 한류에서 영화가 차지하는 비중에 대해서는 논란이 있을 수 있다. 하지만 이러한 요소로 분석할 수 있는 연구 틀은 어느 정도 된다고 판단된다. 중요한 것은 이러한 분석 틀을 통해 한류전략을 대안적 도출 차원에서 접근해나가는 것이 무엇보다 중요할 것이다. 앞으로도 이러한 분석 틀 구성을 통한 한류 연구 작업들이 계속 이루어져야 한다.

6. 한류 진출 단계에 적합한 맞춤 전략

한류의 경제적 효과를 높이려면 국가별 한류 진출 단계에 적합한 맞춤 전략이 필요하다는 지적이 있다. 맞춤식 한류 전략이란 한류의 진전 정도에 따라 한류 전략을 추구하는 방식을 말한다. 완전하지 않은 곳과 아직 시작도 하지 않은 곳에서 한류 전략은 다를 수밖에 없다.

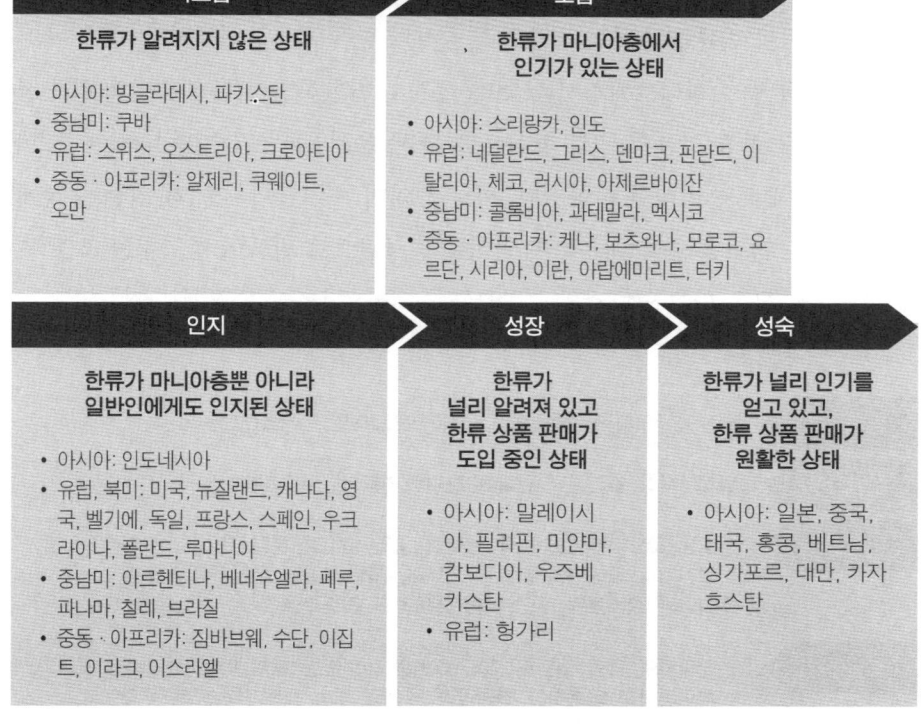

〈그림 3-3〉 한류의 단계별 특징

(1) 전반적 분석

코트라는 전 세계 94개 코리아비즈니스센터KBC를 통해 조사한 「글로벌 한류 동향 및 활용 전략」 보고서를 내고 한류 진출 정도에 따른 기업 지원 방안을 제시했다. 일본과 동남아시아를 중심으로 불던 한류는 유럽, 중남미, 중앙아시아로 확대되고 있으며, 드라마·영화 중심에서 케이팝K-pop으로 영역을 넓히고 있다. 분야별로 드라마·영화가 이끌던 한류가 K-pop 중심의 신한류가 가세하면서 수요층도 종전 중·장년에서 청소년층으로 확대되고 있다.

해외 팬들이 한류를 접하는 경로가 방송사의 한국 프로그램에서 유튜브, 페이스북, 트위터 등 소셜네트워킹서비스SNS 매체로 변화하면서 콘텐츠가 빠르게 전파되고 있다. 한류 상품의 수출 형식으로 판권, 음원 등의 기존 형식 외에 '포맷 수출' 등의 새로운 방식이 나타났다. 외국 드라마 수입규제 조치가 있는 중국에서는 한국 드라마를 중국 배우가 출연하는 중국판으로 만들어 방영하는 포맷 수출 방식이 주목을 받고 있다.

성숙단계	일본, 중국, 태국, 홍콩, 베트남, 싱가포르, 대만, 카자흐스탄
성장단계	말레이시아, 필리핀, 미얀마, 캄보디아, 헝가리, 우즈베키스탄
인지단계	인도네시아, 뉴질랜드, 미국, 캐나다, 영국, 벨기에, 독일, 프랑스, 스페인, 아르헨티나, 베네수엘라, 페루, 파나마, 칠레, 브라질, 우크라이나, 폴란드, 루마니아, 짐바브웨, 수단, 이집트, 이라크, 이스라엘
도입단계	스리랑카, 인도, 네덜란드, 그리스, 덴마크, 핀란드, 터키, 이탈리아, 체코, 러시아, 아제르바이잔, 콜롬비아, 과테말라, 멕시코, 케냐, 보츠와나, 요르단, 모르코, 시리아, 이란, UAE
미도입단계	방글라데시, 파키스탄, 쿠바, 스위스, 오스트리아, 크로아티아, 알제리, 쿠웨이트, 오만

〈그림 3-4〉 한류 단계 비교

* 중국 일부지역은 성숙단계에서 소강상태로 전환 국면(자료제공: 코트라)

(2) 단계적 분석 적용

코트라는 한류 진출 정도에 따라 국가별로 타깃시장, 유망시장, 초도시장의 3단계로 구분하고 각 시장에 맞는 지원 방안을 마련했다.

① 타깃시장
일본, 중국, 태국 등 13개국의 타깃시장에서는 매년 해외 순회 한류 상품 전시회를 개최한다. 태국 방콕과 일본 오사카에서 '한류스타 상품 박람회'를, 유럽시장에서 한국 브랜드의 인지도 제고를 위한 '코리아 브랜드 & 엔터테인먼트 엑스포'를 열었다.

② 유망시장
마니아층을 중심으로 한류가 퍼져 있는 북미, 중남미, 중동 등 25개국은 유망시장으로 한류 콘텐츠 수출을 본격화하고, 한류 파생 상품 및 서비스의 수요 발굴이 필요했다. 한류스타 상품, 패션, 미용, 의료, 관광서비스 등 모든 상품과 서비스를 망라한 '한류대전'을 2012년 서울에서 처음으로 개최했다.

③ 초도시장
러시아, 아프리카 일부 지역 등의 한류 미도입단계의 초도시장 37개국에 대해서 코트라는 한류 인지도를 높이려 매년 한류 콘텐츠 전문 비즈니스 상담회를 준비한다는 방침을 세웠다.

요컨대, 코트라는 한류의 경제적 효과를 창출해야 할 시기이며, 한류의 지역적 확산 및 성숙도에 따라 체계적인 진출 전략이 요구된다고 했다. 코트라는 '한류대전' 등 한류 관련 상품, 서비스 종합박람회 개최를 통해 한류의 경제적 효과를 도모하고 기업 및 국가 이미지 제고 계획을 세우기도 했다.

이러한 단계별 분석의 내용이 정확하다고 볼 수 없는 측면이 있고, 시간의 흐름이나 현지의 상황이 바뀌기 때문에 반드시 절대적이라고 할 수는 없다. 하지만 시장의 성숙도나 확산단계에 따라 전략적 조치나 마케팅을 펼치는 것은 매우 중요한 조치다. 이러한 방식으로 기업의 의사결정이나 정부의 정책이 유효적절하게 이루어져야 한다. 또한 좀 더 세부적인 기준을 통해 구체적인 연구 결과와 적용이 나와야 한다.

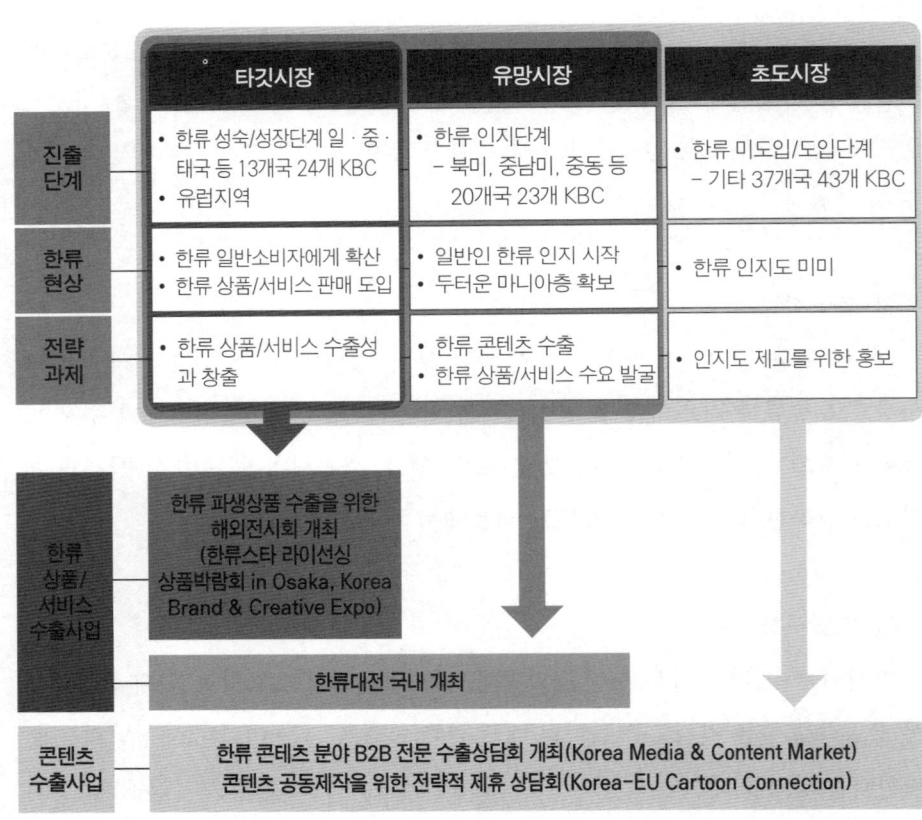

<〈그림 3-5〉 단계별 전략

7. 한류와 대학교육

한류는 실체가 없다고 하는 이들이 있는데 없다고 할 수는 없다. 있지만 아주 명확하지 않다. 한류는 일반적으로 드라마에서 케이팝까지 대중문화 영역에서 일어났다. 이로 인해 전통문화에 대한 인식이 넓어졌다. 한류는 부정적인 점도 있지만 긍정적인 점이 더 많이 있다. 산업적 가치가 있고 국가 브랜드 제고 역할이 있어 한국만의 특색을 보여줄 수 있다. 국가의 정체성을 담고 있는 상징을 국가 브랜드라고 본다. 이는 국가에만 한정되는 것이 아니라 다른 경제적·정치적인 영향력을 낳기 때문에 소프트 파워이면서 하드 파워에도 영향을 주고 있다.

한류에 대한 대응은 국가 차원에서 볼 때 점점 정책 지원이 늘어나고 있지만 국가에서도 한류에 대한 명확한 인식이 부족하다. 좀 더 명확한 인식을 하고 그에 맞추어 명확하고도 구체화해야 한다. 그렇기 때문에 대응이나 정책이 아직은 그렇게 실질적이지 않다.

연예산업 속 기업들, 즉 기획 제작사가 어느 정도의 역할은 하고 있지만 대형 기획사 위주의 시장 개척이 일어나고 있다. 노예계약이라는 제도 문제, 선정적이거나 다양하지 못한 점을 탈피하지 못한다.

무엇보다 대학의 관련학과에 기획자, 현장 전문가 양성 인력 프로그램이 더 많아야 한다. 산학협력을 통해 전문가를 키워야 한다. 이론적·학술적인 체계가 있어야 한다. 학생 차원에서 참신한 발상과 아이디어를 제시할 수 있는 체제가 필요하다.

대학교육은 개선이 필요한데, 역설적으로 현장 경험자들 위주의 강의도 한계가 있다. 현장 연계가 더 필요하지만 도제식이어서 경험이 객관화되기 어렵다. 학점만 이수하고 감각으로 익히겠다는 생각이 학생들의 인식을 지배하기도 한다. 학교교육이 현장에 별로 도움이 안 된다는 인식 때문이다. 현장 연계가 부족하기 때문에 학점만 따고 현장에 적응하겠다거나 빨리 현장에 가고 싶은 생각만들 수 있다. 또한 학교가 현장에 가까우면 좋을 것이다. 원론적인 교육에서 현실에 좀 더 가까워질 수 있다.

진출하려는 이들은 좋아해야 하는 것도 필요하지만 진지하게 마주 보는 태도가 필요하다. 일이나 직업으로 삼기에는 고민이 적지 않은 게 현실이다. 하지만 끝까지 공부해야 한다는 생각을 해야 한다. 현장의 일은 금방 배운다. 그리고 금방 바뀐다. 공부를 통해서 양질의 콘텐츠를 만들어내야 한다. 탐구할 자세가 앞으로 더욱 많이 필요하고 결실이 된다. 그 기본을 학교가 탄탄하게 갖추어주어야 한다. 무엇보다 끊임없이 탐구하고 공부하는 자세가 필요하다. 경영적인 차원이나 콘텐츠 제작원리들을 알아야 하며 단순히 학점을 따는 수준은 자기 스스로에게 결국 마이너스가 될 수밖에 없다.

해외에서 시장적 성과를 추구하는 학생들이 있다. 기본적으로 언어를 습득해야 한다. 해외 각국에 대한 문화 이해, 국제화에 맞추어 문화 이해가 필요하다. 많이 보고, 많이 경험하고 습득하며 학습해 나가야 한다. 체험이나 교육 프로그램이 잘되어 있는지 살펴보면 한류 차원의 인턴은 거의 없다. 그냥 현장에서 일을 도와주는 수준이고, 아예 없는 경우도 많다. 인턴제도 체험이 거의 없으니 평가도 그렇다. 실질적인 체험이나 경험이 중요하다. 한류 특화의 경험도 중요하기에 이러한 점에 더욱 집중되고 세분화되어야 더욱 한류적인 차원의 팝 컬처popular culture가 활성화될 것이다.

앞으로 한류가 잘될 것이라는 생각은 콘텐츠 장르가 넓어지고, 스펙트럼의 폭이 넓어졌기 때문이다. 관련 종사자가 많고 쇄도하는 학생들도 많다. 이런 것이 긍정적인 신호이다. 연예산업의 문제가 해결되고 장르가 다양화되면서 질적인 수준도 높아졌다. 또한 해외 마케팅이 더욱 활성화될 것이다. 실제로 다른 나라에서 더 많은 반응을 보이기도 한다. 이러한 맥락에서 보아도 미래에 지속 가능한 산업이다.

국가 차원의 지원 효과는 돈보다는 다른 근본적이고 기초적인 인프라나 투자를 통해 이루어진다. 교육에 대한 강화는 물론이다. 산업에서도 다양화가 일어나야 한다. 창작 예술가도 다양화를 추구해야 하며 인기에 관계없이 자신의 활동을 지속하는 것을 말한다. 국가의 정책도 중요하지만 기획사 차원에서 이들의 생계를 안정적으로 안고 가야 한다. 경쟁력 차원에서 다양화 방안에서 나오고 그것을 최소한 유지하도록 해주어야 한다.

경영 이론과 방송연예산업경영론

01

경영의 개념과 방송연예산업경영론

심희철 · 김헌식

경영management은 일정한 목적을 가진 조직에서 자본, 원료, 장비, 노동력 등을 통합 · 생산 · 운영하는 관리능력이다. 기업경영의 기본은 이윤을 남기는 것이다. 이는 특히 사기업일수록 더욱 심하다. 이 때문에 Business Administration이라고 한다. 다만, 공기업은 공공성과 국민 복지의 측면을 우선시하는 수익모델을 전제한다. 그렇기 때문에 이런 공공 영역의 경영은 Public Administration이라고한다. 경영자는 조직관리 활동의 주체 및 의사결정자다. 기업가는 투자자이면서경영자일 수 있다. 이는 소유와 경영이 분리되지 않는 전근대 내지 중소기업에서많이 볼 수 있다. 하지만 현대에서 경영자는 자본을 소유 · 투자하는 이들과 직접활동하거나 생산하는 이들과 분리될 수 있으며, 대기업화 · 전문화될수록 소유와경영은 분리된다. 이러한 맥락에서 강조되는 것이 현대의 전문경영자이다. 치열한 생존경쟁과 복잡화, 불확실성의 외부환경과 조직 내의 구조화 · 세분화 현상때문에 경영자의 전문경영능력이 강화되었다. 더구나 주주, 조직구성원, 고객 등 다양한 관련 주체들은 물론 사회 · 국가적으로 많은 영향관계를 갖고 있기 때문에 이를 관리 · 조율하는 능력이 경영인들에게 요구되고 있다.

기업들이 일정하게 모여 기업군을 형성할 때 산업이라고 할 수 있다. 연예기획제작사라는 기업이 많아져서 일정한 무리, 즉 기업군을 형성할 때 우리는 '연예산업'이라고 부를 수 있다. 연예산업은 바로 연예기획제작 기업들이 형성하는 일정한 산업을 말한다. 한국의 현실에서 연예기획제작사의 활동 공간은 방송과 분리될 수 없기 때문에 방송연예는 통합되는 성격을 갖는다. 방송활동을 중심에 두고 연예기획제작사의 경영활동이 이루어진다고 해도 과언이 아니다. 그렇기 때문에 방송연예산업경영은 방송연예산업을 이루는 각 연예기획제작사라는 기업들의 경영을 말한다. 방송연예산업경영조직은 대중이 원하는 콘텐츠와 이미지를 제공하고 이를 통해 기업의 수익을 추구하는 경영조직체이다. 따라서 자본-스타-노동-장비 등을 결합하여 생산 · 운영한다. 이들의 생존 유지는 철저하게 대중의 욕구를 만족시켜주어야 가능하다. 그러한 만족의 수단이 바로 방송과 영화 같은 대중매체-매스 미디어mass media들이다. 무엇보다 다른 일반 기업과 다른 점은 방송연예에서 중요한 것은 스타라는 원료이자 상품이며 그들이 만들어 내는 또 다른 파생적 콘텐츠와 이미지들이다. 연예기획제작사의 경영은 바로 이런 점에서 능력을 발휘해야 한다. 요컨대, 방송연예산업경영은 대중매체 활동 속에서 스타와 그들이 파생하는 콘텐츠 이미지들이 대중에게 지속 가능하게 주목을 받고 그로 인해 수익을 창출할 수 있도록 관리 · 운영하는 것이다. 방송연예기업들에게 가장 중요한 것은 대중적 선호를 받고 있는 상품-스타들을 보유하고 있으며 이들을 지속화하는 것이다.

방송연예기업들도 처음에는 다른 일반 기업들과 마찬가지로 소유자와 경영자가 분리되지 않았다. 하지만 점차 방송연예기업들이 대형화되면서 전문화 · 구조화되고 있다. 따라서 전문경영인을 영입하고 조직을 소유 지배형 구조가 아니라 위임 책임형으로 바꾸어 나가고 있다. 하지만 아직도 많은 방송연예기업들은 소유와 경영이 분리되지 않고 있다. 그것은 한국적인 특성이기도 하지만, 변화하는 시대 속에서 새로운 도전을 받고 있는 것도 현실이다. 한국의 연예기업들이 세계 진출 전략을 고민할 때, 이는 반드시 극복해야 할 과제로 떠오르고 있기도 하다.

경영이론management theory은 경영에 관련해서 확인할 수 있는 일정한 법칙, 모델, 원칙, 패턴을 말한다. 요컨대 경영 현장과 사례에 반복적으로 적용·실행이 가능한 원리들을 말한다. 따라서 방송연예경영 이론은 바로 방송연예현장과 운영에 반복적으로 적용 실행이 가능한 원리들을 말한다. 하지만 일반 문화예술 현장에서와 같이 방송연예경영에서도 이러한 체계적인 이론의 접근이 불가능했다. 자신의 성공이나 경험이 스스로 절대적인 법칙화 현상을 겪게 되면서 과거 속에서 미래의 경영을 담보해야 하는 불일치 현상이 일어나게 되었다. 이는 과거의 도제식 교육 시스템이 현대적으로 계승되는 현상이지만, 대중문화콘텐츠의 시대에는 맞지 않는 측면이 있다. 왜냐하면 끊임없이 일선 연예현장에서 대중의 기호는 변화하기 때문에 한 개인이나 기업, 경영자의 과거 경험과 사례만을 가지고 다시 창조하기에는 한계점이 노출되기 쉽다.

물론 이론화가 절대적인 경영의 해법을 제시하는 것은 아니지만 기본적인 준거기준이 될 수 있다. 보편적인 원칙들을 정립하고 이를 끊임없이 새로운 현실에 적용해 나가는 노력들이 필요하다. 그러한 사례들은 다시 원칙들을 강화하거나 새롭게 수정·보완하여 미래 대중연예활동의 역량을 구축하게 한다. 현재로서는 연예기업의 경영entertain management에 대한 다른 이론이 독자적으로 존재하는 것은 드물다. 여기에서는 일반 경영 이론 중에서 대표적인 몇 가지를 반추하여 연예경영 이론의 도출에 대한 준거기준을 삼는다. 연예기업경영자들은 현실 상황에서 경영목표를 달성하기 위해 문제를 진단하여 그에 맞는 대안과 수단을 찾고, 그것을 적용·실행하며 다시 평가한다. 이를 더 효과적으로 달성할 수 있는 원리를 감각과 경험만이 아니라 때로는 합리적·논리적인 방식으로 대응할 수 있어야 한다.

02

고전경영 이론과 대중연예산업경영론

심희철 · 김헌식

1. 과학적 관리법

(1) 개요

프레드릭 테일러 Frederick Winslow Taylor(1856~1915)는 과학적 관리법 scientific management,[1] 이른바 '테일러 시스템'을 창안해 산업공장과 기업경영의 효율화에 기여했다. 경영학의 시조라고 칭해지지만, 그의 과학적 관리법은 시대에 맞지 않는다는 비판이 많다. 과학적 관리법은 지금의 경영기법에 비하면 단순히 동작과 시간연구를 통해 생산성 향상을 꾀하고 있다. 인간이 기계화 · 부속품화되고, 휴

---

[1] 프레드릭 테일러, 『과학적 관리법(*The principles of scientific management*)』, 오정석 · 방영호 옮김, 21세기북스, 2010 참조.

머니즘인본주의이 무시되는 듯해 테일러리즘으로 비판받기도 했다. 대량화 생산체제인 포드 시스템으로 연결되기도 했다. 이는 찰리 채플린의 무성영화 「모던 타임스」에서 여실히 등장했다. 하지만 그 원리 자체가 주는 의미는 여전히 있다.

그는 노동자들이 일을 게을리 하는 현상, 이른바 태업에 대해 인지하고 이를 막는 방법을 고안했다. 그는 과학적 관리법을 통해 능률 향상을 추구하여 생산성을 높임으로써 노동자들도 성과배분을 통해 임금을 더 많이 받아갈 수 있다고 보았고 이것을 실험적으로 증명하기도 했다. 즉 과학적 관리법을 도입하면 노동자들이 게으름을 피우지 않고 임금을 더 많이 받으려고 열심히 일하게 된다고 보았다.

과학적 관리법은 고용주와 노동자 모두가 '최대 번영'을 이루는 데 기본 목적을 둔다. 최대 번영이란 넓은 의미에서 생산과정의 각 요소가 최고 수준의 생산 효과를 내면서 회사나 고용주가 큰 이익을 얻는 것은 물론, 영원히 그 번영을 누리게 된다는 것을 뜻한다.

노동자의 최대 번영 역시 노동자가 같은 계층의 노동자들에 비해 높은 임금을 받을 뿐 아니라, 작업효율을 최대한 높임으로써 그들이 가진 능력을 모두 발휘해 노동의 수준을 최고로 끌어올리는 것을 뜻한다. 또한 노동자 개개인이 가능한 한 최고 수준의 업무를 할당받는 것을 의미하기도 한다(p. 21).

과학적 관리의 4대 원리로 ① 개별 과업에 대한 과학의 발전, ② 과학적인 인재의 선발과 육성, ③ 과학적 원리에 대한 상호 공감, ④ 관리자와 노동자 간의 역할 분담이다.

관리자들은 과거부터 노동자들이 보유해온 모든 전통적 지식들을 한데 모아서 분류하고 표로 만들고 원칙과 법칙, 공식으로 바꾸어 노동자들의 작업에 큰 도움을 줘야 한다는 부담을 떠안는다. 이런 방식으로 '과학'을 개발함과 동시에 경영자들은 새롭고 무거운 짐이 되는 세 가지 다른 유형의 의무를 지게 된다.

이 새로운 의무들을 네 가지로 묶어보자.

첫째, 경영자들은 노동의 각 요소에 적용할 과학을 개발하여 과거의 주먹구구식 방법을 대체한다.

둘째, 과거에는 노동자가 스스로 일을 선택하고 스스로 최선을 다해 훈련했던 데 반해, 경영자들은 과학적 원칙에 입각해 노동자들을 선발하고 가르치고 교육하고 훈련시킨다.

셋째, 경영자들은 앞서 개발한 과학적 원칙에 입각하여 진심으로 노동자들과 협력해서 모든 일을 하도록 한다.

넷째, 노사 간 일과 책임을 균등하게 배분한다. 과거에는 노동자들이 거의 모든 업무와 책임의 상당 부분을 맡았지만, 과학적 시스템 아래에서는 경영자가 노동자들보다 자신에게 더 적합한 일을 모두 떠맡아야 한다.

과학적 관리법이 과거의 관리법보다 더욱 효율적이기 위해서는 '노동자들의 솔선'과 경영자가 떠맡은 새로운 유형의 일이 조화를 이루어야 한다(pp. 51-52).

이른바 이런 과학적 관리법을 바탕으로 하는 테일러 시스템은 ① 노동자의 표준작업량과업을 과학적으로 결정하기 위한 시간연구, ② 과업의 달성을 자극하기 위한 차별적 임금성과급, ③ 계획 부문과 현장감독 부문을 전문화한 기능별 조직 등을 축으로 한 관리시스템 등을 지향했다.

첫째, 벽돌 쌓기의 과학을 노동자가 아닌 경영자가 개발한다. 이와 더불어 모든 노동자의 각 동작에 엄격한 규칙을 적용하고 모든 도구와 작업 조건을 표준화하고 완벽하게 만든다.

둘째, 벽돌공을 신중하게 선발하여 일류 노동자가 될 때까지 훈련시킨다. 최상의 방법을 적용하지 못하거나 거부하는 노동자들은 모두 제외시킨다.

셋째, 경영자는 개별 노동자들을 지속적으로 돕고 관심을 기울여야 한다. 또한 노동자가 빠른 속도로 일하고 지시받은 일을 완수하면 많은 상여금을 제공함으로써 일류 벽돌공과 벽돌 쌓기의 과학을 융화시킨다.

넷째, 노동자와 경영자의 업무와 책임을 균등하게 배분한다. 과거에 경영자들은 한쪽 편에 물러서서 노동자들을 별로 돕지도 않았고 작업방법, 도구 사용방법, 작업속도, 조화로운 협력 등에 관한 거의 모든 책임을 노동자들에게 부과했다. 반면에 과학적 관리법 아래에서는 경영자들은 하루 종일 노동자들 곁에서 노동자들을 돕고 격려하고 함께 장애를 제거한다.

이 네 가지 요소 중 첫 번째 요소인 벽돌 쌓기 과학의 개발이 가장 흥미롭고 주목할 만하지만 당연히 나머지 세 가지 요소도 훌륭한 성과를 달성하기 위해 반드시 필요하다(pp. 99-100).

과학적 관리법의 성공적인 적용방법은 ① 과업관리와 차별 성과급을 그 바탕으로 하고, ② 과업을 완수한 사람에게는 반드시 보상을 해주며, ③ 새로운 공정 기법의 표준화와 숙련 등으로 노동자가 상당한 지식을 갖추고 성과를 창출하면 높은 임금을 받기 때문에 더 창조적인 개선이 이루어질 수 있다고 강조한다.

합리적 성과 배분 제도의 성공적인 도입을 위해서는 4~5년 정도의 여유를 두고 서서히 도입할 것을 추천하고 있으며, 적어도 25% 이상의 종업원의 이해가 있을 때 도입에 박차를 가해야 한다고 했다. 또한 성과의 배분은 경영자와 노동자만의 문제가 아니라 소비자를 포함한 3자 간의 공평한 배분이 이루어진다는 개념으로 접근해야 성공할 수 있다고 주장하고 있다.

그는 지엽적인 부분만을 적용해서는 안 되며, 과학적 관리법의 4대 원칙을 경영자와 관리자가 충분히 이해한 상태에서 4대 원칙을 종합적으로 적용해야 한다는 것을 강조하고 있다.

불확정적인 인간의 행동을 좀 더 과학적으로 이해하고 이를 통해 생산성을 향상시켜 그 성과를 나누자는 기본 취지는 현대에도 여전히 계속되고 있다. 다만 테일러 시스템처럼 극단적인 방식은 지양하고 있을 뿐이다.

(2) 함의

과학적인 원칙으로 정확하게 계량한다면 생산성은 증가하고 이윤도 증가할 것이다.

연예산업은 과학적 계량이 불가능할 것으로 생각된다. 많은 경우 감각으로 한다. 예술을 감각으로 한다고 할 때 이의를 제기하는 경우는 거의 없을 것이다.

하지만 감각으로 하는 것만이 능사가 아님은 분명하다. 과학적 관리법이 가치가 낮다고 해도 일정하게 과학적인 관리를 하는 것은 의미가 있다. 일정한 법칙을 만드는 것은 자신의 작품 활동을 위해서도 좋고 교육을 위해서도 바람직하다. 매니지먼트의 기본적인 표준원칙SOP들은 성립할 수 있다. 표준운영절차Standard Operating Procedure: SOP는 '조직이 과거 적응 과정에서 한 경험을 기초하여 유형화한 업무 추진 절차' 또는 '업무수행의 기준이 되는 표준적인 규칙 또는 절차'를 의미한다.

완전하지는 않아도 조금은 효용성이 있는 것이고, 과학적으로 관리해야 하는 영역이 있다. 회계나 재무의 경우에는 감각이 아니라 오히려 과학적 원칙에 부합해야 한다. 감각으로 예산 계획이나 집행을 하던 경영 습성은 많은 연예기업들을 무너뜨렸다.

제4부 경영이론과 대중연예산업경영론

2. 산업 및 일반 관리론

(1) 개요

프랑스의 앙리 페이욜Henri Fayol(1841~1925)은 세상을 떠난 후 25년여 동안 고국 프랑스를 제외하고는 거의 알려지지 않은 인물이었다. 하지만 1950년대에 그의 저서 『산업 및 일반경영관리론General And Industrial Management』이 진가를 인정받기 시작했다. 그는 경영관리학의 창시자로 일컬어지고 있다. 그는 경영이 기업 활동의 중심이 되는 시스템을 만들었다. 테일러리즘이 작업환경의 문제를 위주로 다룬 반면, 페이욜리즘은 경영관리 문제를 다루고 있다.

페이욜의 시스템은 기술, 상업, 재무, 안전, 회계, 관리활동이라는 6가지 기능을 수용하고 잘 운영하는 것에 집중한다. ① 기술활동은 생산, 제조, 가공 ② 상업 활동은 구매, 판매, 교환 ③ 재무활동은 자본의 조달과 운영 ④ 보호활동은 재화와 종업원의 보호 ⑤ 회계활동은 재산목록, 대차대조표, 원가, 통계 ⑥ 관리활동은 계획, 조직, 지휘, 조정, 통제에 관한 활동이다. 그에 따르면 경영은 예측, 계획, 조직, 명령, 조정, 통제하는 것이다.[2] ① 계획, ② 조직, ③ 지휘, ④ 조정, ⑤ 통제를 의미하고 이를 '관리 5요소론'이라고 한다.

① 계획

실행계획 수립을 위해서는 예산의 파악과 함께 장·단기적 추진 과제를 확정할 필요가 있고 갑작스런 상황에서도 실행계획에 따라 기업경영을 지속해야 한다.

② 조직화

페이욜은 사회적 유기체 차원의 조직을 '사회체'라고 했다. 효과적인 사회체 형성을 위해 적합한 인재의 확보와 이들을 적절한 지위에 배치하는 것이 가장 중요하다고 했다.

③ 명령

명령을 리더십과 연관된 문제로 봤으며, 조직화의 원천이 바로 명령이기에 기업 전체를 위해 상사는 명령을 통해 업무를 수행해야 한다.

④ 조정·협력

조직의 성과 향상에는 전체 사업이 서로 조화를 이뤄야 한다. 각 직능별로 경제적 역할수행에 필요한 지원이 적절한 비율로 배정되어야 한다.

---

2   BUSINESS 집필진, 『비즈니스 교양을 읽는다』, 비즈니스맵, 2009, p. 149.

⑤ 통제

다른 관리요소를 통제하는 활동이 필요하다. 특히 각 부문 사이의 원활한 조정과 협력, 기업조직 전체의 원활한 운영을 위한 내부적 통제를 중요하게 봤다.

그는 6가지 경영활동을 수행하는 데 요구되는 일반적인 규칙을 다음과 같이 14가지로 정리했다.

① 분업(division of work)

생산과 품질의 향상을 겨냥한 전문화는 구성원들에게 세분화된 직무를 배정하고 조직의 능률과 생산성이 향상시킨다. 페이욜은 기술적인 작업은 물론 관리적 업무 등 모든 업무에 전문화 원칙을 적용했다.

② 권한과 책임(authority & responsibility)

권한에는 책임이 수반된다. 페이욜은 권한과 책임이 서로 관련되어야 효과가 있다는 것을 알았다. 즉, 책임은 권한의 필연적인 결과이고 책임은 권한에서 생겨난다고 봤다. 그는 책임을 관리자의 직위에서 생겨나는 공식적인 것과 "지성, 경험, 도덕률 및 과거의 업적 등이 복합되어 있는 개인적인 요소의 결합"이라고 생각했다. 만약 권한은 없지만, 책임이 많은 경우 매우 힘들어하게 된다.

③ 규율(discipline)

규칙을 준수하고 그에 따라 일을 처리한다. 잘못된 업무수행 처벌은 유능하고 공정한 감독과 연결되어야 한다. 효과적인 기강 확립에는 각 조직층에 뛰어난 관리자를 두고, 명확하고 공정한 협약 체결, 정확한 판단에 따른 제재가 이뤄지도록 해야 한다.

④ 명령의 일원화(unity of command)

하급자는 상급자 한 사람에게서만 명령을 받아야 한다. 지위가 높아도 여러 상사의 명령을 받게 되면 혼선이 빚어지게 되어 일을 제대로 수행하지 못할 수 있다. 어떠한 행동을 해도 하급자는 한 사람의 상사에게서 명령을 받아야 한다. 사사로운 조직 차원의 비공식적인 명령 체계와 상급자의 직접적인 지시는 없어야 한다.

⑤ 지휘의 일원화(unity of direction)

동일한 목표로 활동하는 각 집단은 한 명의 상사와 한 개의 계획을 지녀야만 한다. 명령의 일원화와 다른 점은 인적 요소에 대한 것이 아니라 조직체인 회사와 연관 있는 것이다. 그러나 페이욜은 의사결정이 모두 상부에서 결정되어야 한다고 생각하지는 않았다.

⑥ 전체의 이익을 위한 개인의 복종(subordination of individual to general interest)

전체와 개인의 이익이 부딪힐 때 경영자는 이를 조정해야 한다. 그는 개인이나 집단의 이익이 해당 기업의 이익을 초월해서는 안 된다고 보았다. 기업의 영속성이 고용 보장을 전제로 한다면 기업의 이익을 위해 구성원의 희생은 어느 정도 필요하다고 봤다.

⑦ 보수(remuneration)

보수의 금액과 지불방법은 공정하고 직원과 기업주 모두에게 똑같이 최대의 만족을 주어야 한다. 적정 보상의 원칙으로 노력에 대응하는 대가 지불로 의욕 고취를 하고, 한계를 넘어선 초과 보상은 주의해야 한다.

⑧ 집권화(centralization)

페이욜은 권한이 집중, 분산되는 정도라고 했다. 권한은 각 여건에 따라 '최선의 전체 이익'을 줄 수 있는 집중과 분산의 수준에 따라 결정된다. 집권화와 분권화는 상대적이므로 조직 전체의 성과를 높이는 조치 여부가 하급자의 역할을 중시하는 분권화의 성패를 좌우한다.

⑨ 계층의 연쇄(scalar chain)

계층은 연쇄되어 있다. 페이욜은 이것을 최상위에서 최하위에 이르기까지의 '상급자의 사슬'로 보았다. 이 사슬에서 함부로 이탈해서도 안 되겠지만, 이를 얽매는 것이 해로울 때는 단축시킬 필요가 있다. 계층화의 성패는 정보전달의 신속성에 따라 결정되기 때문이다.

⑩ 질서(order)

페이욜은 질서를 물질적material인 질서와 사회적social인 질서로 나누었는데, 이는 적재적소의 조직 원칙을 말한다. 완벽한 질서는 그 자리에 그 사람이 적합하며, 그 사람은 그 자리에 부합되기를 원할 때 구현된다.

⑪ 공정성(equity)

하급자의 충성 및 헌신은 부하를 공평하게 다루는 상사의 친절과 정의감이 결합해야 가능하다. 공정성은 정의의 실천에 온정의 배려가 더해져야 한다. 능력을 최대한 발휘하도록 사기를 북돋우는 데는 경영자의 온정이 필수다.

⑫ 직장의 안정성(stability of tenure)

구성원의 직무를 불안정하게 배치하면, 능력이 발휘되지 않고 조직이 약해진다. 불필요한 이직turnover은 나쁜 관리가 원인이며 결과다. 이에 페이욜은 이의 위험성과 비용을 지적했다. 많은 대기업에서 인적 자원 관리가 소홀하다. 미래 비전을 제시해줄 수 없는 기업이 많지 않다.

⑬ 주도권(initiative)

주도권은 계획을 세우고 실천하는 것이다. '지성인이 경험할 수 있는 가장 만족할 만한 것'이기 때문에 페이욜은 부하들의 주도권 실천을 권하기 위해 경영자가 '개인적인 자만'을 버려야 한다고 했다. 계획을 세워 명확히 성공을 추구하는 것은 지적 인간이 추구하는 가장 생생한 만족감 가운데 하나이기 때문이다. 경영자는 부하들에게 창의력의 발휘에서 오는 만족감을 주기 위해서는 어느 정도 자기 정서를 희생해야 한다.

⑭ 단결심(esprit de corps)

"뭉치면 힘이 나온다."는 원리다. 이는 명령의 단일화를 확대시킨 것이다. 팀워크의 중요성과 그것을 만들기 위한 의사소통의 중요성을 강조한다. 경영자는 구성원의 화합에 따라 조직의 힘을 키워야 한다. 이를 위해 명령 통일의 원칙을 주의 깊게 살펴야 하고, 부하들 간의 분열을 방지하며, 문서화된 커뮤니케이션이 남용되지 않도록 해야 한다.

페이욜은 이러한 관리 원칙을 실현하는 수단으로 다섯 가지를 말했다. ① 연구활동은 연구에서 행위계획의 기초가 나온다. ② 기업의 실행계획은 다양한 예측1년, 장기, 단기특수계획의 결합 및 종합에 따른 계획을 통해 사전 준비를 한다. ③ 보고활동은 계획의 보조 및 실천과 관련한 보고는 통제의 수단이고 성과를 향상시키는 중요한 수단이다. ④ 부서별 회의나 토의는 협조와 통제의 수단으로 경영지도 업무 담당자들에게 매우 효과적이다. ⑤ 조직 전체 및 부분과 업무 영역, 계층, 단계, 담당직위 및 부서장이나 부하, 종업원 등의 내용을 개관한 조직도는 권한의 중복이나 월권, 명령의 이원화, 담당자가 없는 직능 등을 파악하고 각자의 권한을 명확히 규정하는 데 좋다. 조직도는 책임의 명확화와 특정 문제 처리의 인재 확보를 빨리 해결토록 한다.

(2) 함의

페이욜의 원칙은 기본적인 규칙이다. 연예사업에 적합한 인재를 채용하고 배치한다. 명령을 내리고 조정과 협력을 이끌어야 한다. 원활한 운영을 위해 내부적인 통제가 필요하다. 전문화와 세분화의 형태로 기획제작사가 분업되고 있다. 권한과 책임을 다 같이 주어야 하며, 책임만 주거나 권한만 주면 안 된다. 공정하게 감독하고 잘못은 규율해야 한다. 지휘는 일원화되어야 한다. 여러 사람이 같이 명령을 내리면 혼선이 빚어진다. 이러한 점은 일원화되지 않는 기획사에서 발생할 수 있고, 수직하방적인 조직, 즉 1인 기업에서는 그다지 일어나지 않을 것이다. 최선의 공동체적 이익을 위해서는 권한을 분산하고 집중하는 것이 유기적일 수 있다. 이는 작은 기획사일수록 가능하다. 직장은 안정성이 있어야 하는데, 연예기획사의 경우에는 이러한 점이 많이 부족할 수 있다. 이는 능력이 있는 자원을 효율적으로 사용하지 못하게 만든다. 어려운 상황이라도 미래의 비전을 제시해주어야 한다. 리스크가 많은 산업이기 때문에 이러한 점이 제대로 안 되는 경우가 많아 악순환이 벌어진다. 불안이 불안을, 위험이 위험을 낳는 것이다. 주도권을 통해 그들이 스스로 성취감을 가질 수 있도록 해야 한다. 특히 연예인들이나 매니저들은 성취감이 매우 강하다.

3. 경영자 기능론

(1) 개요

근대 관리론의 시조인 체스터 바너드Chester Barnard는 1938년 자신의 저서 『경영자의 기능The Functions of the Executive』에서 경영자의 역할에 대해 말했다. 그는 이 책에서 조직 내 공식조직과 비공식조직의 존재, 상급자와 하급자의 역할 분담, 개인과 조직 사이의 균형 등의 내용을 담았다. 그는 조직을 사회적 협력 시스템으로 간주하는 새로운 관점을 제시했다. 이는 실용적 측면과 이론적 측면을 결합하여 탁월한 이론적 기여를 했다.

바너드는 먼저 조직의 내적 균형이라는 개념을 강조했다. 조직의 생존과 성장을 위해서는 내부 구성원을 비롯한 이해관계자 간의 협력이 필수적이며, 이들 조직에 공헌하는 개인이나 집단은 조직에서 그에 상응하는 보상을 받아 균형을 이룰 수 있다. 두 번째로 바너드는 조직 내에서 발휘되는 영향력을 '권한수용설'이라는 개념을 통해 표현하고 있다. 즉, 공식적 지위에서 나오는 권한은 구성원들에게 이해되고 수용될 경우에만 영향력이 있다. 세 번째로 바너드는 공식조직 내 비공식조직의 존재와 그 중요성을 강조했다. 즉, 비공식조직을 통해 이뤄지는 커뮤니케이션 활동이 조직 활성화의 핵심이 되며, 이는 공식조직의 규범적 활동 이상으로 중요한 역할을 한다. 균형 유지를 위해 상대적 개념을 도입했는데, 불확정성을 좀 더 확실한 통제 영역으로 이끄는 것으로 단순한 이분법적인 비판은 한계가 있다. 균형 관점에서 보면 다양성을 인정하고 그에 따른 불확정성을 제어하기 위해 상대적 개념의 적용이기에 자연의 이치에 맞는 것으로 해석 가능하다. 특히 비공식조직 — 종교, 정치단체 — 의 역할을 인정해서 사회구조의 다양성을 인정하고 있다. 조직의 균형을 위해서도 부정할 수 없는 비공식조직의 다양성을 인정해야 한다는 것이다. 조직의 구성원인 개인의 진정한 역할은 다양한 형식의 협력 활동을 통해서 드러난다.

바너드는 조직에 대해 다음과 같이 말했다. 첫째, 협력이 없으면 조직도 없다. 조직 안의 개인의 위상과 배려, 조정이 부족할 경우 개인주의, 집단주의, 방임주의, 이견, 갈등 그리고 무질서와 혼동 상태가 초래될 수 있다. 이에 협력 시스템의 지속 환경을 조성하고, 구성원의 만족을 창출 및 분배하는 과정을 효과적으로 선택하는 것이 바로 경영자가 해야 할 일이다. 둘째, 조직 성립에는 커뮤니케이션 활동과 공동의 목적 및 구성원들의 공헌 의지라는 세 가지 사항이 요구되며, 조직의 지속적 존속에는 효과성과 효율성에 따른 조직 균형의 유지가 필요하다. 또한 가장 중요한 것은 커뮤니케이션이다. 셋째, 비공식조직의 역할도 중요하다고 강조하고 있는데, 여기서 비공식조직은 인간을 사회적 존재로 생성하는 것이며 파벌을 의미하는 것은 아니다. 이러한 비공식조직은 공식조직 내 커뮤니케이션의 활성화, 개인의 공헌 의지 유도, 공식적 권한의 안정화, 구성원 간의 유대강화 및 탈개성화되기 쉬운 공식조직 내 개인의 고유한 성격을 유지시켜주는 핵심적 수단이 된다고 했다. 넷째, 효과적인 공식조직이 되는 데 필요한 요건으로는 전문화, 인센티브,[3] 권한,[4] 의사결정[5]이다. 다섯째, 조직은 구성원 간의 협력을 기초로 구성 · 유지된다. 리더나 관리자의 이념과 가치가 부실할 때 조직, 즉 협력 시스템의 균형이 붕괴되고 개인적 편견과 이기주의적 갈등이 커진다. 여섯째, 바너드는 환경의 제약 속에서 최선의 의사결정을 하려면 더 과학적이고 분석적인 경영자의 기능이 필요하다고 봤다. 체계적 · 과학적인 지식만으로 극복할 수 없는 의사결정 과제는 직관적인 지식, 즉 끊임없는 경험의 축적으로 가능한 한 행동지식으로 해결해야 한다고 주장했다. 직관력 역시 축적된 경험의 산물이라 해석한 바너드의 관점은 허버트 사이먼에게도 이어졌다. 경험이나 지식이 없는 직관적 선택은 실패할 확률이 높다.

제4부 경영이론과 대중연예산업경영론

---

3 구성원의 성과에 대한 합리적인 배분에 따른 동기부여는 테일러나 페이욜과 함께 여전히 강조되고 있다.

4 부하직원들에게 이해될 수 없거나, 조직의 목적에 어긋나거나, 능력 범위 밖의 커뮤니케이션을 시도할 경우 권한이 수용되지 않으며 결국 상사의 권한은 행사될 수 없음을 강조하고 있다(권한수용설).

5 개인의 공헌 의지 유도가 중요하다.

(2) 함의

연예기획사는 기획사 내부에서만 움직이는 것처럼 보일 수 있지만 외부 조직을 내적 조직으로 만들어야 한다. 즉 그 경계가 내·외적으로 구분되지 않을 수 있다. 수많은 네트워크를 통해 일을 처리하는데, 그 네트워크는 외부에 있는 것처럼 보이지만 내부에 있는 것이다. 외부에 있는 것도 내부화해야 한다.

이는 인간적이고 비공식적인 관계를 맺는 것과 연결되어 있다. 즉 비공식적인 조직과 네트워크의 구축이 매우 중요하다는 것이다. 출연의 기회를 잡는 것은 공식적인 통로도 있지만 평소의 네트워크 구축이 중요하다.

하지만 이는 부정적인 통로를 의미하는 것이 아니다. 그것은 신뢰의 관계를 의미한다. 서로에게 신뢰를 쌓은 것은 서로에게 좋은 작품 활동을 통해 도움이 되기 때문이다.

4. 경영의 실행론

(1) 개요

'경영학'의 아버지는 테일러라고 하지만, '현대경영학'은 피터 드러커Peter F. Drucker에서 시작되었다. 『*The Practice of Management*』에서 그는 시어스Sears백화점, 포드Ford자동차, IBM 등 그가 직접 경험하고 관찰한 기업 사례들 속에서 사업 경영, 경영자 관리, 근로자 관리, 경영 구조 등에 다루고 있다.[6]

---

6 Peter F. Drucker, *The Practice of Management*, New York, Harper & Row, 1954.

드러커는 이 책에서 세 가지 핵심적인 주제를 다루고 있는데, 첫째는 사업 경영이다. 그는 이 주제를 통해 경영자에게 "우리의 사업은 무엇인가? 우리의 사업은 무엇이어야만 하는가?"라는 가장 기초적인 질문을 던진다. 드러커는 이 질문에 대한 대답이 매우 어렵다고 했다. 그는 기업이 실패하는 가장 큰 이유는 사업의 목적과 내용에 대해 분명한 생각이 없기 때문일 것이라고 했다. 드러커는 "기업은 이윤을 추구하는 조직"이라는 일반 명제를 부정했다. 물론 이윤은 기업경영에서 가장 중요한 주제이지만, 이윤은 결코 기업의 목적이 아니며 단지 경영의 결과일 뿐이라고 봤다. 그는 기업의 목적은 기업 외부에 있다고 주장했다. 기업도 사회의 한 기관이어서 기업의 목적 역시 사회에 있어야 한다고 생각했다. 드러커는 고객을 창출하고 그들에게 가치를 제공하는 것이 기업이 존재하는 목적이라고 봤다.

둘째는 경영자 관리다. 특히 드러커는 이 책에서 '목표에 의한 경영Management By Objectives: MBO'이라는 개념을 소개했고, 이것으로 경영자가 담당할 임무와 역할에 대해 설명했다. 목표는 경영 활동과 과업 할당의 기초다. 목표는 기업의 구조를 결정하고, 수행되어야 할 주요 활동들을 결정한다. 무엇보다 각 과업들에 대한 인적 자원 할당을 결정한다.

목표는 기업 구조의 설계와 각 단위 조직 및 경영자들의 과업 설계에서 똑같이 필요한 토대다. 또한 각 사업 경영자들의 목표는 기업 전체의 목표에서 도출되어야 한다.

예컨대 사업부제로 운영되는 기업에서 한 사업부를 맡고 있는 경영자의 목표는 그가 맡은 사업부가 기업 전체 목표 달성에 필요한 공헌이 무엇인지에 따라 결정된다. 기업경영에서는 부분 최적화보다는 전체 최적화가 중요하다. 끝으로 목표와 관련해서 중요한 사실은 목표는 절대적으로 주어지는 게 아니다. 운명이 아니다. 기업 스스로 방향을 설정하는 것이 목표다. 목표는 기업과 구성원의 구속이 아니라 그들에게 공헌해야 한다. 물론 목표만으로는 미래를 결정하지 못한다. 목표는 기업 미래를 창조하는 자원을 동원하는 수단일 뿐이다.

셋째는 근로자의 관리다. 테일러가 노동의 과학적 관리법을 제시한 이래 인적 자원 관리 핵심은 육체노동자의 생산성이었다. 하지만 오늘날 지식근로자의 생산성이 인적 자원 관리의 핵심이다. 또한 인적 자원 관리의 중심이 육체노동자의 생산성에서 지식근로자의 생산성으로 이동해 조직의 구성원들과 수행하는 직무에 관해 매우 다른 새 가정들이 필요해졌다.

결국 인적 자원 관리는 사람을 '관리control'하는 것이 아니라 이들을 '이끄는 lead' 것이다. 아울러 인적 자원 관리의 목표는 각 개인의 특유의 강점을 생산적이게 하는 것이다. 효과적인 인사관리를 수행하는 유능한 경영자는 노동자의 약점을 찾는 것부터 하지 않는다. 약점을 지적하면 업무 성과를 이룰 수 없다. 오직 강점으로만 이룰 수 있다. 만일 어떤 노동자가 업무 수행에 관한 강점이 있다면, 나머지 다른 약점들은 조직이 보완해줄 수 있다. 그러나 강점이 없다면 다른 능력들은 쓸모가 없어진다. 결국 경영자들이 생각해야 할 가장 중요한 질문은 다음과 같은 것이 된다. "각 노동자들이 갖고 있는 강점은 무엇이며, 그것들 가운데 새로운 직무에 가장 적합한 강점은 무엇일까?"

그럼, 올바른 조직구조는 어떤 것인지 살펴보겠다.

첫째, 조직화의 목적은 사업의 성과와 직접 연계되어야 하고, 조직구조가 구성원들의 노력을 잘못된 성과를 내는 방향으로 가게 해서는 안 된다. 둘째, 계층의 수를 최소화해야 한다. 가능한 한 수평적 조직이 합리적 조직구조의 원칙이다. 정보 이론에 따르면 "모든 명령이 한 단계 전달될 때마다 잡음은 두 배로 늘어나고 메시지는 절반으로 줄어든다."고 했다. 셋째, 조직구조는 미래의 최고경영자들을 단련하고 트레이닝시켜야 한다. 실제 경영자들이 자율적으로 직접 책임지고 경영하도록 여건을 제공해야 한다.

원칙 중심의 인사관리가 중요하다. 기업이 보유하고 있는 단 하나의 진정한 자원은 '사람'이다. 승진 인사에 실패하는 중요한 이유 중의 하나는 승진한 사람이 새로운 직무가 요구하는 것에 대해 깊이 생각하지 않기 때문이다. 더 큰 원인은 경영자가 그렇게 하도록 요구하지 않았기 때문이다. 결과적으로 경영자에게 인사관리에서 올바른 의사결정은 조직을 효과적으로 통제해 목표를 달성하는 궁극적인 수단이다. 따라서 공정한 인사에 최선의 노력을 기울이지 않는 경영자는 조직에 큰 해를 끼친다. 그는 구성원 개개인의 강점이 실질적인 성과 창출에 기여하는 점을 강조하며 이를 인적 관리의 핵심이라고 주장하고 있다.

(2) 함의

드러커는 기업의 존재 이유는 고객 때문이라고 했다. 고객만이 기업의 제품과 서비스를 구입하기 때문에 기업이 무엇인지 결정할 수 있다. 연예기업도 마찬가지다. 연예기업의 존재 이유는 바로 고객인 팬 때문이다. 팬들이 원하는 효용과 가치를 제공한다. 단지 스타의 이미지를 파는 것이 아니라 스타를 통해 무엇인가를 제공하는 것, 문화적인 공유를 낳는 것이 중요하다. 당연히 모든 가치창출의 원인은 고객이기 때문에 고객이 원하는 가치가 무엇인지 정확하게 인식하는 것이 필요하다. 당연히 고객인 팬이 원하는 것이 무엇인지 질문하고 그것을 충족시키기 위해 노력해야 한다. 그러한 공동의 목표를 위해 조직이 구성되고 운영되어야 하며 올바른 조직이 구축되어야 한다.

기업은 단지 이익을 위해서만 존재하지 않는다는 점도 기억해야 한다. 기업은 사회기관이다. 그렇기 때문에 온전히 이익만을 추구하여서는 곤란하다. 마찬가지로 연예기업도 오로지 자신의 이익만을 추구하는 것은 바람직하지 않다. 연예기업도 사회기관이다. 사회적 기여 활동은 마케팅 차원에서 하는 것이 아니라 당연히 해야 하는 것이다. 그런 사고를 가지고 있을수록 더 많은 가치가 증가하게 된다. 애써 봉사활동이나 기부를 많이 하지 않아도 자연스럽게 알아준다.

무엇보다 근본적으로 스타들이나 기획 제작자들은 사람들에게 즐거움과 행복, 그리고 꿈과 희망을 주는 이들이다. 강력한 영향을 받아서 인생을 다르게 만들 수도 있다. 이른바 소명의식이 필요하다. 그만큼 좋은 활동이나 작품은 스스로 사회적 기여를 하는 기업이라는 생각을 가질 수밖에 없도록 한다. 그렇기 때문에 연예기업은 물론 산업 전체가 이윤을 얻기 위해 존재할 수 없으며 드러커의 말이 맞는다면 그러한 기업은 오래가지 못한다.

5. 제한된 합리성과 경영

(1) 개요

전통 경제학 이론은 인간이 합리적이라고 가정한다. 즉 주어진 상황을 정확히 파악하여 정보를 수집하고 이를 바탕으로 효용을 극대화하는 선택을 한다. 경제적인 인간은 자신이 선택하는 것을 합리적인 선택을 통해 자신에게 최대의 이익을 가져다줄 수 있는 대안을 도출해낸다. 인간은 모든 정보를 알 수 있고, 모든 경우의 수를 따져보게 된다. 하지만 현실을 보면 그렇지 않다는 것을 우리는 직관적으로 알 수 있다. 우리는 모든 정보를 알 수 없고, 우리에게 정말 좋은 최고의 대안이 무엇인지 잘 알지 못하면서 선택하고 행동한다.

이를 설명하는 것이 제한된 합리성bounded rationality 이론이다. 제한된 합리성은 기존의 인간의 합리성에 대해 의문을 품고, 인간은 정보를 모두 알 수 없다고 한다. 최대한 정보를 모을 수는 있겠지만, 모든 정보를 알 수는 없다. 그것이 올바른 정보라는 보장도 없다. 또한 정보를 많이 모으려 할수록 시간과 비용이 많이 들어간다. 정보를 많이 모았다고 해도 사람들이 그 정보를 모두 머릿속에 담아둘 수는 없다. 사람의 뇌는 슈퍼컴퓨터가 아니다. 사람들은 자신이 얻을 수 있는 정보의 한계 내에서 '만족할 만한' 수준의 합리성을 갖춘 상태에서 결정을 내린다.

제한된 합리성 이론에서는 사람들은 일정 수준의 기대를 가지고, 이 기대수준에 만족할 만한 선택을 발견하면 그 순간 더 이상 대안 탐색을 멈추고 그것에

만족하는 결정을 한다고 했다. 대안의 개수는 너무나 많은 데 반해 우리의 인지적 자원은 매우 제한적이기 때문이다. 의사결정은 모든 부분을 빈틈없이 고려해서 이뤄지는 것이 아니라 늘 해오던 익숙한 방식을 거쳐서 '이 정도면 됐다good enough'는 수준에서 결정된다.

허버트 사이먼Herbert Simon(1916~2001)은 모든 인간 행위를 의사결정의 연속으로 보았다. 축적된 지식과 정보, 경험이 합리적인 의사결정의 원천이 된다는 관리활동의 점진적 개선을 추구하는 관점을 주장했다. 그의 '제한된 합리성bounded rationality'[7] 관점은 누구나 의사결정에서 나름대로 제약이 주어지게 된다는 사실을 밝히고, 이러한 제약 조건을 점차적으로 개선해 나가는 것이 경영자의 역할이라고 했다. 그는 의사결정에서 개량적 분석활동의 한계를 지적했다. 완벽한 해답은 찾을 수 없다는 것이 핵심이다. 인간의 의사판단에서 불확정성의 원리를 인정하는 것이다.

사이먼은 인간이 무한히 합리적일 수 없고 오직 제한된 합리성밖에 갖지 못한다는 현실을 경제 이론에 반영하려 한 공로로 1978년 노벨 경제학상을 수상했다. 그는 1930년대 중반 밀워키 시市 공공 레크리에이션 시설의 행정에 관한 현지답사를 하는 과정에서 이 문제에 관심을 갖기 시작했다고 회고했다. 그 시설은 교육청과 시 토목국의 공공관리 하에 있었는데, 이 두 기관은 가용자금 배분을 놓고 끊임없이 대립하고 있었다. 그가 보기에 두 기관 사이에 큰 이견이 있는 것도 아니고 영역 다툼을 하려는 것도 아닌데, 그런 갈등이 빚어지고 있는 것이 몹시 이상하게 느껴졌다.

구체적으로 말해, 두 부처는 자금을 시설관리에 우선적으로 배정해야 하느냐, 아니면 레크리에이션 활동의 지도 업무에 우선적으로 배정해야 하느냐를 둘러싸고 의견의 대립을 보였다. 사이먼은 그들이 경제학 교과서에 나와 있는 단순

---

7   Herbert Simon, "Rational Decision Making In Business Organization", *American Economic Review*, 1979.

한 해결방법, 즉 두 용도에 사용한 자금의 한계편익이 서로 같아지도록 배정하는 방법을 채택하기로 합의하면 되었다. 하지만 그들은 그렇게 하지 않았다. 그들은 두 용도의 한계편익을 일치시킬 수 있는지 전혀 알지 못했고, 이에 의견의 대립을 해소할 수 없었다.[8]

사이먼은 현실의 경제에서 부딪히는 대부분의 문제들에 대해 기존의 경제 이론이 별로 도움이 되지 않는다고 했다. 인간이 무한히 합리적인 존재라고 하는 전통적인 경제학은 의사결정을 하는 경제주체가 선택 가능한 모든 대안을 알고 있다는 전제에서 이론을 전개한다. 그러나 사이먼은 이는 비현실적이며, 적극적으로 찾아도 겨우 일부 대안만 찾을 수 있는 게 인간사회의 현실이라고 했다. 현실에서 경제주체는 어떤 수준의 기대aspiration를 갖고 대안 탐색search을 하고, 기대수준의 대안을 발견하면 더 이상 탐색하는 것을 중지하고 그것을 선택한다. 나아가 사람들의 기대수준은 상황에 따라 올라가기도 하고 내려가기도 한다. 만약 주변 여건이 괜찮아서 좋은 대안이 많이 발견될 수 있으면 기대수준이 올라가지만, 반대로 나쁜 주변 여건에서는 기대수준이 내려간다. 그러면 여기에 맞추어 결정을 해야 한다. 이런 방식의 선택을 '만족 가설satisficing hypothesis'이라고 한다.

---

8 100만 원의 집행자금이 있다고 할 때 처음 10만 원을 시설 정비에 투자하는 것이 레크리에이션 활동에 투자하는 것보다 효과적이라면 시설 정비에 10만 원을 사용한다. 다음에 10만 원을 추가로 시설 정비에 투자하여 얻어지는 효과와 처음 레크리에이션 활동에 투자하여 얻게 되는 효과를 비교하여 좀 더 효과적인 곳으로 자금을 집행한다. 이렇게 10만 원마다 10만 원이 추가로 한쪽의 지원에 쓰일 경우 얻어질 효과(효용, 편익)를 비교하여 효과가 높은 쪽의 사용 부처에 자금을 투자한다. 위의 경우는 10만 원씩 열 번에 걸쳐 자금의 집행을 결정한다고 가정했는데, 10만 원을 1만 원으로 또 1원으로 점차 줄여나가다가 1원마다 1원을 좀 더 효과적인 곳에 추가로 집행한다면, 초기 자금 100만 원을 양쪽 집행부에 가장 효과적으로 분배할 수 있게 되는 것이다. 그 결과를 경제학적 의미로 표현하자면, 시설과 레크리에이션 양쪽의 한계편익이 같아지도록 배정하는 방법을 채택하게 된다고 할 수 있다.

(2) 함의

사이먼은 인간을 "정보 보유량과 처리능력의 한계가 있는 존재"로 상정했다. 자신의 지식으로 이해하거나 경험한 한계성을 가지고 판단한다는 의미다. 즉, 제한적 합리성 이론은 "우리가 어떤 의사결정을 할 때는 자기가 갖고 있는 영역 내의 판단체계를 가지고 결정한다."는 것이다.

좋은 의사결정을 하기 위해서는 제한적 범위를 넓게 가져가는 것이 아주 중요하다. 의사결정은 인지능력의 한계로 최선이라기보다는 최적의 의사결정에 이를 수밖에 없다. 제한적 합리성에 의하면 의사결정자는 인지적 한계 때문에 문제의 단순화된 모델을 구성할 수밖에 없다. 이 단순화된 모델에 의거해서 의사결정자는 합리적으로 행위 한다. 이 경우 단순화의 요점은 최대화 원칙을 만족 원칙satisfaction principle으로 바꾸는 것이다. 행위의 결과들은 관련된 속성 각각에 대해

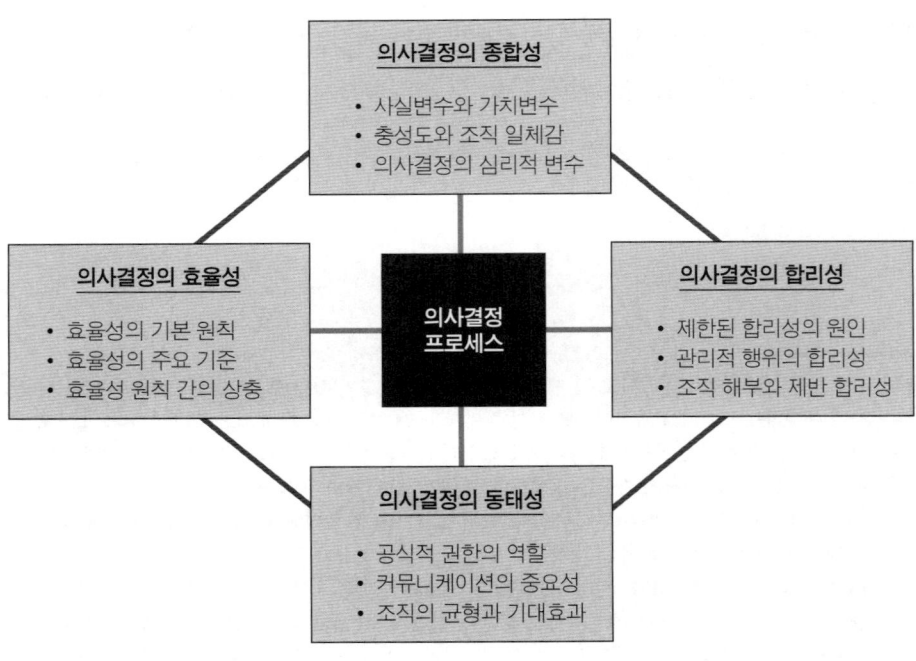

〈그림 4-1〉 의사결정 프로세스와 이슈

'만족스러운satisficing'과 '불만족스러운'으로 분류된다. 각각의 속성에 대해 이 정도의 열망을 만족시키는 대안이 선택된다.

인간은 제한된 합리성을 가지고 있기 때문에 만족할 만한 수준에서 의사결정을 한다. 보통 예술을 하는 이들 중에는 완벽주의를 지향하는 이들이 있다. 천재라는 말을 듣고 싶어 하는 이들도 있다. 이는 그 사람에게만 해당하는 것이 아니라 다른 사람들에게도 영향을 미친다. 대중문화예술은 협업이기 때문에 더욱 그 여파가 있다.

모든 상황을 조정·통제할 수는 없다. 연예사업은 더욱 그러한 변수가 많다. 콘텐츠나 연기자, 가수, 노래, 드라마, 만화, 뮤지컬 때문이 아니라 다른 무엇 때문에 문제가 일어난다. 사람이 많은 변수를 만들어내기도 한다. 그렇기 때문에 놀랄 이유가 없다. 언제나 놀랄 일로 가득하다. 우리는 다 알 수 없기 때문이다. 이는 직원들이나 매니저들의 평가도 고려해야 한다.

인간은 완벽한 존재가 아니기 때문에 작품은 부족할 수 있다. 부족하기 때문에 실패를 용인하고 다시 기회를 잡아 도전하고 시도하게 된다. 합리적 완벽함에 매몰되면 대중이 선호하는 작품을 만드는 것이 아니라 자신을 위한 작품을 만들게 된다.

그 상황 속에서 최선을 다하고 그 안에서 나온 결과물은 모두 만족스러운 것이다. 다만 계속 더 노력할 뿐이다.

6. 기업전략과 시너지 효과

(1) 개요

1960년대의 미국을 비롯한 선진국 기업들의 가장 큰 관심은 미래의 불확실성에 대비하면서 이루는 기업의 성장이었다. 이고르 앤소프Igor Ansoff(1918~2002)는 시대적 배경 속에서 기업의 사업다각화를 통한 시너지 창출과 기업의 성장이라는 방안을 제시했다. 그리고 이러한 성장을 위한 전략적 의사결정의 수립 모델을 제시하여 '전략경영의 아버지The father of strategic management'로 불리고 있다. 또한 '시너지'라는 개념을 처음 사용한 사람도 이고르 앤소프이다. 1965년에 처음 출간된 『기업 전략』으로 널리 알려졌는데, 1979년에 『전략경영 *Strategic Management*』을 출간해 전 세계적으로 '전략경영의 아버지'라는 명성을 얻었다.[9]

	기존 제품	신제품
기존 시장	시장침투 전략 Market Penetration	제품개발 전략(관련 다각화 전략) Product Development
신시장	시장개척 전략(확장 전략) Market Development	비관련 다각화 전략 Unrelated Diversification

〈그림 4-2〉 앤소프 매트릭스(Ansoff Matrix)

자료: 이명헌 경영스쿨(www.emh.co.kr)

---

9   이고르 앤소프, 『이고르 앤소프의 전략경영(*Strategic Management*) - 하이클래스 시리즈 3』, 윤규상
     옮김, 비즈니스맵, 2008.

앤소프는 의사결정을 전략적 의사결정, 관리적 의사결정, 운영적 의사결정의 세 가지로 구분하고 전략적 의사결정의 특징을 정리했다.

전략적 의사결정에서는 기업이 하는 사업을 정의하고, 어떤 종류의 사업에 진출할 것인지를 고민한다. 또한 전략적 의사결정은 기업의 목적 혹은 목표를 설정하는 기능과 설정된 목적이나 목표를 이루기 위해 기업이 갖고 있는 자금과 인력 등의 자원을 최적으로 분배하는 기능을 담는다. 특히 전략적 의사결정에서 기업이 선택한 '제품과 시장의 결합'을 가장 대표적인 산출물로 강조하고 한다.

운영적 의사결정은 기업 현장의 생산, 판매 등 구체적인 행위에 관한 것으로 일단 관리상의 지침이 설정된 후에 행동 하나하나에 의사결정이 하부로 이양될 수 있는 단순하고 일상적이며 반복적인 기업 활동에 관한 의사결정이다. 성과 모니터링, 가격 설정, 생산 스케줄링, 재고 관리 등이 운영적 의사결정의 대표적인 예다.

관리적 의사결정은 전략적 의사결정과 운영적 의사결정의 중간지점에 있다. 이는 결정된 목표와 전략을 가장 효과적으로 이루기 위한 활동과 관련이 있다. 대표적인 예는 조직화로, 이는 권한과 책임을 구조화해서 전략과 운영 사이의 갈등을 해결하고 최적의 성과를 낳도록 조정하는 역할을 한다.

기업의 목적과 그 체계를 살펴보자. 기업의 목적에 대해서는 논란이 많다. 앤소프는 기업의 목적이 장기적인 수익성 확보라는 가정에서 '기업의 목적체계'를 제시했다. 앤소프가 제시한 목적체계를 이해하려면 다음의 몇 가지 전제 조건들을 살펴야 한다고 주장한다.

첫째, 기업은 경제적 목적과 사회적 또는 비경제적 목적을 동시에 갖고 있다. 경제적 목적은 효율성을 뜻하고 전반적으로 자원이 전환되는 과정상의 효율성을 강조한다. 반면 비경제적사회적 목적은 기업 구성원들의 개인적인 목적의 상호작용 결과다. 둘째, 대부분의 기업에서는 경제적 목적이 기업 행동에 가장 큰 영향을 미친다, 기업을 이끌고 조정하는 중요한 명시적 목표도 이 경제적 목적과 관련이 깊다. 셋째, 목적과 구별되는 개념으로 책임과 제약조건이 있으며, 경영자

의 행동에 영향을 준다

전략은 네 가지 요소로 구성된다. 앤소프에게 전략은 잘 정의된 사업 영역과 성장 방향이다. 사업 영역을 정의하고 성장 방향을 제시할 수 있는 의사결정의 규칙이 '전략'이다. 전략의 개념을 구체화하기 위해 전략의 네 가지 구성요소를 제시했다. 첫 번째 구성요소는 제품시장 영역이다. 경영자는 제품과 시장이라는 측면에서 자신의 사업 영역을 정의할 수 있고, 정의해야 한다. 두 번째 구성요소는 성장벡터다. 성장벡터는 현재의 제품과 시장 영역에서 어떤 방향으로 나갈 것인가를 의미하는 요소다. 이 중에서 시장침투는 현재의 제품과 시장점유율을 높이는 성장 방향을 의미한다. 반면 시장개척은 기존 제품으로 새로운 시장을 개척하는 것이고, 제품개발은 이전 제품을 대체할 신제품을 개발해 기존 시장 시장점유율을 신제품으로 확대하는 것이다. 끝으로 다각화 전략은 새로운 제품으로 새로운 시장을 공략하는 완전히 새로운 차원의 성장 방향이다. 세 번째 구성요소는 경쟁우위다. 경쟁우위는 제품시장 영역과 성장벡터에 의해 결정된 특정 사업 영역에서 기업이 강력한 경쟁적 위치를 확보하는 것이다. 앤소프가 강조한 경쟁우위는 외부환경의 기회라는 측면도 포함한다. 즉 성장 방향으로 제품 개발이 선택된다면 훌륭한 기회를 확보하려고 특허 보호나 연구역량의 확보에 중점을 두게 된다. 네 번째 구성요소는 시너지다. 시너지는 새로 제품시장 영역에서 상품을 만들 수 있는 기업의 능력을 측정하는 개념이다. 즉 기업이 다각화를 했을 때 기존 기업이 갖고 있는 역량이 새로운 사업에 도움이 되는지를 나타낸다. 앤소프는 당시 기업경영자들의 가장 큰 고민을 성장 중에서도 다각화 문제로 간주했다. 모든 기업의 관심이었던 성장에 대해 다각화를 제안하면서 경영자들의 고민을 해결했고 다각화 전략의 성공이 시너지의 유무에 있어 다각화 방법론을 제시했다.

'앤소프 매트릭스 Ansoff Matrix'를 보자. 이고르 앤소프는 기존 제품과 신제품, 기존 시장과 신시장 등의 요소를 조합한 매트릭스 모델로 기업 특성에 맞는 네 가지 성장전략을 제시했다. 매트릭스의 가로축에 기존 제품과 신제품, 세로축에 기존 시장과 신시장을 놓고 각 경우를 선택할 수 있게 했다.

제4부 경영이론과 대중연예산업경영론

① 시장침투 전략(Market Penetration)

기존 시장에서 기존 제품으로 매출액을 늘린다. 현 시장에서 기존 제품이나 서비스를 많이 제공하는 것에서 점유율을 더 높인다. 이 전략은 일회성 고객을 정기고객으로, 정기고객을 충성고객으로 바꾸는 것인데, 마케팅 비용을 많이 투여해야 하므로 광고나 프로모션 비용 등이 증가할 수밖에 없다. 이 방법만으로 장기간 성장을 지속해 이윤을 극대화하기는 어려울 수 있다.

② 제품개발 전략(Product Developmen)

기존 시장에 신제품을 출시한다. 현 시장에 신제품을 투입해 성장을 도모한다. 기존 제품의 보완재나 추가 기능 탑재, 저가 제품 등 다양한 제품을 개발한다. 연구개발로 완전 신제품을 내놓거나 기존 제품을 개량하여 신수요를 만들어서 재창출까지 포함한다. 이것이 가능하려면 자체 연구개발 능력을 갖추고 있어야 한다.

③ 시장개척 전략(Market Development)

기존 제품으로 새로운 시장에 진출한다. 새로운 고객층에게 판매하는 전략을 세워 경쟁사의 고객을 끌어온다. 또 동일한 제품을 다른 용도로 활용할 수 있다며 판매하는 일도 있다. 판매지역을 확대해 해외로 수출한다거나 고객층을 다양화해 잠재적인 고객수요를 창출한다. '시장 다변화 전략'이라고도 한다. 새 시장을 개척해 성장 잠재력을 갖는 장점이 있지만, 한정 자원을 여러 지역에 분산시키면 방대한 조직과 막대한 자금이 소요될 가능성이 높고, 자칫 특정 시장에서조차 우위를 점하지 못할 가능성이 있다.

④ 다각화 전략(Diversification)

새로운 제품으로 새로운 시장에 진출한다. 성장 전략 중 가장 적극적인 성장지향 전략이다. 가전회사가 자동차 분야에 진출하거나 건설회사가 백화점 사업에 뛰어드는 것이다. 세 가지 성장 전략이 큰 성과를 거두지 못할 경우 대안으로 다각화가 떠오른다. 다각화 전략은 기업의 성장뿐만 아니라 위험분산 효과도 누릴 수 있다. 사업을 분산시킴으로써 경기순환에 따라 업종 전체가 변동을 겪을 때 그 위험을 나눌 수 있다. 하지만 기업의 능력을 넘어선 과도한 다각화는 방만한 경영과 모든 제품들의 경쟁력 약화로 이어질 수 있다. 다각화는 수평적 다각화, 수직적 다각화, 집중적 다각화, 복합적 다각화의 네 가지 방법으로 구성된다. 앤소프의 제품·시장 그리드 전략 중 리스크가 가장 큰 전략이다. 이러한 점은 자칫 대기업의 문어발식 경영확장이라는 오명으로 불리기도 한다. 1997년 외환위기 당시 다각화 전략을 추구했던 기업들이 실패했던 사례들을 생각할 수 있다.

(2) 함의

연예기획사도 시장침투 전략이 있다. 기존의 시장에서 기존 제품으로 매출액을 늘린다. 기존의 배우들이나 가수들에 대한 인지도를 높이는 전략을 사용한다. 이는 대외적인 활동이 될 수도 있다. 작품 외의 활동에 더 투여할 수 있다. 물론 이는 비용이 든다. 작품도 차별화되는 것이 아니라 고객이 원하는 보고 싶은 것에 집중한다. 일일 드라마에 계속 출연하면 팬의 확장은 없지만 고정 시청자를 확보할 수 있다.

신제품은 바로 새로운 장르나 활동에 도전하는 것이다. 드라마라고 하면 사극을 하거나 악당을 맡는 것이다. 신규시장 개척은 바로 텔레비전 연기자가 뮤지컬을 하거나 가수에 도전하는 것이다. 또한 영화나 연극에 나서는 것도 해당할 수 있다. 다각화 전략은 새로운 제품으로 새로운 곳으로 가는 것이다. 소지섭처럼 일본에서 힙합 가수로 데뷔하는 것을 예로 들 수 있다.

7. 마케팅 관리론

(1) 개요

필립 코틀러Philip Kotler(1931~)는 기업경영에서 생소했던 '마케팅'이라는 개념을 널리 확산시켜 '마케팅의 아버지'로 불린다. 그는 단순한 판매기법 정도로 치부되던 마케팅을 경영과학의 차원으로 끌어올렸으며, 현존하는 그 어떤 마케팅 기법도 그의 영향력을 벗어나지 못한다는 평가를 받고 있다.

1967년, 마케팅 바이블로 전 세계 비즈니스 스쿨에서 사용되는 『마케팅 관리론Marketing Management』을 썼다.[10] 마케팅 관리론에서 코틀러는 '수요'와 '욕구'에 기초를 두고 마케팅을 정의했다. 이 책에서는 기업의 환경 분석에서 마케팅 전략인 STPSegmentation, Targeting, Positioning 전략과 4PProduct, Price, Place, Promotion 전술에 이르는 총체적 마케팅 체계를 망라했다.

마케팅은 탄생부터 역발상으로 시작했다. 1960년대 초반까지만 해도 기업경영자들의 관심은 모두 제2차 세계대전의 유휴설비를 최대한 효과적으로 가동하는 데 쏠려 있었다. 즉, 생산한 제품을 판매하는 데 모든 역량을 집중시켰던 것이다. 이런 시대에 코틀러는 자신의 책을 통해 고객지향적 사고, 통합적 마케팅 및 고객만족으로 대표되는 "고객의 요구를 충족시킨다"는 관점에서 마케팅을 재정의했다.

이는 이전처럼 단순히 물건을 만들어서 판다는 개념이 아니었다. 미리 시장이나 고객을 충분히 조사하고 이해하여 신제품이나 서비스를 팔도록 하는 것이었다. 그는 "마케팅은 제품을 처분하기 위한 현명한 방법을 찾는 분야가 아니라 진정한 고객가치를 창조하는 분야다. 이것은 고객이 더 나은 상태가 되도록 돕는

---

10 필립 코틀러, 『마케팅 관리론(*Marketing Management*)』, 윤훈현 옮김, 석정, 2006.

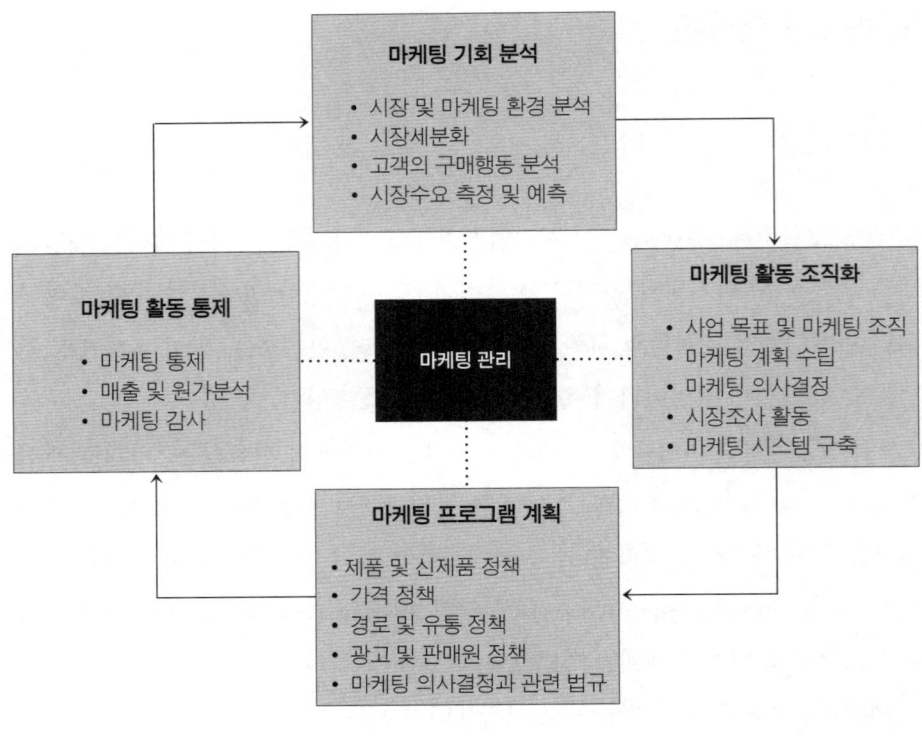

마케팅 기회 분석

• 시장 및 마케팅 환경 분석
• 시장세분화
• 고객의 구매행동 분석
• 시장수요 측정 및 예측

마케팅 활동 통제

• 마케팅 통제
• 매출 및 원가분석
• 마케팅 감사

마케팅 관리

마케팅 활동 조직화

• 사업 목표 및 마케팅 조직
• 마케팅 계획 수립
• 마케팅 의사결정
• 시장조사 활동
• 마케팅 시스템 구축

마케팅 프로그램 계획

• 제품 및 신제품 정책
• 가격 정책
• 경로 및 유통 정책
• 광고 및 판매원 정책
• 마케팅 의사결정과 관련 법규

〈그림 4-3〉 마케팅 관리의 체계

일이다."라고 했다.

따라서 마케팅은 제품을 시장에 내놓기 전부터 시작된다. 마케팅은 소비자의 수요를 파악해서 필요의 범위와 강도를 측정해서 수익을 창출할 수 있는 시장 기회의 존재 여부를 판단하려는 수행 활동이다. 코틀러는 마케팅을 특정 부서만의 일이라고 생각하는 것에 반대한다. 마케팅 활동은 R&D, 생산, 영업 등 한 가지 기능이 아니라 통합적 관점에서 이루어지는 전 기업적 활동으로 생각한다. 모든 부서가 마케팅과 관련된다. R&D 영역이어도 고객들을 자주 만나고, 새 프로젝트를 추진할 때 다른 부서들과 긴밀하게 협력하고, 신제품 시안이 나왔을 때 소비자들의 반응을 수렴하고 피드백에 따라 제품 개선에 나서야 한다.

코틀러는 경영의사 결정 가운데 가장 중요하면서도 어려운 의사결정들 대부분이 마케팅에 관련된 것이라고 했다. 마케팅의 의사결정에는 주로 계량적 분석의 속성과 관련된 생산, 회계 및 재무 등과는 다른 면들이 있기 때문이다. 예컨대 선호, 태도 및 행동 등과 관련된 속성들이 영향을 미치기 때문이다. 그는 더 이상 새 이론이 필요하지 않다는 경영자 및 학자들의 주장에 비판하면서 마케팅 활동에 보다 분석적인 방법을 적용해야 한다고 보았다. 이를 통해 마케팅 담당자의 의사결정과 관련된 이슈를 중심으로 입체적으로 파악하면 효과적인 마케팅 프로그램의 수립 및 실행이 가능하다고 했다.

무엇보다 그는 "마케팅은 제품을 판매하기 위한 수단이 아니라 고객을 만족시키기 위해 기업이 어떤 활동을 해야 하는가?"라고 했다. 최근 들어 코틀러는 마케팅을 교환에서 사회적 관계 중심의 개념으로 확장시켰다. 그는 마케팅을 "개인이나 기업이 원하는 것을 다른 이들과의 관계에서 상품과 가치의 생성 또는 교환을 통해 획득하는 사회적ㆍ관리적 과정이다."라고 정의했다. 이는 드러커의 "사회적 기관인 기업의 목적이 사회적인 차원의 새 시장 창출에 있다."는 주장과 연결되는 점이다.

(2) 함의

필립 코틀러의 말에 잘 부합하는 분야가 연예산업이라고 해도 과언이 아니다. 연예인을 팔거나 콘텐츠를 팔려고 하는 것이 마케팅이 되어서는 곤란하다. 관객이나 시청자가 원하는 사람이 있으면 자연스럽게 구매하고 소비하는 것이 연예산업이다. 따라서 "고객이 원하는 사람인가? 고객이 원하는 작품인가?"가 중요하다.

고객을 접촉하는 이유는 물건을 팔기 위해서가 아니라 그들이 원하는 것이 무엇인지를 알아내려는 생각을 내포한다. 마케팅은 물건을 팔기 전이 아니라 물건을 만들기 전부터 시작되는 것이다. 갑자기 연기변신을 시도하거나 낯선 음악을 선보이는 것은 고객을 배려하는 것이 아니다. 변신을 해도 팬들이 좋아할 만한 것을 해야 한다. '나 능력 있다. 다양한 것을 할 줄 안다'는 식의 변신은 팬들의 외면을 받을 수 있다. 아주 독창적인 것보다 약간씩 다르게 하는 게 더 어렵고, 그것이 대중예술인들의 강점이다. 그것은 상당한 인내와 소명의식이 없으면 가능하지 않은 일이다.

8. 경영의 제너럴리스트론

(1) 개요

전통적으로 생산관리 담당 경영자는 '표준화'라는 가치관을 갖고 있다. 표준화 기준에 따라 몇 종의 모델을 대량생산해 생산 공정의 효율성을 극대화하고 원가를 절감하는 임무를 지닌다. 반면, 영업 책임 경영자는 '차별화'라는 가치관을 갖고 있다. 가능하면 다양한 고객의 요구를 만족시킬 수 있는 차별화된 제품을 많이 판매해 고객만족을 극대화해 매출 향상을 꾀하는 것이 그가 하는 일이다. 이럴 때 전체 기업 차원의 의사결정보다 자신의 분야에 국한된 의사결정을 내리면 오류를 범할 수 있다. 따라서 기업 전체의 올바른 의사결정은 오직 전체 기업의 차원에서 문제에 접근할 때만 제대로 이뤄질 수 있다. 이러한 차원에서 케네스 앤드루스Kenneth Andrews는 제너럴리스트의 육성을 강조했다. 제너럴리스트generalist는 전반적으로 아우를 수 있는 역할을 하는 전체적인 경영자를 의미한다.

전체를 아우르는 전략의 관점에서 고안한 SWOT기회-Opportunity, 위협-Threat, 강점-Strength, 약점-Weakness기법은 지금도 많이 사용되고 있다. 1950년대 하버드대학의 케네스 앤드루스 교수가 스왓SWOT 분석을 도입하면서 '전략적 접근법

strategic approach'을 확립했다. 『기업 전략의 본질The Concept of Corporate Strategy』은 1960년대 경영 전략에 대한 다양한 연구 논의를 담고 있다. 특히 이 책에서는 경영전략의 중요성을 강조하면서 전체적인 경영자 개념을 중시하는데, 제너럴리스트는 당시 전문가 육성이 보이는 한계를 극복할 수 있는 해법으로 고안되었다. 생산이나 영업과 같이 고유한 전문 영역을 담당하는 전문가만으로는 해결할 수 없는 기업경영의 문제가 있고 이를 해결하려면 기업경영 전반을 이해하고 조정할 수 있는 제너럴리스트가 육성되어야 한다고 보았다.[11]

① 제너럴리스트(전체적인 경영자)의 개념

기업의 궁극적인 목표인 이윤 극대화라는 차원에서 생산관리경영자, 영업관리경영자 등은 기업 활동에서 일정 부분만 책임지는 전문가, 부문 관리자다. 하지만 이들의 상급자, 예컨대 사장은 이윤의 극대화를 도모하기 위해 매출액과 원가라는 두 가지 변수를 동시에 조정하는 역할을 하게 된다. 이처럼 부분이 아닌 전체에서 자신이 맡은 업무를 진행하는 관리자 또는 경영자를 '제너럴리스트전체적인 경영자'라고 한다. 따라서 경영활동의 포괄적인 판단과 결정은 기업을 전체적으로 볼 수 있는 이런 제너럴리스트 경영자가 내린다. 이때 제너럴리스트 경영자는 반드시 최고경영자만을 가리키는 것은 아니다. 독자적으로 한 사업부를 책임지면서 전략을 수립하고, 여러 부문을 관장하며, 기능 부문 상호간에 빈번히 일어나는 갈등을 조정하는 역할을 한다.

② 전체 전략 수립 시 고려해야 할 SWOT 분석은 무엇인가?

기업경영 전략 수립에서는 무엇보다 먼저 상대가 누구인지를 알아야 한다. 여기서 상대는 경쟁자뿐만 아니라 경영활동에 영향을 미치는 유·무형의 모든 요

---

11 박기찬, 『경영의 교양을 읽는다』, 더난출판사, 2005, p. 264.

인을 의미한다. 기업의 외부 여건을 파악하고 기업이 추구할 수 있는 기회는 저절로 포착된다. 외부환경 분석에 따라 여러 개의 기회가 포착되었을 때 그중 하나를 선택하여 경영자가 해결해야 할 첫 번째 과제는 자신의 기업이 기회를 성공적으로 현실화할 수 있는 능력이 있는지 판단하는 것이다. 외부에서 오는 기회와 내부에서 갖고 있는 능력을 알게 되면 기업이 선택할 기회 중에서 자신의 약점을 노출시키지 않으면서 강점을 살릴 수 있는 가장 좋은 기회를 택할 수 있기 때문이다. 이때 기업 능력은 "환경의 문제점과 경쟁자를 같이 극복해가며 기업의 성취목표를 완수하는가?"로 평가된다. 어떤 조직에나 강점과 약점이 동시에 있다. 따라서 가능한 한 기업의 약점을 노출시키지 않고, 강점만을 효과적으로 발휘하는 전략이 있어야 한다. 이를 위해 경영자는 강점과 약점을 정확히 파악해야 한다. 하지만 자기 회사의 능력이나 한계점을 정확히 파악하는 것은 변화하는 외부 여건을 살피는 것만큼 어려운 일이다. 왜냐하면 주관적 편견을 배제하기 어렵기 때문이다. 제너럴리스트 경영자는 책임을 담보로 의사결정을 해야 한다. SWOT 기법을 사용하기 어려운 점은 주관적 편견 때문에 정확한 전략적 판단이 쉽지 않을 것이라는 실효성에 대한 회의감이다.

전략 수립 시 고려해야 할 요인은 개인적 요인과 사회적 요인이 있다. 여기서 말하는 개인적 가치는 경영자의 개인적 역량이나 가치기준 차원의 요인이다. 현실적으로 전략 책임자는 개인적인 가치 판단, 야망 또는 금기가 있고 이런 주관적 가치관이 기업철학이 되어 의사결정에 영향을 미친다. 그렇기 때문에 중요시 되기도 한다. 경영자의 개인적 가치는 반복되는 의사결정과정에서 기업의 문화에 영향을 주기도 하는데, 이러한 기업의 문화 역시 기업구성원들의 행동을 제약하고 구속한다. 궁극적으로는 기업의 성과까지 영향을 미치게 된다. 또한 기업이 존재할 수 있는 권리는 자연의 힘이 아니라 국민 또는 사회구성원들의 합의에서 국가의 법률을 통해 주어지는 것이다.

전략 실행의 고려 요소로는 조직구조, 프로세스 그리고 리더십이다. 전략이 제대로 실행되기 위해서는 중요한 과업이 선정되고, 각 부서 및 개인별로 이러한 과업이 배분되어야 한다. 앤드루스는 조직구조에서 정보 시스템의 역할을 강조했다. 실제 각 부문의 담당자들이 전략 과업을 효과적으로 수행하고 전반 경영자들이 각 부문의 과업을 효과적으로 조정하기 위해서는 적합한 정보 시스템이 구축되어야 한다.

과업의 표준화, 조정 기능의 강화, 정보 시스템 구축 등이 조직구조에 중요하다. 전략의 효과적 실행에 도움을 주는 조직 시스템에는 여섯 가지 요소, 즉 표준, 측정, 인센티브, 보상, 벌칙, 통제가 있다. 결국 전략 실행은 조직구성원들이 한다. 자신이 맡은 과업을 열성적으로 실행하도록 적절한 인센티브 시스템으로 동기를 부여해야 한다.

앤드루스는 경영자를 선발, 개발하는 시스템을 강조했다. 전략 실행에서 경영자 또는 리더십의 중요성은 더 말할 나위가 없다.

(2) 함의

앤드루스는 기업조직의 분업화로 부서 이기주의에 따라 기업전략이 잘못된 방향으로 흘러가는 사례를 보면서 전체적인 개념에서 전략 수립 및 실행 그리고 전체를 조정·관리할 수 있는 전반 경영자의 개념을 강조했다. SWOT의 개념도 전체적인 개념에서 나온 것이다.

또한 기업의 사회적 책임을 강조하고 있다. SWOT는 형식적으로 사용하면 무의미한 방법론일 수 있지만 그 속에 숨겨진 의미, 즉 외적·내적 환경 및 역량의 분석을 통해 최적의 대안을 찾으려는 사고는 유효하다.

조직이 간단할 때는 모든 사람이 제너럴리스트가 된다. 한국의 경우에도 연예기획사가 작을 때는 모든 것을 다 통괄할 수 있었다. 또한 각 분야나 단계를 다 보아야 경영자의 반열에 올라갔을 때 모든 것을 다 통괄할 수 있다. 아직도 이러한 점이 큰 장점으로 작용하기도 한다. 작은 기획사는 제너럴리스트이면서 스페셜

리스트이기도 하다.

앞으로 대형화·전문화될수록 한국의 연예기획사도 제너럴리스트가 아니라 스페셜리스트의 오류에 빠질 가능성이 있다. 뮤지션 출신의 경우에는 제너럴리스트도 아니고 스페셜리스트도 아니라고 할 수 있다. 음악 자체에 대해서만 전문가이고 경영에 대해서는 아닐 가능성도 크다. 그럴 때는 권한을 위임하고 자신의 역할을 분명하게 해야 한다. 음악적, 나아가 예술적 비전을 제시하는 역할을 하는 것이 그 예일 것이다. 수익의 논리가 앞설 때 기업의 철학이나 이념을 잘 잡아주어야 한다.

9. 거래비용 이론과 경영

(1) 개요

2009년 스웨덴 왕립과학원 노벨위원회는 노벨 경제학상 수상자로 '지배구조 연구' 분야에서 두각을 나타낸 미국의 엘리너 오스트롬Elinor Ostrom 인디애나대 교수(76)와 올리버 윌리엄슨Oliver E. Williamson UC버클리대 교수(77)를 공동 선정했다. 올리버 윌리엄슨 UC버클리대 교수는 대기업과 중소기업, 각 경제주체 간의 협력을 강조한 거래비용 이론의 창시자다.

현재의 거래비용 개념은 올리버 윌리엄슨이 과거 코스Coase에게 배운 '거래비용'이라는 개념을 사용하면서 일반화시킨 것이다. 로널드 코스Ronald Harry Coase(1910~2013)는 사람들이 다양한 시스템, 제도, 절차, 사회관계, 하부구조로 이루어진 시장에서 상품과 서비스 교환을 하는 것으로 이해하는 동안 거래, 가격 메커니즘과 비용 등의 개념을 사용했다.[12] 그러나 사실 1970년대까지도 직접 거래비용이라는 용어를 사용한 바는 없다.

윌리엄슨 교수는 1975년 자신의 저서인 『시장과 위계』에서 처음으로 '신제도주의 경제학'이라는 용어를 사용했다. 신고전학파에 뿌리를 두지만 윌리엄슨 교수를 위시한 신제도학파의 관심은 완전경쟁시장에서 이루어지는 가격과 시장가치가 아니라 현실 경제질서를 설명하는 제도적인 구조와 그 구조가 탄생하는 과정이다.

거래비용 관점에서 시장이 실패하는 이유를 살펴보자. 기업 활동에 소요되는 비용을 크게 생산비용과 거래비용으로 나눌 때, 거래비용은 경제 시스템의 운영에 필요한 비용이다. 이는 상담비용, 유통비용, 정보탐색비용, 계약비용 등을 포함하는 개념을 의미한다. 전통경제학에서는 완전시장을 가정하고 있기에 거래비용이 없는 것으로 간주했으나 현실에서는 엄연히 존재한다. 고전경제학에서 가정했던 시장은 거래비용의 발생 및 증가로 점점 더 비효율적으로 되어왔다. 이 관점에서 기업조직은 거래를 실행하는 여러 형태의 하나로 거래비용을 최소화하기 위한 시장의 대안적 구조다. 시장 실패 요인을 보면 다음과 같다.

첫째, 인간적인 요인(제한된 합리성과 기회주의)이 있다. 고전경제 이론에서 가정한 합리적인 인간은 여러 가지 물리적 한계 때문에 제한된 합리성으로 완벽한 의사결정을 하지 못하고 시장 기능의 비효율화를 초래한다. 또한 기회주의는 상대방을 속여서라도 자기 이익을 취한다. 이런 시장을 왜곡할 수 있는 개인적 속성이 결합된다.

둘째, 환경적인 요인(불확실성 및 복잡성, 그리고 소수교환관계)이 있다. 복잡하고 불확실한 환경 속에서 모든 경우의 수를 통해 합리적인 의사결정을 하는 것은 불가능하거나 많은 비용이 들기에 비합리적인 의사결정이 이뤄진다. 또한 거래에 참여하

---

12 "The Nature of the Firm", *Economica* 4(16), 1937, pp. 386-405.

는 소수의 집단이 자기에게 가장 유리한 조건을 추구하고 이는 기회주의적 행동과 갈등을 낳는다.

셋째, 정보의 밀집성을 들 수 있다. 계약 과정에서 시장의 실패 원인은 정보의 밀집성이다. 모든 정보를 알고 동시에 원하는 정보를 언제든지 얻을 수 있어야 한다. 그러나 현실에서는 한 사람 내지 소수집단이 갖는다. 정보를 상대적으로 많이 소유한 사람과 적게 소유한 사람 사이에는 불균형이 발생하고 거래비용이 생겨난다.

넷째, 분위기mood를 들 수 있다. 거래를 둘러싼 환경요인이 거래형태와 내용에 영향을 미치는 것이다. 기존의 경제학에서는 이러한 감정적 요인이 합리적 거래에는 개입되지 않는다고 보았으나, 시장거래에 참여하는 개인은 감정에 따라 행동한다. 사람들의 행동에 따라가는 것이 대표적이다.

시장은 결코 완벽하지 않으므로 이를 대체하는 내부조직이 필요하다. 실패 원인을 생각하고 시장과 비교해볼 때 내부조직이 유리한 것은 다음과 같다. 첫째, 상황이 매우 복잡하고 미래의 돌발적 상황을 계약 내용에 포함시키는 것이 불가능하면 시장거래가 위험하게 된다. 내부조직으로 환경 적응력을 높이고 연속적인 의사결정을 쉽게 해 제한된 합리성에 기초한 거래비용을 최소화하는 게 유리하다. 둘째, 현재 또는 미래의 몇몇 사이에 이루어지는 교환에서는 시장보다는 내부조직이 기회주의적 행동을 억제하기가 쉽다. 셋째, 내부조직은 조직구성원에게 일정한 기대감을 갖게 해 환경 불확실성을 줄인다. 넷째, 내부조직은 정보 밀집성을 비교적 쉽게 이기고, 정보 밀집성이 있어도 이를 이용하려는 행위를 억제하기 쉽다. 다섯째, 시장거래보다 내부조직의 경우 참여자들이 더 만족스러운 분위기를 가진다.

거래비용을 줄이는 수직적 통합을 보자. 수직적 통합은 생산의 전후 단계에 있는 기업들이 하나의 소유권에 의해 지배되는 것이다. 그 종류에는 생산업자가 원재료 공급업자를 통합하는 '후방통합'과 생산업자가 유통기관을 통합하는 '전방통합'이 있다. 윌리엄슨이 제시하는 시장과 위계 이론에 따르면 수직적 통합의 목적은 시장을 통해 거래하기보다 거래를 내부화시킴으로써 시장교환에 드는 비용을 지불하지 않는 것이다. 수직적 통합에는 기본적으로 여러 기업조직이 관련되어 있는데, 발생할 수 있는 주요 테마는 다음과 같다.

수직적 통합을 통해 구축되는 내부 자원의 풀pool을 적재적소에 배분하는 것이 중요하다. 내부의 비효율성이 시장거래보다 증가할 경우 가치가 없어진다. 혁신을 포함한 전략계획의 수립이 필요하다. 수직적 통합은 장기적인 거래관계를 형성하는 과정이다.

수직적 통합으로 전체 기업집단의 규모가 커져도 개별기업 간 환경은 그대로 보존되어야 한다. 통합은 시너지 효과를 높이고 거래의 안정성을 확보하기 위한 것이다. 조직이 커지면 내부조정비용이 증가하고 관료화될 수 있다. 따라서 내부조정비용이 거래비용을 초과하지 않는 범위 내에서 적절히 운용되어야 한다. 수직적 통합을 거듭하면서 기업은 무한대로 그 범위를 확장시킬 수 있다. 하지만 현실적으로 시장보다 큰 기업은 없다.

수직적 통합을 통해 기업이 커지는 것을 가로막는 요인이 있다. 첫째, 제한된 합리성을 들 수 있다. 인간은 물리적·인지적 한계로 통제할 수 있는 범위가 제한되어 있다. 인간의 제한된 합리성으로 조직은 무한 확대될 수 없다. 두 번째로는 관료적 편협함이 있다. 제한된 합리성으로 조직통제의 범위가 제한되어 현실의 조직은 여러 계층으로 분화된다. 이렇듯 조직 내 계층 수가 많아지면 정보나 의사결정이 효율적으로 이뤄질 수 없다. 이는 결국 관료제의 폐해가 된다. 시장거래비용을 초과하는 비효율성이 발생해 조직의 성장을 어렵게 한다.

조직의 확장 장애는 결국 과도한 내부화로 이어진다. 시장보다 효율적이던 내부화가 오히려 장애를 일으키고 비효율을 만들어낸 것이다.

M형Multidivisional form과 U형Unitary form을 비교하여 거래비용을 줄이는 방식을 생각해보자. 일반적으로 시장에서는 자원의 효율적인 분배가 가격 메커니즘으로, 조직에서는 계획과 통제 기능으로 자원의 분배가 이뤄진다. 시장보다 더 효율적일 수도 있다. 하지만 항상 효율적이라고 보기는 어렵고, 비효율적일 수 있

기에 조직이라는 테두리 안에서 여러 활동을 체계적으로 조직화시킬 수 있는 효율적인 관리 형태가 필요하다.

윌리엄슨은 M형복합사업부 형태을 제시했다. 상대적인 단일화된 조직을 의미하는 U형 조직이 있다. U형 조직에서는 하부기구도 독자적으로 없고, 규모가 확대되면서 비효율이 나타난다. 반면 M형 조직에서는 각 사업부문은 준기업의 지위를 가지며 중앙본점은 자원배분 기능만 담당한다. M형 구조는 제1차 세계대전 직후 미국의 듀폰, 제너럴모터스, 스탠 더 오일 같은 대기업들을 중심으로 실시되었다. 이 같은 분권화된 업무결정과 집권화된 정책 통제를 결합한 복합사업부는 이제 다국적기업의 전형이 되고 있다.

(2) 함의

거래비용이라는 개념을 통해 기업조직이 왜 존재할 수 있고, 어떤 변화를 통해 효율적인 조직을 구성할 것인지에 대한 유용한 시사점을 제공하고 있다.[13]

---

13 첫째, 현대적인 조직구조가 어떤 방향으로 진화해야 할 것인가에 대한 통찰력을 제공한다. 특정 조직구조를 선택했을 때의 거래비용과 내부 조정비용은 반드시 고려해야 할 대상이다. 기업은 시장 실패를 보완하는 차원에서 존립해야 하며 시장 자체를 완전히 대체해서는 곤란하다. 특히 오너의 지배 체제가 견고하게 확립된 한국 기업의 경우에는 성장을 위해 어떤 조직구조를 선택해야 할 것인가에 대한 물음에 윌리엄슨의 논지는 많은 해답을 줄 수 있다.
둘째, 기술혁신은 기존의 시장 실패를 많은 부분 극복할 수 있게 해준다. 인터넷의 발달로 인해 아마존 같은 기업의 경우 기존의 오프라인 서점보다 거래비용을 대폭 낮추면서 시장거래를 촉진시키는 경향이 있다. 인터넷의 발달을 통한 정보의 저변확대는 제한된 합리성을 극복해주는 중요한 기술적 기반이 되어 시장에서 거래가 다시 활성화되는 견인차 역할을 하고 있다. 예를 들어 가격비교 사이트를 통해 개인은 합리적인 선택을 하게 되고 기업이 아닌 시장에서 필요한 것을 구하게 된다. 이러한 현상들을 보면 미래는 기업구조가 커지기보다는 전통적인 경제학의 관점과 같이 시장에서의 개인의 합리적인 거래가 더 증가할 가능성도 있는 것이다. 셋째, 거래비용의 관점은 정부의 정책 방향이 어느 쪽으로 향해야 하는지에 대한 시사점을 제공한다. 전통적인 정부정책의 기본 철학은 시장에서의 공정경쟁을 촉진하고 독과점행위를 규제하는 것이었다. 이는 시장이 기업조직보다 더 효율적

예술은 돈이 많이 들어간다. 이는 기본적으로 '보몰의 법칙Baumol effect'이 잘 말해주고 있다. 1960년대에 보몰William J. Baumol과 보웬William G. Bowen은 인간의 직접적인 노동에 의존하는 서비스의 경우, 생산성 향상이 불균형적으로 더디고 노동집약적인 경우 보수가 더 빨리 늘어난다고 했다. 기본적으로 연극이나 오페라, 연주회 등은 사람의 노동력에 의존한다. 그러나 정작 연주회 등은 그렇게 오랫동안 공연하지 않는다. 따라서 입장료가 비싸다. 예술은 인간의 전심전력을 바탕으로 하기 때문에 비용이 많이 들어가고 이용비용도 비싸다. 돈이 기본적으로 많이 든다. 또한 사람들 사이에서 일하는 것이기 때문에 거래비용이 들어간다. 사람들은 제한된 합리성을 갖고 있고, 예술작품 창작은 더 그렇다. 더구나 이 분야는 불확실하기 때문에 더 많은 거래비용이 들어간다는 사실을 알아야 한다. 투입과 산출을 정확하게 예측하고 그것을 평가하는 측면이 현실과 맞지 않을 수 있다. 더구나 정보가 공개되지 않는 측면이 많기 때문에 기획사에서는 더욱 많은 거래비용을 들여야 한다. 하지만 수확체증의 법칙을 기다리며 그것을 인내한다.

거래비용을 줄이기 위해 네트워크를 자신의 내부화로 이루어야 한다. 또한 능동적인 정보의 수집을 통해 불확실성을 줄여나가야 한다.

이라는 기본가정에서 출발한다. 그러나 특정시장은 구조적으로 시장거래가 비효율적일 수도 있다. 따라서 정부 정책 역시 산업의 거래비용이 총체적으로 최소화되는 방향으로 기업의 규모와 조직구조를 유도해야 하며, 다소 탄력적일 필요가 있다.

10. 효과적인 조직 설계의 원칙

(1) 개요

헨리 민츠버그Henry Mintzberg(1939~) 몬트리올 맥길대학 교수는 40년간 경영을 연구한 학자로, 경영을 이렇게 표현했다. "경영이란 근본적으로 개인들이 함께 힘을 모아 일을 잘하게 만들고 상호관계에 있어서 극적인 변화에 둔감하게 만드는 것이다."

민츠버그는 효과적인 조직구조의 설계방식을 다섯 가지 유형으로 구분했다. 그는 '5'라는 숫자에 특별한 의미를 부여하고 있는데 다섯 가지 기본 조정 메커니즘, 조직의 다섯 가지 기본 구성 요인, 다섯 가지 분권화의 유형 등을 바탕으로 한 다섯 가지 조직구조화 방법을 통해 조직구조의 모든 측면을 설명했다.[14]

모든 조직화된 인간의 행동은 두 가지 상반 조건을 필요로 한다. 그 하나는 분업에 따른 과업의 실천이며, 또 다른 하나는 조정에 의한 목표달성이다. 전통적인 조직론자들은 규범 및 확고한 권한체계에서 6명 이하의 통제범위가 형성되면 최선의 분업체계가 될 수 있다고 했다. 그러나 민츠버그는 효과적인 조직구조는 상황 적합적이며, 내적 일관성, 즉 조화로운 조직구조 변수를 선택해야만 가능하다고 했다. 결국 조직구조는 매개변수와 상황변수 간의 결합으로 형태가 결정된다는 것이다.[15]

다섯 가지 조정 활동과 다섯 가지 조직 부문이 있는데, 조직 내 조정 활동은 상호조정, 상하감독, 종업원 투입 기술의 표준화, 작업 프로세스의 표준화, 작업성

---

14 Mintzberg Henry, *The Nature of Managerial Work*, New York: Harper & Row, 1973; Mintzberg Henry, *The Rise and Fall of Strategic Planning*, Free Press and Prentice Hall International, 1994.

15 "The Manager's Job: Folklore and Fact", *Harvard Business Review*, 1975; "Crafting Strategy", *Harvard Business Review*, July-August, 1987; "The Structuring of Organizations: A Synthesis of the Research", Prentice Hall, 1979.

과의 표준화 등으로 이뤄진다. 일반적으로 조직 활동이 복잡해지면, 상호 조정방식에서 상하 간 직접 감독방식 및 표준화 방식으로 전환되며, 이는 또다시 상호 조정방식으로 돌아가는 순환체계를 이룬다. 민츠버그는 조직을 구성하는 부문을 최고경영층, 중간관리층, 현장관리층을 연결하는 의사결정조직과 의사결정권이 없이 전문적 분석활동만 담당하는 전문스태프 및 법률자문이나 홍보팀 같은 지원스태프의 다섯 가지로 나눠 설명했다.

① 최고경영층(SA: Strategic Apex)

최고경영자와 이사회 등 조직의 전반적인 책임을 맡는데 직접적인 감독 활동, 외부환경과의 상호작용 활동 및 전략 수립 활동이라는 3대 핵심 과제를 추진한다.

② 중간관리층(ML: Middle Line)

최고경영층과 현장관리층을 공식적 권한체계를 통해 연계하는 역할을 맡으며, 상하 간 명령의 전달이나 피드백도 하고 전문스태프와 지원스태프의 연계 및 최고경영자처럼 부분적 전략 수립 활동도 한다.

③ 현장관리층(OC: Operating Core)

재화나 용역 업무와 직결된 기본 업무를 하며, 표준화로 외부환경의 영향을 최소화하는 조직 핵심임무를 맡는다.

④ 전문스태프(TS: Techno-Structure)

작업 연구, 기획 평가 및 인사 정책 등과 관련된 전문분석을 통해 조직 활동의 표준화에 기여하는 임무를 맡고 있다. 성숙한 조직에서는 모든 부문에 전문스태프가 개입한다. 현장관리층에는 품질관리 시스템, 중간관리층에는 정보 및 지식 관리 시스템, 최고경영층에는 전략적 계획 수립 시스템 및 재무 시스템을 준다.

⑤ 지원스태프(SS: Support Staff)

조직의 일상 활동이나 전문스태프와는 구분된다. 독립적인 소규모집단으로 현장관리층과 일이 비슷하다.

조직 디자인의 매개변수를 보자. 일반적으로 조직을 디자인하는 작업에서도 전문화, 표준화, 기술 및 지식수준, 조직규모, 관리의 범위, 상호조정 메커니즘, 의사결정력 등이 주요 이슈로 부각되는데, 민츠버그는 이들 아홉 가지 조직설계 매개변수를 4개의 디자인 집단으로 구분해 설명하고 있다.

상황 적합형 조직 설계를 보면 조직구조가 경영성과에 미치는 영향을 '조직의 구조적 효과성'이라 하는데, 민츠버그는 기존의 연구물들을 종합해서 우선 상황 변수와 조직설계의 매개변수 간의 적합성, 조직설계의 매개변수들 간의 내적 일 관성이 확립되어야만 조직의 구조적 효과성을 이룰 수 있다고 했다. 민츠버그는 열여섯 가지 가설을 제시해 대부분의 가설이 수용되고 있음을 보였다.

- 가설 1: 조직의 역사가 오래될수록 행동방식은 공식화된다.
- 가설 2: 조직구조는 해당 산업의 역사에 따라 전문화된다.
- 가설 3: 조직 규모가 클수록 조직구조의 전문화와 차별화가 강화된다.
- 가설 4: 조직 규모가 클수록 단위조직의 평균 규모도 커진다.
- 가설 5: 조직 규모가 클수록 행동방식은 공식화된다.
- 가설 6: 기술 시스템이 단순화될수록 현장의 작업과 구조는 공식적으로 관료화된다.
- 가설 7: 기술 시스템이 복잡할수록 스태프조직의 분권화 및 연계조정 방식이 강화된다.
- 가설 8: 현장관리층이 자동화될수록 관료적 관리구조가 유기적으로 변화한다.
- 가설 9: 환경이 변해가는 상태일수록 조직구조는 더 유기적이어야 한다.
- 가설 10: 환경이 복잡할수록 조직구조는 더 분권화되어야 한다.

- 가설 11: 시장이 다양화될수록 단위조직은 시장 위주로 더욱 세분화되어야 한다.
- 가설 12: 환경이 극도로 나빠지면 조직구조는 일시적으로 집권화된다.
- 가설 13: 환경적 불균형이 일어나면 분권화에 따른 작업군락이 재형성된다.
- 가설 14: 조직 외적 통제가 강할수록 조직구조는 집권화 및 공식화된다.
- 가설 15: 구성원들의 권력욕구가 강할수록 조직구조는 매우 집권화된다.
- 가설 16: 비록 자사에 적합하지 않아도 유행에 따라 새로운 조직구조를 선택하기도 한다.

구성 형태로서의 조직설계를 보자. 조정 메커니즘, 조직설계의 매개변수 및 상황변수 등은 모두 조직구조를 구성하는 형태, 즉 자연스러운 직무군락을 형성하는 데 요구되는 변수들이다. 여기서 직무군락을 형성하는 다섯 가지 방향의 힘이 어떻게 형성되는가에 따라 다섯 가지 조직구조의 구성 형태가 달라진다. 그 각각의 특성은 다음과 같다.

① 단순형 구조
스태프조직이 거의 없으며, 최소한의 관리계층만 갖춘 창업형 조직이다. 모든 조정 활동은 상하 감독체계로 한다. 단순 동태적 특성으로 창업을 할 때뿐만 아니라 기업환경 악화에도 활용되는 유일한 집권적 조직 형태다.

② 기계적 관료제
대규모 조직에서 고도로 표준화된 형태로, 막스 베버가 주장한 관료제와 거의 동일한 형태이다. 공식적 권한체계에 따라 의사소통과 의사결정이 이뤄지며, 전통적 분업의 논리와 통제 중심의 관리 원칙이 중요하다.

③ 전문적 관료제

병원이나 대학 등의 조직 유형으로, 기술의 표준화와 고객 중심의 서비스 활동이 중시된다. 기계적 관료제에서는 전문성에서 원천이나 공식적인 지위가 나오지만, 전문적 관료제는 전문성에서 나온다.

④ 사업부 형태

산업사회의 민간기업에서 가장 널리 사용되고 있다. 다른 조직형태와는 달리 최고경영층에서 일반 관리자에 이르는 일관성이 없다. 사업부별 독자적 조직구조가 있다. 한편 사업부별 내부조직의 형태는 기계적 관료제를 선택할 때 가장 효과적이며, 경제적 성과에 치중된 목표관리를 중요하게 생각한다.

⑤ 임시적 조직

다양한 분야의 전문가들이 혁신과제를 수행하는 형태로 고도의 유기적 구조, 행동규범의 공식화 배제, 고도의 수평적 직무 전문화, 전문가 상호간의 조정을 위한 연계와 분권화가 이뤄져 전통적 관리 원칙은 아예 적용되지 않는다. 하지만 문제가 있다. 환경이 복잡하고 동태적일 때 매트릭스 조직, 프로젝트팀 또는 태스크포스팀 같은 형태의 임시적 조직은 높은 불확실성을 다뤄야 하므로 갈등과 대결 양상이 강하다.

(2) 함의

기획사의 조직이 오래되면 행동방식이 공식적으로 체계화된다. 역사가 길수록 기획사 업무도 전문화된다. 조직이 클수록 당연히 전문화·차별화가 이루어진다. 조직이 클수록 행동방식은 공식적이다. 작을수록 비공식적이다. 자의적으로 조정이나 타협이 가능해진다. 하지만 클수록 이러한 유연한 태도들이 사라질 수 있다. 환경이 복잡하면 이에 대응하기 위해 조직은 분권화된다. 하나의 조직, 하나의 사람이 이에 대응하기에는 너무 제한적이다.

환경이 급변하는 상태일수록 기획사는 유기적으로 변할 수밖에 없다. 환경이 나쁘면 일시적으로 중앙집권적인 구조를 갖게 된다. 그것은 위기를 탈출하기 위한 것이다. 트렌드가 조직의 변화를 유도하기도 하는데, 연예산업은 이럴 가능성이 더욱 크다. 트렌드는 자기 조직에 맞아야 도움이 된다.

무엇보다 최고경영층은 단순 조직의 주체이고, 지원스태프는 임시적 조직의 주체이며, 중간관리층은 사업부의 주체, 현장관리층은 전문적 복합조직의 주체라는 점, 전문스태프는 기계적 관료제의 주체라는 점을 생각해야 한다. 모두가 주체이지만 그 주체의 영역이 다르기 때문이다. 이는 연예기획사에서도 모두가 주체라는 점을 생각해야 한다. 그것을 적절하게 조율할 때 조직은 자신들이 추구하는 목표를 달성할 수 있다.

〈그림 4-4〉 조직의 5대 부문 및 부문별 핵심 역할

03

응용경영 이론과 대중연예산업경영론

김헌식 · 심희철

1. 초우량기업의 요건

(1) 개요

1980년 초반 톰 피터스Thomas J. Peters(1942~)는 미국 기업의 폐단을 지적했다. 합리주의 분석 모델에 집착해 정보를 객관화시키는 데 치중함으로써 계량화 또는 수치화된 정보의 자원이 아니면 어떤 의사결정도 내리지 못했다. 그는 새로운 패러다임을 제시했다. 새로운 패러다임은 기존의 합리주의 분석 모델과 달리 환경의 불확실성과 의사결정자의 제한된 합리성을 가정했다. 이는 허버트 사이먼의 논지를 이은 것이다.

1982년 '초우량기업의 조건"에 대해 미국 언론들은 상반된 평가를 내렸다. 「월스트리트저널」, 「포춘」은 찬사를, 「뉴욕타임스」, 「하버드비즈니스리뷰」, 「LA 타임」은 비난했다. 소개된 기업들을 보는 시각의 차이 때문일 것이었다. 특히 초우량기업의 8가지 특징을 보면 모든 기업에서 부분적으로 시행되고 있고, 익히 알고 있는 내용들이다. 하지만 초우량기업과 평범한 기업의 가장 큰 차이는 알고 있는 점을 실행하는가에 있다.

초우량기업은 다음과 같은 특징들이 있다.

① 실행을 중시한다

대다수의 평범한 기업들은 계획과 실행을 동일시한다. 그러나 초우량기업들은 실행을 미루지 않는다. 오히려 계획 수립에 시간을 낭비하느니 행동으로 옮긴다. 제한된 합리성에 따라 정확한 미래예측은 어렵기에 실패의 위험이 있어도 실행한다. 결국 실행하는 과정에서 나타나는 문제들을 해결하려는 조치와 노력에서 그 성패는 결정된다. 이는 유연한 전략이다. 초우량기업은 한시적인 프로젝트 조직을 동시다발적으로 가동시킨다.

② 고객에게 계속 밀착한다

초우량기업들은 끊임없이 고객에게서 배운다. 대부분의 초우량기업들은 고객에게서 독창적인 제품 콘셉트 아이디어를 얻는다. 일반 기업들은 필요할 때만 고객의 소리를 요구하지만, 초우량기업은 장기적으로 고객과 친밀한 유대관계를 형성한다.

---

1   톰 피터스 · 로버트 워터먼, 『초우량기업의 조건』, 이동현 옮김, 더난출판사, 2005.

③ 자율성과 기업가 정신이 투철하다

초우량기업들은 내부적으로 다수의 리더와 혁신자들을 교육하고 있다. 모든 구성원의 행동을 세세하게 간섭하거나 통제하지 않는다. 조직구성원의 자율성을 최대한 보장한다. 그들이 아이디어를 마음껏 발산하도록 동기를 준다. 실패를 용인하며 실패했어도 가치가 있는 것이라면 시도 자체를 높이 산다. 이에 구성원의 도전정신은 계속된다. 이를 뒷받침할 여력이 된다. 그러나 작은 기업은 실패 하나에도 크게 휘청거린다.

④ 사람으로 생산성 향상을 추구한다

초우량기업은 자본투자를 생산성 증대의 유일한 원천으로 생각하지 않는다. 조직의 평범한 사원도 품질 및 생산성 향상의 동력으로 생각한다. 투입 요소 측면에서 자본투자만이 아니라 생산성 향상의 주체로서 노동자에게도 우호적인 분위기를 조성한다.

⑤ 가치관을 근거로 행동한다

초우량기업들은 공유 가치를 크게 중요시한다. 즉 무형의 자원 중 하나인 기업문화는 지속 가능한 경쟁우위를 창출하는 핵심 요인이 된다는 것이다.

⑥ 주력 업종에서 많이 벗어나지 않는다

초우량기업들은 주력 업종에 충실한 기본 경향이 강하다. 다각화를 해도 연관 분야의 다각화를 좋아한다. 존슨&존슨의 회장 로버트 존슨은 "자사가 무엇을 어떻게 해야 할지 잘 모르는 사업 분야의 기업은 절대 인수·합병하지 말라."고 했다. 잘하는 것에 선택과 집중을 하고 그것을 파생시켜야 한다.

⑦ 간소한 조직과 작은 본사를 지향한다

초우량기업들의 조직구조 및 시스템은 매우 단순하며 관리도 최소 인원으로 한다. 슬림 조직과 소수정예의 참모진을 통해 발 빠른 대응을 한다. 초우량기업에서는 서류보다 현장에서 문제를 해결하는 일에 더 투입하였다.

⑧ 규율상 강함과 온건함이 공존한다

초우량기업들은 집권화와 분권화를 동시에 추구한다. 권한과 책임의 이양으로 현장에서 제품개발팀까지 어느 정도의 자율성을 보장한다. 반면 기업이념과 핵심가치를 보존할 때는 중앙집권적으로 강하게 통제한다.

(2) 함의

부하직원을 탓할 것이 아니라 왜 능력 있는 부하직원이 회사에 들어오지 않는지, 혹은 부하직원들의 능력을 향상시킬 수 있는 교육프로그램이 제대로 갖춰져 있는지를 먼저 살펴봐야 할 것이다.

연예기획사는 기획을 중요하게 생각할 수 있지만 실행을 우선해야 한다. 기획을 위해 존재하는 것이 아니라 움직이며 기획한다. 관계성 속에서 모든 기획이 나오기 때문이다. 또한 고객 지향적이다. 팬들을 분리해서는 생각할 수 없고 철저하게 밀착해야 상품성과 수익이 나온다. 자율성이 많고 모험정신이 투철한 것이 바로 연예기획이다. 다른 이들이 시도하지 않은 것을 할수록 자율성과 기업가적인 마인드가 더욱 강화된다. 사람으로 생산한다. 자본이 수익을 낳는 것이 아니라 사람이 수익을 낳는 전형적인 기업이다. 가치가 움직인다. 가치가 없는 사람은 오래가지 못한다. 특히 연예인들은 단지 얼굴이나 몸매, 연기, 가창력만으로 오래가는 것은 아니다. 그의 인생과 삶의 가치가 인기 지속 여부를 결정한다. 그것은 일시적으로 외우거나 흉내 낸다고 결정되는 것이 아니다. 연예기업은 주력 업종에서 벗어나 다른 영역으로 확장하는 모양새를 보이고 있다. 하지만 많은 경우 제대로 되지 않는 경우가 많다. 더구나 소속 연예인들을 이러한 사업 확장의 시드머드로 삼고 있다고 생각할 경우 이탈하고 만다. 연예기획사는 강함과 온건함을 동시에 가지고 있어야 한다. 자율과 여유로움도 있지만 부드러운 카리스마를 갖고 있지 않으면 조직은 와해된다. 현대사회는 강력한 리더십만으로 유지될 수 없는 수평적 자율 체제이다.

2. 경영의 전략적 사고

(1) 개요

오마에 겐이치大前硏—(1943~)는 전략컨설팅으로 유명한 매킨지컨설턴트 출신으로 경영전략 이론에 기여한 인물이다. 그는 『기업경영과 전략적 사고』에서 직감 혹은 기계적인 시스템적 사고와는 다른 '전략적 사고strategic thinking'를 강조했다. 특히 전략적 사고의 첫 단계는 해결책을 쉽게 발견할 수 있도록 문제를 정형화하는 것이 중요하다는 점을 강조했다. 문제의 정형화를 잘할수록 창조적인 솔루션이나 해법이 제기된다고 보았다. 또한 '전략적 3C'로 불리는 자사 · 고객 · 경쟁사라는 필수 사항도 중요한 요소이다.

① 전략적 사고의 본질이란?

전략적 사고는 현재 상황의 성격을 충분히 이해하고, 가장 혁신적인 방법으로 각각의 요소들을 재배치하기 위해 사용 가능한 인간의 두뇌를 최대한 활용하는 것이다. 따라서 전략적 사고는 분석이 중요하다. 분석을 위해서는 가장 중요한 핵심 이슈가 무엇인지 파악해야 한다. 겐이치는 바로 핵심 이슈를 찾아낼 수 있는 방법으로, 이슈 다이어그램과 이윤 다이어그램 두 가지를 들고 있다.

이슈 다이어그램은 의사결정 순서도 같은 방법론으로 대처하기 어려운 문제를 비교적 작은 이슈들로 나누는 것이다. 그렇게 하면 통제할 수 있는 영역이 생기기 때문이다. 반면에 이윤 다이어그램은 잘 모르는 상황에서 이윤을 출발점으로 문제를 찾는 방법론이다. 이런 전략적 사고가 필요한 이유는 경쟁적 우위 때문이다. 전략에서 중요한 것은 완벽함이 아니라 상대적 우월성이다.

② 전략적 핵심은 경쟁우위를 창출하는 것

전략적 우위를 창출하기 위한 첫 번째 방법은 성공요소KFS: Key Factors for Success를 정확히 파악하고, 경쟁기업보다 의미 있는 전략적 우위를 얻을 수 있는 분야에 자원을 집중 투입하는 것이다. 기업이 성공하려면 전략적으로 유의미한 성공요소를 정해 초기에 주요 자원을 집중적으로 투여하여 단기간에 도약하는 것이다. 초기에 달성한 1등 지위를 활용하여 활용할 수 있는 다른 파생 이윤들을 챙겨 다른 부문에서도 주도권을 강화한다.

두 번째 방법은 상대적 우위 구축이다. 즉, 각 경쟁사의 제품과 자사제품을 비교해 가격 · 원가 면에서 상대적 우위를 얻을 수 있는 곳을 찾아낸다.

세 번째 방법은 당연하게 생각했던 산업 내부 관행에 끊임없이 의문을 제기해 새로운 경쟁우위를 창출한다. 성공 요소로 생각했던 것이 오히려 방해 요소가 될 수 있다는 의문을 지속적으로 제기한다.

네 번째 방법은 전략적 자유도SDF: Strategie Degrees of Freedom를 평가한다. SDF의 평가 목적은 경영진의 사전 개선을 위한 최선의 방향을 결정하지 못했을 때 발생하는 시간과 돈의 낭비를 막는 것이다. 전략적 자유도는 고객의 목적함수에 영향을 미치는 독립적인 요인들 가운데 기업이 통제할 수 있는 요인들이다. 고객의 목적함수는 고객이 제품에서 얻고자 하는 것이다.

마지막으로 기업의 성과는 전략기획과 실행이 조화를 이룬 결과로 얻어지는 것이기에 전략가는 기업이 직면한 한계에 대해 조직 내 공감대를 형성해 구성원들의 역량을 한 방향으로 집중시켜야 한다.

오마에는 이렇게 충고한다. "전략의 본질은 경쟁자를 물리치는 것이 아니다.

고객의 요구를 발견하고 이를 충족시킬 수 있는 새로운 가치를 창출하는 것이 바로 전략의 핵심이다."

③ 전략적 3C를 중심으로 성공 전략을 수립한다

전략을 수립할 때는 전략적 3C를 고려해야 한다. 전략가는 수요의 요구에 따라 자신이 세운 전략을 회사의 강점과 적절히 조화시킨다. 전략 수립 때는 상대적 우위를 확보해야 하기 때문에 경쟁사보다 더 확실하게 3C가 조화를 이루도록 해야 한다. 단일 사업 분야를 가진 기업의 경우 3C에 따라 세 가지 유형의 성공 전략을 추구할 수 있다.

첫 번째 유형은 고객중심의 전략이다. 낯선 시장을 어떻게 세분화하는가에 따라 전략도 달라진다. 시장 세분화는 '고객의 목적에 따른 세분화'와 '시장 공급 범위에 따른 세분화'가 있다.

두 번째 유형은 기업중심의 전략이다. 정면대결에서 살아남기 위해 각자의 핵심 기능 강화가 중요하다. 우선순위로 어디에 집중할 것인가를 선택하여 그 기능에 집중한다. 이를 위해 항상 총체적인 관점에서 기업을 바라볼 수 있어야 한다.

세 번째 유형은 전략 수립 시 경쟁사를 고려한다. 경쟁사와 자사의 활동, 예컨대 구매와 설계, 그리고 공정에서 판매와 서비스에 이르기까지 모든 기능을 비교해 전략을 수립해서 경쟁사보다 우수한 성과를 이룬다.

④ 전략가는 경영환경 변화를 주의 깊게 생각한다

전략 수립과 실행 측면에서 경영환경에 대한 고려 없이는 좋은 결과를 얻을 수 없다. 환경 변화를 충분히 감지해도 미래를 정확히 예측하는 것은 어려운 일이다. 결국 현재 감지한 변화를 바탕으로 미래를 예측하는 것이 최선의 방법이다.[2]

---

2 민츠버그 등은 『전략 사파리』에서 이제는 기업경영에서 필수적인 요소가 된 '전략'이라는 개념을 처음부터 다시 검토한다. 민츠버그는 기업경영을 위해 자료를 분석하고 그에 따라 계획을 세우는 일련

(2) 함의

연예산업은 하나로 묶여 있어도 그 안의 기획사들은 경쟁할 수밖에 없는 면이 있다. 예컨대 음악 차트는 향후 활동이나 행보에 영향을 미칠 뿐만 아니라 수익에도 직접적으로 작용하기 때문에 다른 소속사 가수들보다 높은 순위를 기록해야 한다.

상황을 잘 모를 때는 세분화하는 작업이 중요하고, 복잡할 상황일 때는 이윤을 통해 문제점을 찾을 수도 있다. 경쟁우위를 차지하기 위해서는 전략적 사고를 해야 하고, 경쟁우위를 통해 파생하는 다른 대안도 모색해야 한다.

문화예술계도 1등이라는 타이틀이 많은 부가수익을 가져다준다. 그 자체로 하나의 상품성을 갖게 하는 경우가 많다. 현실적으로 대중문화예술계도 1등이라는 타이틀이 많은 부가 수익을 가져다주는 것이 사실이다. 그렇기 때문에 1등을 위한 전략들이 짜이고 실행된다. 음원이나 가요 차트는 물론 실시간 시청률, 자체 시청률이라는 말도 있다. 티켓 판매고도 다양한 방식으로 최고라는 말을 붙인다. 심지어 포털의 검색 1위도 매우 중요한 상품성을 갖게 한다. 이러한 방식들은 지극히 현실적인 관점에서 전략적 사고를 해야 한다는 점을 상기해준다.

의 과정이 지나치게 형식화됐다는 점을 비판한다. 그는 경영자들이 합리적인 계획과 조치, 체계적인 명령과 조정, 냉철한 평가로 기업을 경영한다는 착각에 빠져 있다고 신랄하게 말한다. 실제로 경영자들이 한 가지 사안을 결정하는 데 쓰는 시간이 평균 9분에 불과하다는 통계와 함께 말이다.

이런 착각은 기업의 흥망을 결정짓기도 한다. 한때 미국을 대표했던 초우량기업인 코닥은 디지털카메라 기술을 가장 먼저 개발하고도 아날로그 필름에만 집착했다. 코닥은 중국과 인도 등 신흥시장에서 필름의 수요가 꾸준히 늘어날 것이라는 전망과 수치에 집착했다. 계획과 전략이 기업을 망친 대표적인 사례. 민츠버그는 전략의 필요성을 인정한다. 하지만 전략이 기업경영의 전부가 되면 안 된다는 점을 분명히 한다. "좌뇌로 계획하고 우뇌로 경영하라." 이 한 문장이 그가 말하고자 하는 주장의 핵심이다. 모든 경영인이 스티브 잡스처럼 탁월한 직관을 가질 수는 없지만, 창의적인 사고와 영감을 포기하면 성공은커녕 회사를 제대로 간수하기도 힘들다는 것이다.

3. 창의적 팀의 조건

(1) 개요

영국의 경영학자 메러디스 벨빈Meredith Belbin은 똑똑한 사람만 모인 팀은 실패한다는 '아폴로 신드롬The Apollo Syndrome'을 주장했다. 그의 연구 결과에 따르면 우수한 인재로만 구성된 팀을 '아폴로 팀'이라 불렀는데, 전체 25개 아폴로 팀 중에서 우수한 성과를 거둔 팀은 세 팀에 불과했다. 왜 이런 일이 벌어진 걸까? 아폴로 팀은 비생산적인 논쟁에 지나치게 많은 시간을 낭비했다. 그러면서 팀 응집력도 떨어져 성과를 내지 못했다. 최고의 성과를 내는 팀의 리더는 탁월한 능력을 가진 사람이 아니었다. 보통 수준의 사고력과 다른 사람의 말을 경청하는 타입이었다. 하지만 그들은 의사결정을 내릴 때는 단호함을 보였다. 또한 신뢰성 있는 리더, 다양한 지능 및 성격을 가진 팀원, 창의력 있는 구성원, 적재적소의 인력배치 등을 갖춘 팀이 최고의 성과를 냈다. 벨빈에 따르면 가장 효율적인 팀의 규모는 대략 6~8명 정도였다.

메러디스 벨빈은 성공적인 팀 구성 및 운영이 가능하다는 것을 실험과 사례를 통해 보여주고 있다.[3] 개인의 특성을 적극적으로 고려해 팀원을 선발하고, 팀워크를 구축하여 성취 지향적인 팀을 만들어야 한다고 했다. 특히 팀 차원의 심리 상태와 동기 유발, 인력 구성 및 행동방식에 대한 종합적 분석을 통해 팀에 유용한 인재상을 8가지로 구분한 다음, 그 특성 및 강점과 약점을 정리했다. "어떤 팀이 가장 높은 성과를 가져오는가?"라는 질문을 던지며 벨빈은 9년에 걸친 비즈니스 게임의 결과를 정리했다.[4] 비즈니스 게임 대상 학생들에게 성과 측정의 기

---

3 Belbin Meredith, *Management Teams*, Butterworth-Heinemann, 1996.

4 한 조를 이루는 6명의 사람들이 각각 기업의 회장, 비서, 영업, 생산, 재무 및 관리 담당 임원의 역을 맡도록 하는 방식으로 매 학기 8개의 조가 보인 분기별 경영성과를 분석한 결과다.

준에 대한 설명과 함께 팀을 구성하도록 하고, 다양한 가설을 제시해 증명해 보도록 함으로써 구성원들의 참여에 의한 팀제의 성공과 실패 요인을 실험적으로 도출한 것이 '팀 경영의 성공과 실패'의 가장 큰 의의다. 그가 주장하는 내용은 다음과 같다.

우선 잘난 사람들의 팀워크가 아폴로 신드롬을 유발한다. 벨빈의 연구는 우수 인재집단은 결과가 그다지 우수하지 않았는데, 이는 다음과 같은 특성에 때문이었다.

첫째, 논쟁하는 데 너무 많은 시간을 허비함으로써 의사결정의 지연과 함께 갈등이 컸다. 똑똑한 사람일수록 자신의 주장을 굽히지 않고 남의 약점을 비판하는 성향이 강해 상호화합이 어려웠다. 둘째, 그들이 사용하는 방식 때문에 관리하기가 어렵고 비생산적인 논쟁만 되풀이했다. 팀의 응집력이 없어지고 결국 개개인의 우수성도 발휘하지 못했다. 셋째, 아폴로 팀도 높은 성과를 거둘 때는 자율적으로 이뤄지거나 약점인 자기중심주의를 벗어나 의도적으로 팀워크와 조정활동을 한 경우였다.

무엇보다 그들은 대부분 중요하고 지적 능력이 크게 요구되는 일만 맡으려 했다. 따라서 역할 분담이 잘되지 않았다. 모범생일수록 사람을 성적순으로 평가하고 경쟁심이 강했다. 그들의 예리한 지적 능력이 팀워크에 장애가 되었다. 우수한 사람은 분석력과 비판력, 사고력이 뛰어난데, 그럴수록 사회나 사람을 부정적인 관점으로 바라보았다. 결국 팀의 융화력을 저해할 가능성이 높다.

구성원들의 제안은 많고, 반대는 적은 팀이 성공했다. 특이한 성격의 소유자는 특이한 직업을 택하는 성향이 있다. 또한 기업은 사업 특성에 따라 특정 성격의 소유자만 선발하기도 한다. 일반적으로 '내향적-외향적', '안정형-고민형'의 두 가지 잣대를 통해 구분되는 네 가지 성격 유형이 있다.[5]

5　이의 특성은 다음과 같다. 안정-외향형(Stable-Extroverts): 스스로 만족할 줄 아는 자로서 남들과 잘 어울리고 협력하는 타입. 영업 지점장이나 인사관리 담당자로 성공할 수 있는 유형이다. 고민-

한편 벨빈은 이들 성공적인 팀의 구성원들을 '사원형'이라 명명하고, 공통적인 특성을 다음과 같이 정리했다. ① 숙련된 인물, ② 대외적으로 높은 책임 의식의 소유자, ③ 자신감과 자제력이 강한 사람, ④ 남성적 특성의 인물, ⑤ 현실적이고 관대하며 신뢰감이 가는 사람, ⑥ 기존체제를 존중하는 보수성이 강한 인물 등이다.[6]

다음으로 주장하는 것은 "창의력이 높은 팀은 성과도 높게 나타난다."는 것이었다. 다양한 연구 결과 단순히 아이디어 개발만이 아니라 추구하는 목표에 대한 인식과 적극적인 참여활동이 창의적인 팀 구축에 가장 중요했다.

외향형(Anxious-Extroverts): 업무량의 강도가 높고 신속한 업무처리가 요구되는 직장에서 쉽게 발견되는 타입. 판매관리자, 현장관리자 또는 편집 업무에 적합한 유형이다. 안정-내향성(Stable-Introverts): 소수의 지인과 오랜 친분을 유지하는 타입. 행정관료, 법률가 및 기업 등 산업체 기획 담당으로 적합한 유형이다. 고민-내향성(Anxious-Introverts): 독자적 · 독립적인 방식을 고집하는 타입. 주로 과학자나 연구자로 적합하며, 창의적으로 장기간 작업하는 데 적합한 유형이다. 벨빈은 유형별로 수강생들을 그룹화해 이들 네 가지 순수형으로 구성된 팀을 만들었다. 이들 순수형 팀의 성과를 연구한 결과, 우선 외향형 팀이 보다 높은 업적을 보였으며, 관리자로서는 안정-외향형이 적합한 데 비해 기타 유형 간에는 성과 차이가 별로 없다는 점을 밝혀냈다. 각 6명으로 구성된 네 가지 순수형 팀에 대한 실험 결과 성과의 특성은 다음과 같이 나타났다. 안정-외향형 팀: 상호응집력이 높으며 집단 작업을 즐기는 상호작용이 활발하다. 자원 활용 역시 효과적으로 이뤄지지만, 자아도취적이고 게으른 성향이 나타난다. 전반적인 성과는 높지만 상호의존성이 매우 높게 나타난다. 고민-외향형 팀: 역동적이고 모험적이며 기회 포착에 뛰어나다. 건전한 논쟁을 즐기면서도 의견이 통일되어야 한다는 강한 심적 부담을 느낀다. 임기응변에는 강하지만 대부분의 경우에 있어서는 신뢰성 있는 성과를 보여주지 못한다. 안정-내향형 팀: 계획을 잘 세우며 조직화에 능하지만 진도가 느리고 새로운 환경변화와 관련된 요인을 고려하지 않는다는 문제점을 갖고 있다. 성과를 기대하기 어려운 경우가 대부분이다. 고민-내향형 팀: 좋은 아이디어를 많이 양산하지만, 아이디어 자체에 너무 몰입되어 팀의 응집력이 결여되었다. 성과는 일반적으로 낮게 나타난다. 상기의 네 가지 유형 중 가장 성공적인 모습을 보인 '안정-외향형' 팀의 특성은 다른 유형에 비해 제안과 조언은 많고 반대는 거의 없다. 집단 작업을 잘하며, 공유의식과 공동 책임의식이 높은 점, 그리고 외부자원을 잘 활용한다는 점 등이었다.

6 하지만 다시 실험한 결과 경영성과는 보통 수준으로 나왔는데, 이는 특정 인물들로만 구성된 순수형 팀은 유형별로 장단점이 있으며, 성과에 있어서는 결코 바람직하지 않다는 것을 보여주고 있다.

① 조직의 창의력 활용

순수형 팀에 창의적인 인물을 한 명씩 합류시켜 팀의 성과에 어떤 변화가 생기는지를 알아보기 위해 76개의 팀을 바탕으로 1년 동안 실험한 결과 13개의 팀이 성과 1위 그룹, 12개의 팀이 2위 그룹, 각각 3개의 팀이 3~6위 그룹에 들었다. 이로써 창의적인 잠재력이 높은 인물이 높은 결과를 유도한다는 가정이 증명되었다.

② 개인의 창의력 활용

개척형 인물이 한 명씩 투입된 팀에서는 성과가 향상되었다. 하지만 구체적으로 왜 이전의 순수형 팀에서 보다 높은 성과가 나왔는지를 밝히지는 못했다. 단지 구성원들 스스로 개척형처럼 많은 아이디어를 내려고 했다는 점과 개척형 인물로 지목된 경우 다른 구성원들보다 적극적으로 아이디어를 내고 자원을 새롭게 활용하는 방안을 모색했다는 사실만 확인되었다.

그는 이렇게 주장했다. "성공적인 팀의 리더는 부정적인 표현을 하지 않는다." 조직을 가장 신속하고도 확실하게 변화시키는 것은 조직의 책임자를 바꾸는 것이다.

그렇다면 집단에 가장 적합한 리더는 구성원들의 기대에 부응하는 인물이라고 볼 수 있는 것인가, 아니면 리더의 임기 동안 조직의 목표를 가장 잘 달성하는 인물인가?

회장형 인물에 대한 실험을 했다. 실험대상으로 삼을 75개 팀의 재무적 성과와 팀별 회장형 인물의 특성을 케텔의 16가지 성격 유형을 바탕으로 비교해본 결과, 지력과 창의력이 뛰어난 회장형 인물이 있는 팀의 성과가 높게 나타날 것이라는 가설은 무너졌다. 가장 높은 성과를 보인 팀의 회장형 인물은 평균 수준보다 조금 높거나 거의 같은 수준의 지적 능력을 갖춘 것으로 나타났다. 성공적인 리더는 천성적으로 상대방을 받아들이는 수용성이 높으며, 질투나 의심을 하지 않고, 목표 달성을 위해서는 강력한 리더십을 보인다. 상대방의 반박을 경청하는 실용적 현실주의자다. 성공적인 리더는 말할 때 부정적인 표현을 사용하지 않으며, 긍정적인 사고를 하고, 생동감 넘치고 힘이 있었으며, 부하직원을 좋아했다. 이는 기존의 연구 결과가 타당하다는 점을 확인해주었다.

성과가 좋은 리더는 주어진 자원을 잘 활용하고, 실용적인 판단력과 평균 수준의 의지력을 보유하고 있었다. 남들에게도 존경을 받았다. 또한 보완적인 인물로 구성된 팀이 가장 효과적이다. 효과적인 팀은 개인들이 서로 보완적인 역할을 할 수 있는 팀원으로 존재해야 한다.

벨빈의 연구 결과, 열등한 팀이 낮은 성과를 보이는 이유는 의욕이 저하되었기 때문이 아니라는 사실이 드러났다. 오히려 의욕은 높은데 성과는 꼴찌인 팀도 많았다. 지적 능력이 중요한 변수였다. 열등한 팀은 낮은 지적 능력을 갖고 있는 사람들로 구성되어 있었다. 비록 전문성은 부족하지만, 지적 능력이 뛰어난 사람을 적어도 한 명 정도 영입해야 한다.

조직문화 역시 중요한 변수다. 지적 능력이 우수한 사람들이 각각의 팀에 있어도 고민-내향형 분위기에서는 전반적으로 낮은 성과를 보인다. '우물 안 개구리' 같은 전문가라는 것이다. 벨빈은 속도만 빠를 뿐 공해와 소음 문제는 해결하지 못하는 콩코드기에 비유해 이러한 특성을 '콩코드 신드롬'이라고 명명하였다.

조직문화 자체가 잘못 형성되어 있을 경우에는 팀 구성이 적절하게 이뤄지더라도 성과는 낮게 나타난다. 인력 배합이 잘못되어 구성원 스스로 자신이 할 역할을 구체적으로 파악하지 못해도 마찬가지다.

부서장들이 전문가의 역할을 잘 수행한다면 성과를 많이 낼 수 있을까? 벨빈의 연구 결과는 부서별 목표와 이해관계의 차이 때문에 갈등만 고조되는 경우가 많았다. 팀은 내부 구성원들의 강점과 약점을 파악해 활용해야 한다.

성공하는 팀은 회장형 인물과 개척형 인물이 있어야 한다. 지적 수준의 상하 차이 및 역할 차이가 조화를 이뤄 불균형을 조정해야 한다. 벨빈의 성공 조직의 특성은 다음과 같다.

첫째, 회장형 인물은 인내심과 신뢰감이 있으며, 구성원들의 능력을 잘 활용한다. 둘째, 성공적인 팀에는 창의적이고 영리한 개척형 인물이 있어야 한다. 셋째, 팀에는 지적 능력이 높은 사람만이 아니라 다양한 수준의 지적 능력을 보유한 인물들이 있어야 한다. 넷째, 팀의 역할 수행에는 다양한 특성의 인물들로 이뤄져 있어야 한다. 다섯째, 팀 내에서 적성에 따라 업무 역할분담이 이뤄져야 한다. 여섯째, 개인감정이 아무리 사소해도 보완적으로 활용해야 한다.

이상적인 팀의 규모는 6명으로 나타났다. 10~11명의 집단을 대상으로 연구한 결과, 개개인에게 적정한 역할을 부여하기에는 규모가 너무 크고, 한 집단의 정체성을 갖기에는 작다는 사실이 드러났다. 이후 8명, 6명의 팀을 대상으로 연구를 계속한 결과, 팀이 6명으로 구성될 경우 가장 효과적이며, 업무방식이 구조화되어 있을 때에는 8명 정도도 효과적이었다. 업무 특성에 따라 우수인재 3명으로 구성된 팀이 효과적인 결과를 보이기도 했는데, 이 경우에는 반드시 서로 협력관계가 잘 구축되어야 한다. 한편, 벨빈의 연구 결과, 효과적 팀에 속해 있는 구성원들은 팀 내 특정 분야의 역할을 맡아 적시에 수행하며, 때로는 역할 전환까지도 잘해냈다. 팀에 기여하면서 동료들에게 새로운 역할을 부여한다. 또한 남들이 기피하는 업무도 기꺼이 한다. 8가지 유형의 인재상을 복합적으로 설명한 것인데, 효과적인 팀은 다양한 인재가 보완적으로 있을 때 실현된다.

일관된 주장은 팀 구성원들의 상호보완성이 완벽할수록 효과적인 팀이 된다. 벨빈은 팀 설계의 다섯 가지 원칙을 제시했다. ① 팀 구성원은 본연의 업무를 갖고, 전문지식과 기술로 팀 전체의 업무가 잘 이뤄지도록 팀원과 상호작용에 충실해야 한다. ② 각 팀별 역할과 팀의 역할을 균형적으로 해야 하며, 팀 과제와 목표에 따라 균형점을 찾는다. ③ 팀원 개개인은 분야별 전문가로 어느 분야에 기여하고 있는지 파악, 자신의 상대적 강점을 정확하게 활용해야 한다. ④ 개인의 역량은 팀 전체의 역할 수행에 적합해야 하며, 다른 팀원들의 성공적 수행을 지원해야 한다. ⑤ 팀워크 강화를 위해 팀 전체의 역할부터 명확하게 해야 한다. 이를 통해 팀 내 모든 기술적 자원을 최대한 활용한다.

(2) 함의

벨빈이 연구한 내용은 학술적인 부분이 많아 다소 현실과는 동떨어져 있다고 말할 수도 있다. 하지만 그의 연구방법에 눈여겨볼 만한 대목이 있다.

우선 표준으로서 순수형 팀을 네 가지로 구성한 다음 그 순수형 팀 조직이 발전하기 위해서 가미되어야 할 인간형을 첨가하며 조직성과를 연구한 실험정신은 타당하다.

결국 다양한 성격을 가진 구성원이 모여 적절하게 조화될 때 가장 좋은 성과를 낼 수 있다는 원론적인 결론이 났지만, 작은 구성원 또는 한정된 인적 자원을 가진 조직에서는 뭔가 한두 가지가 부족한 벨빈의 연구모델에 해당되는 조직이 대부분이었다. 이때 인적 자원은 어떤 성격의 인재여야 하는지 답을 얻을 수 있을 것이다.

창의적인 팀의 조건은 천재들이나 예술가들에게도 생각해보게 만드는 점이 많다. 흔히 가장 뛰어난 이들이 모인다는 것이 바로 예술계이고, 이는 비단 대중문화 예술계도 예외는 아니다. 당장에 인기를 구가하며 영위하기 때문에 최고여야 한다는 생각이 많다. 그렇기 때문에 같은 조직에서 잘 어울릴 수 없는 측면이 있을 수 있다. 이는 대중예술인들과 함께 일하는 인적 자원들도 같은 심리에 전염되는 것을 주의해야 하며, 소속사 연예인들의 이런 심리들을 잘 조율하여야 한다. 또한 연출자, 작가, 기획자는 아폴로 신드롬을 만들어낼 소지가 있다. 그렇기 때문에 재주 있고 똑똑한 사람들이 엉뚱한 행태들을 하여 작품을 망치는 경우는 얼마든지 있을 수 있다. 뛰어나게 창의적인 사람이나 조직은 오히려 무난하고 평범한 사람들일 수 있다는 역설적인 현상은 연예기획사나 제작사, 매니지먼트업계에서 잘 인식해야 할 문제이다. 조직의 최고 의사결정자들이 이러한 아폴로 신드롬에 빠지는 경우는 성공 사례가 연이어 이어질 때나 자신의 업적에 매몰되어 있을 때 등장할 수 있다. 요컨대 연예산업은 비평 산업이나 수능 현장도 아니고 독립예술을 하는 공간도 아니다. 마지막으로 이상적인 팀이 6명이라는 점도 염두에 두면 좋을 것이다.

4. 핵심역량 이론

(1) 개요

핵심역량core competence 이론은 「하버드비즈니스리뷰」에 발표된 게리 하멜Gary Hamel 런던대 교수의 경영 이론으로, 기업은 제일 잘하는 핵심역량을 키우는 경영전략을 세워야 한다는 것이다.[7] 기업 간의 경쟁이 글로벌화되고 무한 경쟁에 돌입하면서 이러한 이론이 부각되었다. 런던대학 비즈니스스쿨의 게리 하멜 교수는 "기업은 핵심역량과 이를 둘러싼 규율들의 조합"이라고 정의했다. 기업의 여러 자원이나 능력 가운데서 지속적인 경쟁우위의 원천이 되는 것을 말한다. 그리고 핵심역량은 다른 경쟁기업보다 확실하게 우위에 있는 자원이나 능력이어야 한다. 다시 말해서 절대적 개념이 아니라 상대적 개념이다. 다른 기업보다 우월한 핵심역량을 갖고 있다면 이는 기업의 다각화 활동, 즉 새로운 시장을 개척하거나 새로운 상품을 만들어내는 원천으로 작용할 수 있다.

그러나 도로시 레너드 하버드대 교수는 '핵심역량의 경직성'이라는 개념을 강조했다. 핵심역량의 경직성은 한 번 성공한 사람이 자신을 성공으로 이끈 핵심역량 때문에 성공할 것이라고 착각해 결국 실패하는 과정을 가리킨다. 핵심역량은 때로 혁신을 방해하는 역할을 한다. 환경 변화가 심한 업종일수록 핵심역량이 현실의 걸림돌이 될 수 있다. 핵심역량은 학습하기도 매우 어렵지만 버리기도 어렵기에 발생한다. 따라서 핵심역량을 키우기 위한 노력이 자칫 핵심 경직성을 키우는 것일 수도 있다는 점에 주의해야 한다.

역사학자 토인비도 『역사의 연구』에서 '창조의 천벌' 개념을 제시했다. 하나의 문명은 창조적인 소수자에 의해 탄생하는데, 그 창조적 소수가 어느 순간 새로운

---

7 1990년 미시간대학 비즈니스스쿨 프라할라드 교수와 런던대학 비즈니스스쿨의 게리 하멜 교수에 의해 발표된 이론이다.

가치를 만들지 못하고 지배적 소수로 바뀌면서 문명이 쇠퇴한다고 했다. 게리 하멜과 프라할라드 교수도 "조직이 기존의 사고에서 벗어나 새로운 역량을 개발하기 위해서는 새 것을 배우는 학습뿐만 아니라 낡은 것을 버리는 폐기학습도 함께 이루어져야 한다."고 했다. 2012년 6월 28일, 서울에서 열린 '제3회 모바일 코리아 포럼'에서 게리 하멜 런던대학 비즈니스스쿨 교수는 "기업이 새로운 기회를 포착하기 위해서는 관료주의적인 위계질서로 구성된 형태로는 불가능하다."며 "기존의 상명하달 식이 아니라 임직원 개개인이 목적의식을 가지고 상상력과 열정을 발휘할 수 있는 조직이 필요하다."고 했다. 또한 하멜 교수는 "많은 기업들의 전략과 방향을 결정하는 권한을 상부에만 주기 때문에 새로운 기회를 놓치는 경우가 많다."면서 "많은 사람들이 회사의 전략을 결정할 수 있도록 조직 구성을 바꿔야 변화하는 사회에서 살아남을 수 있다."고 주장했다.

마이클 포터의 가치사슬 모형value chain model은 기업에서 경쟁전략을 세우기 위해, 자신의 경쟁적 지위를 파악하고 이를 향상시킬 수 있는 점을 찾기 위해 사용한다.

일반화된 가치사슬은 기업의 전략적 단위활동을 구분해 자사의 강점과 약점을 파악하고 원가 발생의 원천 및 경쟁기업과의 현존 및 잠재적 차별화 원천가치창출 원천을 분석하기 위해 개발된 개념이다.

가치 활동은 경쟁우위competitive advantage를 창출하는 구성요소이며, 이들 구성요소는 독립된 활동들의 단순한 집합이 아닌 상호 관련성과 연계성linkages을 가진 활동들이 체계적으로 이루어진 것이다.

즉, 가치사슬은 회사가 행하는 모든 활동과 그 활동들이 어떻게 서로 반응하는가를 살펴보는 시스템적 방법이며, 원가 형태와 기존의 잠재적 차별화 원천을 이해하기 위하여 하나의 회사를 전략적으로 관련된 활동들로 분해한다.

이 모델에 따르면 모든 조직에서 수행되는 활동은 본원적 활동primary activity과 지원활동support activity으로 나눌 수 있다.

마이클 포터의 본원적 전략generic strategy 이론은 원가절감 차별화, 원가 우위에 의한 집중화, 차별화에 의한 집중화라는 세 가지 요소를 분석기준으로 삼고 있다. 이 기준에 따라 강점을 최대한 활용하고 약점을 최소화해 경쟁에서 승리하는 전략을 마련하는 것이다. 마이클 포터는 전략에는 여러 가지가 있지만 모두 저원가 전략, 차별화 전략, 집중 전략 이 세 가지 가운데 하나의 변형이라고 보아이 세 가지 전략을 '본원적 전략'이라고 불렀다. 본원적 전략은 사업부 수준의 전략 가운데 가장 많이 활용된다. 또한 특정 산업이나 특정 기업에만 사용되는 것이 아니라 어떤 산업이나 기업이라도 일반적으로 이런 전략을 추구할 수 있다는 뜻을 담고 있다.

첫째, 본원적 전략에는 물류투입IL: Inbound Logistics, 운영 · 생산OP: Operations, 물류산출OL: Outbound Logistics, 마케팅 및 영업M&S: Marketing & Sales, 서비스Services 활동이 이에 포함되며, 제품 · 서비스의 물리적 가치창출과 관련된 활동들로서 직접적으로 고객에게 전달되는 부가가치창출에 기여하는 활동들을 한다.

둘째, 지원 활동support activities에는 회사 인프라firm Infrastructure, 인적 자원 관리 HRM, 기술개발technology development, 구매조달procurement이 여기에 포함되며, 본원적 활동이 발생하도록 하는 투입물 및 인프라를 제공한다. 지원 활동들은 직접적으로 부가가치를 창출하지는 않지만, 이를 창출할 수 있도록 지원하는 활동들을 의미한다.

(2) 함의

핵심역량은 연예기획 제작사만이 아니라 한국의 연예산업 전반이 항상 고민해야 할 점이다. 무엇보다 한류를 통해 경쟁이 글로벌하게 넓어졌기 때문에 핵심역량을 어떻게 구축하고 그것을 활용해 지평을 넓혀갈 것인지 생각해야 한다.

우선 핵심역량이 무엇인지 정확하게 파악해야 한다. 그 역량은 바로 사람에게서 나온다는 점을 생각하지 않을 수 없다. 또한 전문적인 노하우도 해당한다. 그러나 이러한 노하우가 발목을 잡을 수 있다. 특히 연예기획사는 수많은 변수들로 인해 성공 법칙이 제대로 정립되지 않기 때문에 성공 사례와 경험이 자만심을 불러올 가능성이 많다. 과거의 성공이 다시 미래의 성공을 불러올 수 없을지도 모른다. 가치사슬 모형처럼 자신의 경쟁적 위치를 파악하고 이를 향상시키기 위한 노력을 해야 한다. 강점과 약점을 파악하고 앞으로 잠재적인 차별화 원천을 발견해내는 노력을 끊임없이 해야 한다. 이는 연예인들이나 스타들에게 반드시 필요한 과정이자 작업이라고 할 수 있다. 본원적인 활동과 지원 활동을 구분하고 이에 대한 명확한 인식을 심어야 한다. 하지만 연예기업은 이미지와 직결되는 경향이 강하므로 이러한 구분이 혼합되는 예가 많다는 점을 항상 생각해야 한다.

5. 인적 자원 경쟁력론

(1) 개요

전 세계의 거의 모든 기업의 경영자들이 가장 신봉하는 성공 원리는 바로 "경제적 이윤을 창출할 수 있는, 경쟁사가 쉽게 모방할 수 없는, 경쟁사와 차별화할 수 있는 요인을 찾고 그것을 확보하는 것"이다. 따라서 핵심적인 기술이나 노하우, 전략, 아이디어를 찾게 된다.

하지만 제프리 페퍼Jeffrey Pfeffer 스탠퍼드대 교수는 기업의 핵심경쟁 요인은 사람이라고 했다. 그는 다음과 같이 말했다. "우리는 사람이 기업의 비교우위를 결정하는 점이 점점 더 중요한 비중을 갖게 된다는 것을 알게 되었다. 인적 자원은 모방이 어렵고 상당한 기간 동안 활용할 수 있는 기업 성공의 필수 요소다."[8]

제프리 페퍼 교수는 기업들이 높은 성과를 달성한 궁극적인 요인은 업종의 선택이나 기술개발, 규모의 경제 등이 아니라 '사람', 즉 인적 자원의 경쟁력에 있다는 점을 역설했다. 페퍼의 주장은 전통적으로 강조되어온 산업조직론적인 시각이나 규모의 경제 및 신기술개발 등과 같은 요소들을 부정하는 것은 아니었다. 이러한 경쟁우위의 원천들이 시간의 흐름에 따라 변화한다는 점을 강조하고 있다.

경쟁에서의 성공을 보장하던 기존 요인의 중요성이 감소하면서 사람과 인적 자원 관리방법의 중요성이 점점 부각되고 있다. 따라서 새로운 경영방식이나 전략을 고민하기에 앞서 경쟁우위의 기반이 변했다는 사실부터 인식해야 한다. 전통적인 성공 요인이었던 제품기술과 공정기술, 보호되고 규제되는 시장, 재무적 자원에 대한 접근성, 규모의 경제 등은 여전히 중요한 성공 요인이기는 하지만 과거보다는 그 중요성이 감소되고 있다. 반면 인적 자원의 관리에서 비롯되는 조직문화와 조직역량의 중요성은 점점 증가하고 있는 추세다(p. 16).

가령 이런 예를 들 수 있다. 흔히 생산성을 높이려면 직원을 줄이거나 임금을 삭감해야 한다는 고정관념이 있다. 하지만 초우량기업들은 더 많은 근로자들을 통해 더 많은 부가가치를 창출할 수 있음을 배웠다. 반면에 실패한 기업들은 중국산 제품에 대한 가격 경쟁력을 확보한다는 명분으로 근로자들을 줄이는 일을 계속해왔다. 막대한 자금을 투자해 공장 자동화도 시도했다. 하지만 결과는 참담한 실패였다. 자동화가 생산성을 높이는 것처럼 보이지만 품질과 서비스 측면에서 치명적인 약점을 드러냈기 때문이다. 페퍼는 이러한 문제를 근본적으로 해결하기 위해서는 인적 자원에 관한 올바른 이론을 정립하고, 이에 기초해 올바른

03 이어령과 대한민국현대경영론

---

8 제프리 페퍼, 『사람이 경쟁력이다(*Competitive Advantage through People*)』, 포스코경영연구소 편, 21세기북스, p. 261; Jeffrey Pfeffer, *Competitive Advantage Through People*, Boston, Harvard Business School Press, 1994.

인적 자원 관리정책을 실천해야 한다고 역설한다.

경영자들은 자신의 사업 분야를 언제든 시장에서 사고 팔 수 있는 포트폴리오 쯤으로 인식하고, 스스로 다운사이징과 아웃소싱을 통해 이윤을 확보할 수 있는 잠재적 기회를 축소했다. 혹은 인건비를 아끼기 위해 자신의 조직문화를 황폐화시킬 무모한 일들을 벌였다.

파트타임과 계약제 고용 같은 각종 형태의 임시직 고용이 급증하는 상황을 살펴보자. 이는 보다 헌신적이고 동기 부여된 인력을 선호하는 기업체에서조차 조직과 구성원들 사이의 기본적인 연대감이 현격히 감소하는 심각한 부작용을 낳고 있다.

인적 자원을 활용한 경쟁력 확보의 가장 큰 장점은 그 회사만이 구사할 수 있는 경쟁력의 원천이라는 데 있다. 이러한 '사회심리학social psychology 이론'[9]에서는 "감시가 종업원들의 본능적인 흥미와 일에 대한 즐거움을 반감시킬 뿐만 아니라, 불신과 소외감을 유발시키고, 지속적으로 바람직하지 않은 행동의 빈도를 증가시킨다."고 주장한다.

또한 '심리적 감응저항 이론'은 사람들이 자유를 속박하는 작업 환경에 대해 이전보다 더 많은 자유와 자율성을 추구하고, 이를 확보하기 위한 방법을 모색함으로써 그러한 작업 환경에 대응한다고 주장한다.

결국 능력 있고 타사가 쉽게 모방할 수 없는 인력을 확보하는 일이 무엇보다 중요하다. 이런 관점에서 임시직 혹은 계약직 사원 채용을 늘리는 기업의 인력 정책은 재검토해야 할 것이다. 대표적으로 월마트는 성공 비결이 고객 서비스라고 판단하고, 이를 위해 능력 있고 애사심 높은 사원을 확보하는 데 주력했다. 그 결과 월마트는 오랫동안 임시직을 고용하지 않는 인력 정책을 고수해왔다. 페퍼는 역설적으로 고용 보장이야말로 기업 경쟁력 강화에 핵심적인 정책이라고 주

제4부 경영이론과 대중경영연구

---

9   사회심리학(社會心理學, social psychology)은 사회적 상황 요인이 개인의 행동, 생각, 느낌에 어떤 영향을 미치는지, 그리고 사람과 단체 간의 관계를 심리적으로 연구한다.

장한다. 오랜 기간 유지되는 고용 보장 정책은 사원과 고용주 간의 신뢰감을 형성하는 데 기여함으로써 임금 인상 같은 갈등 상황에서도 인내와 협력으로 문제를 해결하도록 만들고, 우호적인 조직 분위기를 형성한다. 반대로 고용 보장을 통해 조직과 구성원들 간에 신뢰감이 구축된다면 권한 위임도 가능하고 성과 정보도 얼마든지 공유한다. 곧 나갈 것이 아니기 때문이다.

핵심인재에 대한 지나친 차별 관리는 오히려 득보다 실이 더 많을 수 있기 때문이다. 잘못 운영될 경우 대다수 구성원들이 소외감을 느끼고, 이로 인해 사기 침체는 물론 팀워크 저하나 생산성 감소로까지 이어질 수 있다. 전체 구성원의 1~5% 이하 소수 인력에 대한 차별적 관리가 오히려 조직의 건강을 해칠 수도 있다.

인적 자원 관리법의 핵심요소는 무엇인가? 고용보장, 엄격한 선발 과정, 높은 임금, 성과급, 종업원 지주제, 정보 공유, 참여와 권한 부여, 팀과 직무 재설계, 교육훈련과 기술개발, 교차근무와 교육훈련, 상징적 평등주의, 임금격차의 축소, 내부 승진, 장기적인 안목, 경영정책의 측정, 경영철학Vision & Value 등이다. 여기서 언급한 16가지 요인은 상호적으로 작용하기 때문에 복합적인 안목으로 중요도를 판단해야 한다. 이러한 요인은 AMD, NUMMI, 섬유산업, 조선산업 등에서 가시적인 모습을 보여주었고 확산되었다.

이와 같은 인적 자원 관리법이 바람직하지만, 도입과정에서 여러 가지 장애를 겪는다. 인적 자원 관리의 대표적인 장애 요인은 다음과 같다. 첫째, 그릇된 영웅들을 들 수 있다. 두 번째로는 그릇된 이론신고전주의 경제 이론, 대리인 이론, 거래비용 이론 – 위계의 효율성, 공동소유의 부정적 관점이다. 그와 동시에 옳다고 생각하는 이론행동의 귀인과 자각, 자기충족적 예언을 말한다. 세 번째는 그릇된 사고의 틀을 제공하는 그릇된 언어를 가리킨다. 여기서 언어란 쓸데없는 회의나 문서, 거창한 계획서를 포함하는 개념으로, 한마디로 말만 많고 실행되는 것은 하나도 없는 경영 행태를 비꼬는 표현이다. 매일 계속되는 회의나 쉴 새 없이 만들어대는 문서와 각종 계획들이 있음에도 실제로는 일이 전혀 진행되지 않는 회사가 많기 때문이다.

03 응용경영 이론과 최신동향인적자원경영론

여기에 더해 내부적인 저항도 거론한다. 위의 핵심요소를 실행하게 되면 기득
권층, 관리자층은 자신이 갖고 있는 현재의 지위, 혜택 등을 잃게 되거나 미래에
대한 불확실성 또한 증가할 것이다. 그렇기에 내부에서부터 저항에 직면하게 된
다. 언급한 장애 요인을 극복하려면 고용관계의 관리에서 이념적 또는 이론적이
아니라 실용적인 관점을 중점적으로 가져야 한다고 본다.

제프리는 긍정적인 인적 자원의 관리를 촉진한 것으로 품질경영 운동을 설명
한다. 그 운동을 통해 혁신을 경험한 기업포드, 밀리켄 - 수평적인 관리구조, 윌리스 - 권한위
임, 모토롤라 - 직원교육훈련을 소개한다. 또한 품질경영에서 사용하는 긍정적인 언어를
강조한다. '고객', '프로세스', '팀워크', '품질의 구축' 등의 적용을 통해 보다 긍정
적인 고용관계를 유지하게 되고, 품질 또한 개선된다.

무분별한 벤치마킹이나 과거의 경험 또는 속설에 의존하면 오히려 경영을 망
칠 수도 있다. 지나치게 단기적인 재무성과 중심의 평가 시스템은 오히려 구성원
들의 올바른 판단을 방해한다고 주장한다. 또한 지나친 내부경쟁도 구성원들 간
의 정보 공유나 팀워크, 조직에 대한 충성심을 약화시킨다. 기억보다 실행을 방
해하는 보다 치명적인 요인은 두려움이다. 실수에 대한 질책이나 처벌, 해고에
대한 두려움 때문에 구성원들은 소극적이 되고 새로운 도전을 기피한다.

(2) 함의

경영에서 인적 자원이 중요한 것은 다시금 말할 필요가 없을 것이다. 일반 경
영은 그 같은 사실을 간과할 수 있는 점이 많이 있다. 당장 다른 요인들이 생산성
과 수익을 많이 가져다주기 때문이다. 하지만 연예산업경영에서는 정말 사람이
중요하다. 사람이 가치를 만들어내기 때문이다.

이는 비단 연예인들에게만 해당되는 것은 아니다. 관리 매니지먼트도 마찬가
지다. 연예인과 이를 관리하는 이들은 모두 신뢰관계로 움직여야 한다. 신뢰관계

가 없으면 일이 진행될 수 없다.

인기도에 따라 언제든지 쓰고 버리는 개념은 창조적인 작업들을 하지 못하게 한다. 실패에 대한 용인은 보장되어야 한다.

언제든지 실적에 따라 사람들이 갈릴 수 있다면 정보 공유를 하지 않을 것이다. 정보 공유를 하지 않을수록 일은 진척되지 않는다.

비정규직이나 임시직을 많이 쓰면 좋지 않다. 인력의 이동이 잦을수록 오히려 부정적인 결과가 나올 수 있다. 예술적이기 때문에 창조적인 작업이 이런 불안정한 고용에서 나온다는 인식은 더 이상 마땅하지 않다.

6. 지식창조기업과 지식경영

(1) 개요

피터 드러커는 "지식은 하나의 생산요소가 아니라 유일한 생산요소가 되었다."고 말했다. 노나카 이쿠지로野中郁次郎(1935~) 교수도 "지식사회에서 지식은 하나의 생산요소가 아니라 유일한 생산요소가 되었으므로 '지식경영knowledge management'이 필요하다."고 주장했다. 서구에서는 지식의 축적과 활용을 중점을 두었다. 이에 비해 노나카 교수의 지식경영은 '지식의 창조'를 강조한다. 그는 특히 한국이나 일본처럼 정보기업이 서구의 기업을 뛰어넘기 위해서는 '조직 내의 인적 자산'에 집중하는 지식경영을 전개해나가야 한다고 했다. 그는 지식창조의 원리를 밝히기 위해 암묵지와 형식지의 개념을 도입한다. 그가 보기에 지식은 언어화 · 형태화하기 곤란한 주관적인 '암묵지'와 언어 또는 형태로 결정된 객관적인 '형식지' 양자의 상호작용으로 창조된다고 보았다. 지식이 만들어져 확대 재생산되는 메커니즘을 사회화socialization, 외부화externalization, 종합화combination, 내

면화internalization의 네 가지로 구성된 SECI 모델로 밝혀내고 있다.[10]

암묵지와 형식지는 마쓰시타 제빵기기 사례를 통해 살펴볼 수 있다. 1985년 오사카에 있는 마쓰시타 전기회사의 제품개발 담당자들은 새로운 가정용 제빵기를 개발하는 데 심혈을 기울였다. 그러나 제빵기는 밀가루 반죽을 제대로 해내지 못했다. 빵의 껍질 부분은 타고 속은 익지 않았다. 문제가 무엇인지 찾아야 했다. 엑스레이를 이용해 전문 제빵사가 만든 밀가루 반죽과 비교했지만 문제점을 찾지 못했다. 이 문제를 해결하기 위해 소프트웨어개발전문가인 다나카 이쿠코는 오사카에서 가장 맛있는 빵을 만드는 인터내셔널호텔 수석제빵사의 밀가루 반죽 기술을 연구했다. 그는 제빵사가 밀가루 반죽을 잡아 늘이는 데 독특한 방법을 사용한다는 사실을 관찰해냈다. 이를 프로젝트 담당 엔지니어들과 밀착 협조한 끝에 드디어 해결의 실마리를 찾았다. 그 결과 호텔에서 배운 빵의 품질을 성공적으로 재현해낼 제품설계 명세서를 개발할 수 있었다. 그 뒤 제빵기 내부에 추가로 특수한 살대를 설치하는 마쓰시타 고유의 트위스트 반죽 공법이 탄생했다.

마쓰시타의 제빵기는 시판 첫해에 신주방용기 분야에서 판매기록을 세웠다. 연구원 이쿠코는 제빵기 개발을 위해 수석제빵사 밑에서 직접 일을 배워 성공한다. 여기서 제빵기의 제품설계 명세서는 명시적 지식이다. 제품 설계는 명세서로 문서화될 수 있고, 다른 제작팀이나 심지어 다른 회사 사람들도 이 지식을 간단히 습득할 수 있다. 반면에 수석제빵사의 빵 만드는 경험적 능력은 암묵적 지식이다. 마쓰시타 제빵기기 사례는 일본인 경영자들이 암묵지를 형식지로 전환하는 방법을 잘 설명해준다. 첫째, 말로 표현할 수 없는 것을 나타내기 위해서는 설명적 언어와 상징체계에 대한 신뢰가 전제되어야 한다. 둘째, 지식을 간파하기

---

10 노나카 이쿠지로, 『노나카의 지식경영』, 21세기북스, 1998; 노나카 이쿠지로 등 저, 『지식 경영: 조직 내 지적 자산의 창출 및 공유 확대 방안 - 하버드 비즈니스 클래식』, 현대경제연구원 옮김, 21세기북스, 2010; 노나카 이쿠지로 · 곤노 노보루 공저, 『노나카의 지식경영(知力經營)』, 나상억 옮김, 21세기북스, 2009.

위해 개인의 지식을 다른 사람과 공유하여야 한다. 셋째, 새로운 지식은 애매모호함과 여유로움을 통해 태어난다. 즉, 은유와 유추라는 개인적 지식에서 조직적 지식으로 전환, 애매모호함과 여유로움이 지식창조의 핵심적인 특징이다.

생성된 지식의 확대 재생산 메커니즘을 보면 '사회화socialization'는 경험을 공유해 정신모델이나 기술 등의 암묵지를 창조하는 과정이다. 개인은 언어를 사용하지 않고도 다른 사람들에게서 직접 암묵지를 체득할 수 있다. 견습공은 숙련공과 함께 일하는 동안 말을 통해서가 아니라 관찰과 모방, 연습 등을 통해 노하우를 익혀 나간다. 따라서 암묵지를 얻기 위한 열쇠는 '경험'이다. 이쿠코의 경우는 자신이 습득한 경험적인 기술을 언어로 표현해 마쓰시타의 제빵기 개발팀에 전달했다. 이를 토대로 개발팀은 '꼬인 반죽'을 할 수 있는 새로운 지식을 얻게 되었다. 이처럼 사회화는 주로 상호작용의 장을 마련하는 데서 출발한다.

외부화externalization 과정은 지식창조의 필수적인 과정으로, 이 과정을 통해 암묵지가 구체화되고 은유, 유추, 개념, 가정, 모델 등이 형태를 잡아가게 된다. 우리가 어떤 이미지의 개념을 잡으려고 할 때 대부분 그 내용을 언어로 표현한다. 그것을 쓰는 것은 암묵지를 형식지로 전환하기 위한 동작에 해당하는데, 이때 표현은 종종 부적절하고 원래의 내용과 일치하지 않는다. 그러나 이미지와 이미지 표현 사이의 간격은 개인 사이의 상호작용을 증진시켜주는 연결고리가 된다. 먼저 터득한 사람이 배우려는 사람이 잘 모를 경우 다른 표현으로 가르쳐주는 계기가 되기 때문이다.

종합화combination는 개념을 체계화해 지식체계로 전환하는 과정이다. 이런 지식 전환에는 다른 형태의 형식지들의 결합이 포함된다. 개인들은 문서, 회의, 전화, 컴퓨터 통신망 등을 통해 정보를 교환하고 결합한다. 형식지를 분류·추가·결합하여 기존 정보를 재구성한 뒤 새로운 지식을 창출한다.

내면화internalization 과정은 '실천을 통한 학습'과 밀접하다. 사회화·외부화·종합화를 통해 얻은 경험이 다른 사람들과 공유하는 정식모델이나 기술적 노하우가 되어 개인의 암묵지로 변화할 경우, 가치는 큰 자산이 된다. 형식지를 암묵지로 전환하려면 지식을 말로 표현하거나 문서, 매뉴얼, 이야기 등으로 표현하는 게 좋다. 이런 지식창조과정에서 기업이 해야 할 역할은 개인 차원에서 지식을 창조하고 축적하도록 도와주고, 그룹 활동에 용이한 환경을 마련해주는 것이다.

지식창조과정의 5단계 모델을 정리하면 다음과 같다. ① 기업의 지식창조는 암묵지를 공유하는 것에서 시작되는데, 이는 사회화 과정에 해당한다. 정리되지 않은 개인들의 다양하고도 풍부한 지식이 조직 내에서 1차 증폭 과정을 거친다. ② 두 번째 단계에서는 자기완결 팀에서 공유된 암묵지가 외부화를 거쳐 새 형식지로 전환된다. ③ 새로 생성된 개념은 3단계에서 정당화된다. 이 개념이 추구할 만한 가치가 있는지 결정된다. ④ 일단 가치 있는 지식이 되면 4단계에서 원형의 형태로 전환된다. 제품개발의 경우에는 프로토타입이고, 새로운 기업 이념이나 경영관리 시스템, 혁신적인 조직구조처럼 소프트한 혁신 내용을 담는다. ⑤ 마지막 단계에서는 창조된 지식을 부서 내의 다른 사람들 또는 다른 부서, 기업 외부로까지 확산한다. 여기서 '기업 외부'는 고객, 계열사, 대학, 판매망 등이다. 지식창조기업은 폐쇄적인 시스템 내에서 움직이는 것이 아니라 외부환경과 끊임없이 지식을 교환하는 개방된 시스템 속에서 존립한다.

한편 제프리 페퍼는 지식경영의 장점과 그것을 시행하여야 할 당위성보다는 지식경영이 실패하는 이유에 대해 본질적으로 분석한 바 있는데, 지식경영이 실패하는 이유는 '아는 것knowing'을 제대로 '행동화doing'하지 못하는 데 있다고 주장했다. 정작 중요한 것은 그렇게 많은 지식과 아이디어들이 있음에도 왜 지식경영이 실패하는가에 있다. 그는 알고 있는 지식을 왜 행동으로 옮기지 못하는가에 대한 원인과 지식-행동의 간격knowing doing gap을 해소하는 방법을 제시했다.[11]

11 페퍼, R. I. · 서튼, 『왜 지식경영이 실패하는가?(*The Knowing-Doing Gap*)』, 박우순 옮김, 지샘, 2002.

(2) 함의

　연예기업은 최고의 지식기업이다. 연예인 스스로 지식노동자이자 지식사업가이다. 또한 기획사는 지식과 정보를 통해 수익을 창출한다. 그렇기 때문에 굴뚝없는 공장이 바로 연예기획사이다. 하지만 장인들과 마찬가지로 그들이 가진 경험과 노하우 그리고 성공 비결 등은 쉽게 겉으로 드러나지 않는 경우가 많다. 그야말로 암묵지 형태가 많다. 그것을 표출하여 연결하고 내면화할 수 있도록 만들어야 한다. 이러한 작업이 제대로 안 되어 있는 곳이 바로 연예산업 영역이다. 개인들의 경험도 그렇지만 집단적인 성공에 대한 사례연구조차 제대로 되어 있지 않다. 개인만의 비법으로 간직되는 경우가 많은데, 이는 한편으로 위험하기도 하다. 왜냐하면 대중예술은 변화무쌍하기 때문에 성공 법칙들이 반드시 다시 성공한다는 보장이 없기 때문이다. 일정한 외부화를 통해 공론화 과정으로 보완될 필요성도 있다. 그러한 노하우가 도제식으로 전수되는 것은 대중예술에서는 위험할 수 있다. 대중예술은 대중의 변화무쌍한 기호에 바탕을 두기 때문이다. 하지만 반드시 법칙화해야 한다는 강박관념에서는 벗어날 필요는 있다. 암묵지를 겉으로 드러내어 공론화-내면화를 이룬다는 것은 분명히 쉽지 않은 일이기 때문이다. 하지만 집단적 협업이 갈수록 늘어나는 상황에서는 필수적이다. 이제 작가도 회의를 잘하는 이들이 더 성공한다. 이는 할리우드 제작 방식에서 잘 드러나고 있다.

　제프리 페퍼의 말대로 아는 것을 제대로 실행하지 않아 실패하는 경우가 많다. 그런 경우 그냥 혼자 알고 있기 때문에 그런 경우가 많다. 그것을 표출하면 행동을 촉진할 수 있다. 그것은 개인만이 아니라 조직 차원에서 추진해야 할 점이기도 하다.

7. 블루오션과 비경쟁론

(1) 개요

'블루오션blue ocean'은 유럽연합EU 자문위원 김위찬 교수가 학교 동료인 르네 모보르뉴 교수인시아드 경영대학원 전략 및 경영학 교수, 세계경제포럼 특별회원와 함께 제창한 기업경영 전략론 '블루오션 전략'에서 비롯했다.[12]

블루오션은 고기가 많이 잡히는 넓고 깊은 푸른 바다로, 현재 존재하지 않거나 알려져 있지 않아 경쟁자가 없는 유망한 시장을 말한다. 블루오션에서는 시장 수요가 경쟁이 아니라 창조에 의해 얻어지며, 여기에는 높은 수익과 빠른 성장을 가능케 하는 엄청난 기회가 있다.

블루오션 전략은 기업들이 발상 전환으로 산업혁명 이후 지속한 경쟁 원리에서 탈피해 고객에게 차별화된 상품과 서비스를 제공해야 한다는 것을 말한다. 그 방법은 누구와도 경쟁하지 않는 자신만의 독특한 시장을 창출해야 한다는 것이다. 이것이 바로 '블루오션'이다. 반대로 이미 경쟁이 격렬한 시장은 레드오션red ocean이라고 한다. 그야말로 누군가는 피 흘리며 죽어나가야 한다는 의미다. 그간 경영 전략은 대부분 경쟁하는 상대방을 피 흘리게 하는 방법의 연구에 몰두했다. 그러나 상대방은 그냥 쓰러지지 않으며 오히려 우리를 쓰러뜨린다. 서로 죽고 죽이는 소모전이 계속된다. 중요한 것은 같이 망해간다는 것이다. 오히려 경쟁을 넘어서야 한다. 새로운 시장 창출이 필요한 것이다. 이것이 블루오션 이론이다. 태평양은 너무 넓어서 피 흘리며 서로 싸우지 않아도 된다. 경쟁자가 없는 시장은 블루오션푸른 바다이라고 부를 수 있다. 말처럼 쉽지는 않지만 성공한 대부분 기업들은 새로운 시장을 창출한 경우가 많다. 마이크로소프트나 애플 그리고 페이

12 김위찬 · 르네 모보르뉴, 『블루오션 전략(Blue Ocean Strategy)』, 강혜구 옮김, 교보문고, 2005.

제4부 경영이론과 대중연예신업경영론

스북을 보면 그렇다. 워크맨을 만들어 세계 최대 전자회사로 성장한 소니도 마찬 가지였다.

고객을 위하여 제품을 만든다는 대부분 기업이 선호하는 것은 오히려 경쟁사 보다 자신들이 낫다는 것이다. '세계 최초', '업계 최초', '국내 최초' 등이다. 경쟁 하는 이들보다 더 낫다는 의미다. 하지만 이는 소비자의 생각과 다르다. 소비자 들은 경쟁자보다 우월한 것을 사는 것이 아니라 자신에게 좋고 도움이 되는 제품 을 살 뿐이다. '경쟁 중심적 전략론'을 생각하기 때문이다.

'BCG보스턴컨설팅그룹 매트릭스' 등 대부분의 경영 전략은 레드오션 시각이다. 1980년대 하버드경영대학원의 마이클 포터 교수는 '전략 = 경쟁 전략'이라는 등 식을 만들었다.

경쟁자를 이겨야 성공한다는 생각은 어디에서 비롯한 것일까?

무엇보다 기업 전략 자체가 적과 싸워 이기는 전쟁 전략에 비유되기 때문이 다. '전략strategy'이라는 용어는 지휘관의 용병술을 뜻하는 고대 그리스어 '스트라 테지아strategia'에서 파생됐다. 본부headquarters, CEOChief Executive Officers 등도 군 대 분위기가 짙다. 하지만 경영은 일반 전쟁과 다르다. 전쟁은 둘 중 하나가 이기 는 싸움이지만, 경영은 둘 중 하나가 이겨도 진정한 승리를 이루지 못할 수도 있 다. 고객이라는 심판자의 선호를 받아야 하기 때문이다. 따라서 제로섬게임이라 는 말 자체가 성립되지 않는다. 제품이 좋으면 제로섬이 아니라 플러스섬이 된다.

전쟁 전략의 시각에만 빠져 피바다에 물들어 있기보다는 블루오션 전략으로 새로운 시장공간을 창출하기 위한 전환이 필요하다. 한마디로 "경쟁을 잊어라. 그러면 성공한다."는 것이 블루오션 전략의 요체다.[13]

미국 스탠퍼드대학 경영대학원 교수 윌리엄 바넷은 '블루오션' 이론에 대해

---

13 김위찬 · 르네 모보르뉴, 『블루오션 전략: 성공을 위한 미래 전략』, 강혜구 옮김, 교보문고, 2005, pp. 65-67; [가자! 블루오션으로] "경쟁 없는 새 시장 발굴이 세계 최고 되는 보증수표", 「한국경제」, 2005년 8월 1일자.

"파란색이 얼마나 오래 가느냐 하는 게 문제다. 블루오션은 처음에는 효과적일 수 있지만 경쟁기업이 뛰어들면 피 흘리는 경쟁을 벌이는 레드오션으로 금세 변하게 된다. 경쟁이 없는 시장을 찾으라는 것은 '연금술'처럼 말은 그럴듯해도 현실에서 실현되기 어렵다."고 주장했다. 그는 150개 기업의 40년간 실적을 살펴본 결과 경쟁을 견뎌낸 기업이 지리적 이점 등을 통해 경쟁을 회피한 기업보다 생존율이 높다는 결론을 이끌어냈다고 밝혔다.

프라할라드와 게리 하멜은 『미래를 위한 경쟁』에서 "미래를 위한 경쟁은 시장점유가 아닌 기회의 선점유를 위한 것이다."라고 했다. 이러한 경쟁은 회사가 홈 오토메이션 시스템이라든지 유전공학을 이용한 신약개발 등과 같은 폭넓은 기회의 시장에서 잠재적으로 접근할 수 있는 미래 기회들의 점유를 극대화하기 위한 것이다.

(2) 함의

고전적으로는 남들이 이길 수 있는 점을 많이 갖는 것이 중요하다. 경쟁우위는 당장에 1등 타이틀을 준다. 하지만 이미 침몰해가는 배에서 진정한 실력자가 누구인지, 누가 더 예쁜지를 가려보았자 의미가 없을 것이다. 곧 모두 물 밑으로 가라앉으면 누가 주목이나 할 것인가?

자신만의 독보적인 역량과 가치가 있다면 경쟁자가 있든 없든 선택받을 수 있다. 하지만 그런 점이 없는 상태에서 1등이라면 유명무실할 수밖에 없다. 정치인과 연예인은 누군가의 선택을 받는다는 점에서 동일한 점이 있다. 쉽게 다른 이를 누르면 자신이 선택될 수 있다고 여기지만 그것은 근시안적인 생각이다. 그런 생각을 가질수록 큰 정치인이나 스타가 되지 못한다. 남들을 누르는 사람보다는 자신만의 매력을 가지고 있을 때 자연스럽게 지지자들이 모인다. 레드오션에서는 아무리 승리한다고 해도 사람들은 레드카드를 줄 뿐이다.

그렇기 때문에 사람들이 원하는 것이지만 기존에는 전혀 제공되지 않은 점을 제시할 생각을 하는 것이 더 낫다. 다른 배우나 가수들이 거꾸러진다고 자연스럽게 자신에게 지지가 오리라고 생각하는 사이 다른 누군가가 블루오션을 열 수 있고 지지는 그쪽으로 이동하는 것이 연예산업이다. 중요한 것은 경제학적으로는 희소성이 연예산업을 지배한다. 어디에도 없는 가치를 그 사람만 가지고 있을 때 푸르고 맑고 넓은 바다가 열리는 것이다. 그 안에서 수많은 이들이 안락과 행복을 누릴 수 있다. 그런 블루오션을 찾는 것이 바로 연예산업이어야 한다. 창조적인 작업을 하는 이들의 근본적인 지향이다.

이러한 점은 봉준호, 이병헌, 싸이가 잘 보여주고 있다. 더 이상 국내시장의 한정된 장르와 영역에 존립할 이유가 없다고 말한다.

8. 자원준거 관점

(1) 개요

자원준거 관점Resource Based Perspective의 배경은 1959년 펜 로즈의 기업 성장 이론에서 찾을 수 있다. 펜 로즈는 기업이 단순히 생산설비, 자본, 인력 등 유형자산의 집합이라는 신고전파 경제학자들의 주장을 비판하였고, 유형자산만이 아니라 기술, 경영 노하우, 브랜드 등의 무형자산이 기업의 실질적인 경쟁력을 높이는 데 큰 영향을 미친다고 주장했다. 1984년 이러한 펜 로즈의 관점을 더욱 발전시킨 웨르너펠트 교수의 자원준거 관점의 논문이 「전략적 경영 저널」에 실리고, 이에 자원준거 관점이 경영 전략에 본격적으로 도입되었다. 1990년대 들어서면

서 자원준거 관점은 하멜과 프라할라드가 발전시킨다.[14]

　자원준거 관점의 개념은 기업의 차별적 성과를 설명하는 비교적 최근의 관점으로, 개별 기업의 특이성에 중점을 두는 것을 말한다. 자원준거 관점의 이론적 핵심은 기업을 유형자원과 무형자원의 독특한 집합체unique bundle로 파악하는 것이다. 즉 기업은 장기간에 걸쳐 나름대로 독특한 자원과 역량을 결합하고 구축해가는데, 바로 이들 자원과 능력의 차별적 역량에 근거하여 경쟁우위를 얻을 수 있다는 것이다.

　특히 자원준거 관점은 기존 연구들이 상대적으로 등한시하였던 조직능력, 핵심역량, 기업문화, 경영자의 능력 같은 무형자산을 중요하게 다룬다. 이런 자산은 대부분 무형적이며 암묵적인 특성을 지니기 때문에 경쟁기업이 쉽게 구입하거나 모방하기 어렵다. 따라서 기업의 경쟁우위는 이런 특징을 지닌 자원과 역량이 지지될 때만 지속될 수 있다. 자원준거 관점은 첫째, 경쟁우위의 원천이 되는 자원에서 기업의 동질성과 이동성을 인정하지 않는다. 즉, 자원준거 관점은 기업이 통제 가능한 전략적 자원에서 동일 산업에 속하는 기업 간에도 이질적이라는 것을 전제한다. 둘째, 이들 자원은 기업 간에 완전하게 이동하는 것이 가능하지 않다. 이에 자원의 이질성은 장기간 지속될 수 있고, 이것이 경쟁우위의 지속성을 유지한다.

　자원준거 관점은 경쟁우위의 지속성에서 이상의 두 가지 가정, 즉 "자원의 이질성과 자원 이동의 불완전성이 어떤 의미를 갖는가?" 하는 점에 초점을 맞추어 이론을 발전시키고 있다.

① 자원의 이질성
자원준거 관점의 첫 번째 전제는 기업이 보유하고 있는 자원의 조합과 능력이

14　박기찬, 『경영의 교양을 읽는다 I』, 더난출판사, 2005, p. 580.

기업마다 다르다는 자원의 이질성이다. 자원의 이질성이란 본질적으로 개별 기업이 보유한 자원이 효율성과 생산성 측면에서 차이가 발생한다는 것을 의미한다. 개별 기업이 보유한 자원은 각 기업의 특성에 따라 그 자원의 효율성 측면에서 수준 차이가 난다는 사실을 알 수 있다. 경쟁기업보다 효율성이 뛰어난 자원과 능력을 보유한 기업이 고객의 요구를 충족시키는 데 보다 유리하다는 것은 주지의 사실이다.

② 자원 이동의 불완전성

개별 기업에게 있어 경쟁기업의 성공적인 전략을 모방하는 가장 손쉬운 1차적인 방법은 성공적인 전략의 수행에 필요한 자원이나 능력을 요소시장에서 구입하는 것이다. 이때 중요한 개념이 자원의 이동성이다. 즉, 자원과 역량의 이동이 용이하면 그만큼 모방이 쉽고 빠르다. 그러나 어떤 자원은 쉽게 모방되지 않는다. 즉 경영자의 탁월한 리더십, 종업원의 학습능력, 독특한 기업문화 등과 같은 자원은 기업 특유의 자원이므로 기업 간 모방이 용이하지 않다. 이와 같이 자원이나 역량이 독특하고 개별 기업 특유의 원천에 기인하여 모방이나 시장 구매가 어려워 기업 간 자원 이동이 제약받는 것을 '자원의 비이동성'이라고 한다. 자원의 비이동성은 본질적으로 자원의 이질성에 의해 초래된다. 화폐, 단순 원재료 같이 이질적이지 않은 자원의 이동성이 제한되는 경우는 드물기 때문이다. 즉 자원이 독특하고 기업 특유한 속성을 지닐수록 기업 간의 이동성은 제한을 받는 것이다. 이와 같은 자원의 불완전한 이동성은 요소시장의 불완전성에 기인한다.

자원준거 관점에서는 기업이 얻는 초과이익은 공급이 제한된 우월한 자원에 대한 렌트를 의미한다. 기존의 전략 논의가 제품시장의 판매자 입장에서 기업행동을 설명하는 데 반해, 자원준거 관점은 요소시장의 구매자 관점에서 요소시장의 불완전성과 초과이익의 발생을 설명한다. 자원의 이질성은 공급이 제한된 효율적인 자원이 존재함을 말한다. 여기서 공급이 제한된다는 것은 자원을 다른 기업이 개발하거나 모방하는 것이 불가능한 것을 의미한다. 특히 무형자원의 경우 모방이 불가능해 단기적으로 볼 때 이들 자원은 수요를 전부 충족시킬 수 없는 희소자원이다. 이런 자원을 확보하지 못한 기업은 이 자원보다 비효율적인 자원을 투입한다. 즉 비효율적인 자원을 보유하고 있는 기업은 효율적인 자원을 보유하고 있는 기업에 비해 생산원가가 높다.

즉 우수기업이 누리는 초과이익은 산업조직론의 일반적인 주장인 생산량에 대한 인위적인 제한이나 시장지배력의 결과가 아니라 보다 효율성이 높은 자원을 보유한 기업이 얻을 수 있는 것이다. 이러한 초과이익을 공급이 제한된 상황에서 발생하는 효율성이 높은 자원에 대한 '렌트rent'라고 한다. 따라서 효율적인 자원은 그들이 보유한 자원의 공급이 제한되거나 다른 기업에 의해 모방이 어려울 때 경쟁우위를 유지할 수 있다는 것이 자원준거 관점의 주된 내용이라고 볼 수 있다.

③ 전략적 메시지

기존 산업구조론에서 말하는 기업의 경쟁우위의 원천은 동일한 산업에 속한 기업들 간에 발생하는 성과의 차이에 대한 설명이 부족했다. 산업구조 모형은 특정 산업의 매력도와 성장 가능성을 평가함으로써 산업에 속한 기업의 수익성을 예측하는 데 도움을 준다. 그러나 이런 설명은 그 산업의 대표적 기업이 얻을 수 있는 수익성을 평균적으로 설명할 뿐 개별 기업의 수익성의 차이를 설명하지 못한다. 이 같은 산업구조분석의 한계는 가치사슬 모형과 가치 활동으로 대표되는 포터의 경쟁우위 모형으로 어느 정도 보완되었다.

그러나 자원기반 관점은 더 나아가 개별 기업의 수익성의 차이를 내부 자원과 역량의 차이로 설명할 수 있다. 따라서 자원기반 관점은 기존 이론의 한계를 어느 정도 보완하여 경쟁우위가 창출되는 과정과 지속적으로 유지되는 과정을 근본적으로 설명하는 데 기여했다. 즉 자원기반 관점은 기업이 보유하고 있는 독특한 내부 자원이 경쟁우위의 원천이 되는 이유를 설명하고, 어떠한 자원의 특성이 그런 지속성을 유지시키는가에 대한 분석을 시도했다. 따라서 자원기반 관점의 연구들은 거시적인 구조분석의 틀에 내부적인 내용을 채우는 의미를 지니고 있고, 실무 관리자들에게 경쟁우위를 유지할 수 있는 자원과 역량 획득을 위한 노력을 지속적으로 기울여야 한다는 점을 제시한다.

(2) 함의

연예산업은 공장이나 설비가 없다. 따라서 눈에 보이는 상품이나 만질 수 있는 것이 없다. 겉으로 드러나지 않은 자원들이 만들어내기 때문에 당연히 눈에 잘 보이지 않는 상품이 존재한다. 자원은 이동이나 이전이 불가능하다. 고유하게 있거나 시너지를 통해 존재할 수 있기 때문이다. 이쪽에서 의미가 있다고 해서 저쪽에 가져간들 그것이 제대로 활용될지 알 수 없다. 여기에 있어야 그 가치를 인정받고 평가가 후해진다. 자칫 다른 영역에 가 있으면 그 자치가 떨어지거나 아예 폐기될 수 있다. 반대로 엉뚱한 곳에 있던 자원이 적소에 가서 가치를 평가받기도 한다.

눈에 보이지 않기에 모방이 불가능하다. 그리고 많은 경우 매우 희소한 자원들이다. 아예 오직 하나밖에 없는 세상에서 유일한 자원들도 많다. 그렇기 때문에 사람들은 열광하게 된다. 자신만이 그 가치를 알아본다고 생각할수록 더욱 그러하다. 다른 이들이 잘 알아보지 못하고 심지어 자원이라고 생각하지 않는 것들을 자원으로 삼는다. 무형의 것이 가진 가치를 알아보고 그것을 어디에 적용할 것인가를 파악하는 것이 바로 연예기획이고 매니지먼트며 제작이다. 아무런 대우를 받지 못하던 사람이 매니지먼트를 통해 이전에는 생각할 수도 없었던 가치를 만들어내는 것이 이 분야이다.

9. 리엔지니어링

(1) 개요

리엔지니어링BPR: Business Process Reengineering은 1990년경 해머와 챔피Hammer & Champy의 책이 소개된 후 유행한 전형적인 조직변화 기법이다. 리엔지니어링은 조직성과 개선을 위하여 사업절차를 혁신적으로 재설계하는 것으로 근본적, 급진적, 극적이라는 세 가지 특징적 요소를 갖고 있다.

해머와 챔피가 리엔지니어링의 필요성을 인식하게 된 것은 1980년대에 어느 보험회사에서 일어난 일 때문이었다. 그 회사의 간부는 자기 회사가 새로운 보험계약증서를 발행하는 데 무려 24일이나 걸린다고 불평했다. 단순히 생명보험증서를 적고 청구서를 발행하는 데만 거의 한 달이 걸린 것이다. 문제는 시간이 많이 걸리면 짜증을 내거나 비용이 더 드는 것이 아니라 진짜 문제는 시간이 지연될수록 보험에 가입하려는 고객의 마음이 바뀔 가능성이 커진다는 것이다.

그런데 실제로 보험증서를 만들고 인쇄하여 발송하는 데 걸리는 시간은 10분밖에 되지 않았다. 보험증서에는 일반적인 조항이 적혀 있고 발급 절차도 완전히 자동화된 상태였다. 그런데 어째서 24일이나 소요되었던 것일까? 해머와 챔피는 이 회사가 증서를 발행하는 프로세스를 추적했다. 그 결과 증서가 발행되는 데 무려 14개의 부서를 거쳐야 한다는 걸 알아냈다. 결국 이 보험회사의 가장 큰 문제는 극단적인 부문화와 전문화에 있다는 사실이 드러났다.

리엔지니어링은 내부 구성원이 아닌 외부의 고객, 즉 소비자시민의 욕구를 충족시키는 핵심절차들core processes에 초점을 둔다. 전통적 조직이 지닌 기본 가정들을 부인하고, 다음과 같은 원리들을 통해 불필요하거나 느린 절차를 개선하고자 한다.

첫째, 기능이 아닌 고객이나 절차 중심으로 조직을 설계한다. 고객중심의 조직은 고객에게 한 곳에서 신속하게 서비스를 제공하는 원 스톱one-stop 서비스처럼 전적으로 고객의 편의를 위하여 운영된다. 고객중심의 조직 설계가 불가능할 경우에는 '절차 자체'를 재설계할 수 있는데, 예를 들면 단순히 정보를 수집하고 건네주는 관리자나 관리 계층을 배제함으로써 업무단계를 축소하고 서비스를 신속하게 제공하는 것이다.

둘째, 연속적인 업무절차들을 병렬로 진행시킨다. 정보화 시대에는 전통적 조직처럼 단계나 계층별로 정보를 전달하는 것은 비효율, 오류, 왜곡 등을 초래할 뿐이다. 이에 대한 대안은 조직의 업무들, 특히 부가가치를 제공하지 못하는 활동들은 병렬로 진행시키는 것이다.

셋째, 정보를 '한 곳에서', '한 번에' 수집하도록 한다. 전통적 조직은 기능에 따라 지나치게 전문화되었고, 부서별로 호환이 불가능한 컴퓨터를 활용하였으며, 고객이나 판매에 관한 자료도 따로 수집해 활용하기가 어려웠다. 리엔지니어링은 조직 내의 모든 기능의 소유자들을 한 곳에 모아 팀을 만들고, 처음부터 끝까지 서비스나 상품을 설계·생산하도록 한다.

넷째, 가능하면 고객과 조직이 한 곳에서 만날 수 있는 공간을 마련한다. 컴퓨터상에서 온라인으로 지원받는 일반적 공간으로 만들고, 정보를 축적하는 부서들은 정보를 자유롭게 나누어 갖는 '절차 팀 process team'으로 바꾸며, 구성원들이 다른 부서, 고객이 있는 장소 혹은 집에서 일할 수 있도록 융통적인 상황을 조성한다.

다섯째, 고객에게 부가가치를 제공하는 '주된 절차 main sequence'가 지속적으로 흐르도록 한다. 주된 절차는 고객이 기꺼이 지불하려 하는 활동으로, 예를 들면 가까운 곳에 있는 서비스상품, 빠른 서비스, 고객이 관심을 갖는 서비스, 사용자에게 편리한 서비스, 고객의 욕구를 보다 잘 충족시켜주는 서비스, 그리고 정확하고 적시성 있는 정보를 제공하는 것 등이다. 리엔지니어링은 이러한 절차들이 부드럽고 빠르게 진행될 수 있도록 하기 위하여 고객에게 부가가치를 제공하지 못하는 절차나 서비스, 예를 들면 검사, 감사, 감독, 회계, 예산, 단순 중계 업무, 신용 확인, 조회, 서류의 축적 등은 축소 또는 배제하거나 때로는 주된 과정에서 완전히 제거한다.

여섯째, 리엔지니어링 후에 자동화automation를 시도한다. 자동화는 리엔지니어링의 최종 단계처음 단계가 아니라에서 필수적인 작업이다.[15]

리엔지니어링이 경영자들에게 주는 교훈은 기업이 모든 업무를 고객의 관점에서 파악하는 관점을 제공하고 있다. 리엔지니어링의 주체는 사람이다. 누가 하는가에 따라 성공이 좌우된다. 리더는 리엔지니어링을 시작하는 사람이다. 리더 없이는 리엔지니어링이 수행될 수 없다. 따라서 리더의 역할이 중요하다. 그는 참여자들에게 비전을 제시하고 동기를 부여한다. 여기서 간과해서 안 될 점은 충분한 사전 합의가 없으면 리엔지니어링이 조직구성원들에게 자신의 위치 자체를 흔드는 도전으로 인식될 수도 있다는 사실이다. 변화가 필요한지에 대해 조직원들이 논리적으로 수긍할 수 있는 논거가 있어야 한다. 수긍했을 때 조직원들은 리엔지니어링에 참여할 수 있으며, 효과적인 성과 창출이 가능하다. 그 근거는 리더가 제시해야 할 분명하고 구체적인 목표와 비전이다. 힘들어도 리엔지니어링을 통해 더 좋아질 수 있다는 확신을 심어주는 것이 선행되어야 한다.

(2) 합의

변신을 시도하는 것은 개인이나 조직을 위해 바람직하다. 개인의 변신은 기획사나 제작사에게 큰 영향을 준다. 스타일수록 그 영향은 더욱 강해질 수밖에 없다. 리엔지니어링을 철저하게 자신을 위해 시행하는 것은 바람직하지 않다. 관객, 시청자, 팬들을 위해 리엔지니어링을 하는 것이다. 인기가 좋을 때 할 수도 있고 그렇지 않을 때 할 수도 있지만, 원칙은 동일하다. 고객의 편의와 수요를 위해

---

15 Hammer, M. and Champy, J., *Reengineering the Corporation*, New York: Harper Business, 1993.

서 한다. 그러나 고객의 편의와 수요는 그들을 만나고 소통하는 데 도출되어야 한다. 그렇지 않으면 믿음과 신뢰를 저버리는 결과를 낳게 될 것이다. 이러한 리엔지니어링에서는 확실한 비전을 주면서 지향점을 가진 이들이 있어야 한다. 갑작스런 조직의 변화는 리스크가 큰 업종일수록 더욱 급격한 위기를 불러오기 때문에 이러한 불안을 누그러뜨리지 않으면 조직이 급속하게 붕괴될 수도 있다.

자칫 예술가적 마인드를 유지하기 위해서만 리엔지니어링이 이루어질 경우 더 이상 대중예술인이 아니라 예술인이 된다. 그럴 경우 대중예술인에게 향하던 집중이 떨어져 나가는 것에 대해서는 슬퍼하지 말아야 한다.

10. 브랜드경영

(1) 개요

코카콜라 브랜드는 696억 달러라는 천문학적인 가치를 가지고 있다. 과거에는 광고를 통한 제품 인지도의 제고나 기존의 마케팅 활동을 보조하는 것 같은 단순한 차원에서 브랜드의 역할을 강조했다. 하지만 지난 10년 동안 브랜드 자체에 대한 관심이 점점 높아져 브랜드가 가지고 있는 무한한 가치에 집중하고 있다. 브랜드경영에서는 브랜드 자산이 무엇보다 중요하다는 점을 강조한다. 브랜드 자산 관리, 전략 수립 및 경영에 관한 세계 최고의 권위자인 데이비드 아커 David A. Aaker는 마케팅 활동의 보조 수단이 아니라 기업경영 활동의 핵심 부문으로서 독자적인 브랜드경영 전략의 필요성을 강조한다.

데이비드 아커는 브랜드 자산에 대해 다음과 같이 말하고 있다. 브랜드도 사람처럼 차별화되고 개성을 지닌 존재라고 주장한다. 즉 브랜드는 고객의 감성을 유발하고, 자신을 표현하는 수단으로서 모든 기업 커뮤니케이션 활동의 지침이 된다.

그가 주장하는 핵심적인 내용은 다음과 같다.

① 엄청난 가치를 가지고 있는 브랜드 자산을 새롭게 인식하라.
② 기업의 모든 핵심 전략은 브랜드 아이덴티티로 통한다.
③ 흉내 낼 수 없는 기업 고유의 가치를 팔아라.
④ 브랜드 개성은 제품 차별화를 위한 가장 강력한 무기다.
⑤ 브랜드 아이덴티티를 설정한 후 이를 실천에 옮겨라.
⑥ 시간을 초월한 브랜드 전략을 세워라.
⑦ 혼란을 피하려면 브랜드 시스템 경영을 도입하라.
⑧ 브랜드 레버리지 효과를 극대화하라.
⑨ 브랜드 자산을 정확히 평가하고 관리하라.
⑩ 강력한 브랜드 구축을 위해 기업을 조직화하라.[16]

그는 "강력한 브랜드를 구축하기 위해서는 일반적인 인지가 아니라 전략적인
인지가 필요하다. 그것도 오직 바람직한 이미지만을 인지시켜야 한다."(p. 43)고
말했다. 또한 그는 다음과 같이 말했다. "브랜드 자산은 한 브랜드와 그 브랜드의
이름 및 상징에 관련된 자산과 부채의 총체다. 이것은 제품이나 서비스가 기업과
그 기업의 고객에게 제공하는 가치를 증가 혹은 감소시키는 역할을 한다. 브랜드
자산을 구성하는 자산이나 부채는 그 브랜드의 이름 또는 상징과 연관된 것이어
야 한다. 만일 브랜드의 이름이나 상징이 바뀐다면 자산과 부채의 전부 혹은 일
부가 영향을 받거나 없어질 수 있다. 단지 일부만이 새 이름이나 상징으로 바뀔
수 있다." 그리고 이러한 상황적인 다양성을 다섯 가지 범주로 정리해 브랜드 자

16　데이비드 아커, 『데이비드 아커의 브랜드 경영』, 이상민 옮김, 비즈니스북스, 2007.

산 모델을 구축했다.

① 브랜드 아이덴티티의 개념과 개발
'브랜드 이미지'는 브랜드를 지각하는 방법이고, '브랜드 아이덴티티'는 브랜드의 호의적 인식방법, 즉 특정 브랜드에 대한 추구 열망이다. 일반적으로 브랜드 아이덴티티를 개발할 때의 함정은 제품 관련 브랜드 특성에만 집중하는 것이다. 아커는 브랜드 전략가들이 브랜드의 정서적 측면과 자아표현적 편익, 브랜드 관련 조직의 특성, 브랜드 개성, 브랜드 상징 등을 고려해 브랜드를 제품에만 한정하는 것을 우려했다. 그는 브랜드에 대한 폭넓은 안목이 진정한 의미의 브랜드 차별의 가치를 창조할 수 있다고 봤다.

② 브랜드 아이덴티티의 관리
관리는 브랜드 포지션의 정립 문제, 즉, 브랜드 아이덴티티의 적용 프로그램에 관한 것이다. 각 브랜드가 하나의 커뮤니케이션으로 제공되고 있는지, 적용할 수 있는 브랜드 포지션이 있는지 살펴봐야 한다. 브랜드 포지션은 적극적으로 커뮤니케이션 되는 브랜드 아이덴티티의 일부다. 이에 브랜드 포지션을 개발하려면 고객과의 커뮤니케이션을 기초로 다양한 브랜드 적용 방안이 지지되어야 한다. 다양한 대안의 개발과정에서는 브랜드의 일관성 유지에 대해 강력한 힘의 저항을 받기도 한다. 따라서 일관된 아이덴티티와 포지션, 적용이라는 목표가 유지되고 있는지 파악하고, 시간이 지나도 유지될 수 있도록 상징과 이미지, 메타포를 유지·관리해야 한다.

③ 브랜드 관리를 위한 시스템 도입
브랜드 시스템은 특정 브랜드와 하위 브랜드들이 얽혀 있는 관계의 구성 상태다. 일반적으로 브랜드 시스템이 명확하다면 시너지 효과를 기대할 수 있고, 브랜드 아이덴티티의 위협 요소들을 감소시킬 수 있다. 또한 신제품 출시의 경우

명확성의 확립, 변화와 적용의 용이성, 자원의 고른 분배 효과 등이 기대된다. 반면 브랜드 시스템이 제대로 되어 있지 않다면 브랜드 간의 혼란과 부조화를 낳는다. 따라서 브랜드 시스템을 통한 브랜드의 차별적인 전개와 역할 등을 분석한다. 즉, 특정 브랜드는 사업 영역을 확대시키고, 다른 하위 브랜드의 지원 역할은 물론, 고객에게 하위 브랜드들의 명확한 가치를 제공하는 역할도 한다.

④ 브랜드 자산 측정방법 제시

브랜드 자산 측정은 실제로 브랜드와 시장을 다각적으로 관리·창출하는 마케팅 관리자들이 대부분 하고 있다. 중요한 것은 더 광범위한 브랜드 자산 평가다. 이유는 브랜딩 과정에서 벤치마킹 가능성을 높이고 효과적인 브랜드 구축과 브랜드 관리 통찰과 기본적인 원리를 얻기 때문이다. 이러한 브랜드 자산 측정은 자연스럽게 브랜드 자산의 추적과 관리로 이어진다. 측정 도구로 지각된 품질과 브랜드 로열티, 특히 브랜드 연상 이미지 및 인지도를 파악할 수 있고, 지속적인 파악과정은 시간 경과에 따른 브랜드 자산의 변화를 추적하게 한다.

⑤ 조직 차원의 브랜드 육성 방안

브랜드 구축은 주요 조직 목표를 달성하려는 전략적·전술적 임무와 관련이 있다. 이를 위해 현재 기업에서 다뤄야 할 브랜드 시스템의 쟁점 사항이나 시장과 제품에 적용되는 브랜드의 역할 및 그 내용들을 상호 조정하는 문제는 브랜드 구축과 연관된 주요 현안이다. 아커는 브랜드 구축을 위한 부서와 담당자 구성에 대한 접근, 즉 마케팅 기반의 접근이 아닌 조직적 접근을 통해 브랜딩에 대해 더욱 체계적이고 현실적인 활동을 촉구했다. 브랜드가 확고하게 구축되면 진입장벽으로도 작용하기에 전략적 차원의 육성이 필요하다.

브랜드 경영은 결국 브랜드를 선택하는 이들의 가치를 높여주는 것이다. 스스로 가치를 존중받는 심리가 없다면 브랜드경영은 존립할 수 없다.

"브랜드가 전달하려는 메시지의 중요한 초점은 당신이 얼마나 보잘것없는 존재인가를 표현하는 것이 아니라, 당신이 얼마나 특별한 존재인가를 표현하는 것이 되어야 한다. 왜냐하면 당신의 목표는 브랜드의 차별적인 품질을 판매하는 것이기 때문이다."(p. 259)

(2) 함의

기업을 살펴보면 브랜드경영에 대한 체계적인 이해보다는 결과물인 브랜드 가치에만 관심이 있을 뿐 그 회사가 브랜드 자산을 어떻게 구축했는지에 대한 관심은 부족하다. 이러한 상황에서 아커는 브랜드에 대한 인식과 그것을 어떻게 체계적으로 구축하고 관리할 것인가에 팁을 준다.

기업의 제품 개념을 확장하여 브랜드의 가치를 제품을 통해 판매한다고 생각하면 기업의 브랜드 가치는 곧 수익이 된다. 일반 소비자 대상의 대기업만 브랜드 구축이 필요한 것은 아니다. 우리 회사처럼 부품을 만들지만 대상 시장이나 고객은 분명히 있다. 중요한 것은 PR에 그칠 것이 아니라 그들의 기대에 부응할 수 있는 기술도 당연히 보유해야 할 것이다.

대중 앞에 있는 대중예술인들은 모두 브랜드 아이덴티티를 가지고 있으며 브랜드 자산을 구성하기 위해 노력하는 셈이다. 만약 없다면 이를 제일 먼저 구축해야 하는 것이 연예인들이고 연예기업들이다.

다른 어떤 존재도 흉내 낼 수 없는 브랜드를 가지고 있는 상태를 꿈꾼다. 그것은 대중 지향의 독보적인 개성이다. 배우와 가수들의 브랜드는 조직의 브랜드와 일치할 수 있다. 그렇기 때문에 어느 연예인을 구성원으로 삼고 있는가에 따라 기업의 가치가 달라지기 마련이다. 그렇기 때문에 브랜드 가치가 큰 사람들을 키우거나 끌어오기 위해 분투한다. 그러나 그 연예인들의 가치는 결국 작품 활동에 따라 변동하기 마련이다. 브랜드의 가치는 작품의 성공과 밀접하게 연결되어 있다.

　이러한 일희일비의 반응 정도가 아니라 항구적인 정체성을 가진 이들은 그다지 변동 폭이 크지 않다. 따라서 항구적인 브랜드 전략을 세워야 한다. 국민배우나 국민가수, 국민MC는 항구적이다. 하지만 그 양상이 폭발적이지는 않다. 그럼에도 안정적인 브랜드 가치를 가지고 있다. 마니아적 브랜드 가치는 그 개인의 아티스트 정신과 활동에 밀접하게 연결되어 있다. 자신의 정체성과 예술 활동을 일치시킬수록 안정적으로 열혈 지지층이 확보된다. 그럴 경우에는 삶과 예술 활동이 거의 분리되지 않은 형태가 된다.

　자기 자체가 브랜드이기에 자신을 정확하게 평가하고 관리하며, 레버리지 효과를 극대화하는 것은 기본일 것이다. 자신의 작품 활동을 어떻게 지속할 것인가가 바로 이에 해당한다. 그냥 이미지가 아니라 자신이 콘텐츠가 되는 일을 잘 지속하는 것이 셀프 브랜드경영의 요체가 된다.

11. 조직문화론

(1) 개요

　에드거 H. 샤인Edgar Henry Schein(1928~)은 매사추세츠공과대학MIT 슬론Sloan 경영대학의 교수이자 세계적 석학으로서 기업문화 분야에서 40여 년간 학문적인 기여를 했다. 그는 "조직문화란 무엇인가?"라는 화두를 풀어내고 있다.[17]

　에드거 샤인은 리더십의 핵심기능은 조직의 문화를 창조하고 유지하며, 때로

17　에드거 H. 샤인, 『기업문화 혁신 전략』, 딜로이트 컨설팅 코리아 옮김, 일빛, 2006.

는 파괴하는 데 있다고 했다. 문화를 변화시킨다는 것은 조직을 새로 만드는 작업이라고 보았다. 그러므로 "문화가 바로 조직"이라고 주장한다. 샤인은 문화의 본질을 "조직구성원들에게 공유되고 무의식적으로 작용하며, 이를 당연시하는 기본 가정과 신념"이라고 했다.

조직의 성과와 개인의 만족은 조직문화를 통해 이해될 수 있다. 새로운 경영전략, 마케팅 전략 또는 경영혁신 방안이 실행되기 어려운 것은 바로 조직문화가 경영 전략의 실천을 제약하기 때문이다. 그러므로 조직문화를 진단하고 바꿀 것이 있으면 이를 개선해야 한다. 조직문화는 주로 직관적으로 평가되므로 문화적 현상의 동태적 결과에 대한 이해 부족, 문화의 일부를 전체 문화로 혼동하거나 피상적 측면을 문화의 본질적 측면으로 혼동하는 문제가 흔히 있다.

문화가 없다면 집단도 없다. 환경변화에 적응하고 생존하기 위한 내부적 통합이라는 문화의 역할이 있다. 인간은 누구나 지나친 불확실성이나 충격을 감당하지 못하므로 조직으로서는 예측 가능한 상태를 만들어줘야 한다. 또한 문화는 외적 생존과 내적 통합 문제를 해결해줄 뿐만 아니라, 일단 구축되면 불확실성이나 업무의 과부하에 대한 불안을 감소시키는 역할도 하게 된다.

"문화를 제대로 이해하기 위해서는 구체적 이슈보다 일반적 가정에 대한 분석이 요구된다."고 주장하는 샤인은 문화적 패러다임에 있는 기본 가정으로 다음과 같은 다섯 가지 사항을 들었다. ① 자연 환경과 인간: 조직 간의 관계에서 조직구성원들이 조직과 환경의 관계를 지배, 복종, 조화, 틈새 적응 또는 기타 어떤 관계로 보는가? ② 실제와 진실의 본질: 언어적 및 행위적 규칙의 진위 여부: 사실과 진리는 어떻게 결정되고 규명되는지, 시간과 공간의 기본 개념 ③ 인간 본성의 본질: 인간 됨됨이의 본질적 · 궁극적 속성, 인간 본성의 선악, 인간 존재의 완벽 여부 가정 ④ 인간 활동의 본질: 앞의 가정들에 입각해 인간이 갖춰야 할 '올바른' 자세는 무엇인가에 대한 가정, 즉 "능동적 · 수동적 · 자기계발적 · 운명론적인가? 또는 "무엇이 일하는 것이며, 무엇이 즐기는 것인가?"에 대한 점 ⑤ 인간관계의 본질: "남들과 권력이나 사랑을 나누는 '올바른' 방법은 무엇인가? 삶이란 경쟁적인가 협동적인가? 개인적인가 집단적인가? 그리고 그것은 전통적 권한, 법적, 카리스마적 또는 무엇에 기반을 둔 권력과 사랑인가?" 등이다. 이를 좀 더 풀어보면 다음과 같다.

① 자연과 인간의 관계

서구사회의 전통적인 견해는 자연이나 환경을 통제 가능한 것으로 본 반면 동양사회는 자연과 조화를 이뤄야 한다고 했다. 자신의 운명 통제 정도가 다르듯이 조직이나 국가가 통제할 수 있는 정도 역시 달리 나타난다. 조화냐 통제냐의 인식에 따라 조직 운영은 달라질 수 있다. 적극적으로 통제하면서도 조화를 이룰 수 있는 방안이 중요할 것이다.

② 실체와 진실의 본질

서구에서는 과학적 실험을 통해 물리적으로 검증하는 방식에 익숙해 있기 때문에 중동지역은 정치적 또는 종교적 분쟁이 따르는 경우에는 과학적 검증보다는 합의에 의한 해결이 효과적이다. 경영자들의 가치관은 유럽에서는 철학이나 전통에서 나오는 도덕적 측면이 강조되는 반면 미국에서는 성공사례나 경험에 치중된 실용적인 면이 강조된다. 실용적이든 도덕적 차원이든 중요한 것은 불확실성과 모호성을 극복하는 인내의 수준이고, 인내력이 큰 문화가 더 효과적이다. 시간에 대한 가정을 보면 미국에서는 시간 개념을 중시해 시간 내에 업무 효율성을 증대시키는 문화가 발전되었다. 아시아, 남유럽 및 중동지역 국가들은 시간을 '다원적' 차원으로 보아 시간 대신 공간의 크기가 중시됨과 동시에 여러 업무를 하게 한다. 미국 노동자들은 하나의 시간으로 일과를 처리하고, 동양에서는 부서마다 다른 시간으로 업무를 처리한다. 공간에 대한 가정을 보면 사무실의 개방성을 고려할 때 미국에서는 친분이나 인적·사회적·공적인 거리의 원근을 고려하여 자리를 배치하거나 칸막이를 설치한다. 문화적 내용의 실체와 진리를 밝히는 것은 다양한 가정과 함께 상대론적인 해석이 필요하다.

③ 인간 본성의 본질

문화에는 집단과 개인 간의 관계에 대한 기본 가정에 자아라는 개념이 있다. 동양에서는 자아 차원의 집단과 개인을 구분하지 않는 편이다. 그만큼 자아실현의 욕구가 서구의 개개인에 비해 덜 발달되어 있기 때문이다.

④ 인간 활동의 본질

문화는 인간의 행동방식에 대한 다양한 가정을 창출한다. 미국에서는 인간의 본성을 통제 및 조작할 수 있다고 생각한다. 미국은 본질적으로 실용주의적인 성향으로 인간의 의지와 활동이 모든 것을 만든다고 본다.

⑤ 인간관계의 본질

모든 문화에는 집단의 안전과 안녕을 해치지 않는 구성원 간의 관계 유지방법이 있다. 이런 기본가정이 공유되지 않을 때 무정부 상태나 혼란을 겪게 되므로 권력과 영향력, 계층관계, 친분관계, 애정 및 동료관계 등의 기준으로 조직관리를 한다.

⑥ 제반 가정과 연계된 문화적 패러다임

문화 분석 작업 중 가장 어려운 것은 기본가정들이 일정한 패턴과 연관되어 있다는 것이다. "권력은 민주주의적이어야 한다.", "진실은 개인으로부터 나온다.", "개인은 조직에 대한 충성심과 애사심을 갖고 있다."라는 가정들은 배타적이 되거나 융합될 수도 있다. 결국 집단에 내재된 다양한 가정의 패턴을 밝혀내지 않고 조직문화를 이해하는 것은 불가능하다.

㉠ 조직의 문화적 가정을 도출하는 방법이 필요하다

인류학자들은 언어나 인공조형물 등 가시적인 요소들을 중심으로 문화를 밝히려 하지만, 문화에 대해 진정으로 이해하기 위해서는 내부 및 외부 전문가들

간의 인터뷰와 관찰 등 상호 공동 노력에 따른 임상적 접근방법이 필요하다. 인터뷰로 문화적 패러다임 파악을 할 때 특히 조직 내에서 일어나는 '뜻밖의 사건'에 대한 연구가 필요하다. 집중분석, 체계적인 관찰과 검증, 적극적인 내부 종사자의 모습 파악, 놀라움이나 당혹감 및 육감적 표현과 그에 대한 피드백 관찰, 현상에 대한 공동 연구, 가설을 공식화해 논의하는 작업, 이를 체계적으로 점검하고 통합하는 활동 등이 필요하다.

인터뷰 자료를 분석할 때는 구성원들의 행동방식이나 가치관의 일정한 유형을 발견해야 한다. 문화는 어떤 방법을 사용해도 잘 드러내지 않으므로 많은 인내와 노력이 필요하다.

ⓛ 문화에 대한 연구에는 윤리적 문제가 따른다

환경분석SWOT으로 전략적 선택을 할 때는 문화에 대한 연구와 이해가 있어야 한다. 샤인은 몇 가지 사례를 들어 분석결과를 피드백 할 때 유의해야 할 사항을 제시하고 있다.

- 내부 구성원들에게 설교하듯 대해서는 안 된다.
- 수용태도가 긍정적이지 않은 상태에서 피드백을 해서는 안 된다.
- 집단의 모든 구성원이 내용을 받아들인다고 간주해서는 안 된다.
- 학생들에게 잘못된 분석사례를 강의하면 그릇된 선입견이 생긴다.
- 일부 구성원들은 분석 결과에 과민한 반응을 보인다.

ⓒ 문화는 입체적 관점으로 평가해야 한다

샤인은 기존의 집단역학 이론과 리더십 이론 및 학습 이론, 개방 시스템 이론, 구성원과 리더의 사회역학 이론 등을 통해 문화의 형성 배경을 설명했다.

- 사회역학 이론: 집단역학에 입각한 학습 결과로 만들어지는 공유화에 초점

을 둔 이론이다. 주로 개인의 욕구와 조직의 관심사를 일치시키려는 갈등 해결 방안을 주목한다.

- 리더십 이론: 리더십 과정과 문화형성 과정이 상호 합치된다는 관점에서 문화를 관리하는 것이 아니라 조직문화 창출을 위한 리더십 역할에 초점을 둔다.
- 학습 이론: 문화는 학습된 결과이므로 역동적인 학습과정을 통해서만 문화를 이해할 수 있다고 본다.
- 불안의 형태: 이 이론은 문화적 학습이 인간의 불안을 감소시켜준다.

㉣ 리더십과 조직문화는 상호영향을 미치며 발전한다

리더에 의한 문화 정착의 기본 메커니즘은 다음과 같다. 첫째, 리더가 관심을 갖고 평가 및 통제하는 것. 둘째, 사건 발생이나 위기 시에 리더가 보이는 반응. 셋째, 계획된 역할 모델의 설정이나 지원방식. 넷째, 보상의 배분 및 직책 여부의 기준, 그리고 인사선발에서 퇴직까지의 관리 기준 등. 이를 강화하는 2차적 메커니즘은 조직설계 및 구조, 조직체계와 절차, 물리적 공간, 주요 사건이나 신화 또는 우화적 이야기, 조직의 철학, 신념 또는 설립강령 등의 공식적 표명이다. 이런 메커니즘에 구성원들은 문화적 내용을 습득하고 일체화된다.

(2) 함의

다음은 "문화를 올바르게 평가하라"는 취지로 경영자들에게 던지고 있는 메시지이다.

- 문화의 개념을 너무 단순화시키거나 조직의 가치관 또는 경영철학과 혼동해서는 안 된다.

- 문화의 조직기능 중 인적 측면만 고려하는 것으로 보아서는 안 된다.
- 문화를 경영자의 통제권 안에 있는 조작 가능한 것으로 보아서는 안 된다.
- 문화의 우열과 강약에 따라 좋은 문화가 결정되는 것이 아니라 환경에 따라 결정된다.
- 문화의 모든 측면을 조직의 유효성과 연계된 것으로 보아서는 안 된다.

리더십에 따른 문화가 관리될 수 있다면 문화를 올바르게 관리하는 데 필요한 리더의 정서적 역량과 원대한 비전, 자기통찰력과 객관적 의사결정력을 키우는 데 주력해야 한다. 좀 더 미래지향적인 목표를 세워놓고 지향할 문화에 대한 깊은 연구와 지속적인 교육 등을 생각하는 관리자 및 경영진의 노력이 필요하다.

만약 어떤 기획사가 돈을 많이 벌기 위해 수익을 많이 창출할 것 같은 연예인들만 영입한다면 그 조직은 철저하게 수익 관점으로 움직일 것이다. 그러다가 수익이 없으면 그 조직은 금방 와해된다.

또 인간적인 친화성에만 의존한다면 훈훈한 분위기는 있겠지만 사업은 잘 안 되고, 결국 수익이 없어 흩어지는 일이 벌어질지 모른다. 사회봉사를 하기 위해 연예기획사를 차린 것은 아니기 때문이다.

또 다른 기획사는 사회적 기여를 통해 수익을 올린다고 생각하면 달라질 수 있다. 좋은 활동으로 많은 이들에게 꿈과 희망을 주겠다는 사람들만 둔다면 이 조직은 앞의 두 조직보다는 달라진 점을 보여줄지 모른다.

이처럼 조직마다 가지고 있는 신념과 지향점을 '조직문화'라고 한다. 조직문화는 조직구성원들이 만들기도 하지만 그 조직을 이끄는 리더들이 조율하면서 굳어진다. 조직문화를 구축하는 것은 연예기획사의 성패에 주요 요인이 되고 있다, 갈수록 우리 사회는 문화적 품격이 높은 것을 선택한다. 시대적 감수성을 앞지르는 품격은 문화에 반영되기 마련이고, 이러한 점은 리더들의 문화적 지향과 삶의 가치관에 달려 있다. 그것은 인위적으로 조작이나 통제할 수 없다는 점을 항상 인식해야 한다.

12. 역동적 합성 전략: 불안의 긍정 효과

(1) 개요

많은 사람들은 성공 전략에 공통적인 패턴이란 존재하지 않는다고 생각한다. 그러나 과거의 성공 사례를 수차례에 걸쳐 연구하고 조사함으로써 공통적인 패턴을 찾아낼 수 있고, 그 패턴이 '왜' 성공을 거뒀는지도 알 수 있다는 것이 1995년 일본 히토츠바시대학의 이타미 히로유키伊丹敬之 교수의 기본 가정이다.

히로유키 교수는 "경영은 눈에 보이지 않는 것들을 다루며, 성공은 기업의 무형자산을 얼마나 잘 활용하고 개발하는가에 있다."고 주장한다. 따라서 경영자가 장기적인 경쟁력을 확보하기 위해서는 현재의 능력으로 달성하기에는 조금 무리인 듯한 확장 전략을 취하는 것이 필요하다고 강조했다. 경영자는 조직 내에 의도적으로 불균형한 상태를 만들어 조직원들의 노력을 결집시키고, 미래의 기업 성장을 위한 중요한 무형자산을 축적해야 하며, 이런 과정을 반복해야 장기 성장을 이룰 수 있다는 것이다. 이를 '전략적 역동성'이라고 한다.

① 역동적 합성 전략의 개념

기업의 외부 요인예: 고객의 선호도, 내부 요인예: 좋은 서비스 명성, 전략이라는 세 가지 요소가 장기적으로 서로 조화를 이루는 것을 말한다.

② 무형자산

고객의 신뢰, 상표이미지, 유통관리, 기업문화, 관리기술 등 눈에 보이지 않는 자산을 말한다. 무형자산은 경쟁력의 진정한 원천이며, 기업의 적응력을 제고시키는 핵심요소다. 축적은 장기간 지속적이고도 의식적인 노력이 필요하다. 그래서 조직문화와 관계가 깊다. 이와 함께 무형자산은 다용도로 사용하며, 기업 활동의 투입물인 동시에 산출물이 된다. 정보는 무형자산의 중심이며, 정보의 양은 물론 정보를 수집하고 전달하는 정보채널도 기업의 중요한 무형자산이다. 무형자산의 성공적 축적에는 정보의 흐름이 중요하다.

③ 고객 적합성

고객의 욕구를 충족시키는 전략을 추진하기 위해서는 고객이 누구인지를 알고 기업의 목표시장을 확인한 후 그 안에 있는 고객의 수요가 무엇인지를 알아야 한다. 소비자의 욕구는 세 가지이다. 첫째, 총체적 요구는 고객마다 다르다. 둘째, 총체적 욕구는 시간에 따라 변한다. 셋째, 총체적 욕구 내의 요소들끼리는 상호작용을 한다. 이 특성에 따라 고객의 적합성을 위한 전략도 세 가지로 나눌 수 있다.

㉠ 고객의 총체적 욕구에 부합할 것

이를 위해서는 총체적 욕구 내의 어떤 요소에 중점을 둘 것인가를 결정해 그 분야에서 경쟁우위를 창출할 수 있는 핵심요소를 기업 내에 자체적으로 보유해야 한다.

㉡ 고객의 욕구 변화에 적응할 것

이를 위해서는 고객의 총체적 욕구 변화를 예측하고 이를 만족시키기 위한 계획을 마련해야 하며, 변화에 신속히 대처할 수 있는 변화 감지 시스템과 정보 전달시스템을 구축해야 한다. 또한 예측할 수 없는 변화에 대응하기 위한 핵심 무형자산을 축적해야 한다.

㉢ 고객의 상호작용을 이용할 것

전시효과로 고객 사이의 상호작용을 이용하는 방법과 한 고객의 다른 총체적 요구들의 상호작용을 이용하는 방법이 있다. 탄탄한 고객관계는 기업의 현재 판매나 이익은 물론 성장에 대한 공헌, 무형자산 축적 공헌이라는 세 가지 공헌을 한다. 그러므로 기업은 이러한 공헌을 하는 고객을 잘 조화시켜 성과를 극대화한다.

④ 경쟁의 적합성

경쟁자를 넘는 경쟁우위 구축, 예상되는 경쟁자의 반격 방어, 경쟁자의 철수 유도라는 3단계 과정을 갖는다. 각 단계의 실행 전에 선행해야 할 것은 경쟁자를 확인하는 일이다.

1단계 경쟁우위 구축에서 가장 중요한 것은 경쟁자와의 차별성 부각이다. 기업 경쟁의 수단인 주요 전략무기 세 가지는 제품 차별화, 서비스 차별화, 가격 차별화인데, 어떤 것을 주 무기로 할 것인지 정해야 한다. 세 가지 차별화 전략은 시간에 따라 달라질 수도 있다. 즉, 신제품 발매 시기에는 제품 차별화가 우선이지만 판매가 진행됨에 따라 서비스 차별화를 하고, 경쟁자가 많아지면 가격 차별화 전략을 꾀한다. 2단계 경쟁자 반격에는 두 가지 방법이 있는데, 반격 유인을 제거하거나 반격은 쌍방 피해라는 인식을 심어주는 것이다. 경쟁자보다 먼저 설비 투자 등의 행동을 취해 경쟁자의 반격 의욕을 감퇴시킨다. 또한 경쟁자가 반격을 위해 필요한 자원을 사전에 장악해 장벽을 칠 수도 있다. 3단계는 싸움 없는 승리가 목표다. 시장 세분 활동으로 상호경쟁을 피해 자신의 시장을 선택할 수 있고, 신규 경쟁자의 시장 진입을 어렵게 할 수도 있다. 또한 동일 시장에서는 서로 협조할 방안을 마련해 경쟁을 피할 수 있다.

⑤ 기술 적합성

자연 자원의 잠재력을 발견해 그것을 기술로 전환하고기술적 단계, 신제품이나 새로운 제조절차로 기술을 응용할 때상업화 단계, 기업은 기술 적합성을 얻는다. 기술은 불확실하면서도 논리적인 본질적 특성이 있다. 미래의 기술은 불확실하지만, 일단 밝혀진 후에는 아주 명확한 논리로 정립된다. 발견이 항상 기술적인 노력으로 되는 것은 아니며, 신기술로 만든다고 항상 시장이 제품을 수용하는 것도 아니다. 새롭게 개발된 기술도 진부해질 수 있다. 기술은 내부의 상호의존성이 있다. 기술의 상호의존성은 기술 구성요소들 간의 관계, 기술을 다루는 개인들 간의 관계, 기술과 사회의 관계라는 세 가지 형태가 있다. 기술의 불확실성에 대처하는 방법에는 다음과 같은 것이 있다. 첫째, 기업이 모든 힘을 기울일 수 있는 핵심적인 기술을 정해 집중한다. 둘째, 지원적 기술과 파괴적 기술처럼 서로 다른 성질을 가진 기술을 결합시킨다. 셋째, 기술향상을 촉진하고 시장 반응을 사전에 감지하기 위해 '조기'에 '많은' 실험을 해야 한다. 넷째, 아무리 불확실한 기술도 일반적인 추세는 존재하므로 추세를 정확히 알고 정보에 신속히 반응한다.

⑥ 자원 적합성

자원을 효과적으로 사용하고 효율적으로 축적하는 것이다. 실현방법에는 두 가지가 있는데 자원과 전략 간의 바람직한 관계를 구축하는 것, 자원의 효과적 사용으로 효율적 축적의 전략 요소들 간의 접점을 찾아내는 것이다. 특히 쉽지는 않지만 가장 중요한 자원인 무형자산의 가치를 제대로 파악하고 이용할 수 있는 적절한 전략을 선택한다. 기존 자원을 효과적으로 이용과 아울러 새로운 자원을 효율적으로 축적하는 일이 중요하다. 자원을 측정하는 방법은 두 가지가 있는데, 특정 전략의 부산물로 부지불식간에 생겨나는 경우와 하나의 전략 요소에서 얻어진 자원이 의도적으로 관련 요소에 활용되는 경우다. 한편 자원과 전략의 적합성이 성공하면 자원의 활용과 축적에서 결합이득이 생겨나는데, 이는 일종의 포트폴리오 효과다. 보완 효과와 시너지 효과는 가장 대표적인 포트폴리오 효과라고 할 수 있다. 보완 효과는 물리적인 유형자산의 활용에서, 시너지 효과는 정보 본질의 무형자산의 활용에서 생겨난다. 자원의 적합성에 주목해야 할 것은 특정 기간에 한정된 정태적 적합성보다 시간의 흐름을 고려한 동태적 적합성이다. 현재 전략은 자원을 축적하게 하고 축적된 자원은 미래 전략의 토대가 되므로 현재와 미래 전략은 연결되어 있다.

⑦ 조직 적합성

전략 실행에 모든 조직구성원의 협조가 필요하다. 기업 전략 입안자는 전략 실행 담당 조직원들의 강점 및 약점을 분석해 조직 내 집단의 역동성을 이해해야 한다. 조직 적합성을 위해서는 전략이 기업문화와 일치하고, 조직 전체에 효과적으로 전달·홍보되어야 한다. 조직 내부의 효과적인 의사소통 요건은 무엇보다 전략 목표나 전략의 내용이 명확해야 한다. 명확한 전략은 조직원들의 노력을 집중시킨다. 이는 장기적인 방향성을 유지하고, 조직구성원들에게 꿈과 비전을 제시해 사기를 높이며, 조직 내 결속력을 높인다. 또한 변화과정의 정신적 두려움을 없애준다. 조직원의 참여를 유도할 때는 조직을 하나로 통합하여 초점을 정하고, 기동력을 창출해야 한다. 계속 유지시켜줄 수 있는 자극으로 창조적 긴장을 적절히 이용한다.

불균형의 필요성이 중요하게 언급된다. 현재 사업을 영위하면 조직은 점차 관료화된다. 현재의 균형 상태를 무너지게 해 조직에 긴장감을 조성한다. 신규 사업 진출이나 조직구조의 급격한 변동으로 불균형이 나타나는데, 이는 조직 분위기를 일신하는 효과가 있다.

⑧ 과대확장과 무형자산

과대확장 전략은 현재 능력 범위를 벗어나는 일의 추진이다. 과대확장 전략은 조직 내의 창조적 긴장을 형성하고, 일상 업무의 학습 효과로 기업이 성장하는 데 필요한 무형자산을 축적하는 것을 목적으로 한다. 과대확장 전략은 신속한 시장 진입을 가능하게 하기 때문에 기업 성장에 효과적이다. 수많은 위험이 도사리고 있는 진입 초기에는 무형자산이 많아진다. 이는 경쟁력을 확보할 수 있는 강한 원동력이다. 장기적 성장을 달성하기 위해 주기적으로 과대확장 전략을 도입한다.

(2) 함의

사실 무형자산에 대한 강조는 충분히 자주 있어왔다. 그런데 여기에서 주목해야 할 것은 인위적으로 불안정성을 만든다는 것이다. 안정성 안에만 있으면 그 역량이 줄어들게 된다. 겨우내 집안에만 있던 농부는 봄에 농사일을 시작하노라면 몸살을 앓고 만다. 그간 편하게 지내왔기 때문에 농사일의 노동에 몸이 견디지 못하기 때문이다. 물론 이 단계를 잘 벗어나야 한다. 몸살의 단계에 주저앉는다면 1년 농사는 지을 수 없다.

안정적인 궤도에 오르는 경우, 그 궤도에 안주하는 경향이 있게 된다. 그렇다면 실제로 위기상황이 닥쳤을 때 색다른 시도들을 해보고 그것에서 오는 위험을 적절하게 컨트롤할 수 있는 계기를 삼아야 한다. 이른바 모의실험 같은 것일 수도 있고 약간의 바이러스를 투입하는 것일 수도 있다. 그러한 과정은 긴장과 스트레스를 통해 자신의 감각을 잃어버리지 않게 만들 수도 있고 조직 전체의 활력과 협력, 창조성을 배가할 수도 있다.

또한 자신의 역량을 확장하는 것도 좋다. 해보지 않은 장르나 작품 그리고 캐릭터를 시도한다. 하지만 그것에 '올인'하면 곤란하다. 자신의 지지기반은 그대로 유지하면서 새로운 역량의 확장을 위해 시도하고 실험해야 한다.

13. 비전기업론

(1) 개요

짐 콜린스, 제리 포라스는 성공하는 기업의 8가지 습관[18]을 제시했는데, 그들에 앞서 다른 학자들도 제시한 바 있다.[19] 그런데 『성공하는 기업들의 8가지 습

---

18 제리 포라스 · 짐 콜린스, 『성공하는 기업들의 8가지 습관』, 위튼 포럼 옮김, 김영사, 2002.

19 피터 드러커는 경영자가 갖추어야 할 8가지 습관을 지적한 바 있다. 첫 번째 습관은 "무엇을 해야 하는가?"를 자문하는 것이다. 경영자는 항상 "내가 하고 싶은 것이 무엇인가?"를 묻는 것이 아니라, '해야 할 것'을 자문하는 습관이 있어야 한다. 대부분 하나 이상의 긴급한 과제가 존재하므로 이들 간에 우선순위를 정하고, 우선순위 과제를 해결한 다음에는 우선순위를 재수립하는 습관이 필요하다. 잭 웰치는 5년마다 "지금 무엇을 해야 할 필요가 있는가?"를 자문하였으며, 매번 우선순위가 바뀌었다. 또한 잭 웰치는 우선순위가 높은 2~3개의 과제 중에서 자신이 수행하기에 가장 적합한 과제에 집중하고 다른 과제들은 위임하여 '선택과 집중'의 효과를 극대화시켰다. 두 번째 습관은 "무엇이 기업에 옳은 일인가?"를 묻는 것이다. 기업에 옳지 못한 결정은 주가에 좋지 않은 영향을 미치게 될 것이고, 결국 주주뿐 아니라 기업에도 좋지 않은 영향을 미친다. 이러한 습관이 항상 옳은 의사결정을 보장하는 것은 아니지만, 그렇다고 이러한 질문을 하지 않는 것은 사실상 잘못된 의사결정을 만든다. 습관 3은 실행계획의 수립이다. 경영자들은 행동가이며, 지식이 행동으로 옮겨지지 않는 한 경영자에게는 무용지물이다. 따라서 경영자들은 행동에 뛰어들기 전에 계획을 세워야 하며 바람직한 성과와 발생할 수 있는 제약, 미래에 있을 수정 사항 등을 고려해야 한다. 실행계획은 약속이 아니라 의지를 기술한 것으로, 실행과정에 나타난 상황에 따라 자주 개정될 수 있도록 해야 한다. 경영자가 자신의 시간을 어떻게 사용할지 결정하지 못한다면 실행계획은 무용지물이 되므로 시간관리의 기초로서 실행계획을 활용해야 한다. 습관 4는 의사결정에 대한 책임이다. 처음에 조심스럽게 의사결정을 하는 것만큼 정기적으로 의사결정을 검토하는 것 또한 중요하다. 따라서 의사결정은 수행책임자, 마감일, 의사결정 사항을 알아야 하거나 영향을 받게 될 사람에 대한 파악을 충분히 한 후에 이루어져야 한다. 의사결정에 대한 검토는 효과적인 자기계발 도구로서, 기대에 대비한 성과를 확인하고, 경영자의 강점 및 개선이 필요한 사항을 파악하는 훈련을 해야 한다. 의사결정은 조직의 모든 수준에서 이루어지며, 개별 전문가와 현장 감독에서 시작되므로 좋은 의사결정방법은 모든 수준의 구성원들에게 중요한 기술로서 가르쳐져야 한다. 습관 5는 의사소통에 대한 책임이다. 조직은 주인의식과 명령에 의해서가 아니라 정보에 의해 유지되므로 경영자는 자신이 필요한 정보를 파악하고, 요청하고, 얻도록 노력해야 한다. 근대 관리론의 시조인 체스터 바너드(Chester Barnard)는 1938년 『경영자의 기능(*The Functions of the Executive*)』에서 "조직은 주인의식과 명령에 의해 유지되는 것이 아니라 정보에 의해 유지된다."고 주장했다. 그렇지만 21세기의 경영자들은 필요하지도 않고 사용할 수도 없는 엄청난 양의 정보의 홍수 속에 묻혀 있다. 따라서 효과적인 경영자는 부하직원, 동료들과 계획을 공유하고 이에 대한 의견을 묻는 동시에 이 일을 실행하는 데 필요한 정보가 무엇인지 알림

관』에서 콜린스와 포라스가 연구한 기업들은 설립된 지 평균 1백 년 이상 된 18개의 탁월한 기업들, 즉 3M, 아메리칸익스프레스, 보잉, 시티코프, 포드, GE, HP, IBM, 존슨&존슨, 메리엇, 머크, 모토롤라, 노드스트롬, 필립모리스, P&G, SONY, 월마트, 월트디즈니 등이었다.

　그들이 이 책에서 주장하는 성공한 기업들의 가장 큰 특징은 핵심이념, 문화, 가치 등 눈에 보이지 않는 자산의 강조였다. 또 다른 장점은 성공한 기업의 성공요소 규명에는 상대적 비교분석이라는 접근법을 사용하고 있다는 점이다. 그들은 단순히 몇 개의 사례를 분석하는 데 그치지 않고 엄격하게 선정된 비전기업과 비교기업들을 비교해 비전기업들이 어떻게 다른지를 정리했다.

① 이윤추구를 넘어 핵심이념 중시
비교기업의 상대인 비전기업의 가장 큰 특징은 이윤추구를 넘어서 핵심이념

으로써 실행계획과 정보에 대한 조직 내 컨센서스를 모아야 한다. 습관 6은 기회에 대한 집중이다. 효과적인 경영자는 회사 안팎의 상황을 위협이 아닌 기회로 다루어야 한다. 문제 해결은 경영에 필수적인 일이지만, 단지 손해를 막는 데 그치므로 이를 기회로 삼아 성과를 얻는 자세가 요구된다. 경영자들이 기회를 얻기 위해 주시해야 할 7가지 상황이 있다. ① 회사, 경쟁사, 산업의 예상치 못한 성공이나 실패, ② 시장, 제품, 서비스의 현재 상태와 가능성 사이의 차이, ③ 기업이나 산업 안팎에서 일어나는 프로세스와 제품·서비스의 혁신, ④ 산업구조와 시장구조의 변화, ⑤ 인구통계, ⑥ 가치, 인식, 감정, 의미 등의 변화, ⑦ 새로운 지식과 기술이다.
습관 7은 생산적인 회의 운영이다. 회의의 종류가 다르면 준비사항도 다르고 성과도 달라지므로 효과적인 경영자는 사전에 회의 종류를 결정하고 그 형태를 유지해야 한다. 구체적인 회의 목표가 달성되면 회의 내용 및 결과 등에 대한 참석자들의 피드백을 활용하여 과제의 수행 및 차기 회의의 이슈 등을 유도해야 한다. 습관 8은 '우리' 중심의 사고 및 행동이다. 효과적인 경영자는 궁극적인 책임이 자신에게 있으며, 이 책임이 다른 사람과 공유되거나 위임될 수 없다는 것 또한 인식하고 있어야 한다. 경영자는 조직의 신뢰를 바탕으로 권위를 얻으며, 이는 경영자 자신을 생각하기에 앞서 조직의 필요와 기회를 생각한다는 것을 의미한다. 효과적인 경영자가 되기 위한 습관을 갖는 적극적인 실천이 중요하다. 경영자는 항상 옳은 일을 성취하기 위해 사고하고 행동해야 하는데, 이는 효과성이라는 훈련의 결과로 터득하게 된다. 제시된 8가지 습관은 경영자에게 필요한 지식의 제공 및 제공된 지식을 효과적인 행동으로 전환·실천하도록 하며, 조직에 대한 책임과 의무를 느끼도록 만든다. GE의 Session-C Program, 모토롤라의 Organization Management & Development Review Program 등 글로벌 기업들은 경영자를 육성하는 프로그램을 강화하는 추세다.

들을 갖고 있었다. 대부분의 비전기업에서는 주요 목표나 동인 중에 '이익의 극대화'나 '주주 이익의 극대화'가 없었다. 많은 비전기업들은 기업 자체를 경제적 활동보다 다른 의미로 생각했다. 단순히 돈벌이 수단 이상의 의미를 부여했다. 그래서 비전기업의 역사를 보면 경제적 의미를 뛰어넘는 핵심이념이 있다. 예를 들어, 소니의 핵심이념은 '진정한 기쁨'을 얻는 것이다. 또한 불가능에 도전하는 개척자 정신이다. 혁신기업의 대명사인 3M은 완벽한 정직성, 개인의 창의성과 개인적 성장 존중, 선의의 실수에 대한 관대함이라는 핵심이념을 갖고 있다.

비전기업도 이익을 추구하지만 이익은 목적 그 자체가 아니다. 이익은 신체에 필요한 산소, 물, 음식, 혈액처럼 없으면 살아갈 수 없는 것들일 뿐이다. 핵심이념은 외부에서 수혈되는 것이 아니라 내부에서 발굴하는 심정으로 찾아나가야 한다. 그것은 외부에서 만들어지거나 단기간에 만들어질 수 있는 것이 아니라 마치 장인처럼 공 들여 만들어가야 한다. 그것은 필사적이고 열정적으로 만들어야 한다.

② 핵심이념의 보존과 발전에 대한 자극

핵심이념은 그 자체로도 중요하지만 그것만으로는 비전기업이 될 수 없다. 안주한다면 부정적인 결과를 낳는다. 비전기업은 핵심이념을 보존하는 한편 핵심이념의 구체적 방식에는 변화의 자유를 부여한다. 비非핵심적인 일들과 핵심이념을 혼동하지 말아야 한다. 시간에 따라 문화적 기준도 변하고 전술도 변해야 한다. 비전기업은 이익이 되어도 핵심가치와 다르면 과감하게 버린다. 핵심이념은 현실적인 전략 전술을 서로 보완한다. 발전에 대한 열정은 핵심이념의 유지를 가능하게 한다. 비전기업은 핵심이념을 보존·발전하는 도구를 갖고 있다. 예컨대, 월트디즈니는 디즈니 대학을 설립해 모든 종업원들을 '디즈니 전통'이라는 세미나에 참석시켰다. HP는 'HP Way'에 대해 말하는 것을 넘어 내부승진을 제도화했고, 기업 철학을 실적 평가와 승진에 활용했다. 메리엇도 엄격한 선발제도, 교육과정, 고객 의견을 위한 정교한 고객 피드백 제도를 마련하여 실천했다.

③ 크고 위험하고 대담한 목표 설정

모든 회사는 일정한 목표를 갖고 있으나 단순히 목표를 갖고 있는 것과 크고 위험하고 대담한 목표인 BHAGsBig, Hairy, Audacious Goals는 다르다. 프로펠러 항공기 대신에 제트기로 상용시장을 개척한 보잉, 업계에서 1위 혹은 2위를 목표로 한 GE 같은 기업들은 모두 BHAGs를 잘 활용한 기업들이다. BHAGs는 목표 성취를 위해 구성원들을 자극하고, 기업이 과감한 목표를 자체적으로 설정할 수 있는 능력을 갖는 기업문화를 강화한다. 1950년대 소니는 "일본 기업이 저질의 상품을 만든다는 이미지를 전 세계적으로 바꾸는 첫 번째 기업이 되겠다."는 BHAGs를 갖고 있었다. 중요한 점은 뛰어난 목표는 정해진 시간 내에 성취해야 한다. BHAGs는 흥분을 유발한다. 의욕을 크게 돋우며, 대담하지만 성취 가능하다. 최종 목표지점은 명확하고, 기한은 한정되어 있다. 활력을 불어넣어줄 수 있어야 조직의 리더가 떠나거나 바뀌더라도 BHAGs는 지속될 수 있다.

④ 사교(邪交)집단 같은 기업문화 조성

비전기업에서는 성취 목표를 모든 구성원이 철저히 공유하고, 따르려는 구성원에게만 목표를 적용한다. 비전에 부합되지 않는 구성원들은 가차 없이 신상필벌로 대한다. 비전기업들은 비교기업에 비해 컬트적이다. 컬트cult는 특정한 사람이나 사상, 대상에 대해 지나친 열의를 가진 사람들이다. 비전기업에는 신념적으로 컬트적인 분위기를 창조하고 조성한다. 기업 내에 남아 있는 이들의 행태가 강도 높은 충성심은 물론 핵심이념에 일치하고 지속할 것을 요구한다. 핵심이념의 철저한 고수, 교화, 적합성에 관한 엄격한 기준, 엘리트주의 등이 비전기업의 컬트적인 속성들이다.

⑤ 많은 것을 시도하되 잘되는 것에 집중

비전기업들이 이룩한 최고의 업적들을 보면 이것저것 해보는 과정에서 우연히 달성된 것들이 많다. 기회 탐색 시도와 우연한 발견의 산물이었다. 하지만 핵심이념에 충실하면서 다양하게 시도한 결과다. 의미 있는 일을 시도해보고 그것이 잘되면 계속 발전시키고, 안 되면 잘되도록 하다가 다른 것을 시도한 것이다. 존슨앤존슨의 사례를 들어보자. 한 직원이 부엌용 칼에 손을 자주 베이는 아내를 위해 일회용 밴드를 개발했다. 하지만 일회용 밴드는 조그만 거즈를 붙인 수술용 테이프로 만들어 잘 달라붙지 않았다. 일단 마케팅 담당자들은 그것을 시장에 내놓고 반응을 살펴보기로 했다. 그 후 여러 가지 사소한 문제점을 소비자들에게서 피드백 받아 수정한 후 출시했다. 결과적으로 '밴드에이드'는 존슨앤존슨 역사상 가장 큰 매출을 올리는 제품이 되었다. 특히 이것저것 시도하는 과정에서 개별 구성원들의 실행을 우선하는 자발적 경향이 '기대하지 않은 변화'를 낳기도 한다. 3M에는 '15% 원칙'이라는 것이 있는데, 자사의 모든 연구원과 기술자들이 자신이 생각해낸 아이디어를 상업화시키는 데 근무시간의 15%를 투자하는 전통이다. 그래서 계획하지 않은 실험과 시행착오의 반복을 통해 3M의 히트 상품인 포스트잇이 탄생했다. 이는 생각지도 못한 혁신적인 아이디어를 상업적으로 성공시킨 대표적 사례다. 그들의 성공은 여러 가지 실험을 통해 시행착오를 겪으면서 만들어졌다.

⑥ 내부 성장 경영진 육성

비전기업들은 회사 내부에서 경영자질을 갖춘 인재들을 키워 최고경영자로 선정했다. 이는 기업의 핵심 보존에 매우 중요한 의미를 갖고 있다. 사람을 통해 기업의 핵심이념은 전달된다. 예컨대 GE의 잭 웰치 같은 우수한 최고경영자들이 회사 내부에서 양성되어 1세기 동안 계속 이어져 내려왔다. GE가 비전기업으로 불리는 가장 중요한 이유다.

⑦ 끊임없는 개선 추구

비전기업에는 단기적인 이윤창출과 장기적인 생존보장이 상호 양립한다. 그들은 단기적인 실적과 장기적인 생존 사이의 선택을 두 개의 바퀴라고 생각한다.

비전기업에게 이윤 창출은 미래에 대한 개선과 투자라는 지속적인 과정의 부수적 결과다. 비전기업은 불만족을 의도적으로 유도해 외부환경이 요구하기 전에 기업 스스로 변화와 개선을 촉진한다. '끊임없는 개선'이라는 명제는 규율 있는 생활양식으로서 비전기업에게는 제도화된 습관이다. 즉, 거기에는 미래를 위한 장기적인 투자, 직원의 능력개발을 위한 투자, 새로운 아이디어와 기술 채택 등이 포함된다.

⑧ 기업 내 모든 요소 조율

비전기업이 될 수 없는 이유는 각 특성들을 조화롭게 연결시키는 능력을 갖지 못했기 때문이다. 콜린스와 포라스는 기업의 핵심이념을 보존하고 발전을 자극하는 데 있어 기업 내의 모든 요소가 조화를 이룰 수 있도록 조정하는 메커니즘을 '얼라인먼트alignment'라고 했다. 얼라인먼트는 공식적인 규정이나 절차에 얽매이지 않고 미래를 향한 비전을 조직 내에 실질적으로 구현할 수 있는 실행 메커니즘이다. 비전기업은 구성원들에게 기업의 목표, 전략, 전술, 프로세스, 기업문화, 경영 스타일 등에서 일관되고 보완적 신호를 지속적으로 보내 얼라인먼트를 행한다. 모든 구성원이 공감 비전을 구현하는 것은 1%의 비전과 99%의 얼라인먼트다. 우선순위보다는 기업의 미래 비전을 위해 나머지 요소들을 어떻게 조율할 것인지가 관건이다.

(2) 함의

핵심이념은 조직이 추구하는 가치일 수도 있지만, 그 조직을 만든 이의 가치관이다. 그 가치관은 인류가 추구하는 문화적 품격을 의미할 수 있다. 현실은 물적 토대를 흡수해야 하는 동물적인 존재이지만, 이성적으로는 동물이 아닌 인간적인 지향점을 갖고 싶어 한다.

당장은 수익을 얻는 것이 중요하지만, 수익은 동물적인 수단이고 그 뒤의 인간적이고 문명적인 가치를 갖는 것이 바로 핵심이념이라는 것이다. 이러한 점은 연예기업들에게도 무수하게 발견할 수 있는 점들이다. 이러한 핵심이념은 궁극적으로 대중, 팬들을 강력하게 옆에 있게 만드는 것이다. 핵심이념이 없는 조직을 지지한다는 것은 스스로를 천대하는 것과 다를 바가 없다. 그렇기 때문에 고객은 항상 자신이 지지하는 기업의 핵심이념을 원한다. 이러한 단계에 오기까지는 상품의 내용이 좋아야 한다.

스타를 좋아하는 경우, 그의 핵심이념인 가치관 때문에 지지하는 경우는 거의 없다. 그가 콘텐츠를 통해 확실하게 각인했을 경우, 핵심이념이 그의 가치를 더욱 빛나게 한다. 그러한 콘텐츠를 보이지 못하면 당장의 수익에 연연해하는 비전 없는 존재가 된다. 기업도 그러한 악순환에서 벗어나지 못하고 만다.

14. 국경 없는 경영

(1) 개요

글로벌시대에 맞추어 크리스토퍼 바틀릿과 수만트라 고샬은 '국경 없는 경영'을 주장했다. 이전에는 각국의 상이한 고객 욕구로 분리되었던 시장들이 정보통신기술과 미디어기술의 발달로 연결되면서 하나의 거대한 글로벌시장으로 모이고 있다. 국내지향적인 경영에서 글로벌경영으로의 전환이 이루어지고 있는 것이다. 이에 바틀릿과 고샬은 그들의 저서 『국경 없는 경영』을 통해 국경이 없어지는 글로벌시장에서 경영에 대한 통찰력을 제공하고 있다.

다양한 국가에서 경영활동을 하는 기업들은 지속적인 경쟁우위를 위해 어떤 조직적 특성을 가져야 할 것인가? 예컨대, 다국적으로 흩어진 자회사들은 진출국의 상황에 맞추어 조직을 형성하고 본사의 역할을 최소화하는 것이 바람직한가? 아니면 본사의 집중적인 통제와 관리로 글로벌시장의 통일성을 유지하는 것이 더 효율적인가? 바틀릿과 고샬은 '초국적기업'이라는 개념으로 해답을 제시하고 있다.

전통적으로 해외시장으로 확장하는 기업의 선택적 접근방식은 세 가지다. 첫 번째는 다국적 관점의 접근이다. 다국적기업은 분권화된 연합체처럼 현지 법인체들이 독자적으로 운영한다. 강점은 진출대상 지역의 상황변화에 곧바로 대응하는 적응력이다. 두 번째는 글로벌 관점의 접근이다. 집중화된 본사를 중심으로 하는 각 지역에 흩어진 네트워크의 독립성이 제한되고 본사가 중개자 역할을 한다. 본사는 비즈니스와 제품의 흐름을 더욱 원활하게 하려고 조정·통제하는 중추 역할을 한다. 글로벌기업은 규모와 효율성, 비용을 절감하는 장점을 갖고 있다. 본사의 중앙집권적 통제를 받는 세계적 규모의 생산시설은 표준화된 제품을 만들어낸다. 자원 및 정보 독점에 대해 본사는 전략적 의사결정을 주도한다. 세 번째는 국제적 관점의 접근이다. 국제적 기업은 모회사와 자회사 간의 기능적 경영관계를 토대로 한다. 국제화 기업은 모회사의 노하우를 각국의 자회사에 전파하고, 자회사들은 지역 환경의 특수성을 고려하여 모회사의 경영 노하우를 선별적으로 수용한다. 국제화 기업의 강점은 개발수준이 낮은 현지에 모회사의 지식과 전문적 기술을 쉽게 이전하는 것이다. 이는 여러 지역에 흩어져 있는 기업들이 균형과 조화를 이뤄 연합하는 방식이다. 본사의 정교한 경영관리 시스템이 통제한다. 그러나 본사는 자칫 현지와 맞지 않는 결정을 할 우려가 있다.

바틀릿과 고샬은 범세계적인 경쟁이 일반화됨에 따라 여러 국가에 걸쳐 경영을 영위하는 기업들이 기존 세 가지 형태의 국제화 범주를 넘어서서 제4의 모델인 '초국적기업'으로 전환해야 함을 주장하고 있다. 초국적기업은 광범위한 지역에 분포해 있지만, 하나의 통일된 비전을 공유하면서 수평적 네트워크로 조직 간 학습이 효율적인 기업이다. 초국적기업은 전문화된 혹은 차별화된 개별 네트워크가 모인 형태다. 초국적기업에서 자회사는 단순히 모회사에 종속된 조직이 아

제4부 경영이론과 대중언어예산업경영론

니라 하나의 독립된 개체 기능이 있다. 초국적기업은 전통적으로 본사에 집중되어왔던 생산 활동과 기술개발이 적합한 조건의 어디서나 이뤄지게 하고, 여러 지역에서 획득한 노하우를 교차 활용하여 범세계적 규모의 시장 기회를 실현한다.

바틀릿과 고샬은 변화무쌍한 글로벌 경쟁 환경에 효과적으로 대응할 수 있는 조직형태를 모색하는 차원에서 비누세제산업, 가전산업, 통신산업의 세 가지 영역에서 각각 세 개의 기업을 선정하여 총 9개 기업의 기존의 글로벌 경영방식을 비교·분석했다유니레버, P&G, 가오, 필립스, 마쓰시타, GE, 에릭슨, NEC, ITT.

바틀릿과 고샬은 '관리적 유산'라는 개념을 도입하여 글로벌 기업들이 저마다 다른 자원과 능력을 지니게 된 배경을 제시하면서 변화의 필요성을 제시하고 있다.[20]

① 초국적 개념을 도입한 동기는 글로벌 환경의 변화다

국제적인 기업을 위한 전략적 행동을 글로벌 통합, 지역별 차별화, 범세계적인 혁신의 세 가지 차원으로 정했다. 이를 성취하기 위해 필요한 조직역량으로 글로벌 효율성, 지역별로 상이한 소비자 욕구에 적절히 대응하는 능력 및 학습 능력을 제시했다. 하지만 이러한 세 가지 유형 중 한 가지를 선택하는 것만으로는 경쟁에서 살아남기 어렵다. '환경, 전략, 구조'의 유기적인 연결을 통한 통합적 글로벌조직의 형태로서 초국적기업의 형태를 가져야 한다.

여기에 초국적 조직의 구축과 관리를 위해 세 가지 전략적 능력이 필요하다. 첫째, 글로벌한 경쟁력을 지니는 것이다. 전 세계에 흩어져 있는 독립적인 자원과 자산을 유지하면서 지역에 따라 다른 역량을 축적하는 것이다. 둘째, 국가적인 유연성을 확보하는 것이다. 차별화·특화된 자회사가 여러 지역을 포용하는

---

20 어떤 경영방식이 한 번 결정되고 나면 그 관성으로 인해 변하지 않으려는 속성을 지니기 때문에 나타나는 현상으로 '경로 의존성'으로 불리기도 한다. 오랜 시간이 지나면 이미 굳어져버려 더 이상 되돌리기 어려워진 시스템이나 비효율적임을 알면서도 바꾸기 어려운 제도를 뜻하는 말이다.

탄력적 조정 과정을 구축하는 것이다. 셋째, 범세계적인 학습 능력을 갖추는 것이다. 글로벌 지식 공유를 의미하는데, 공유 비전으로 개개인의 몰입을 증진시키는 능력이다.

② 초국적기업에는 특징이 있다

우선은 경쟁우위를 제공하는 네트워크 구축이다. 필립스나 마쓰시타의 사례와 같이 새로운 역량을 개발하는 것 못지않게 기존의 자산과 역량을 보존하고 강화시키는 작업이 중요하다. 이때 중요한 개념이 '통합 네트워크'이다. 다음으로 초국적기업을 향한 통합 네트워크를 구성하는 과정에서 기존 자회사 내지 개별 사업단위의 역할과 위상을 재정립해 각 지역시장에서의 대응 능력과 유연성을 갖는다. 전통적인 개념의 자회사들은 저가의 노동력 혹은 자원을 탐색하거나 제품·서비스를 위한 시장 역할에 국한되어 있었다. 그러나 초국적기업에서는 각국의 자회사들이 시장 혹은 생산기지 등이 아니라 장기적인 글로벌 경쟁우위를 위한 지식과 역량의 전략적인 파트너 역할을 한다. 『국경 없는 경영』에서는 자회사의 역할을 조직적인 측면과 전략적인 측면을 축으로 네 가지 유형으로 구분하고 있다.

첫 번째 유형은 전략적 리더로, 전략적 시장에 위치하며 강력한 핵심역량을 보유한 자회사다. 이러한 자회사들은 반드시 본사와 긴밀한 협력관계를 구축해 본사 차원의 경쟁우위 확보에 보탬이 되어야 한다. 두 번째 유형은 기여자로, 전략적 중요도가 떨어지는 곳에서 특별한 핵심역량이 있는 자회사들이다. 세 번째 유형은 실행자로서, 전략적으로 중요하지 않은 시장에서도 단순 업무 수행의 제한 역량을 보유한 자회사들이다. 마지막 유형으로는 블랙홀로, 진출한 지역시장에서 역할을 제대로 해낼 핵심역량이 없다.

③ 그러면 초국적기업은 어떻게 만들어지는가?

필연적으로 관리적 유산, 즉 전통의 영향을 받게 된다. 글로벌 개발은 구조나 관행에 따라 방해받는다.

첫째, 전략적인 장벽이 있다. 경영방식과 경영자들에 대한 도전으로 여겨져 자신들의 의사결정범위를 축소시키게 될 것으로 판단하고 차단하려 한다. 둘째, 조직적인 장벽이 있다. 기존의 조직구조는 경영자들에게 편리한 방식으로 구성되어 변화를 꾀하는 새로운 경영진들은 핵심정보에 접근하기 어렵다. 셋째, 문화적 장벽이 있다. 경영관행 및 비공식적인 인적 관계 등은 새로운 방식과 제도의 걸림돌로 작용한다. 최고경영층일수록 이러한 관리적 유산에 종속되는 경우가 많다.

새로운 업무를 추진할 구성원들의 공감대 형성이 필요하고, 비전을 공유하여 명확한 목표를 세우며, 목표의 지속성과 일관성을 확보해야 한다. 여기에 더해 교육과정도 필요하다.

④ 초국적기업은 어떻게 변신하는가?

초국적기업은 만들어지는 것이므로 가장 중요한 것은 초국적 조직에 적합한 경영자들의 양성이다. 초국적 조직 경영자들에게 필요한 역할과 업무는 네 가지 유형으로 나눠볼 수 있다.

첫째, 사업부 관리자의 역할이다. 특정 지역이나 부문에 국한된 근시안적인 사고에서 탈피하여 국가 간, 기능 간 범위를 넘나들어야 한다. 이는 폭넓은 관점에서 위협과 기회를 탐색하고, 자사의 역량과 활동으로 성과를 극대화하기 위한 전제조건이다.

둘째, 국가별 관리자의 역할이다. 새로운 기회와 위협을 판단하는 역할sensor, 글로벌하게 활용될 수 있는 자원과 역량을 만들어내는 역할builder, 전사적인 글로벌 전략에 적극적으로 동참하는 역할contributor이 포함된다.

셋째, 기능별 관리자 역할이다. 부분적인 탁월함을 갖춤과 동시에 통합을 이뤄 전체적인 경쟁력을 향상시킨다. 이를 위해서는 기능별 관리자의 역할이 중요하다. 우선 기업 내부의 각 기능별로 축적된 지식특화된 전문가, 희소한 자원 등을 관리하고 이를 적재적소에 활용할 수 있도록 체계적으로 저장repository하는 일이 선행되어야 한다.

넷째, 전사적 관리자의 역할이다. 조직의 목표 달성을 위해 분위기를 조성하는 역할framer도 수행해야 한다. 글로벌기업이 초국적기업으로 변신하기 위해서는 적절한 경영자를 선택한 다음 구체적인 변화관리의 과정을 거쳐야 한다.

초국적 조직이 되려면 합리화rationalization, 재활력화revitalization, 쇄신regeneration의 3단계를 거쳐야 한다. 합리화는 비효율적인 부분을 없애는 단계를 말하며, 재활력화는 각 지역 자회사 간의 지속적인 관계를 구축하여 통합의 수준을 높이고 기업 내부의 혁신을 제고하여 글로벌 네트워크를 구축한다. 세 번째 쇄신 단계는 지속적인 학습 메커니즘[21]을 형성한다. 경영자를 비롯한 조직구성원 전체가 기존의 사고나 지식에 얽매이지 않고 지속적인 합리화와 재활력화 과정을 반복하며 초국적기업에 접근해 나간다.

(2) 합의

바틀릿과 고샬이 제시하는 초국적기업의 발전에서 끊임없이 변화·혁신해야 한다는 것은 비단 글로벌기업에만 해당하는 문제는 아닐 것이다.

글로벌기업을 꿈꾼다면 국가 간, 기능 간 범위를 넘나들어야 한다. 각 지역에 자회사를 보내야 하지만, 한국은 아직 그러한 상황이 아니다. 아직은 콘텐츠를

---

[21] 초국적기업으로 변신하기 위해서는 기업 내 학습을 촉진하기 위한 다양한 혁신 프로세스가 갖춰져야 한다. 혁신은 기업이 국제화를 추진하는 중요한 이유 중 하나다. 이들은 새로운 혁신 전략 차원의 초국적 혁신 프로세스다. 범세계적으로 활용할 수 있는 해외 자회사를 소유하여 자원이나 기업가 정신 등 혁신의 토대를 마련한다. 이를 바탕으로 새로운 혁신을 창조하고 수행하기 위해 지역별로 흩어져 있는 다른 자회사들은 전 세계적인 시장기회를 능동적으로 포착하고 활용할 수 있는 초국적 능력을 함양하게 된다.

만들어 남의 매장에서 판매하고 있는 실정이다. 자신의 매장을 가지고 직접 경영하지 못하고 있다. 마케팅을 다른 기업에 의뢰하고 판매도 그 매장을 통해 하고 있다. 많은 이들이 사용하는 인터넷은 유통 채널이라기보다는 무료로 홍보하는 공간이어서 당장에 돌아오는 판매수익은 없다. 현지와 합작을 하거나 현지에 맞는 휴먼콘텐츠를 일시적으로 공수하는 수준이다. 글로벌 미디어 그룹이 없어서 싸이가 뜰 때도 다른 유수의 언론기관들이 도움을 주었다. 그 언론매체가 다시 국내의 매체에 영향을 주면서 싸이는 일약 국제적인 가수가 되었다. 어쨌든 우리는 합리화하고, 재활력화하고, 쇄신하는 작업들을 해야 한다. 하지만 절대 잊지 말아야 할 것은 남이 깔아놓은 멍석 위에서 재주를 부리는 상태를 최고의 상태로 여기면 안 된다. 재주는 곰이 넘고 돈은 왕서방이 챙겨간다. 우리가 깐 멍석 위에서 다른 이들이 와서 재주를 피우는 상황이 되어야 한다. 그것은 한류韓流가 아니라 한지韓池일 것이다. 그것을 지향해야 한다. 따라다니는 것이 아니라 몰려와야 한다. 본사에 오든 자회사에 오든 그것은 다를 수 있지만 달려온다는 점에서는 같다.

15. 딥 스마트

(1) 개요

레너드 하버드대 교수와 월터 스와프 터프츠대 교수가 제시한 '딥 스마트Deep Smarts' 개념이 부각되고 있다.

그들이 말하는 딥 스마트는 비즈니스 프로페셔널들에게 차별적 우위를 제공하는 감각적 통찰과 지혜를 총칭하는 말로, 오랜 경험과 고도의 전문성을 두루 겸비한 비즈니스 고수들의 내공을 뜻한다.

레너드 교수와 스와프 교수는 이러한 딥 스마트가 다양한 경험의 무형자산, 체계적인 지식의 활용 능력, 인맥을 통한 지식의 조합, 신념에 대한 반성적 태도, 자기정체성에 대한 명확한 인식, 변화와 혁신을 도와줄 스승, 학습과 사고의 깊이를 더해줄 수련이라는 7가지 틀을 통해 구축될 수 있다고 했다.

(2) 함의

이제 모든 기획 제작 매니저들은 딥 스마트를 시도해야 한다. 다양한 경험의 무형자산이 많은 것은 당연하다. 갈수록 체계적인 지식의 활용이 더욱 필요하다. 그동안 잘되지 않은 측면도 있다. 인맥을 통한 지식의 조합도 해야 한다. 그동안 인맥을 통한 연결에만 초점을 맞추고 지식을 조합하고 축적하지 못했다. 이는 기획의 중요성을 다시금 강조하는 맥락이다. 신념에 대한 반성적 태도는 자칫 상황과 가치의 괴리에 따른 오류 발생을 최소화하는 것이다. 핵심이념은 전술적으로 변동될 수는 있다. 유연하게 움직여야 오히려 신념을 지킬 수 있다. 자기정체성은 항상 견지해야 한다, 자신을 잃어버리지 않는 것, 자신을 잃어버리면 세상을 다 잃고 팬들도 다 잃는다. 팬들은 자기의 세계 한쪽을 잃을 수도 있다. 언제나 스승이 필요하다. 스승은 백발노인이 아니다. 서로에게 멘토가 되고 서로에게 스승이 되어주는 것이다. 학습과 사고는 평생 이어지는 과정이다. 폐쇄된 공간이나 네트워크일수록 그 안의 소수정예들은 이러한 점을 잘 파악하고 대처해야 한다. 의외로 그 내밀한 경우에는 인적 풀이 좁아 극단적인 상황에 이르게 될 수도 있다. 정해진 대안과 솔루션은 절대적이지 않다. 오로지 학습과 사고 속에 대안과 솔루션이 있다.

저자 소개

심희철
현: 동아방송예술대학교 엔터테인먼트 경영과 교수
    K-POP 미래연구소 소장
    대중문화 평론가(MBC, MBN, tvN, M-net, 극동방송 등 출연 및 고정 집필)
전: 뮤직비디오 감독, 방송PD, 뮤지컬 기획자
저서: 『케이 팝 정신과 시스템의 기원』(한국출판문화진흥원 우수저작 당선작)

김기덕
현: 동아방송예술대학 엔터테인먼트경영과 겸임교수
    ToCorea M&E 대표이사
전: 유니버설뮤직 코리아 마케팅 부장
    EMI Music Korea 마케팅/홍보이사
    Warner Music Korea 마케팅이사
    삼성물산 해외유통팀

김수환
현: TOP미디어 이사(가수 틴탑 소속)
전: SM엔터테인먼트 프로덕션 매니저
    GOOD엔터테인먼트 매니지먼트 팀장
    2010 탑클래스엔터테인먼트 홍보이사
    소나크리에이티브 이사

김길호
한국연예매니지먼트협회 사무국장
한국엔터테인먼트산업학회 연예정책이사
한국대중문화예술산업총연합(대중문화 13단체 연합 단체) 사무국장
서울특별시 영상진흥위원회 위원

손근형
현: 일본 (주)IMX 공연 연출, 제작 담당 상무이사
전: (주)서태지컴퍼니 A&R 및 공연 제작 팀장
    ETPFEST를 비롯 아티스트 서태지의 공연 제작과 NELL, PIA의 앨범 제작과 공연 제작.
    일본 내 배용준, 안재욱, 소지섭, 이준기, 이민호, 손예진 등의 행사와 다수의 K-pop 콘서트 제작.

홍원근
현: 네이처플레이 대표이사
    두루두루 Artist Management Company 이사(장기하와 얼굴들, 강산에 소속)
전: (주)뮤직시티/(주)뮤직시티미디어 대표이사

이은영

현: S.A.L.T. 엔터테인먼트 대표이사(김정화, 박신혜, 박세영 소속)

전: (주)드림팩토리클럽 매니저

    (주)SidusHQ 매니저

    (주)아바엔터테인먼트 앤 에이전시 이사

이동열/김다령

코엔스타즈 이사/코엔스타즈 대표(유세윤, 장동민 등 소속)

최희영

현: JYP 엔터테인먼트 홍보자문

전: SidusHQ 홍보파트장

    킹콩엔터테인먼트 홍보실장

    국내외 100여 명 이상의 아티스트 홍보 진행

권지안

현: 아티스트, 자살방지캠페인, 장애인 펜싱팀 홍보대사

전: 2008년 SBS연예대상 베스트 엔터테이너상

    2008년 MBC연예대상 여자 우수상

    2012년 '7월 욕망이라는 또 다른 이유' 첫 개인전 개최

저서: 『바디시크릿』, 감성에세이 『나답게』

성준하

K-POP 미래연구소 서브연구원

안진용

스포츠한국 기자

동아방송예술대학 엔터테인먼트경영과 외래교수

MBC 「섹션TV 연예통신」, 「기분좋은날」, 「굿모닝 FM」,

KBS 「여유만만」, 「영화가 좋다」,

Y-star 「스타뉴스」 고정 패널

김헌식

현: 대중문화평론가(KBS, MBC, SBS, TV조선, 채널A 등 인터뷰 및 고정 출연)

전: 제40회 한국방송대상 심사위원

    2011년 여성민우회 푸른미디어상 심사위원

    2011년 MBC 좋은 방송을 위한 시민비평상 심사위원

저서: 『대중문화 심리 읽기』, 『트렌드와 심리』, 『케이팝 컬처의 심리』, 『의외의 선택 뜻밖의 심리학』 등 20여 권